勒索軟體狩獵團

一群無名駭客如何拯救數位時代的資安危機？

The Ransomware Hunting Team

A Band of Misfits' Improbable Crusade to Save the World from Cybercrime

芮妮・杜德利（Renee Dudley）、丹尼爾・戈爾登（Daniel Golden）——— 著　劉家安 ——— 著

獻給我的丈夫，阿爾克特・馬蒂里

——芮妮・杜德利

獻給我的妻子，凱西

——丹尼爾・戈爾登

目次

CONTENTS

各界好評

「杜德利和戈爾登將攻擊者和防禦者的對抗寫得非常出色，他們對勒索軟體可能造成的破壞，與這場戰鬥的核心角色深感興趣，而以生動之筆追蹤勒索軟體演變成具組織性黑幫的專業化過程。」

——喬瑟芬・沃爾夫（Josephine Wolff），《紐約時報書評》（*The New York Times Book Review*）

「令人著迷。杜德利和戈爾登關注的不只是電腦，還有人。勒索軟體產業複雜、殘酷且迅速增長，想要了解整體產業生態的人，應該從這本書開始探索。」

——《經濟學人》（*The Economist*）

「記者杜德利和戈爾登以鮮明的細節，探討歐美一群自學成才而慷慨無私的專家。這群聰明的人組成靈活的組織，團隊成員雖然偶有社交恐懼，但都將保護人民免於勒索軟體侵害視為己任……任何對網路鏈結議題感興趣的人，都會覺這本書很有趣，但也有些可怕。」

——《書單》（*Booklist*）

「引人入勝……杜德利和戈爾登以溫暖且令人欽佩的筆法描述這群主人翁，他們之中，有人在青少年時期曾遭受貧困和欺凌。這群狩獵團獵人也在無償救援受害者過程，意識到他們與駭客間的抗爭無意間助長更複雜的病毒與更高昂的賞金。當讀者放下這本引人入勝的作品稍作休息時，不妨備份一下自己的檔案。」

——《出版周刊》（*Publishers Weekly*）

「本書編織一段全球犯罪與一群志願人士的複雜故事。這群白帽駭客在執法機關無能或不願承擔責任時挺身而出，書中對勒索軟體獵人的簡介為本書增添一絲人文色彩，並讓這項對外人而言難以理解的議題，都變得更加有趣。」

——《犯罪讀本》（*CrimeReads*）

「正如麥可・路易士在《魔球》中對職業棒球的調查報導，杜德利和戈爾登對勒索軟體與駭客世界的研究也非常出色。本書融會電影與深度報導元素，讀來令人欲罷不能。歡迎來到一個全新世界，這裡充滿天才、騙子、冒險與全球性陰謀，而你也是其中一部分，只是你可能不知道。」

——道格・史丹頓（Doug Stanton），《十二猛漢》（*Horse Soldiers*）暢銷書作者

「一部情節驚險的非虛構作品。如果你曾使用過電腦，那你需要讀這本書，認識杜德利和戈爾登為我們揭露數位黑社會幕後的樣貌，以及保護我們免受網絡攻擊的英雄。」

——米歇爾・祖考夫（Mitchell Zuckoff），《13小時：班加西的秘密士兵》（*13 Hours*）暢銷書作者

「令人讚嘆與令人不安，本書是一本深度報導的傑作，比任何間諜小說與驚悚小說的情節都來得曲折與神秘，杜德利和戈爾登將帶您深入駭客與英雄的隱藏世界，認識一些黑幫成員與勒索軟體獵人，以及關於他們的真實故事。」

——裘安・利普曼（Joanne Lipman），美國知名新聞記者與評論家

「本書帶領我們到防火牆背後，進入即將吞沒每一名電腦用戶的火海。他們描繪網路攻擊者、受害者的面孔，為一與〇增添了血肉，並寫下在全球網域中令人意想不到的超級英雄與社會偵探故事。無論你是外行人或執法人員，都很推薦你讀這本書。」

——弗蘭克・菲柳齊（Frank Figliuzzi），前美國聯邦調局反間諜助理局長

「黑色產業與犯罪集團的猖獗，是至今網路時代最棘手的威脅，身為防禦方的我們，難以窺見其真實樣貌，面對敵暗我明的勒索軟體，難道只能束手就擒？本書寫下這群以高超駭客能力對抗犯罪組織的義勇軍，深入分享勒索軟體對各產業的影響與威脅，讓我們在有如小說的描繪中，一窺資安議題究竟。」

——翁浩正／臺灣駭客協會 HIT 理事長

烏雲的銀邊：

數位時代勒索軟體帶來的危機與轉機

吳其勳／iThome總編輯、臺灣資安大會主席

「有錢能使鬼推磨。」這句俗諺可謂勒索軟體的最佳寫照。

三十年前，哈佛大學畢業的生物學家波普博士，以現在已經絕跡的五．四英吋軟碟片，犯下全世界第一起勒索軟體案件。一九八九年，他趁著世界衛生組織舉辦A愛滋疾病會議，將兩千張含有勒索軟體的愛滋病衛教軟碟片分別放入會議資料袋，對受害者索價一百八十九美元，以換取讓電腦恢復運作的解藥程式。

雖然波普的勒索軟體因為技術破綻而被迅速破解，同時也因為匯款帳戶讓警方循線逮捕而戲劇性落幕，但勒索軟體卻沒有因此絕跡，反而在金錢誘惑、人性貪婪與科技進步的加持下越演越烈，成為目前全球最嚴重的資安威脅之一。

勒索軟體的原理其實很簡單，就是綁架電腦換現金，與現實生活中的擄人勒索如出一轍。不

過，勒索軟體的綁架手法並非強行擄走電腦，而是讓使用者沒辦法使用電腦，例如無法開機，打不開文件與照片檔案，或無法執行程式等等，來逼迫受害者付贖金解除限制，以取回電腦使用權。

在波普博士犯案後的二十多年內，雖然陸陸續續出現不同類型的勒索軟體，不過這些軟體都因為綁架電腦的方法與贖金支付方式有破綻，而未釀成大新聞。直到二〇一三年九月，一款名為CryptoLocker的加密勒索軟體出現後，成為現代勒索軟體的濫觴，吹起襲捲全球的勒索軟體風暴，至今一發不可收拾。

CryptoLocker是第一個採用RSA 2048位元加密技術，並透過虛擬貨幣比特幣收受贖金的「加密」勒索軟體。它會搜尋電腦中的照片、Office與PDF檔等對使用者來說很重要的數位資產，對這些檔案執行加密，並留下勒索信與收受贖金的比特幣錢包帳號，要求受害者在七十二小時內支付等同三百美元的比特幣，否則期限一到，解密金鑰就會自動刪除，一切就無法挽回。

由於RSA 2048位元加密技術幾乎無法破解，因此受害者若不付贖金取得金鑰解密檔案，就永遠無法開啟被加密的檔案。很多受害者累積多年的工作成果因而付諸流水，更有不少受害者因為記錄家庭成長的照片毀於一旦而痛心不已。

CryptoLocker的設計者把原本用來保護資訊的加密技術，轉變成綁架電腦的終極武器，再藉由二〇〇九年問世的比特幣來收款，利用虛擬貨幣的隱密性以躲避執法機關的追查，可說是一個幾乎完美的勒索軟體雛型。據報導，CryptoLocker不到半年就造成超過二十五萬人受害，讓大眾首度意識到勒索軟體的危害。

二〇一三年十月，CryptoLocker 肆虐一個月後，災情開始從歐美漫延到臺灣。就在我們報導臺灣受害災情同時，也觀察到受害公司都有英文電子郵件業務往來的需求，由於 CryptoLocker 的攻擊方式主要透過釣魚郵件，引誘受害者開啟郵件附檔而植入勒索軟體，當時這類釣魚郵件皆以英文撰寫，所以我們推測對於沒有英文郵件往來習慣的人來說，此類釣魚郵件起不了作用。語言的隔閡反倒形成天然的屏障，無形中阻絕了 CryptoLocker 的攻勢。當時在臺灣，大多數人並未感受到勒索軟體風雨欲來的威脅。

不過，上述語言的天然屏障，在二〇一七年震驚全球的 WannaCry 加密勒索蠕蟲出現後就失效了。WannaCry 之所以被稱為蠕蟲，是因為具有自動擴散感染的能力，它會利用 Windows 網路芳鄰通訊協定的漏洞入侵電腦，接著自動安裝加密勒索軟體，同時還會主動掃描網路上的電腦，一旦察覺有相同的漏洞，就會繼續擴散感染，如同真實世界的病毒一般。

WannaCry 在短短的四天內，就感染超過三十萬臺電腦，造成許多企業與機構癱瘓，受害範圍擴及全球一百五十個國家，其中歐洲知名汽車製造工廠被迫停工、德國機場的電子看板當機，災情嚴重的英國，甚至還有多家醫院被迫暫停非緊急醫療服務，全球各地幾乎都有災情傳出。

在 WannaCry 事件中，臺灣其實名列全球四大重災區，然而大多數人卻鮮少感受到臺灣有嚴重的災情，為什麼會有如此吊詭的現象？

事隔多年，我依然記得 WannaCry 發動攻擊的那天是歐美國家的周五，而臺灣時間剛好是周六休假日，辦公室電腦大多是關機狀態。由於災情迅速擴散，國際媒體紛紛在週末期間大肆報導，讓我們非常擔心周一回到工作崗位，開啟電腦後不知道會發生什麼災情。

所幸，周一上班開啟電腦後，沒有什麼異常發生。隨後更多消息傳出，原來有位英國資安研究員在事發當天，就發現 WannaCry 程式碼預留了一個剎車機制，它會連網檢查一個特定的網址（網址由四十一個隨機英文字組成）。如果該網址存在，WannaCry 就會停止運作。這名資安研究員進一步發現這個網址尚未被註冊，顯然攻擊者認為收手時間還早得很。於是，他當仁不讓立刻註冊該網址，就這樣在事發十二個小時後終止 WannaCry 勒索軟體肆虐，成為拯救世界的資安英雄，臺灣也因為他的功勞與時差逃過一劫。

雖然 WannaCry 戲劇性落幕，但勒索軟體攻擊並沒有消失，甚至一些攻擊技巧高超的犯罪集團食髓知味，攻擊方式不再散彈打鳥，而改採狩獵大型動物（Big Game Hunter）的策略，會專挑財力雄厚的大企業下手，一次勒索一大筆贖金。這些犯罪集團在成功入侵目標對象後，並不急於發動加密攻擊，反而花時間長期潛伏，找出目標對象最重要的資料後，再一次性將所有檔案加密，對目標對象施予最大程度的脅迫。

至於勒索金額能有多高呢？從二〇二〇年開始，臺灣陸續有好幾家知名高科技業者淪陷，被勒索的金額動輒千萬美元以上，亦即超過三億臺幣。如此獅子大開口的囂張行徑令人咋舌，但這還不是最高的紀錄，美國一家知名軟體公司曾被勒索七千萬美元，贖金高達二十億臺幣。

隨著越來越多受害事件傳出，執法機關開始呼籲受害者拒付贖金，不要助紂為虐。企業組織面對高額贖金的威脅，開始強化資料備份以自保，因為有了備份檔案就不必怕勒索。然而，當願意付贖金的受害者變少後，勒索軟體犯罪集團再次更改攻擊手法，改採既加密檔案又外洩資料的雙重勒索手段，對受害者施加檔案加密與資料外洩事件的雙重打擊。

雙重勒索手法意指在加密重要檔案前先竊取資料，勒索軟體犯罪集團會先把資料傳到特定地方保存，之後他們還會架設專門用來公告受害者的網站，不僅讓受害企業組織曝光成為新聞焦點，還透露部分竊取而來的資料，揚言若不付贖金就會公開資料，或向受害者的競爭對手兜售。因此，就算受害者已有備份檔案可自保，雙重勒索手法仍可藉由資料外洩事件造成壓力，讓受害者不得不顧慮是否有商業機密外流與個資外洩觸法的風險。

雙重勒索手法出現後，許多勒索軟體犯罪組織起而效尤，各種匪夷所思甚至毫無人性的勒索手段紛紛出籠。例如，以公開整型病患手術前後的照片來勒索整型診所，以公開委託人的案情陳述來勒索律師事務所。然而，不久後又出現三重勒索手段，網路罪犯會對受害者發動 DDoS 攻擊，使其疲於奔命終至妥協。更有甚者，還有駭客會通知受害者的顧客他們個資已經外洩的事，形成四重勒索。這些網路罪犯無所不用其極只為了贖金。

去年全球勒索軟體非法獲利已超過十億美元，勒索軟體犯罪集團如今更以企業化模式發展出龐大的地下產業生態鏈，有人專門負責開發勒索軟體，有人專門負責取得入侵企業組織所需的帳密，也有人專門篩選對象進行攻擊。勒索軟體這頭怪獸會突變成什麼樣子無人得知，然而，我們就只能任其宰割嗎？你手上的這本書，述說著一群鮮為人知的正義之士挺身對抗勒索軟體犯罪組織，為受害者化解危機、伸張正義的精采故事。雖然有錢能使鬼推磨，但只要我們更加了解勒索軟體的危害，人人做好自身的資安防護，齊心協力終有消滅它的一天。就算是烏雲，仍有一抹銀邊。

「……你若付過一次丹麥金，你就永遠擺脫不了丹麥人。」[1]

——魯德亞德·吉卜林，《丹麥金》（一九一一年）

序言

「你難道是個野蠻人不成？」

在倫敦市中心的一個富裕社區，有許多來自巴基斯坦、印度和東歐等地的貧困移民家庭，試圖在夾縫中求生存。他們將孩子的希望寄託在一間小小的公立學校上。那間學校大約有一百五十名五到十歲的學生，校舍是超過一世紀前蓋好的維多利亞式建築，有著磚砌的牆面、高聳的拱型玻璃窗，還有一個緊鄰教堂的小小遊樂場。學校的家長很多都靠著社會補助津貼過活，英國人將社會補助津貼稱為「失業救濟金」。對這些家庭的孩子來說，學校供應的免費營養午餐和小點心，常常就是每天唯一能溫飽的機會。即便是在二〇二〇年新冠疫情期間，學生住的露臺公寓和公共住宅都被疫情襲擊，學校也沒因此關閉。教師們戴著口罩上課，刻意將座位錯開，讓教室盡量保持社交距離。

雖然那所學校的校舍老舊，預算也很緊繃，校方仍努力提供孩子們扎實的教育，幫助他們適應英國生活及文化。老師為了追蹤孩子的學習進度，會在他們學習如何握筆、畫圖或寫下自己名字時拍照建檔。接著，這些照片會被上傳到一台功能強大的伺服器，這台伺服器負責處理各種數據，維持校內其他裝置運作。因為老師每周都會幫自己課堂上每一個孩子拍至少兩次照，而且這套系統行之有年，這台存有成千上萬張照片的伺服器，成為無可取代的數據金庫。

從二〇一六年以來，馬修就一直守護著這些寶貴的資料。馬修是一位四十出頭和藹可親的英國人，他總是頂著一頭亂糟糟的金髮、臉上留一些鬍渣。儘管學校將這份業務外包給馬修，每年只能支付他幾千英鎊的酬勞，他仍為了這些人與這份使命感盡力奉獻。

二〇二〇年十一月三日星期一，大約晚上九點時，馬修收到一封電子郵件，學校來信告訴他網站失靈了。他試著登入，但是登不進去。起初，他還以為是自己忘記密碼，試了幾次之後，他發現他是被鎖在系統外進不去。「這不太對勁⋯⋯」他對身邊的女友小蕭喃喃自語，兩人坐在廚房桌邊一籌莫展。

凌晨兩點，絕望的他決定聯繫伺服器託管公司的客服。公司弄了一台新的伺服器給馬修，馬修藉此連上學校的資料庫。終於，他在檔案列表中找出原本的檔案。但他仍然無法打開檔案。這些檔案的副檔名都被改成了「.encrypt」。此刻他終於驚覺，學校被勒索軟體找上了。勒索軟體是世上最普遍且快速成長中的網路犯罪之一，是駭客技術和密碼學結合後誕生的邪惡產物，一旦入侵電腦就會將檔案上鎖，若沒有對應的密碼，就再也打不開這些檔案。駭客們會拿著密碼來要求高額贖金。

駭客避開馬修的防禦系統，透過教師用來進行內容管理的網路介面進入學校系統。當時系統有一個安全性更新，可是專門管理資訊科技的馬修，為了手上各式各樣的客戶忙得焦頭爛額，有時會忘記幫寶貴的軟體更新，就像這次一樣。

「我沒有聽從自己給別人的忠告。我很挫折也很尷尬。」他說：「我感覺就像肚子被狠狠揍了一拳。」

正如英國小說家與散文家喬治．歐威爾曾指出：「人類的文明史大致上就是武器的發展史。」[1]如今，數位武器正在重塑這個世界，其中勒索軟體可能是威脅性最大的一種武器。比起其他像身分盜竊類的網路犯罪，勒索軟體更有效率，利潤也更高。更可怕的是，這種軟體賺錢與破壞的潛力其實仍未被發揮到極致，目前的犯罪行為都還只是雕蟲小技。

大多數的人都低估勒索軟體攻擊的頻率和帶來的衝擊，因為很多受害者羞於將被攻擊的遭遇公諸於世，或通報相關單位。但實際上，近年來勒索軟體已經長出數百種變體，它們有千奇百怪的名字，像是「壞兔子」（Bad Rabbit）和「洛克戈加」（LockerGoga），它們癱瘓了數百萬台電腦，不論公司、政府機關、非營利組織以及個人的電腦都難以倖免。這些犯罪型駭客利用社會對電腦近乎全面的依賴，藉此要求數千、數百萬甚至數千萬美元的贖金。

在新冠肺炎疫情期間，一波網路勒索癱瘓了醫療院所和其他重要服務設施，讓企業和學校關閉，人們因此與親戚、朋友和同事更加疏遠。馬修認為這兩種病毒的運作機制如出一轍。

「說來諷刺，電腦病毒和真正的病毒同步肆虐，」馬修說：「兩者都極具傳染性且毒性堅強。」

當馬修在斷垣殘壁般的資料庫中篩選倖存檔案時，他發現一個筆記檔。檔名寫著「遺駭終身」，[2]其中部分內容如下：

> **您所有檔案已鎖死！**您的檔案結構和數據皆已更改，無法還原，您將無法繼續使用，無法開啟、查找這些檔案。基本上您已經永遠失去這些檔案，但是，我們能夠幫您復原。
>
> 只要收到贖金，我們會將所有檔案解碼恢復原樣。我們沒有必要騙您，不會收到錢就跑，因為我們不是野蠻人，我們是重視名譽的生意人。您還有兩天可以做出決定。兩天後，贖金將會加倍。再過一周，贖金將會變成三倍……因此，我們建議您在幾小時內盡快付款。

這不是馬修第一次和勒索軟體打交道。早在二〇一八年，當時在一間軟體公司工作的馬修就曾遭遇襲擊。他花了兩天試圖找出不需支付贖金，就能還原公司資料的方法。然而，他的公司擔心萬一東窗事發會名譽掃地，造成投資者恐慌與撤資，而不想花更多時間，要馬修直接付錢了事。於是他們付了兩比特幣的贖金（以當時幣值換算大約值一萬美元）。馬修收到還原用的密鑰，解鎖了檔案，整件事情就此低調帶過。

對於一間生意興隆的大公司來說，這不過是件小事；然而，對於一間捉襟見肘的公立學校來說，處理不好就會是場大災難。「如果沒有資料，根本不可能評估孩子的學習狀況，」馬修說。「老師們數個月的心血將付之一炬，他們都得從零開始，學校的教育評鑑也會不合格。」

當晚，馬修輾轉難眠。第二天，他將事情稟報給他的上司，對方授權他去談判。付贖金給犯人相當於獎勵他們，讓他們有攻擊其他學校的誘因，但校方似乎也別無選擇。與此同時，馬修和他的老闆決定對此隱而不宣。他們甚至不打算報案，以免有損學校聲譽。他們向打不開照片與教材檔案的老師和家長們給出萬用的說法：系統當機。

至於贖金，勒索筆記上沒有詳細列出。馬修因此寫了封信，寄到犯罪集團指定的 Gmail 信箱：「要多少錢才能解鎖我的電腦？」

「你得要付一萬歐元，」回信上寫著：「今天付，一萬。明天付，一萬五。再兩天就兩萬。」

馬修知道學校付不出那麼多錢，他開始假裝駭客沒有造成太大損害，試圖藉此殺價。「我給不出一萬歐元，抱歉，這太誇張了。我們只是一間沒多少資源的窮學校，大部分數據都有備份，我只是少了一些近期的照片。我最多只能給五百塊，可以的話和我說。」

他的策略似乎奏效了，駭客調降要求的金額。「我能接受的最後價碼是三千歐元。明天我就會刪掉這個信箱，你最好趕快決定。」

士氣大振的馬修試圖繼續殺價，他寫道：「我分析了一下，我只少了大概十張照片吧，這恐怕不值三千歐元。我的最後提案是七百五十歐元。」

「一千歐元，最後提案。如果你不接受，這段對話就到此結束。」

馬修感到如釋重負，一千歐元校方還湊得出來。他似乎成功避免一場災難。駭客們要求他以比特幣付款，馬修自己也有投資比特幣，所以知道怎麼用。他將一千歐元轉為比特幣，以線上交易的方式轉進犯人指定的數位錢包。這個錢包屬於位在伊朗的駭客，雖然馬修對此一無所知。[3]

「好，轉過去了，」馬修寫道：「請告訴我怎麼復原我的檔案。」

結果，他被背叛了。「抱歉，無法接受一千歐元，你得付一萬歐元，你還欠我們九千歐元。付清款項後我們就會給你解密用的檔案。」

馬修上當了。犯罪集團只是假裝妥協，藉此從他手上騙到一筆訂金，卻沒有給他解密用的鑰匙。馬修太慌亂了，他忘了歷史悠久的談判守則：「別讓對方看出你亂了手腳。」他絕望地再次懇求對方：「你說好最後提案就是一千歐元，我們都同意這個條件。」他寫道：「我沒別的可以給你了。不要這樣對我……是你提議的，你不能等到我都付完錢又改變心意。這樣不對。拜託，你能不能有點良心？你內心就沒有一點良知嗎？你難道是個野蠻人不成？」

攻擊方無動於衷。「你付的只是小錢，我一開始在信上就說一萬歐元，我和你無話可說。你如果還想要解碼，就再給我九千歐元。」

馬修再次向犯人求饒。「如果你不是野蠻人，就請遵守你最後給我的提案一千歐元。我已經給你這筆錢了。拜託你，盜亦有道。就算是萬惡不赦的罪犯也不會這樣，我沒有錢可以給你了。」

「我不能接受。那是你的問題。」

馬修的女友小蕭也去問了她所有在資訊產業工作的朋友，每個人都給她一樣的答案：不付贖金就不可能救回檔案。馬修開始翻遍整個網路，希望能找到奇蹟。他在一個被稱為「嗶嗶電腦」（BleepingComputer）的資安網站上，找到一個由「威席索雷那」（VashSorena）勒索軟體的受害者組成的論壇。這系列的勒索軟體專門攻擊和馬修服務的學校相似的網路，同樣會將加密後的副檔名改為「.encrypt」。索雷那（Sorena）是波斯語中的男性人名，意指「部落領袖」，而威席（Vash）指的可能是威席・史坦畢特，這個名字出自一款熱門的日本動漫系列作品。[4]

於是馬修在論壇上貼文求助：「我今天碰到這款勒索軟體，我已經付了贖金，但是犯人不幫我。」論壇建議他將勒索筆記和被加密的檔案傳到另一個名為「辨識勒索軟體」（ID Ransomware）的網站做進一步分析，並聯絡該站的創辦人——「狩魔３３５」（demonslay335）。若全天下有誰能破解勒索軟體，那就是狩魔３３５了。

「嗨，我的學校用來追蹤學習進度的伺服器被駭客攻擊並加密了，」馬修傳了訊息給狩魔３３５，「請問您能幫我嗎？我完全不知道該怎麼辦了。」

距離倫敦六個時區外，住在伊利諾州中區平原地帶的麥克・葛拉斯彼（Michael Gillespie）收到這個訊息，他就是狩魔３３５。此刻他在家中二樓簡單的小辦公室工作，雖然房間顯得不起眼，但這裡就是對抗勒索軟體的最前線了。麥克和他的妻子摩根養了八隻貓、兩隻狗，還有一隻兔子，所以他們將辦公室稱為「貓房」。他的工作空間只有一張放了筆電的書桌，上方架子掛了一個螢幕，除此之外房裡唯一的家具就只有一張長沙發。在空蕩蕩的米黃色牆上，還貼了一張《獅子王》的海報，牆角則有一些兔子咬過的痕跡。房間的唯一一扇窗朝向馬路，放眼望去是布盧明頓（Bloomington）的郊區景致。

麥克看起來高高瘦瘦的，他戴著眼鏡，臉上留著參差不齊的山羊鬍，看上去和年輕時的比爾·蓋茲有幾分神似。他還束了一頭紅褐色的長馬尾，那是因為他不想在疫情期間冒著染疫風險出去理髮。他在網站上閱覽與回答滿坑滿谷的訊息時，也只穿著日常的簡便上衣和牛仔褲，貓咪們就蜷在他的腿上，或試著爬到他手上。當貓咪們覺得無聊了就會爬回貓跳台，或去找東西吃。

麥克就像那所倫敦學校的貧困學生家庭一樣，對各種逆境都不陌生。當時他年僅二十九歲，已經克服校園霸凌、窮困與癌症的重重考驗。在他成長過程中，他的家境貧困，有時甚至還得寄住在親戚朋友家。麥克也讀不起大學，他在十六歲時就開始在一間稱為「呼叫宅宅」（Nerds on Call）的連鎖電腦維修公司上班，這一待就超過十年，過程中他自己學會怎麼破解勒索軟體。後來他和高中時的戀人摩根·布蘭琪（Morgan Blanch）結婚，兩人婚後經濟狀況仍不太理想。他們時常要面對斷水斷電、信用卡失效和汽車被扣押的困境，差點連家都沒了。

但是這些都阻礙不了麥克。只要有空閒時間，他就會進行公共服務，盡其所能解開被勒索軟體加密的檔案。他以幾乎完全匿名的方式從事這件事，在不求回報與名聲的情況下，默默躋身全世界最強的勒索軟體破解專家行列。全世界至少有超過一百萬名受害者曾下載過他寫出來的解碼工具，他不收分文地幫助這些人，讓他們省下數億的贖金。在我們知道的上千種勒索軟體中，他就破解超過一百種。

世界級的菁英人士身邊通常都會帶一些小跟班，像經紀人、發言人或追隨者之類的，但麥克沒有。就連棲身在他腿上的貓都很少讓他分心。網路就是他的避風港，也是他的知識家園，他醒著的時間大部分都待在網路上。他在網路上獲得的地位，會讓他在伊利諾的親戚朋友都大吃一驚。

就連麥克婚禮上的伴郎大衛・雅各斯（Dave Jacobs）都說：「他幾乎都生活在科技世界中，我想就算有別人，對他來說都只會是不良干擾。電子世界就是他的世界，他不希望其他事情擾亂這個世界。」

就連麥克在線上和受害者的對話都是一次性的公事公辦，他不會參與他們的生活，也對他們的個人困境不感興趣。他就像影集《怪醫豪斯》中休・羅利（Hugh Laurie）扮演的天才診斷專家怪醫豪斯一樣，那些被拯救的人反而會惹惱他。有時候麥克會像《花生》漫畫裡查理・布朗的好友奈勒斯一樣，多愁善感地想：「我愛人類，我只是受不了與人共處。」

足智多謀又孜孜不倦的麥克，在勒索軟體狩獵團（Ransomware Hunting Team）中是產量最豐富的成員。這個團隊是一個透過邀請制組成的菁英組織，成員由十幾名科技奇才組成，致力於破解勒索軟體。對於那些負擔不起贖金，或出於原則拒絕向網路罪犯妥協的受害者來說，這群低調分布在世界各地的極客（geek）志願人士經常就是他們的最後生機。狩獵團已經破解超過三百種主流的勒索軟體品系和變體，估計拯救了四百萬名受害者，那相當於省下數十億贖金。[2]

大多數勒索軟體狩獵團的成員都和麥克一樣，顛覆常人對於成功的刻板印象。他們成就不可能的成功故事，主要靠著自學方式成為技術精湛的專家。有些人有過貧窮或虐待經歷，這賦予他們對抗惡霸的動力，因為他們對抗的是可能會進行報復的犯罪集團。有人始終以化名或網路身分保護自己。在團隊中，成員大多數從沒見過面，很少有人知道組織中最隱密成員的真實姓名，只知道推特帳號「@malwrhunterteam」的背後是一名匈牙利人。

這群獵人不僅獻身於他們的共同目標，也會照顧彼此。當其中一名成員陷入財務困境時，一定會有隊友跳出來捐錢或幫他介紹工作。他們分居在世界上至少超過七個不同國家，包含美國、英國、德國、西班牙、義大利、匈牙利以及荷蘭。但以某種現實面來看，他們共同活在網路上。他們會透過「嗶嗶電腦」網站作為訊息平台彼此交流，也會和其他人保持聯繫，包括網路安全專家、諮詢公司、科技狂迷、受害者，甚至攻擊者。馬修也是在這裡發布求救訊息。嗶嗶電腦是由狩獵團的創辦人之一經營的網站，它同時具有非軍事區與街角小酒吧的性質，勒索軟體大戰中的善惡勢力在此交會。

勒索軟體狩獵團的成員都有正職，通常會是跟資訊安全相關的工作。但是破解勒索軟體是他們的熱情所在。他們有些人專注起來會心無旁鶩，只想著解決問題。他們會不眠不休堅持不懈，連續幾小時甚至幾天對周遭一切視而不見。包含麥克在內，在團隊中至少有三人患有注意力不足過動症（attention deficit hyperactivity disorder，簡稱為 ADHD）。這種病症通常讓人很容易分心，但它同時也會出現深度且長時間的集中症狀，被稱為過度集中（hyperfocus）症狀。所有團隊成員都有一種難以抑制想幫助人們對抗網路犯罪的衝動，他們就像一群網路正義聯盟，不在乎能否賺錢，要是真的想要賺錢，他們或許會把才華用在開發勒索軟體上，而不是用來制止勒索軟體。

「我想我們都算是某種社會異類。」法比恩·沃薩爾（Fabian Wosar）這麼形容自己。他身為團隊一員在德國長大，高中時就輟學，現在在倫敦定居工作。法比恩是麥克的精神導師，他們兩人同時也是團隊中最重要的程式破解專家。「我們都有一些奇特的怪癖，這讓我們與正常世界格格不入，但如果要追捕勒索軟體、幫助別人，這種怪癖就能派上用場。這正是為什麼我們能合作無間。你不需要證書，只要有足夠的熱情和動力，讓自己學會必要的技巧就行了。」

相較於日漸增長的勒索軟體帶來的威脅，美國政府的反應顯得十分遲緩，而狩獵團的存在正好彌補體制上的空缺。聯邦調查局（The Federal Bureau of Investigation，簡稱為 FBI）對此無能為力，只能建議受害者不要支付贖金，卻沒有提出任何實質上的替代方案。常常駭客們在俄羅斯和伊朗等國家活動，這些國家與美國沒有引渡協議，[5] 並默許駭客對西方國家發動網路攻擊，甚至可能會利用他們收集情資或共享利潤。至於私人企業，無論是從保險公司到網路安全公司，都沒有阻撓勒索軟體的動機，因為勒索軟體愈猖狂，他們的市場就愈大。

即便是狩獵團，也沒辦法破解所有勒索軟體。做得夠好的勒索軟體根本無懈可擊。不過還是會有做得不夠好的攻擊者，他們會犯錯、會偷吃步，或低估他們的對手。這時就是狩獵團出擊的時刻。

勒索軟體是數位時代的綁架手法。加害者會利用一些伎倆滲透到受害者的電腦，例如利用網路釣魚來寄出帶有欺騙內容的假信件，附上一些惡意軟體附件。只要成功滲透進電腦系統，他們就會引爆勒索軟體、綁架電腦，並要求以加密貨幣支付贖金，就像綁匪綁架人質、要求支付贖金以釋放人質一樣。這種犯罪模式可以追溯到西元前七十五年，當時凱撒大帝就曾遭到海盜綁架，並被要求二十塔蘭同的贖金。[6] 根據普魯塔克記載，[7] 凱撒當時對此感到屈辱，認為他的身價不僅如此，堅持贖金應該要改成五十塔蘭同。其他受害者就沒這麼希望付錢了。一九七三年，卡拉布里亞（Calabrian）的罪犯在羅馬綁架了石油大亨保羅．蓋提（Paul Getty）的長孫，並要求支付一千七百萬的贖金。蓋提拒絕了，他說：「我有十四個孫子，若是我付了哪怕一毛的贖金，那我十四個孫子都會被綁架。」[3] 雖然他大膽放話，就像那些求助無門的勒索軟體受害者一樣，但最後他還是付了贖金，只是把價格殺到了三百二十萬元。

勒索軟體的另一項基本要素是密碼學，那同樣有可追溯到古代的歷史。像是羅馬軍隊曾用過一套以「凱撒」為名的編碼系統，為軍事訊息加密。[4] 近兩千年後，納粹德國開發出一套稱為「恩尼格瑪密碼機」（Enigma Machine）的裝置來打亂通訊內容，藉此在第二次世界大戰中取得優勢，直到英國數學家艾倫．圖靈（Alan Turing）成功破解密碼。更近期來說，密碼學是構成網路的骨幹，它保障電子銀行、商業與通訊的安全。遺憾的是，由政府、業界與學界開發出來的正當密碼工具，被網路罪犯納為己用。

勒索軟體的創新之處，在於將加密這道程序變成一種武器。在勒索軟體出現前，即使駭客攻破電腦系統，如果他們想成功獲取現金，那還有很多事要做。他們得找到願意出錢收購被竊取的社會安全碼或信用卡號的買家，整個過程耗日費時，充滿各種不確定性。勒索軟體則讓駭入電腦的行為本身變得有利可圖，他們利用受害者對電腦的依賴。這是一種一站式犯罪，它的概念和執行方法都很簡單。任何想要敲詐勒索的人，都可以在暗網（dark web）上買到一整套勒索軟體包。所謂的暗網，就是一個無法透過標準搜尋引擎找到的線上內容世界。[8]

二〇二〇年十一月底的星期二，坐在貓房的麥克被排山倒海的受害者求助訊息淹沒，他幾乎沒時間細看馬修傳來的檔案。他快速瀏覽一下就確信，馬修的學校是被第六版的「銜尾蛇」（Ouroboros）勒索軟體綁架了，這款以古埃及神話中吞食自己尾巴的龍命名的軟體，是無法破解的。

傑克在寄給馬修的信中寫道：「銜尾蛇六版，從二〇一九年十月他們修掉缺陷之後，就沒辦法破解了。」他煩躁挫折地補上一句：「辨識勒索軟體應該就有告訴你這個答案。」

失望的馬修忍不住回嘴：「我有在辯識勒索軟體網站上確認過，但它給的是不同答案。」麥克自己創立的網站「辨識勒索軟體」將馬修的檔案辨別為威席索雷那品系的勒索軟體，並將該軟體歸類在特定條件下能破解的類別。馬修問道：「這只是勒索軟體用了不同名字，還是我真的有機會能破解它？」

麥克見狀，重新檢查一遍檔案名稱和其他特徵，這才發現自己把「威席索雷那」誤認為「銜尾蛇」了。這個錯誤情有可原，因為據說這兩種品系的勒索軟體都是出自於伊朗駭客之手，運用相同的加密檔案方式。[5]

麥克立刻著手處理這件事。威席索雷那的弱點在於罪犯會偷吃步。為了追蹤哪些人付過贖金，加害者會在威席索雷那的贖金筆記上，提供每位受害者獨立一組辨識號碼。這是勒索軟體的標準作法。受害者收到贖金後，會各自收到一組獨立的密鑰解鎖加密檔案，這也是標準程序。差別在於威席索雷那提供的辨識號碼，是一組和密鑰相互關聯的號碼。這讓麥克有機可趁。

麥克對勒索軟體進行逆向工程，發現該軟體是將辨識號碼送進一套稱為「金鑰衍生」（the derive key）的數學函式中進行運算。這套金鑰衍生函式很可能是駭客自己寫的，所以沒辦法以公開途徑取得，但麥克能利用一種稱為「解編譯器」（decompiler）的編程工具來取得這套函式。接下來，他就能從犯人提供給受害者的勒索筆記中找出辨識號碼，放進函式去運算。運算完成後他能得到解鎖檔案所需的密鑰，接著就能寫出解碼器（decryptor），也就是讓受害者拿來恢復數據的電腦程式。

在二〇二〇年七月，麥克就破解過第一版的威席索雷那。但他一如既往對此秘而不宣。因為假設攻擊者知道這件事，就會去修補他用來破解的缺陷。狩獵團最不希望發生的事，就是幫助駭客精進他們的密碼學。因此儘管麥克透過嗶嗶電腦網站幫助過至少四十名受害者，他從沒在論壇上貼出他的解法。這種低調行事的作風似乎奏效了。雖然攻擊者更新過五次威席索雷那的版本，他們始終沒修好麥克發現的弱點。

麥克把專屬於馬修的辨識號碼放進解密工具，算出七組可能的密鑰。他一一測試後，發現其中一組確實有效。於是他把密鑰寄給馬修。

「再試一次看看，」麥克寫道：「軟體確實是威席索雷那，我能破解你的密鑰。」

馬修收到訊息時已經是深夜了。「他辦到了！」他大喊：「我拿到解碼器了。」

小蕭在浴室裡聽到也喊回來：「這怎麼可能？他到底是何方神聖？」

馬修依照麥克的指示一步步取回舊伺服器的存取權，成功復原了學生照片和其他檔案。「天啊，太驚人了，」他回信給麥克：「它成功了！我太感謝你了。你是怎麼辦到的？學校的老師和孩子都會深深感激你的協助。」

馬修並未停下腳步。他接著向谷歌提出線上投訴，質疑對方為什麼允許勒索軟體的攻擊者利用Gmail服務犯罪。谷歌身為搜尋引擎的龍頭並沒有給予任何回應。後來那所倫敦的學校理解到即便經濟拮据，改善資安仍刻不容緩。校方在馬修的敦促下購入一套簡稱為NAS的網路儲存伺服器裝置，作為額外的資料備份載體。

馬修還策劃一樁能從威席索雷那那幫人手中拿回一千歐元的計畫。首先他假裝自己依舊需要那組密鑰，再度和他們展開談判。「要讓我再信任你一次的唯一方法，就是你先把比特幣還我，」他寫道：「之後我會給你三千歐元取回我的檔案。」

但攻擊者拒絕了。「我已經把比特幣賣了。我手上沒有錢可以給你。」

馬修再度加碼，把誘餌提升到四千五百歐元，接著是六千歐元，並想出一套說法解釋這個看似不理性的心理轉折：「我發現我失去的檔案比我想像中的多更多。」

然而，勒索軟體那幫人馬拒絕退款。「很抱歉，」駭客在結束對話前寫道：「就算你再提供這項提案十年，我還是會拒絕。」

馬修最終明白一件事：要智取網路罪犯幾乎是不可能的——除非你是勒索軟體狩獵團的一員。

1　丹麥金（Dane-geld）指古代英國長期受到丹麥維京人侵襲後，決定劃一塊租借地給丹麥人，並支付被稱為「丹麥金」的保護費給丹麥人，換取他們不打英國人的條件

2 「遺駭終身」（Hack for Life）為病毒的名字。

3 數位錢包的的概念為所有人都看得到錢包，但不知道錢包是誰的。

4 威席・史坦畢特（Vash the Stampede）為日本動漫作品《槍神 Trigun》的男主角。該作品描述這位綽號叫「人間災難」的通緝犯，在有如西部蠻荒的星球遊蕩的故事。

5 引渡為國際司法合作的一種程序，意指一國應另一國請求，將自身國境內被另一國指控具有犯行，或被追捕、通緝與判刑的人移交給請求國，以便於起訴、審判與執行刑罰等國家行為。

6 塔蘭同（拉丁語：talentum），含義為「秤，天秤」，是古代中東和希臘—羅馬世界使用的質量單位。

7 蒲魯塔克（Plutarch，四十六年—一二〇年），羅馬時代的希臘作家、傳記文學家與柏拉圖派知識分子。重要著作包含《希臘羅馬英豪列傳》（Plutarch's Lives）與《蒲魯塔克》（Moralia）札記等。他的作品在文藝復興時期，受到蒙田、莎士比亞等人的推崇。

第一章

發明勒索軟體的人

每一天麥克．葛拉斯彼去「呼叫宅宅」辦公室上班的路上，都會經過一處綠意盎然的保留區。那裡專門讓一種具有皇家氣息的昆蟲棲息——帝王斑蝶。在二〇一七年，伊利諾州布盧明頓的公園管理局在這片草地播種，形成一塊天然棲地。那塊棲地既能減少割草成本，又能促進生物多樣性。每到盛夏，這片面積為一．二英畝的三角形棲地會開滿色彩繽紛的花朵，有白色的草原三葉草、淡紫色的紫錐花、柔和的藍色紫苑花、黑眼蘇珊和耀眼的金黃色番紅花。那段期間會有多達三百隻帝王斑蝶振動著牠們獨特的橙黑色翅膀，穿梭在花叢間，從各種馬利筋屬植物中啜飲花蜜，然後繼續牠們的旅程。

早在這片布盧明頓的棲地開放十多年前，一位名叫喬．波普的人曾在距離當地東北方九百英里處，為包含帝王斑蝶在內的各種蝴蝶打造一間庇護所。波普和他的伴侶克莉絲汀．萊恩（Christine Ryan）在紐約奧尼昂塔（Oneonta）的卡茲奇山區（Catskill Mountains）山腳下一塊僻靜地，買下一座十九世紀初打造的石造農舍，並將那座農舍原有的室內游泳池，改建成一座有拱形玻璃窗和二十六英尺高傾斜天花板的茂盛花園。

在萊恩的悉心照料下，喬瑟夫波普二世蝴蝶館（Joseph L. Popp Jr. Butterfly Conservatory）展示著五顏六色的蝴蝶。這些從哥斯大黎加進口的蝴蝶，在熱帶植物中穿梭飛舞，館內還有兔子、鬣蜥、蛇和各式各樣的外來動物。蝴蝶館入口大廳掛了一塊匾額，向波普的「知識和仁慈」致敬。匾額上寫道：「波普是一名自然學家、演化人類學家、作家與傑出的思想家。」

已故的喬瑟夫．路易斯．波普（Joseph L. Popp）曾就讀於哈佛大學（後來他被該校除名）。他是一位靈長類動物學家、非洲探險家、電腦極客、虔誠的達爾文主義者，也是一位喜歡四處挑起爭端的挑釁者。他還留下一份比較不光彩的遺產：他被公認是勒索軟體的發明人。

一九八九年十二月，當時身高一百八十五公分、體重七十五公斤、留著鬍子且看起來很像知名木偶師吉姆．韓森（Jim Henson）的波普，從倫敦寄出超過兩萬張磁碟，給多位醫療研究人員、電腦雜誌訂閱戶與各種組織。這些組織包含世界衛生組織、美國大通銀行（Chase Manhattan Bank）、殼牌石油公司（Shell Oil）以及梵蒂岡。當時全球愛滋病死亡人數激增，全世界正陷入對愛滋病的恐慌之中，波普看準人們對相關知識和療法的迫切需求，標示出該磁碟內容與愛滋病的衛教推廣有關。然而，當收信者開啟磁碟達到一定次數時，他們的電腦就會當機，螢幕上會顯示一則訊息，要求他們寄出一百八十九或三百七十八美元到一個位於巴拿馬的郵政信箱，以換取電腦的使用權。

那時電腦時代才剛展開，人們距離全世界第一個網站成立還有二十個月。這種前所未見的敲詐手段讓所有人都措手不及，並引發大眾恐慌。如同萊特兄弟在小鷹鎮（Kitty Hawk）以離地十二秒預示現代航空的發展，波普聰明但原始的小伎倆，後來成為複雜難解的勒索軟體前身，並讓麥克・葛拉斯彼與其他勒索軟體狩獵團的成員深感困擾。

「當我進辦公室時看到一片人仰馬翻，」愛德華・威爾汀（Edward Wilding）回憶道。當時，愛德華是剛起步的《病毒公報》（Virus Bulletin）的雜誌編輯，他扮演警方、電腦專家與受害者間的聯絡角色。「許多人在幾個小時內都開過碟片，然後電腦就死當了。」

有些認識波普的人，將這波攻擊歸咎於他的貪婪、被關注的渴望，以及對適者生存的無情信念。又或者，他只是一輩子都有想要戳破權威的強烈衝動。克莉絲汀・萊恩則保守地表示他是「最好的無政府主義者……像他這麼傑出的人，一旦腦子不清楚了，就會鬧出大事。」

波普和葛拉斯彼一樣同屬美國中西部人，家世背景都不太優渥。他的祖父喬瑟夫・波普（Joseph P. Popp）是來自匈牙利的移民，曾在西維吉尼亞州擔任礦工與組織工會，並和破壞罷工的人大打出手。當時，喬瑟夫還用細鐵絲網保護家中窗戶，以防汽油彈攻擊。在一場礦坑爆炸意外後，喬瑟夫舉家搬遷到俄亥俄州。他將兒子和孫子的中間名都命名為路易斯，以向美國礦工聯合會的長期領袖約翰・路易斯（John L. Lewis）致敬。

二次世界大戰後，克里夫蘭的郊區蓬勃發展。波普出生於一九五〇年，在威洛威克的伊利湖畔長大。他的父親靠著美國軍人權利法案的補助金讀了大學，進入奇異公司（General Electric）上班。在四十年職業生涯當中，波普的父親一路從機械操作員升到工廠計畫經理。他的母親桃樂絲則待在家裡把五個孩子養大。桃樂絲是克里夫蘭的印地安人，擁有高中學歷，能說一口流利法語。她的父親在俄亥俄州出生，但她的母親則從德法邊界的亞爾薩斯—洛林（Alsace-Lorraine）移居過來。

波普是長子，又是家中唯一的男孩。他在雙親和妹妹們的愛慕照護下，培養出過人的自信心。他的雙親是虔誠的天主教徒，都鼓勵他認真學習取得優異成果。

「喬總是有點暴躁，」波普的摯友羅納德．席爾布（Ronald Schilb）曾說。他們在大學時是室友，「但是他和家人在一起時，就是個善良溫順的天主教男孩。他從來都不想激怒他的家人。」

波普從小就會賺自己的零用錢，他除了幫克里夫蘭的《誠懇家日報》（*Plain Dealer*）送報外，也會去收集螳螂來賣。他曾加入童子軍，學會露營、划船、釣魚以及在戶外用營火烹飪的技能。後來他搬去東非時，這些技能變得很實用。對他來說，在加拿大參加童軍的獨木舟旅行，是他一生中最快樂的時光。

他在東湖高中（Eastlake High School）念書時既害羞又勤奮，當時班上一位足球明星還認為波普將來「肯定會當上會計師」。[1]然而，波普在一場罕見的出走中，展現出他拒絕服從社會規範的叛逆心理正漸漸萌生。某個夏夜，他和幾個朋友一起在後院露營，凌晨三點左右，他們決定徒步跨越小鎮，到另一頭的加油站販賣機買汽水。他們在半路上遇到正在調查破門竊案的警察盤查，正當波普的朋友們配合警方調查時，波普卻忽然不知去向。原來他逃到附近一片沼澤，爬到樹上躲了好幾個小時。

一九六八年，波普在俄亥俄州從軍。他的聰穎和逞強性格都變得更加明顯。他留起一頭長髮，開著一台時髦的藍色勝利牌噴火型雙座敞篷車四處蹓躂。最後，他退出預備役軍官訓練團。他和席爾布發明自己找樂子的方法，他們把彈珠裝進鋁製的帳篷桿來製作吹箭，用來射破可樂罐、擊落樹上的蜂巢和松鼠。有一次，他們在流經俄亥俄州立大學的歐蘭坦奇河（Olentangy River）河岸設陷阱，抓到一群老鼠。接著他們把老鼠屍體串在一起，掛在大學食堂入口，只為了諷刺食物品質太差。波普還曾徒步涉水，到河中抓了一隻巨大的牛蛙，並把牛蛙藏在宿舍淋浴間，清潔工一看到馬上拒絕處理。學校放假時，他們會開車到田納西州的大煙山（Great Smoky Mountains）旅行。他們會徒步揹背包穿越森林，沿路撿野莓來吃。

到了大二，波普與席爾布一起選修一門演化論的課程。波普以很直觀的方式理解物競天擇的理論。他像是個宗教狂熱人士般投入達爾文主義，《物種起源》就像他的聖經。後來他稱這本書是「兩世紀以來最重要的一本書，」並補充：「你可能以為你了解什麼是生命（甚至生物學），但是讀完它以後，你會發現你錯了。」[2]

主修動物學的波普選擇研究靈長類作為他的畢業論文主題，以榮譽畢業生與斐陶斐榮譽學會的學員身分畢業。[1] 他帶著在俄亥俄州田野研究站撿到的寵物小烏鴉，與國家科學基金會（National

Science Foundation）授予的傑出學者獎學金，前往哈佛大學攻讀人類學研究所。

當波普搬到哈佛位處的麻薩諸塞州劍橋市時，新的「社會生物學」運動正橫掃哈佛生物學和人類學系的教職員。社會生物學的內涵，是將達爾文主義的分析方式套用在動物身上，更有爭議性的是他們也以此來分析人類行為。當時的狒狒專家艾爾文．德佛爾（Irven DeVore）教授和他大約十五位門徒，每周都會在哈佛校園附近聚會，一群人到他寬敞的家中徹夜辯論、喝酒、賭博。其中一名與會者表示：「基本上所有具開創性的論文，都是清晨三點在德佛爾家客廳寫出來的。」[3]

波普是這些聚會中的常客。他是德佛爾的首席弟子，被公認為哈佛下一代的狒狒專家。眾人期望他擔任靈長類研究的領導人，將社會生物學帶往新的境界。他和德佛爾共同發表一篇關於雄性動物如何利用攻擊行為，拉高繁殖成功率的論文。例如他們觀察猿猴會透過吼叫或拍打胸部，將競爭對手從母猿身旁趕走，儘管「透過突襲其實可能造成更大傷害」。[4]針對這點，他們認為用恐嚇的方式嚇跑對方，從結果而言能獲得和打跑對方同樣的好處，卻不必承擔受傷風險。

在所有研討會參與者當中，波普是最直言不諱的。他認為社會生物學版本的達爾文主義不僅能解釋各種行為，更是一種戒律。他主張男性有責任取得進化優勢，應該盡可能大量繁衍以延續基因。如同他後來寫道：「生命不過是演化的結果。人類透過盡可能提升繁殖成功機率走到這裡……任何能增加繁殖成功機率的行為都是好事，降低繁殖成功機率的都是壞事。」[5]比方說，他贊成一夫多妻制，因為這樣一來男性繁衍的機會就會倍增。他不太在乎女人對此會有什麼感受。

「有時候他的演化論概念太極端了，這個特質後來還愈演愈烈。」一名參與研討會的學生詹姆斯・馬爾科姆（James Malcolm）表示。「波普比在場任何人都更加確信，只要完全照著達爾文主義的準則走就對了。他是個外向的人，留著一頭長髮、眼神充滿狂熱。他有一股動力，並強烈投入其中，認為追隨達爾文就能找到真理。」

哈佛大學是社會生物學的知識中心，但同時也是批評社會生物學的重鎮。古生物學家史蒂芬・古爾德（Stephen Jay Gould）是社會生物學的主要批評者。他的著作範圍很廣，題材從好時巧克力棒（Hershey bars）的尺寸縮水，到棒球選手喬・迪馬喬（Joe DiMaggio）不可能打破五十六場連勝紀錄，各種主題都有所著墨，這讓他大受歡迎。他將社會生物學稱為「純屬臆測的故事」，[6]認為人類行為是透過文化傳遞產生，而非透過天擇。儘管如此，他仍是波普最喜歡的教授之一。波普將古爾德開的演化生物學課視為他在哈佛上過最好的一門課，並將古爾德視為自己的導師。有時他還會去古爾德位在哈佛大學比較動物學博物館（Harvard's Museum of Comparative Zoology）的辦公室用他的電腦。

在同個時期，波普開始著迷於編寫電腦程式。托爾・艾科蘭德（Tor Ekeland）是一名常常替被指控從事駭客行為的科學家辯護的律師，他表示自己有很多客戶都熱衷於社會達爾文主義，或許那是因為社會生物學和程式設計有異曲同工之妙。

「社會達爾文主義的世界觀很講求邏輯，那個世界是由相互對應的輸入和輸出、非黑即白的二元思維組成。」艾科蘭德表示。「這也是為什麼你會看到這類型的人，特別容易受到程式設計和駭客技術吸引。」對駭客而言，適者生存的哲學能正當化勒索軟體的存在。在這種邏輯底下，受害者作為數位時代的科技弱者注定要被淘汰。

對於像波普這樣前程似錦的靈長類學家來說，一九七〇年代的東非充滿吸引力，那就像一九二〇年代的巴黎在年輕作家和藝術家心中佔有重要地位一樣。一九七三年，波普踏上第一次田野調查之旅，他很快就著迷於當地的美景、野外生態與危險性，就連人們對他所拋下世界展現的陌生感，也讓他受到吸引。他的第一站來到衣索比亞，波普在從未出版過的非洲旅行回憶錄中寫道：「我去到的地方，村民都沒見過白人。但他們仍聽說『美國人上過月球』。他們聽到我是美國人，就會問我月球上長什麼樣子。當我表示我真的不知道，因為不是**每個**美國人都上過月球時，他們就會帶著強烈懷疑的目光看我。我只好拿出十倍數萊卡雙眼望眼鏡，讓他們拿來看放大的月球，這才撫平我們之間的外交裂痕。」[7]

波普成功安撫村民後，村民為他蓋了一間小草屋，讓他能住在那裡研究棲息在附近懸崖上的阿拉伯狒狒。「事實上，我曾近距離目睹一群狒狒遭到一頭母獅襲擊，」他寫道：「有很多隻狒狒看到母獅來襲，獅子直接切入整群狒狒中，抓了一隻沒有警覺的母狒狒……其餘狒狒則一邊發出警示的尖叫，一邊四處逃竄。」

接下來十五年間，波普幾乎都待在肯亞，但他偶爾還是會回衣索比亞。在一九七〇年代，波普絕大多數時間都待在馬賽馬拉國家保護區（Masai Mara）的一處廢棄研究站。馬賽馬拉是一個有大量獅子、大象、獵豹、非洲豹和狒狒的禁獵區。由於徒步追蹤狒狒太危險，波普會開著他那台搖搖晃晃的大發吉普車（Daihatsu jeep），在車上觀察狒狒互動。「我想大發車肯定是指發人生末班車的意思。」他開玩笑道。他會大聲說出觀察到的內容，同時用錄音機一字不漏錄下來，然後他的助手就會幫他記錄下來一連串的筆記。這些助手大多數都是來自美國的女學生。她們受到他迷人的外表與看似美好的前途發展吸引，不僅會幫他收集與分析數據，有時候還會當他的女朋友。

波普靠著德佛爾教授，爭取到哈佛大學的馬賽馬拉狒狒研究計畫（The Harvard Masai Mara Baboon Research Project），他在研究期間衣食無憂。閒暇時間，他會拍攝當地居民和野外生態的紀實攝影，晚上則偎著燭光閱讀經典小說。他喜歡玩文字遊戲，例如他曾對一個來訪的研究員說：「你知道嗎？牛鈴糞（Gnu dung）是個回文。」[2]當他需要接受根管治療時，得游過一條河到對岸找一位叫潘恩醫生（Dr. Payne）的牙醫。他都戲稱對方是讓他痛得大叫的「呀醫」（Dr. Pain）。在肯亞遊山玩水那段期間，波普曾去奈瓦沙湖（Lake Naivasha）抓淡水螯蝦、到印度洋進行輕裝潛水和深海船釣。他還曾經爬上海拔兩千三百五十六公尺高的蘇蘇瓦山（Mount Suswa），和朋友一起在火山口附近野餐。他在奈洛比郊外租了一間農場，當他想要放鬆、和朋友聚會以及去市區用餐看電影時，那間農場就會派上用場。

「我常常算準從奈洛比回到馬賽要花的時間，在天黑前一個小時左右提前離開首都，」他寫道：「路上我會看到各式各樣的野外生態。當牛羚和斑馬一年一度北遷時，他們的眼睛會在夜裡發光，形成一片螢光海。你還能從引擎聲外隱約聽見牛羚韻律的咕嚕聲。」

波普與來訪馬賽馬拉的名流交往甚密。當亨利．季辛吉參訪馬賽馬拉研究站時，波普送了他一組狒狒的齒模作紀念。他還寫道：「我還有一張他和狒狒的合照，我將它命名為**兩個位居主宰地位的雄性**。」波普還聽過當時仍是美國國家戶外領導學校（National Outdoor Leadership School，NOLS）學生的小甘迺迪（John F. Kennedy Jr.）做的蛇類科學報告，並給他「有趣且資訊充足」的評語。他和知名的靈長類專家黛安．弗西（Dian Fossey）也有書信往來，當他知道弗西深愛的山地大猩猩棲地受到農戶侵占，以及盜獵者走私嬰兒猩猩的問題時總是深感同情。

波普常讓自己身處險境。他的家人曾說：「人家是印第安那瓊斯，他是俄亥俄州小喬（Ohio Joe）。」波普的回憶錄中寫滿各種九死一生的冒險故事，不過這也可能是他自己誇大其辭，試圖吸引出版商注意。書中描述他某次開吉普車時被水牛衝撞，後門被撞毀，後車窗也碎成一片。還有一次是一頭非洲豹跳到他的屋頂上，搜尋四周獵物。他也寫到某次在馬賽馬拉徒步健行的見聞：

> 我撞見一條口吐毒液的眼鏡蛇。我們雙方都嚇一大跳。那條眼鏡蛇大約有九英尺這麼長，渾身漆黑的鱗片暈著黑藍色的光芒。牠一看到我，就把頭抬到三英尺高，頸部像兜一樣張開朝我示威。

> 正當我驚愕地看著牠時，牠張大嘴巴，我能清楚看見牠的毒牙向前伸出——我們之間只有十英尺距離。牠從向外伸張的毒牙噴出兩道毒液，左側那道毒液朝旁邊噴去，右側的毒液則噴向我的臉，差一點就直接噴進我右眼。

後來，波普雖然完成他的博士學位，卻漸漸失去在學術生涯繼續發展的興趣。對他來說，田野調查像是在做枯燥乏味的苦工。他的姪子提摩西·弗蘭（Timothy Furlan）表示：「他對於**不發表就得死**的研究生涯沒有興趣，他感興趣的是冒險生活。」

波普確實希望能以更快速度賺到比學術界更多的收入。他的另一名大學室友約翰·奧古斯丁（John Augustine）表示：「他要在某間學校謀個教授位置，應該不會有太大問題，但他覺得那不符合自己的身價，」奧古斯丁就和席爾布一樣是波普的摯友，他提及：「他給我一種印象是，他很想變得非常有錢。」

波普想出一個又一個賺快錢的計畫。其中他最喜歡的一項計畫，靈感來自他追蹤狒狒時常會在草原上發現的象骨。當時他和他的助理兼女友常在保護區四處奔走，他的助理是一名來自常春藤盟校的大學生，原本只是要來肯亞一年，但遇到波普後留下來待了四年。某天，波普和她聊起一個鄉野傳說，據說大象意識到自己大限將至時，會走到預先決定好的地點迎接死亡。人們從沒真正發現過傳說中的「象塚」，但波普提議將四散的象骨集中放到研究站後方，創造出一個人造象塚。接著，他們就能把它說成是貨真價實的象塚，吸引觀光客付入場費。他的助理聽到立刻臉色大變，拒絕參與這項計劃。她花了很大力氣才說服波普打消這個念頭。

「他來自尋常的中產階級家庭，總是想做更大、更好、更賺錢的事。」後來她回憶道。

除了哈佛大學的補助，波普還用其他投機的賺錢手法增加收入。他會賣一些紀念衫和野外動物明信片給奇科洛旅館（Keekorok Lodge）的觀光客，還會賣一本由他和一名助理合著的馬賽馬拉野外指南。波普會戴著頭盔、穿著打獵用的裝扮，肩背一把獵象槍，帶一群付了錢的觀光客去徒步遊獵，通常那只是帶他們去參觀附近的馬賽人村莊。肯亞政府對於槍枝有嚴格的管制措施，波普得極力遊說，才能取得武器許可拿到那把獵槍。他會拿槍練習射擊，練習對象則是放在二十碼外的水牛頭骨。

在其中幾次觀光旅行中，波普還安排額外節目。他招募一名研究助理，要對方手拿長槍在隊伍後方追趕他們。那名助理就是羅伯．薩波斯基（Robert Sapolsky）。薩波斯基稱自己為「紐約猶太佬」，他其實根本不知道怎麼使用長槍。他回憶道：「我很快就知道自己不是做那種事的料。」

薩波斯基是被德佛爾教授挖掘的另一塊璞玉。一九七八年他從哈佛畢業後，德佛爾把薩波斯基送去波普身邊見習一年。薩波斯基說道：「波普是個很聰明、知識淵博的人。當我搞清楚怎麼在他身邊保持低調，讓他覺得即便我身為男性，但對他的王國完全不構成威脅，我們兩人就相處得不錯。」

後來，薩波斯基成為一名傑出的作家，他也是史丹佛大學的生物學與神經學教授。薩波斯基在跟波普共事時，很快就理解到波普是個理論家，他沒有耐心進行田野調查，而且一但研究數據不符合自己預測的模型時，波普就會感到很挫折。當波普待在研究站研讀電腦與其背後的邏輯時，薩波斯基就會幫他去監測狒狒。

波普佔據了研究站最好的一間房子，他的房間牆上掛著東非藝術品，房內有一張從奈洛比買來的高級床鋪，波普還聘了一名廚師。「在他的完美世界裡，他會在早上十一點起床，享用別人送來的早餐、洗個澡，出去散步一會兒，然後回來閱讀賽局理論的書。」薩波斯基回想：「我們晚上會小聚一下，他當時很著迷賽局理論的遊戲。」

波普非常擅長玩一種遊戲。他和薩波斯基會在紙上以任意順序寫下一到十的號碼。兩人每寫一次就會互相比對，數字大的人便贏得那一局。換句話說，如果薩波斯基寫了一、二、三、四、五、六、七、八、九，而波普寫下了二、三、四、五、六、七、八、九、十，那麼波普每一次都會贏，除了最後一次他會以一輸給十。波普似乎讀得到薩波斯基的心，每次都能猜到對方接下來會寫什麼數字。

「他每次都會把你打得落花流水，」薩波斯基說：「我記得有一段時間，連續兩三個星期晚上，他在聚會中的遊戲就是假設『要推翻肯亞政府需要多少名受過教育的美國人？如果有一名肯亞人和我們合作呢？』波普會像這樣設想各種情境。回想起來，過了幾年後他肯定是在想：『要用什麼方法才能癱瘓整個電腦網路？』」

當時，波普會妄想推翻肯亞政府，他或許是擔心肯亞政府會為難自己。他五花八門的事業發展，違反肯亞政府禁止外國研究人員經商的規定，而且他住的房子原先是要保留給政府的公務人員。

為了防止意外，波普和當地政府機關打好關係，並將他那本馬賽馬拉野外指南獻給保護區的看守員。但在一九八〇年夏天，當薩波斯基再次拜訪肯亞時，研究站已經換了新的看守員，波普被要求搬出那棟房子，停止一切商業活動。

波普無視新看守員的要求。某天，看守員現身，要求他立刻遷離。薩波斯基回憶道：「我聽到喊叫聲。他們從那間房子跑出來，搶奪一把鏟子。喬搶到鏟子後揮打對方，對方驚慌失措跑走了。喬意識到他越線了。他將他的槍和行李廂打包上車，跑去躲起來避風頭。臨走前他留下一張紙條給我，囑咐我去美國大使館聯絡季辛吉，和大使館說他有生命危險，需要幫助。」

根據薩波斯基的說法，當時肯亞政府官員已經對外國研究員心存疑慮。他們開始懷疑，為什麼會有從世界名校畢業的人，想要像「穴居人一樣住在野生動物保護區的破爛帳篷中，數著每小時斑馬吃幾片葉子，身邊滿是腸道寄生蟲和牛羚大便。」他們懷疑這些「貴賓」是不是在暗中從事盜獵、走私動物回美國的活動，或以其他不法方式牟取暴利。

波普的出現讓他們的懷疑得到印證。肯亞政府於是終止國內所有野外生物學家的調查計畫，從此波普也成為同儕眼中的過街老鼠。薩波斯基不顧一切想解決狀況、繼續進行研究，於是成為波普和肯亞政府談判的中間人。波普會在四下無人的深夜，把紙條夾在薩波斯基的汽車擋風玻璃上，告訴他要和哪名官員聯繫。薩波斯基照做後，再將對方的回應夾在擋風玻璃上，讓波普能看到。

最後，波普支付一筆罰金，並交出他的研究許可證。這個消息傳回哈佛大學。一九八一年，校方或許是想維繫和肯亞當局的外交關係，而為「這名前學生帶來的諸多困擾與不便」，向奈洛比大學致上歉意。[8]

然而，德佛爾教授仍公開為自己的門徒辯護。後來他在《誠懇家日報》的訪談中表示：「每當肯亞政府干預研究計畫時，就會怪罪到喬身上。」[9]德佛爾在二〇一四年逝世，享壽七十九歲。

波普對肯亞政府對待他的方式感到怨懟。他寫道，該國官員「在和外國研究者打交道時，幾乎不會錯失任何表達不善或給予不公平待遇的機會。」

儘管丟盡面子，波普還是繼續留在肯亞。由於無法回到原先生活，波普打造新的生活。他和奈洛比芭蕾舞團一名舞者交往，並為非洲醫療與研究基金會（African Medical and Research Foundation，簡稱 Amref）編輯出版品。該基金會最著名的特色就是飛機外送醫療服務（Flying Doctors），他們會提供東非偏遠地區空中救護直升機的醫療支援。

波普在基金會的同事尼基・布倫戴爾・布朗（Nicky Blundell Brown）回憶道：「喬是基金會中負責衛教相關材料的人，我們都稱他是『電腦狂』。他很樂於助人、彬彬有禮，但非常獨來獨往。」

波普也在世界衛生組織擔任顧問，他還在世界衛生組織找到一份與愛滋病衛生教育相關的工作。當時，這種起源於東非靈長類的疾病在整片非洲大陸肆虐，某些國家甚至有超過兩成成人感染愛滋病。

「波普對愛滋病研究非常感興趣，」提摩西・弗蘭說：「他認為當時正在進行的研究前景並不樂觀。」

一九八八年，波普回到威洛威克時買了一台昂貴的桌上型電腦，並去參加二十周年的高中同學會。他實現每一位高中書呆子的夢想，以勝利者之姿在眾人面前亮相。他將自己描述為一名「科學家和出版商」，同時「涉獵醫學、生物學與電腦，是一位馬拉松跑者、作家和出版人」。他省略了世界上最知名的黑猩猩專家的稱號。

他們的班長麥克・麥卡錫（Mike McCarthy）說道：「人們一聽到他的身分，就想和他聊聊他的成就。他甚至說他曾和珍古德見過一次面。」

波普隻字不提他的學術生涯如何內爆，更絕口不提他最新的致富計畫。同年，他離開非洲搬到倫敦。當時英國還沒有訂立專門防範入侵電腦相關的法律。

一九八九年十二月，某個周一早上，艾迪・威廉姆斯（Eddy Willems）的老闆遞給他一片剛寄來的五・二五吋磁片。威廉姆斯任職於一間位於比利時安特衛普（Antwerp）的人壽保險公司。他的老闆解釋那片磁片標籤上寫著「第二版愛滋病資訊介紹磁片」，應該對顧客有用處。於是，擔任服務台支援工程師的威廉姆斯答應替老闆檢查磁片。

威廉姆斯在他工作用的電腦開起磁片中的程式。程式開始詢問一系列關於他生活習慣與醫療史的問題，用以計算他得愛滋病的機率。依據計算出來的結果，威廉姆斯得到愛滋病的機率低於百分之五。他當時心想：「我的成績還不賴。」但如果應答者屬於高風險族群，程式就會採用一套醫生避免使用的直述語，指示病患：「你的行為模式非常危險，這樣下去很可能死路一條。」

對威廉姆斯來說，那張碟片的資訊是老調重彈，沒有讓他留下什麼深刻印象，他建議老闆忽略磁片內容。但大約過了一兩天，當他打開電腦時，卻發現無法開啟他的檔案。電腦螢幕上閃爍一條訊息，告訴他「該是付錢的時候了」。訊息指示他寄出一張銀行匯票、銀行本票或國際匯票，到巴拿馬一間名為「電腦生化人公司」（PC Cyborg Corp.）的郵政信箱。若要租用該軟體，必須支付一百八十九美元的年費，或者他能以三百七十八美元買斷磁碟。收到錢之後，電腦生化人公司就會製作一片磁片解鎖他的電腦。

威廉姆斯大吃一驚。「當時我想：我的天哪，我做了什麼？我們不會付這筆錢。」他擔心自己的電腦是否有漏洞，或他做錯了什麼。

這時，他才發現磁碟包裝還附上一張藍紙條。紙條正面是他看都不需要看的安裝教學，但背面有一段用小字印出的「版權協議」，警告不付錢的下場：「你這輩子都會受到良心譴責。你得補償電腦生化人公司為此受到的損害，而且你的電腦從此無法再正常運作。」

威廉姆斯沒有因此卻步。當時他年僅二十七歲，從青少年時期開始就在電腦堆打滾，大學也主修資工。他用一片磁碟重開機，重新安裝微軟磁碟作業系統，並看到他的目錄和檔案名稱都被一套簡單的代碼加密了，那段代碼只是以某個號碼或字母對應另一個號碼或字母。只要破解這個程式，找出對應關係並逆向轉譯，他就能取得原本的檔案。

那天晚上威廉姆斯回家看新聞，才發現他遭遇的事件是一場橫跨歐洲與非洲的大騙局。很多人、公司和組織都受騙上當。這起事件就是名留青史的「愛滋木馬」（AIDS Trojan）攻擊，加害者以愛滋衛教名義偽裝成木馬，藉此侵入電腦。那份磁碟被寄到數千名《電腦商業世界》（PC Business World）雜誌的訂閱戶手上，威廉姆斯的公司也包含在內。除此之外，加害者還將磁碟發給所有在一九八八年參加世界衛生組織舉辦的愛滋研討會的參與者。儘管很多人收到磁碟後完全沒有嘗試打開，或者運作次數不足以讓加密系統發動，但仍有高達一千台電腦被癱瘓。

儘管當時磁碟是個人電腦存取資料的普遍媒介，但很少有人認為那會帶來安全威脅。威廉姆斯親自上節目和大家分享他發現的解決方案，來自比利時和荷蘭的受害者紛紛寄給他美酒和比利時巧克力向他致謝。

當這場災情平息後，威廉姆斯把那片磁碟收進他書桌，沒再去想這件事。過了幾年他在整理時又找出磁碟，並決定把它留做紀念。當時他沒想到那片磁碟未來會成為重要的歷史文物。如今這片磁碟掛在他的客廳，德國一間博物館曾出價一千美元和他收購這片磁碟，但被他拒絕了。

在這起事件中，英國是引發最大恐慌的地區，同時也似乎是攻擊的發源地。當時有一個類似後來的「嗶嗶電腦」的技術討論論壇，叫做「電連資訊交換網」（Compulink Information eXchange，簡稱為CIX）。在短短十天內，整個論壇被三百七十六則有關愛滋木馬的訊息淹沒。

當時在英國，擔任自由接案的程式設計師的吉姆．貝茲（Jim Bates）率先破解程式代碼。他跟人在比利時的威廉姆斯幾乎同時破解。貝茲回憶道：「我很快就搞懂程式背後的基本原理了。」磁碟中的程式會試圖讓使用者以為電腦還在正常運作中，但實際上擋下很多指令。貝茲在一九九〇年一月號的《病毒公報》中寫道，由於該程式實際上沒有改變檔案內容，只是改了檔名，因此「能輕易達成復原工作」。[10]

貝茲和威廉姆斯一樣，沒有想用找到的解決方法獲利，他們為麥克．葛拉斯彼和勒索軟體狩獵團建立無私的楷模。貝茲在《病毒公報》上免費提供移除木馬與取回加密檔案的程式，只有那些為了重新安裝作業系統，而把電腦硬碟清理得一乾二淨的人受到永久性傷害。貝茲提及，一所位於米蘭的大學在驚慌失措下「失去了十年的天文觀測資料」，成為史上第一個勒索軟體真正的受害者。波隆那一所愛滋病研究中心也損失相當於十年的研究數據。

貝茲在《病毒公報》上為「愛滋木馬」磁碟給出技術上的評價：「雖然它的點子新穎且極為狡詐，但程式寫得很凌亂。」[11]他指出攻擊者「程式學得不怎麼樣」。

對於蘇格蘭警場反詐騙小隊（Scotland Yard's Fraud Squad）的電腦犯罪小組（Computer Crime Unit，簡稱為 CCU）來說，將這名傑出的業餘人士繩之以法，是他們成立最初的考驗。那一年，諾爾·邦佐齊克（Noel Bonczoszek）剛成為蘇格蘭警場第一名透過電腦調查詐騙案的警官。那件案子的破案關鍵取決於數千張收據。過去，邦佐齊克必須親自整理每一張收據，但這次他寫了一個程式，自動標示有差異的文件，並辨識出負責簽收的經理。這起案件過後，邦佐齊克獲得自英國內政部一筆補助，用來購置調查所需的軟體跟硬體。「我們拿到電腦後就開始自學。」反詐騙小隊另一名警官克里斯·皮爾斯（Chris Pierce）回憶：「諾爾比我先進多了。」

不久，電腦犯罪小組在同一年成立，邦佐齊克和皮爾斯都被分配到該小組。他們組成的四人隊伍處處碰壁。「當時英國沒有適用的法律，要採用現存法條也行不通，」皮爾斯表示。執法部門對網路詐欺置之不理，認為**那不算犯罪**。商業界則因為太難堪而視而不見，以至於社會大眾根本不知道發生什麼事，因為連媒體都搞不懂。電腦犯罪小組做的就是正視這個問題：「我們將這些**書呆子**視為罪犯，而不是天才。」

皮爾斯和邦佐齊克兩人不僅是摯友，在工作上更相輔相成。被稱為「邦佐」（Bonzo）的邦佐齊克，是一個優秀而充滿創意的人，他是雕塑家，也是古董相機的收藏家。皮爾斯表示：「他很有想法，但很容易分心，然後就會離題。」邦佐也比皮爾斯更懂電腦，他是一名資深警探，也喜歡公開發表意見並宣傳電腦犯罪小組。

「我對資訊科技稱不上熟練，但在一九八九年，我們兩人已經遠遠超過幾乎所有警察，」皮爾斯說：「我還記得我要求一位巡警寄給我一份磁碟副本，他就把磁碟拿去正反面影印寄給我。在我們工作那個年代，警方扣押電腦還只知道扣押螢幕，不會扣押主機。」當警方需要技術支援時，就會找上像貝茲這種私人的接案設計師擔任專家顧問。「有很多對案件感興趣的單位都在協助我們，」邦佐齊克說：「我們彼此就像兄弟。」

電腦犯罪小組的創立重點，是防範駭客入侵學術網路與軍事網路，愛滋木馬則為他們帶來全新挑戰。案件發生後，皮爾斯悲觀地和邦佐賭十英鎊，預估他們永遠都抓不到罪魁禍首。

當貝茲提出警告以及受害者名單浮現後，犯罪小組開始追查。羅伯特・愛德華・穆德（Robert Edward Muid）是受害者之一，當時三十五歲的穆德也是《電腦商業世界》的訂閱戶，他對病毒帶來的威脅略知一二。他曾警告在英國的大學同事不要把任何陌生東西放進電腦，但當他收到信中那片碟碟時，覺得看上去沒什麼問題，而且愛滋病教育的主題和他的免疫藥理學研究領域息息相關，於是他把碟片放進學校用的電腦，接著電腦就當機了。雖然穆德並沒有失去研究檔案，因為他有備份資料，但他仍對此怒不可遏。他氣駭客也氣自己。

穆德後來成為該校生物科學部門的計算機中心主管，他回憶那起事件時仍感到自責：「我氣自己竟然犯下這種錯誤，光是想到竟然有人膽敢嘗試控制你的電腦，並藉此和你要錢，我就無法容忍。這完全就是敲詐行為。於是我決定和警方連繫。」

波普在肯亞主持的一場工作坊開發出這份愛滋病問券調查，接著他寫出加密用的程式碼，並改編原本的教育用程式，讓勒索軟體在灌入電腦後才會啟動。他遊走在法律邊緣，用自願授權協議包裝敲詐行為。以防萬一，他還把電腦生化人公司註冊在巴拿馬，那裡是有嚴格銀行保密法條的避稅港灣。

波普一九八九年回俄亥俄州老家時，曾讓希爾布先看過他的作品。希爾布很擔心這片磁碟會弄壞這台他新買的蘋果電腦，他說：「我還記得當時心想，我可不想搞壞新電腦，如果電腦壞掉或必須再買一台，我可負擔不起。」但他也認為如果有人收到磁碟，讓電腦當機了，那也只能怪自己。因為波普在「版權協議」上已經警告過，若使用者不願付費，「程式的機制」將對電腦帶來「不利的影響」。希爾布表示：「那不是惡意，而是賺錢手法。波普明確表示如果你不想付錢就得先移除軟體。我很肯定有些人以為可以不用付錢就混過去，很多人用電腦時……可能都不重視這些警語。」

電腦犯罪小組對波普的看法就不那麼仁慈了。但皮爾斯也認為巴拿馬不會跟他們合作，無法依照要求交出電腦生化人公司的資料。尤其當時巴拿馬的獨裁領袖曼紐．諾瑞嘉（Manuel Noriega）正因為敲詐、走私毒品與洗錢嫌疑，在美國遭到起訴。不過，瞬息萬變的世界政局幫了這群調查員一把。在愛滋木馬的磁碟寄出九天後，美國軍方入侵巴拿馬，推翻了諾瑞嘉政權。當皮爾斯致電給巴拿馬商業登記署時，一名美國海軍陸戰隊的士兵接到電話。士兵解釋由於當地職員「躲到山區」

了，現在他就是負責人。接著他義務性幫皮爾斯調閱電腦生化人公司的負責人和合夥人身分。在談話中，警方得知一位名叫「伊莉莎白・凱特瑪」（Elizabeth Ketema）的人成立這間公司，[12]根據資料顯示，對方是從伊索比亞的阿迪斯阿貝巴（Addis Ababa）致電而來。

在倫敦，有一個人用了相似的化名。《電腦商業世界》的出版商曾告訴警方，一位名叫「伊・凱特瑪」（E. Ketema）的人，曾自稱代表奈及利亞某間軟體公司，以兩千元向他們買下訂閱者的名單。凱特瑪的筆跡和被描述留了鬍鬚、外表高瘦的白人模樣，都與波普相符。[13]

無論兇手是誰，他舔了每一張郵票貼上信封，而非使用郵資機大量蓋印，[3]因為那會留下購買紀錄。警方將郵票上留下的唾液送去做抗原分析，雖然這種分析程序不像基因檢驗那麼可靠，但已經是當時刑案調查中少見的程序。後來，警方的檢驗結果與從波普那邊取得的樣本符合，同時警方也在五個信封和磁碟上發現波普的指紋。

磁碟信封上的郵戳來自倫敦肯辛頓地區，距離波普居住的騎士橋（Knightsbridge）只有一區之隔。邦佐齊克找到波普的公寓破門而入，卻不見他的蹤影。

警方在世界衛生組織的日內瓦總部發現最關鍵的證據：一張加密過的碟片。貝茲在蘇格蘭警場的委託下著手破解這張碟片，並發現碟片中記載的是愛滋木馬的開發日誌，以及從一九八八年四月開始測試的實驗結果。那張碟片的密碼是「drjosephlewisandrewpopjr」，拆開來讀就是「Dr. Joseph Lewis Andrew Pop Jr.」。除了密碼中加入的安德魯（Andrew）讓人比較難破解，那串密碼就是波普的全名：喬瑟夫．路易斯．波普二世。

電腦犯罪小組也找來政府的愛滋病顧問專家葛妮絲．路易斯（Gwyneth Lewis），鑑定碟片中的醫療建議是否具有其聲稱的價值。路易斯堅決否定。她認為磁碟中的愛滋病資訊不僅「危言聳聽」，「某部分還不正確」。[14]舉例來說，磁碟中誇大未出生嬰兒從母親身上繼承愛滋病毒的可能性。路易斯曾擔任英國衛生部（Department of Health）愛滋病防治部門的首席醫務官，她寫道：「這位作者對愛滋病毒的知識不齊全，事實陳述很糟糕，而且內容過時。」她並強調：「這個程式可能讓最需要協助和安慰的人陷入更大的焦慮。」

整個案件謎團大致已經水落石出，只剩下兩個難解且密切相關的問題：波普是怎麼拿到贖金的，以及他是不是獨立犯案？根據愛德華．威爾汀推斷，波普得花四萬五千美元來準備與配送愛滋木馬磁碟、郵遞列表、郵票和信封。波普平時過著大爺般的生活，時常跨國旅行。他和家人說他在香港和瑞士都有銀行帳戶，就連租屋處都是選倫敦最闊氣街區上的高級公寓。一九八九年十月，波普的妹妹芭芭拉曾來拜訪他，當時波普帶她去吃高檔的餐廳、前往西區（West End）劇院看《悲慘世界》，還去了一趟蘇格蘭城堡之旅，全都由他出錢。

然而，波普沒有明確的收入來源。或許他之前在販售馬賽馬拉野外指南、明信片與帶團遊獵過程有存下一筆錢。即便如此，他在非洲醫療與研究基金會任職期間的薪水也很微薄。他在基金會同事都以為他有家人的經濟支援。布倫戴爾．布朗就說：「當時我們都以為他本身就很有錢。」

對於這件事的其中一種解釋，就是波普可能有個財力雄厚的投資者或共犯。「我曾想過，這起案件應該還有別人參與，」貝茲猜測：「你能想像一個人獨自舔完並貼上兩萬張郵票嗎？這不是一個人能辦到的。」

薩波斯基曾聽說波普在奈洛比「和一些勢力強大的生意人有來往」，他相信是這些人把錢賭在波普身上。

無論是誰資助了波普，並期待能從中分到一筆橫財，那個人恐怕會大失所望。就我們所知，沒有任何受害者付錢給電腦生化人公司。諷刺的是整個事件中，波普唯一的收入來自警方。在調查過程，皮爾斯和邦佐齊克為了試看看匯款會發生什麼事，曾匿名將費用寄去巴拿馬，結果卻石沉大海。電腦生化人公司並沒有履行承諾提供解碼工具。

波普在寄出磁碟十天後，前往他負責的一場世界衛生組織研討會，正準備要發表他的愛滋病研究結果。另一名與會者給他看報紙上的文章，內容描述一套全新的勒索手法癱瘓全世界的電腦。儘管文中沒有指名道姓，但波普知道文章指的正是他的磁碟。他愣住了，這才明白自己的名聲將毀於一旦，而且可能還要面對司法訴訟。於是他崩潰了，也或許是假裝崩潰。他在研討會上承認寄出磁碟的人就是他，接著，他開始控訴分享文章給他的同僚是國際刑警派來的臥底，抱怨他的飯店房間被竊聽。

波普隨即前往奈洛比的機場，殊不知國際刑警已經事先提醒肯亞警方注意他的去向。他在機場被捕。警方在他行李中找到電腦生化人公司的印鑑，並將之扣押存證。但接下來波普就住院了。皮爾斯說：「肯亞警方通知我們，波普在住院期間有美國領事館官員探訪，不久他便失去蹤影。」很可能美國駐肯亞大使館介入，保護了這位陷入絕境的美國人，安排他順利獲釋並搭機離開。

之後，波普到了阿姆斯特丹的史基浦機場（Schiphol Airport）。在機場，有一位友善的員工遞給他一杯咖啡。波普喝完咖啡後，懷疑自己被下藥了，便用麥克筆在圓筒旅行包上寫下「波普博士被下藥了」並四處揮舞，好讓大家能看見。[15]

這齣鬧劇引起荷蘭當局注意，他們隨即通報蘇格蘭警場嫌犯現身的消息。即便如此，波普還是獲得許可，在特地來接他回家的妹妹陪同下，從阿姆斯特丹回到美國。不久後，他和父母去跟約翰・基羅伊（John Kilroy）見面，基羅伊曾在一個完全無關的案件中為波普的妹妹辯護過。波普告訴基羅伊他被跟蹤，而且國際刑警、蘇格蘭警場跟聯邦調查局都想抓他後。波普的父母要求和律師私下商討一些事，他們和律師表示波普精神失常，並相信根本沒有人在追捕他。

事實上，當時在倫敦的電腦犯罪小組，已經以涉嫌恐嚇勒索的罪名取得波普的逮捕令。繁文縟節的官僚手續讓他們花了不少時間，逮捕令從英國內政部、外交部被送到華盛頓特區的英國大使館，再轉交給俄亥俄州的英國領事館，接下來才送到美國司法部。最後，波普的逮捕令終於交到聯邦調查局手中。一九九〇年二月初，波普十歲的小姪子在校車上聽廣播新聞說道：「本地知名的哈佛神童被逮捕。」廣播中提到的正是波普。

在另一端的蘇格蘭警場，皮爾斯把一張十元英鎊釘在厚紙板上，寫下「僅此紀念一九九〇年二月順利逮捕喬瑟夫・路易斯・波普博士。」邦佐齊克表示：「這賭注他輸得心甘情願。」

聯邦調查局扣押波普的電腦，裡面存有愛滋木馬的原始程式碼。調查局將電腦寄到英國，讓電腦犯罪小組接手後進行分析。皮爾斯回憶，磁碟中的衛教資訊「寫得很俐落，就像教科書一樣，是簡潔明瞭的程式。但木馬程式的部分完全不同，寫得簡直亂七八糟。」

美國檢方在英國政府請求下，要求克里夫蘭聯邦法院將波普引渡到英國。波普跟法院說他無法理解訴訟程序，因為自己正因身心疾病服用大量藥物。法官於是指派兩名專家進行評鑑。其中一位專家診斷後，認為波普在新聞餘波下有偏執性妄想和自殺傾向，但他的身心狀況正逐漸改善。

檢方與辯方參考兩名醫師的報告，一致同意波普的身心狀況足以進行引渡聽證程序。[16]當波普現身時一身邋遢，他在法庭上印證自己的妄想狀態，包含控訴在機場拿到被下毒的咖啡，以及巴拿馬的領袖諾瑞嘉試圖暗殺他。他向法官陳述：「我想我已經發展出一種偏執性人格。」[17]

波普和他的律師團將磁碟描述為教育大眾以防愛滋病擴散的正當工具。基羅伊說：「我的想法是，有鑑於波普將愛滋病視為大規模的人道危機，他深信採取這種手段是可被接受的。」

貝茲飛到克里夫蘭出庭，示範愛滋木馬是如何運作的。一台放在推車上的電腦被推進法庭，接著，貝茲將磁碟放進電腦中，同時還放入一個降低當機需要重新啟動次數的獨立程式。畫面上出現支付贖金的指令，當貝茲試圖中斷加密程序時，電腦想起警鈴聲。「法庭上的人還以為我是夏洛克・福爾摩斯或他的親戚，」貝茲回憶當時的情況：「法官表示，請記下那台機器發出像消防車引擎聲的噪音。」

要將一個人從美國引渡到英國，他被指控的罪行必須在兩國都是重罪。波普的引渡之爭在一九九〇年持續好一段時間，他被羈押數個月不得保釋，理由是「被告應予以交付」英國。[18]到了八月，法院准許他住在臨時安置處兩周，前提是他必須每天致電到法院的審前服務管理處。十二月二十日，法官正式判准引渡程序，判決中表示依據美國法律，有理由相信波普的犯行構成重罪，他們也指出愛滋木馬磁碟包裝上的警語非常小，大多數人不會在使用碟片前閱讀它們。

電腦犯罪小組派出邦佐齊克和皮爾斯押解波普到英國。皮爾斯在克里夫蘭的法警辦公室對嫌犯搜身檢查時，發現波普腰間掛了一個腰帶，裝著一萬美元的小鈔。「我的保釋金。」波普解釋道。皮爾斯向他解釋，在英國被告不需要預先交保釋金，而是會在違信失效的情況下由擔保人支付。從出發到抵達英國，這筆現金都被仔細清點過，以確保沒有遺漏。

波普在飛行過程還讀了一本書。皮爾斯說：「我不覺得波普有任何問題。他在我面前沒有展露任何身心疾病跡象，非常安靜有禮。」

但抵達英國後，波普忽然開始出現許多怪異舉動。根據《病毒公報》報導：「他近期的鬧劇表現包含頭戴紙箱、為鬍鬚上髮捲以免受到『輻射』和『微生物』侵擾，以及在鼻子上戴保險套。」[19]在倫敦的南華克刑事法院（Southwark Crown Court）上，一名身心科醫師出庭作證，表示波普「有嚴重的身心疾病」，而且「持續惡化」。[20]

皮爾斯並不買帳。他說波普被安置的那間身心科醫院，有人曾通報警方，說波普「在電話上吹噓他已經騙過整個體系」以逃避審判。皮爾斯說：「他就是個詐騙大師。」

雖然波普在肯亞因為被認定是國際罪犯，曾短暫受到打擊崩潰，但他在一九九一年寫給摯友約翰．奧古斯丁的信中，倒是很冷靜且自信滿滿。

他寫道：「我住在珊蒂和葛莉妮絲兩位朋友的家中，每天都要到地方警局報到。審判日期還沒定下來。我的辯護人和我有信心最後能在法庭獲勝。總體來說我有點無聊，由於複視關係，我沒辦法好好讀書寫字。我去沼地散步過幾次，滿有趣的。唉，我想我最好寫點東西給你，免得你覺得我消失在世界角落了。」

對波普來說，勒索軟體計畫並不是一時失常的偏差行為。實際上，整個案件滿符合波普的人生觀：從惡作劇中找到樂子與適者生存的哲學。在哈佛大學時期，和波普一起參加德佛爾教授專題聚會的同學詹姆斯．馬爾科姆（James Malcolm）就表示：「他一定有點達爾文主義。他發揮自私和侵略性，將自己所學加以應用。」

波普身為一名虔誠的達爾文主義者和一位研究靈長類社交互動的專家，經常深入思考如何改變行為，以適應難以預料的局面。裝瘋賣傻既符合個人利益，還能讓他展現幽默感，這是波普逃避懲罰之餘還能愚弄權威的策略。

然而，倫敦南華克的法官傑佛瑞・里夫林（Geoffrey Rivlin）仍相信波普的身心狀況不佳，又或者他單純不想在法院上繼續看到波普，想把他趕出英國。一九九一年十一月，里夫林做出判決，認定波普不適合受審。在承認勒索軟體的受害者難以伸張正義同時，里夫林命令這個「病懨懨的人」以最快速度返回美國。[21] 基羅伊表示，這就像小鎮警察「把人丟上巴士送到下一個郡」一樣。

儘管如此，這起案件在英國仍留下深遠影響。與案件相關的報導促使英國議會在一九九〇年通過《電腦法》（Computer Misuse Act of 1990），將駭客行為視為犯罪。根據該法條規定，未經授權損害電腦運作，或是阻礙電腦任何程式運行與取用資料能力，可判處五年以下有期徒刑。這條法令適用於所有對英國的電腦發起的攻擊，無論攻擊來源在哪裡。

義大利當局對里夫林逃避審判責任的行為感到不滿，因為愛滋木馬也曾在義大利肆虐並帶來破壞。於是在一九九三年，羅馬一所法院以勒索未遂的罪名，判處波普兩年半有期徒刑。波普並未參與這場訴訟，他安然地待在德州，不會再次被引渡。

從此波普不再接觸電腦犯罪。他一回到美國就將愛滋木馬拋之腦後。無論是在公開場合或私底下，他都絕口不提這件事。當《誠懇家日報》的記者克里斯多福・伊凡（Christopher Evans）在距離休士頓南方約一小時車程的雷克傑克森市（Lake Jackson）找到波普時，波普住在一棟門禁森嚴的公寓大樓，他禮貌地拒絕接受採訪。

「我只能說，那是一起奇特的案子，」他這麼告訴伊凡：「我不想為過去的往事輾轉難眠。我還有光明的未來要顧。」[22]

波普一如往常沒有明確的財務來源，但他身邊從來不缺少人陪伴。他的妹妹芭芭拉一家就住在附近，有時他還會和當地的基本教義派基督徒一起喝咖啡，以在辯論中讓對方目瞪口呆為樂。有一些基本教義派的基督徒衣服上印著「WWJD」的字樣，意思是「耶穌會怎麼做？」（What would Jesus do？）而波普也印製自己的衣服穿上街，他的版本衣服上寫著「WWDD」——「達爾文會怎麼做？」（What would Darwin do?）

他還在一本離譜的書中試著回答這個問題。有些不那麼自大的人在受到全世界羞辱後，可能會迴避爭議話題，但波普反而追求爭議。他在二〇〇〇年自費出版《大眾演化論：人類學教我的人生課程》（Popular Evolution: Life-Lessons from Anthropology）一著，在書中，他再度深化二十五年前在德佛爾教授家中客廳提倡的極端觀點。

波普著作中的建議有一部分似乎還符合邏輯，例如為了鼓勵親屬延續家族基因，他建議人們不要將遺產留給家人，而是指定留給未來出生的孩子。但有些內容聽起來就像用綏夫特文體寫出來的諷刺文。[4] 他寫道，青少年應該要多抽菸喝酒，到了八年級就該輟學，因為這些行為能促進更多性交活動與提升生育率。他提議立法禁止母乳哺育，因為那會帶來避孕效果，並主張以配方奶粉養育嬰兒的母親「能繁衍更多後代」。波普書中還有一個令人更不舒服的段落，那就是他對強暴似乎抱持寬容立場，前提是只要強暴能讓人懷孕就好。他寫道：「當今人們雖然常聽到一種說法，那就是強暴是一種暴力犯罪，而不是一種性犯罪，但強暴的性成分是真的。」「被強暴的受害者不是隨機選擇的對象，通常她們是正值繁衍時期的女性。強暴犯也不是隨機生成，通常是處於繁衍時期的男性。」

波普在寫這本書過程，曾在一封給奧古斯丁的信中寫道，根據他的觀察，單親媽媽養大的孩子有更高的繁衍率，「或許一個父親能提供小孩的最好待遇……以美國來說，就是拋棄他們。」

諷刺的是他忽視自己的哲學——波普膝下無子。奧古斯丁曾用這件事激他，波普的回應是：「我沒有孩子的原因是文化負擔。我肩負相對高的教育地位和第一世界的繁榮，這是一種可怕的負擔。」

波普這套觀點和他的領域格格不入。隨著社會生物學發展成熟，該領域愈來愈重視合作與利他主義帶來的演化優勢。波普過去的同儕也沒有忘記他網路犯罪的脫軌行徑。但他依然找了許多同僚，包含暢銷作家和他之前在哈佛的導師，希望他們幫忙背書。他似乎沒意識到這些人可能不想和他有所牽扯。其中的例外，是他擔任高中生物教師的摯友希爾布為他寫了推薦短語，說這本書能「吸引喜歡史蒂芬．古爾德的讀者。」[5]

波普種種逞強的行為背後，隱約反映他的不安。波普反覆做著被獅子或人們襲擊的噩夢。他在給奧古斯丁的信中寫道：「我被各式各樣的人輪流毆打，在夢裡我常會反擊，但打出去的拳頭軟弱無力。」

波普直到和克莉絲汀・萊恩舊情復燃後，才稍微緩和下來。當初兩人在肯亞相遇時，萊恩還是個大學生，而波普則在觀察狒狒。後來在一九七〇年代末期，他短暫返美取得博士學位，兩人曾在哈佛廣場（Harvard Square）相會。一九九八年兩人再度取得聯繫時，波普對萊恩說：「我知道你會上網。請不要相信你看到的任何內容。」他們兩人從不討論愛滋木馬。

二〇〇二年，波普與萊恩搬到奧尼昂塔（Oneonta），波普對萊恩正值青春期的女兒來說是一位朋友兼人生導師。波普在二〇〇四年發表《波氏達爾文物種起源索引》（Popp's Concordance to Darwin's On the Origin of Species），他在這本書的標題中將自己與他的英雄相提並論。

波普在奧尼昂塔附近的大學申請教職，但處處碰壁。萊恩有了一個想法：他們何不來開一間蝴蝶館。波普在給奧古斯丁的信中解釋開蝴蝶館「既有趣又能賺錢」，在二十英里外的古柏鎮（Cooperstown），就有美國國家棒球名人堂暨博物館（National Baseball Hall of Fame and Museum），他預計能夠吸引「頗為大量」的觀光客和學校參訪團到蝴蝶館參觀。他寫道：「遊客來到一間有幾百隻蝴蝶翩翩飛舞的雨林溫室一定會很歡樂。」

然而，他得先籌措一筆資金。波普和萊恩購置與修復一棟年代久遠的農舍後，手頭現金已經很緊繃。他的銀行拒絕讓他申請信用貸款，波普希望奧古斯丁借他四萬美元，也被對方拒絕。二〇〇六年六月二十七日星期二早晨，當波普還在籌措資金準備蝴蝶館的盛大開幕時，他開著他那台已經累積十三萬英里的一九九三年款本田喜美，在一台拖拉機後方打滑，整個車頂直接被削掉。波普當場死亡，享年五十五歲。

萊恩在女兒協助下，接手完成蝴蝶館的建設，以紀念波普的名義持續營運至今。她特別小心翼翼保存著園區內一座流入金魚池的石砌瀑布。「波普親手砌上這些石頭，」她說：「這是他臨走前做的最後一件的事情之一。」

波普在他的發明成為世界上最普遍且具傷害力的網路犯罪前，就已經撒手人間。如果用波普的話來形容，那就是還要再過幾年，等比特幣出現，金流變得讓人難以追蹤，愛滋木馬的繁衍成功率才開始提升到最高程度，並孕育無數後代。

1　斐陶斐榮譽學會（Honor Society Phi Beta Kappa）為美國最古老的知名學術榮譽學會。該學會在一七七六年十二月五日，由一群充滿進取心的大學生成立，並以希臘文字命名，旨在促進文理科領域的優秀學術表現。從成立以來，斐陶斐榮譽學會的成員包含十七名美國總統、四十名美國最高法院法官，以及一百三十六名諾貝爾獎得主。

2　這句話原文為「Gnu dung is a palindrome」，出自二〇二〇年六月八日作者與 James Malcolm 的訪談內容。

3　郵資機是一種能直接蓋郵戳的機器，私人可購買，但需登記使用內容並送交相關單位，補墨水時也要去郵局繳費。

4 綏夫特（Jonathan Swift，一六六七年—一七四五年），新古典主義作家。綏夫特出生於愛爾蘭都柏林，生前出入於文壇、政界與宗教界。他擅長以犀利文體為人民伸張正義，被文史學界公認為最傑出的英文諷刺作家。綏夫特的知名代表作包含《野人芻議》與《格列佛遊記》。

5 史蒂芬·古爾德（Stephen Jay Gould，一九四一年—二〇〇二年），美國古生物學家、演化生物學家與科學史家。古爾德是他同世代人中最具影響力的科普作家，長年任教於哈佛大學，也曾在美國自然歷史博物館工作。

第二章

來自諾默爾的超級英雄

布魯明頓—諾默爾（Bloomington-Normal）常被簡稱為布魯諾（BloNo），該都會區位於伊利諾州中部，是個大學城與公司市鎮的罕見綜合體。這歸功於該區的第一大雇主——州立農業保險公司（State Farm），還有排名第二的伊利諾州立大學。布魯諾的居民大多數是白領中產階級，受過良好教育。保險業和高等教育是比較穩定的產業，不太會受到經濟衰退衝擊。州立農業作為全國最大的家居和汽車保險公司，提供眾多保戶各種意外災害保障。其中，從二〇一七年以來，「勒索軟體攻擊」被列入保險範圍。根據公司表示，勒索軟體保險商品「有穩定的成長」。

布魯諾有一段令人驕傲的歷史。當亞伯拉罕．林肯還是一名前程似錦的律師兼政治新秀時，他常常從七十英里外的春田市（Springfield）特地來拜訪兩名重要的支持者——大衛．戴維斯（David Davis）和傑西．費爾（Jesse Fell）。林肯在一八六〇年競選總統時，時任法官的戴維斯是他的競選團隊負責人，戴維斯幫助他取得共和黨提名，最後也協助林肯贏得大選。兩年後，林肯任命戴維斯為美國最高法院大法官。[1]費爾是一名商人，也是林肯長久以來的親信，是他提議林肯與史蒂芬・道格拉斯（Stephen Douglas）在一八五八年進行辯論，讓全國人民首次注意到被稱為「劈木者」（The Railsplitter）的林肯這號人物。[2]

費爾創辦了地方報紙《潘特格拉弗報》（The Pantagraph）。他的曾孫艾德萊・史蒂文森二世（Adlai Stevenson II）便是從家族企業出身，擔任報社記者和編輯。後來艾德萊當上伊利諾州州長，並代表民主黨參選總統大選，但兩次都輸給艾森豪（Dwight D. Eisenhower）。當時諾默爾是個共和黨堡壘，後來民主黨陣營慢慢擴張，如今向來偏紅的布魯諾已經帶有一絲民主黨的藍色。麥克和摩根夫妻就作為該區政治轉型的一部分，他們在兩次選舉中都投給民主黨的希拉蕊・柯林頓與喬・拜登。

史蒂文森、戴維斯和費爾三人現在都葬在布盧明頓的長青陵園（Evergreen Cemetery）。同樣被埋葬在這裡的還有一位有名的嬰兒。一八九八年，年僅五個月的桃樂絲・蓋吉（Dorothy Gage）死於肺炎，他的叔叔法蘭克・鮑姆（L. Frank Baum）為了紀念已故的小姪女，將他的小說《綠野仙蹤》中的女主角命名為桃樂絲，後來桃樂絲成為美國電影史上最受歡迎的角色之一。[3]在桃樂絲・蓋吉墳墓附近立了一尊與她同名的虛構角色雕像，那是一尊以樹樁刻成的雕像。雕像凝望遠方，右臂上掛了一個籃子，腳邊則是她的小狗托托。

歷史悠久的六十六號公路將布魯明頓的中產階級市區一分為二，兩旁林立天然食品店家、公平交易商店與一間手沖咖啡廳。每年國慶日，米勒公園（Miller Park）會舉辦煙火秀，那是一座典型的都市公園，其中設有表演台、動物園、迷你高爾夫球場、兩座戰爭紀念碑、一片高聳的橡樹林和一座人工湖。麥克和摩根夫妻倆會待在他們那棟美式工藝風的兩層樓白色平房，從前陽台觀賞米勒公園的煙火。他們家位於布盧明頓西側一角，很接近火車鐵軌。每當全美鐵路的林肯線列車（Amtrak's Lincoln Service）經過當地前往芝加哥時，他們都能聽到火車呼嘯而過。

葛拉斯彼家的門廊掛著節慶旗幟，周圍雜亂地擺放著不成套的草坪家具。房子一側用金屬圍欄圍起來，裡面有一小片草皮，留給葛拉斯彼家的狗狗四處嗅聞，車庫裡則堆滿呼叫宅宅的顧客不要的電腦和零件配備。麥克曾希望能把這些東西修好再賣出去，但後來他把所有空閒時間都花在勒索軟體上。

儘管麥克大半輩子都在伊利諾州中區生活，他並不是在布魯諾出生長大的人。他在佛羅里達州出生，外祖父休・陶德（Hugh Todd）曾替邁阿密郊區的珊瑚牆（Coral Gables）警方效力，一路升到警督階級。休留著小鬍子，對自己的警察身分引以為傲。他會在與警察相關的電影和電視節目中擔任臨時演員，享受短暫曝光機會，像是他在《金牌警校軍 5：邁阿密特別勤務》（Police Academy 5: Assignment Miami Beach）中飾演過警監，也曾在好幾集《邁阿密風雲》（Miami Vice）亮相。

休的女兒艾莉森在邁阿密戴德學院（Miami Dade Community College）取得電腦的副學士學位。

她跟約翰・葛拉斯彼（John Gillespie）因為對空手道有共同興趣而結識，很快開始約會。某次他們駕車前往紐約參加一場空手道營隊途中，艾莉森發現自己懷孕了。一九九一年十二月十二日，約翰跟艾莉森誕下麥克。當他們舉辦婚禮時，麥克已經六周大了，他還穿著一套嬰兒用的連身燕尾服參加婚禮。在婚禮上，二十三歲的艾莉森和二十歲的約翰身穿皇家藍的緞面空手道服，麥克的外祖父還獻唱兩首歌祝賀。

不久，約翰・葛拉斯彼被裁員，失去工地的工作。他們舉家遷離佛羅里達州到東皮奧里亞（East Peoria），先是住在約翰母親名下的房子，接著搬到皮奧里亞。過去，生產建築與礦坑設備的開拓重工（Caterpillar，簡稱為 CAT）公司總部就在皮奧里亞，那裡也是美國中部心臟地帶的代稱。[1] 廣告商與競選宣傳很愛問一句話：「這在皮奧里亞也管用嗎？」

麥克四歲那年，他們一家搬到皮奧里亞南方十英里處的北京（Pekin）。北京是一座藍領階級為主的貧困城市，人口只有三萬兩千人，以「盛產」安非他命惡名昭彰，連全國的戒毒宣傳廣告，都是用當地一位居民染上毒癮前後的比對照片。[4]

約翰・葛拉斯彼在聯合土地調查公司（Consolidated Land Surveying）上班，擔任外勤團隊，幫他們的主要顧客萬宙商信（Verizon）進行土地測量，以便客戶蓋基地台。艾莉森則在網路上修了刑事司法與災難管理學分班。她換了一個又一個工作，擔任過路口導護員、家居裝修店警衛、學校午餐配餐員和櫃檯收銀員。

葛拉斯彼夫婦熱衷於教堂和社區活動。艾莉森會分送食物給需要的人，她和約翰都在該州的災難緊急應變機構擔任義工，透過業餘無線電和目擊龍捲風的人們聯繫。他們會在「火腿節」（hamfests）和其他業餘無線電愛好者聚會，並在他們那台綠色四門的雪佛蘭開拓者和另一台紅色雪佛蘭卡車上都裝設業餘無線電，還在卡車車頂和保險桿裝了半打天線跟警示燈，好在災難來臨時第一時間警告周圍的人。

「我成長過程很有趣，整間房子會充滿各種聲音，」麥克說：「我父母會持續收聽各種頻道，不只接聽警方的掃描儀和消防隊頻道，還會聽到一些機密的東西或無線電玩家間的對談。」

麥克的雙親是狂熱的擁槍派。二〇一二年，康乃狄克州的新鎮（Newtown）發生桑迪胡克小學（Sandy Hook Elementary School）槍擊案，包含二十名學童在內，共計二十六名受害者遭到槍殺。慘案過後，艾莉森轉貼一篇美國隱藏持槍協會（U.S. Concealed Carry Association）的聲明，表示「更多立法與更嚴格的管控，未必代表更多安全與保障」。約翰的社群貼文也充滿贊成擁槍的相關梗圖，還有一則貼文邀請大家參加布盧明頓舉辦的「民間團結支持擁槍權利遊行」。那場活動鼓勵參加者攜帶武器，以「對當地可能破壞活動的反法西斯分子發表嚴正警告」。

每當葛拉斯彼夫婦開車回佛羅里達州拜訪親戚時，麥克會帶上他的任天堂 Game Boy 和他命名為「凱蒂」的貓咪玩偶。他在車上對爸媽的談話充耳不聞，只是看著窗外，想像他手上的凱蒂會在車窗外的屋頂和電線上跑酷，快速穿梭在城市障礙物間。麥克的母親熱愛正義聯盟，尤其是神力女超人，有時他們會為此繞路去伊利諾州的大都會（Metropolis）。這座位於俄亥俄州河畔的小城市只有七千人居住，據說是超人的家鄉。一九九三年，當地立了一尊超人的銅像。

葛拉斯彼一家會去瞻仰「鋼鐵英雄」的英姿。那尊超人的雕像身高十五英尺，他的肌肉發達、額頭上垂著招牌的棕色捲髮。超人鼓著強壯的二頭肌，拳頭放在腰間，背後的紅色斗篷張揚著，雙腳則牢牢站在基座上，基座上寫著「真理－正義－美國之道」。

麥克一家人經濟十分拮据。麥克穿的是別人不要的衣服，有時還得靠食物補給才能飽餐一頓。他的父母繳不出北京那棟房子的房貸。二〇〇三年，麥克十一歲時，銀行一度要徵收他們家。儘管最後麥克一家保住了房子，他們還是在二〇〇八年宣告破產。[5]二〇一八年，約翰任職的聯合土地調查公司也關門大吉，約翰再度面臨失業。

麥克吃過不少苦，但沒因此少了家人關愛。他們家中總是會有寵物，通常是一隻貓。如果麥克在戶外玩耍或去朋友家，他的爸媽會透過無線電和他保持連繫。在雙親鼓勵下，麥克很早就對科技發展興趣，他的父親教他怎麼焊接業餘無線電，讓他學會修好電器，兩人會在捷威兩千（Gateway 2000）上一起玩《毀滅戰士》（*Doom*）。麥克還會在他叔叔送他的超級任天堂上大玩《大金剛》（*Donkey Kong Country*）。他常常去同樣熱愛電玩的祖母家，兩人一起整理花園、烹飪，祖母會帶麥克一起玩《盧恩傳奇》（*RuneScape*）這類的線上角色扮演遊戲。

麥克很喜歡一款名叫《樂高生化戰士》（*Bionicle*）的遊戲，遊戲中的善惡陣營會在一個神話宇宙互相較量。[6]玩家也能在遊戲中一些地方找到密碼，密碼會讓玩家連上《樂高生化戰士》官網。「我一直很喜歡密碼學。我記得小時候，會對手中掌握了別人猜不透的秘密感到著迷不已。」

麥克想要收集更多樂高套組，但他爸媽無法負擔。於是他和鄰居一位朋友一起用一些不成套的樂高零件組出各種太空船。這些零件還是他朋友去別人的二手庭院拍賣買來的。

麥克上小學後，校方很快發現他天賦異稟，將他轉進資優班。小學二年級時，他已經在上小學四年級的數學。麥克回想當時父母「終於發現他很擅長編碼類的事」後，幫年僅十二歲的他在伊利諾中央學院（Illinois Central College）註冊，讓他去上程式編碼課程。一年後，麥克就精通電腦到可以在線上教學網站開課，幫數千人上課，用的還是盜版繪圖設計軟體。

「我知道盜版使用價值八百美元的軟體不對，但我心中會想，如果能靠這個賺錢，我就會去買正版來用。但我還沒有靠它賺到多少錢，這就是我逃避付費的邏輯。」

麥克有時在自由接案中也有意外之財。他曾接到一名來自印度的客戶，出一千美元價格請他架設網站。

某天，正在讀中學的摩根．布蘭琪下課後，注意到一位衣服不合身的瘦小男孩。當時男孩在她好友家附近，幫一位老婦人的草坪除草，老婦人則在旁邊罵他沒把事情做好。「你漏掉那邊一塊了！」老婦人對他大喊。年僅十歲的摩根心想：「天啊，他一定感覺很糟。」

那位受困的男孩就是麥克，老婦人則是葛拉斯彼家的恩人。她和她兒子曾在麥克一家窮途潦倒時收留他們。摩根永遠忘不了那天，她第一次瞥見未來的丈夫。

摩根的童年——如果還稱得上童年——過得比麥克更加顛簸，雖然原因不盡相同。她的父親鮑比．布蘭琪（Bobby Blanch）在皮奧里亞長大，她母親婚前名叫貝絲．赫爾（Beth Hall），是一位在北京出生的矮小棕髮女人。兩名年輕人在暑期聖經學校（Vacation Bible School）相遇，之後，貝絲在鮑比的高中畢業舞會晚上懷孕了。一九九二年情人節，摩根在北京出生，當時她母親才十七歲，父親剛滿十八歲。那時摩根的祖母麗塔．布蘭琪（Rita Blanch）也才三十三歲，她的曾祖父、曾祖母都還在世。

摩根出生四個月後，鮑比和貝絲才結為連理。但他們都還太年輕，沒辦法兼顧婚姻和育兒的雙重責任。「我還很小時就知道，我的需求和慾望一點都不重要。」摩根說：「更重要的是我爸媽的需求和慾望……基本上他們就是讓我跟手足自生自滅。沒人會檢查我的家庭作業，早上不會有人叫我起床去上學。如果我沒起床，像是鬧鐘沒響或睡過頭，我就會被罵。」

隨著一家人口增長，摩根家庭失能的狀況愈演愈烈。一九九五年，布蘭琪夫婦生下一個兒子，一九九七年又生第二個女兒。摩根表示貝絲有酗酒問題，常常和鮑比吵架。在實質上，摩根就是一家之主，她十歲時得同時擔任弟妹保母與照顧寵物。她弟弟患有自閉症，需要額外關注。

摩根常為了喘口氣躲到祖母家過夜。身兼數職的麗塔凌晨一點到五點要去送報紙，摩根就會搭她的車去兜風。後來摩根在電視上找到她心目中嚮往的健全家庭，她會準時收看每一集《寶貝故事》（*A Baby Story*），那是一齣在電視上播出的實境節目，拍攝幾對佳偶歷經懷孕的焦慮、分娩的痛苦，最後苦盡甘來抱著新生兒的過程。

摩根暗自下定決心長大後要當一名助產士，但不久就改變主意了。她說：「我意識到我沒辦法處理負面的部分，像嬰兒胎死腹中。」但她仍渴望有自己的孩子。「我一直想當媽媽。年輕時，因為我的母親無法以理想的方式養育我，我開始夢成為一位好母親，思考如何讓別人過得更好、成為一位我不曾擁有的人。」摩根也喜歡玩《模擬市民》（*The Sims*），那是一款人生模擬遊戲。在遊戲中她能創造出夢幻生活，那比真實世界來得更令人滿足。

二〇〇三年，在髮廊擔任設計師的貝絲提出離婚申請，指控自己受到「極端而反覆的心理虐待」。[7]二〇〇四年，當離婚程序塵埃落定，貝絲和當時在地面裝潢公司上班的鮑比達成協議。鮑比每個月須支付兩百美金的贍養費，[8]讓孩子們在北京念完書，[9]並在基督教信仰中成長，孩子的監護權則由兩人共有。每星期摩根會分配不同時間給父母。這種模式持續一年後，摩根終於受不了母親家中凌亂不堪的狀態。某天晚上，她躺在她「髒兮兮的床上」，看著四周「骯髒的環境」，跟自己說：「我再也不想這樣下去了。」

摩根衝進客廳，當時她母親還醒著。她對母親說：「我不知道你怎麼受得了在這種鬼地方生活。」這是她第一次這麼直接挑戰母親的權威。貝絲暴跳如雷，抓起摩根的手就是一陣猛打。摩根使勁掙脫後跑到她父親家避難。鮑比帶著摩根回到貝絲家說：「把能拿的都拿走。」

她的母親則在房裡怒氣沖沖瞪著她。「剩下的你別想再看到了，」貝絲說：「我全都會捐出去。」摩根從此再也沒看到一些她心愛的小擺飾和紀念品。

那時貝絲正在失速墜落。某次她和家人大吵後把自己鎖在浴室，吞下一些藥丸。她的朋友撞開浴室門，把她送到醫院。二〇〇六年和二〇〇七年，貝絲兩度在法庭上為酒後駕駛認罪。後來她才重拾改變人生的力氣。二〇一〇年十月時，貝絲在臉書上驕傲寫下：「到了周三，我就滴酒不沾滿兩年了。」

不久，摩根的父親也開始離群索居。當鮑比在庭院割草或丟垃圾時，總會感覺不自在，他會感覺鄰居在對他指指點點。摩根因此不再和鮑比住在一起。鮑比帶著女友和他們的女兒搬進一棟與世隔絕的山頂小屋，要去小屋得先經過標示「私人財產」和「禁止進入」的告示，在一條泥濘小路開車十分鐘，才能在被松樹、橡樹、白樺樹和黑刺槐樹包圍的幽暗樹林中找到屋子。每當暴風雪過境，鮑比就得自己剷雪清出道路。他還裝了自己的備用發電機。

一天晚上，鮑比在布滿星空的小屋外，回想自己十幾歲時如何面對作為摩根父母這件事。「那真的很難。」他說，可是他想起當貝絲懷孕時，「我已經十七歲了。」「我並不算太年輕，我媽生我時才十四歲……當時我想，**至少我已經十七歲**，是個大人了。」

摩根有著適合唱女低音的嗓音。二〇〇一年九一一恐怖攻擊後，時值四年級的摩根在學校才藝表演上演唱鄉村愛國歌曲《天佑美國》（God Bless the U.S.A.），她的表演轟動全場，在場的家長和老師都大力讚賞。

隔年，她選擇天命真女（Destiny's Child）的凱莉．蘿蘭（Kelly Rowland）演唱的單曲《偷》（*Stole*），那首歌描述一位黑人青少年因為生不逢時，而無法一展長才。但打從心裡想藉此為黑人所受不公義待遇發聲的摩根卻大失所望。她表示：「根本沒人在乎。」

只要對北京種族歧視歷史略知一二的人，都不難預料到人們會有這種偏差反應。早在一九二〇年代，北京就是伊利諾州三K黨的總部，[10]當地新聞報紙還成為種族主義和本土主義的傳聲筒。北京作為「落日城鎮」的惡名不逕而走，長久以來這裡的黑人在夜晚都不受歡迎。一直到一九七〇年代末，人們都還能在小鎮南方看到警告標語寫道：「在伊利諾州北京，別讓太陽落在你的黑屁股上。」[11]二〇〇〇年美國進行人口普查時，北京居民中只有四十四位黑人。雖然到了二〇一〇年，當地黑人人口上升到七百一十人，白人仍佔據百分之九十五的人口比例。

黑人不是當地唯一被歧視的族群。小鎮被創始人命名為「北京」（Pekin），就是採用中國北京的英文舊名，因為當時人們誤以為伊利諾州中區和中國北京正好位於地球兩端。幾十年來，北京的高中體育代表隊都會被稱為「中國佬」（Chinks），隊上吉祥物也沒有例外被稱為「中國佬」、「小支妹」（Chinklette）或「竹子先生」（Mr. Bamboo）。[12]當地的溜冰場會被稱為「中國溜冰場」，每當在體育賽事中，北京隊的選手得分，學生就會敲鑼慶祝。

一九六〇年代，由於北京的高中贏得兩次伊利諾州籃球冠軍錦標賽，先前充滿貶義的暱稱變得廣為人知。華裔美國人開始抗議，但地方政府和商業領袖都不願意淌這灘混水，北京高中的學生則透過「民主程序」，一面倒投票決定保留「中國佬」的暱稱。直到一九八〇年，新任教育局長在知道接下來幾年將面臨更多學生罷課與校友抗議的情況下，依然堅持修改稱號，最後，北京高中體育代表隊的暱稱被改成「龍群」（Dragons）。麥克和摩根是在這種充滿偏見的環境下長大，麥克表示：「光是從人們身上就能感受到歧視的氛圍……我甚至還記得南部邦聯旗幟漫天飛舞的樣子。」[2]

麥克在國中時，音樂老師將他和同學組隊，讓他們彈奏烏克麗麗，並在伴奏下唱歌。麥克彈得不差，但他的搭檔彈得更好，於是六年級就變聲的麥克負責演唱部分。

當青春期的麥克唱出深沉嗓音時，音樂老師大吃一驚。他唱到一半，老師就忍不住打斷，跑到他面前。「你的聲音很適合男低音，」她說：「我的合唱團正缺男低音。」那成為命運性的轉捩點，從此麥克主要的課外活動變成唱歌，他也遇見未來的妻子。

麥克在學校的朋友不多，他是個既害羞又古怪的電腦怪胎，還穿著母親穿過的衣服，自然而然就成為被霸凌的對象。他的褲子總是太短，同學會笑他褲管那麼高是不是很怕淹水。

孩子們都「知道他家境窮困」。摩根說：「你知道，學校總是會有那麼一個孩子，因為行為怪異或成為別人的笑柄而眾所皆知。麥克就是這種人。」

麥克和摩根一年級時都有參加北京社區高中的課後合唱團計畫。麥克是學校「名流合唱團」（The Noteables）的一員，那是一個在北京萬壽菊節（Marigold Festival）和其他活動上表演的歌舞團。摩根則參加了女子合唱團。兩人在練習後相遇，摩根不像其他人一樣會嘲笑麥克，當時她體重過重，常常也覺得自己被排擠。摩根和名流合唱團另一名成員在約會，對方是麥克最好的朋友，三人會一起出去玩，那時麥克只是一個電燈泡。

摩根和男友分手後，麥克去安慰她。兩人會到彼此家玩桌遊、打電動、看電影。他們沒在一起時也會在聚友網（MySpace）傳訊息，聊天好幾個小時。麥克成為摩根的摯友，不過在別人面前，摩根會假裝和麥克不熟，她擔心會因為和一個電腦宅走太近被其他人嘲笑。麥克也有所保留，某個夏天他曾毫不客氣和她說：「我絕不會和胖子約會。」

摩根很受傷，但沒有表現出來。「好，我們就只當朋友。」她說：「我知道你的立場。」很快地，麥克就對自己的遲鈍和粗心感到後悔。他花了一年半時間追她，但他在別人面前的愚蠢行徑也讓摩根尷尬。有一次，麥克在摩根父親家後院的彈簧墊上試圖表演後空翻，結果他的臉被自己膝蓋重擊，嘴唇還被牙齒撞破。還有一次，麥克在朋友辦的湖畔派對上借水上摩托車玩危險的水上懦夫賽，彼此對衝看誰先膽怯。

不過摩根內心知道麥克很可靠。「有時我們會因為其他朋友太輕浮而煩躁，」她說：「那些人都不可靠。相較之下，麥克和我如果有計畫就會堅持到底。我們也很欣賞彼此這點。」

她詢問麗塔祖母的意見，又徵詢她最好的朋友翠西亞。兩人都支持她和麥克在一起。「親愛的，最好的朋友就是最好的丈夫，」麗塔和她說：「天呀，快去他身邊吧。」翠西亞的回應則言簡意昡：「就試試看呀。」

於是麥克和摩根在高三那年聖誕節開始約會。

與此同時，十六歲的麥克也開始找工作。他先去了一間花店應徵。「我想只要在花花草草中工作，就能認識一些女生，這也是我學法文的原因。」

結果麥克沒去花店，倒是透過家裡一位朋友介紹，獲得能讓他一展電腦長才的工作。布萊恩・福特（Brian Ford）一家人和葛拉斯彼家一樣，都是北京福音路德教會的教友，經常會上聖約翰教堂。布萊恩嘴角總帶著一抹微笑，他留著平頭短髮，有低沉的嗓音，喜歡打獵和釣魚，是一位和藹可親的戶外活動愛好者。同時他也是位精明的商人與成功的實業家。從高中開始到他在東伊利諾大學（Eastern Illinois University）就讀期間，布萊恩在自家的苗圃培育出高品質的番茄和辣椒，並以此拿下大獎。但他不打算往蔬果種植業發展，他上了電腦相關的課程，接著去應徵開拓重工的軟體工程師。一九八九年，他在地下室成立維面科技公司（Facet Technologies），在兼職經營公司十二年後，他從開拓重工辭職，全心投入維面科技。最初維面科技只有大約一百名客戶，布萊恩會幫客戶進行電腦和網路維護工作。到了二〇二一年，公司已經擴張到替全美五千家企業，提供各式各樣的科技產品服務。

布萊恩相信要給聰穎的高中生更多機會。他從小看麥克長大，麥克的父母也常在他面前提起麥克的電腦長才。他知道麥克在北京高中上過網路相關課程，於是向維面科技的企業解決方案部負責人傑森．翰恩（Jason Hahn）提起麥克，傑森也是年僅十六歲就被布萊恩招募進公司。

「我們教會有個孩子蠻聰明的，對電子產品很有一套，他在找工作。」布萊恩和傑森說：「或許他蠻適合我們的。」

他們把麥克找來面試。麥克在面試時看起來有點緊張與絕望，他擔心如果沒面試上，自己最終可能要像他父親和摩根的父親一樣，去做鋪地毯類的工作。但他仍讓布萊恩和傑森留下不錯印象，最終麥克被錄取了。

二〇〇三年，維面科技收購了呼叫宅宅。呼叫宅宅是一家區域性的一般電腦維修連鎖店。麥克開始在店裡擔任兼職的駐店工程師，從事一些像拆解電腦與除錯的基本維修工作。維修店位於北京大賣場，就在麥克的高中對面。麥克第一天上班便騎著他的腳踏車出現。「嗨，我要把腳踏車停在哪？」他問傑森。

很快地，麥克不需要再騎腳踏車。在收到維面科技第一份薪水幾個月前，麥克就考到駕照。他馬上花了八百美元，買一台老舊的一九八九年雪佛蘭開拓者。下課後他會開車穿越大街去上班，或往北邊開二十分鐘到皮奧里亞分店報到。麥克說：「你瞧！短短一個月內，我找到工作、買了一台車，還交了個女朋友。」他的好運還沒結束，北京高中將他在課堂上組出的一台頂級電腦當作一個抽獎活動獎品。麥克用在維面科技賺的錢，花超過一百美元買獎券，然後把大獎帶回家。

隨著麥克在維面科技職責愈來愈重，他開始展現解決問題的創意才能。他發明一個他稱為「核彈」（Nuker）的裝置，用來將舊硬碟內容清得一乾二淨，接著他會貼上老虎的貼紙裝飾，這樣就能把硬碟拿出去賣。他還改善並推出「二代核彈」（Nuker 2.0），這次則改用獅子貼紙。

原本，呼叫宅宅用一套很簡陋的工單系統來追蹤工作進度。這套系統是用 PHP 語言寫成，也是麥克最愛用的程式語言，於是他自告奮勇幫公司改寫系統。麥克在學校上程式設計課時，經常能在半小時內完成整個禮拜的作業，剩下時間他就會用來和工單系統奮戰。他除了將整套系統從黑白畫面升級成彩色、加進圖示，還打造出讓外勤人員也能遠端操作的軟體。最後，麥克被任命成為整個系統的程式負責人，其他分店也被整合進同一個系統。整套系統在改善後變得很有市場價值，維面科技乾脆將系統授權給其他公司來賺錢。

「在大多數情況下，麥克就是我們的主要工程師。他真的做得很好。」布萊恩說：「基本上我們就是讓他做自己想做的事。」

對麥克來說，最難適應的不是技術性問題，而是與人交際。麥克對待摸不著頭緒的同事或顧客，沒有比他後來忍受那些搞不清楚狀況的勒索軟體受害者親切多少。他很習慣依循自己的方法做事，而且不太樂於接受建議。「我不知道他對人有多少信任，」布萊恩說：「但我們還是要明白跟麥克說：我們是來幫你的。」

在傑森．翰恩眼中，麥克的「客戶服務技巧有點粗糙」。他私底下提供有合唱團經驗的麥克一些建議。「有時你必須表現得像你在表演的樣子，而且還要友善一點，」傑森跟麥克說：「當你和顧客說話時，要想：他們害怕科技，有時還會感到很挫折。我們說的話要讓他們感到安心，讓他們覺得我們能理解他們。」

「我懂了，」麥克說：「我錯了。」

從此麥克有所警惕，也開始得到顧客讚賞。即便他不再固定上教堂，因為他覺得「上教堂有點迷信」，但教堂仍是維面科技的顧客，布萊恩也還是會去參加禮拜。麥克常常幫教會解決他們的科技需求，聖約翰教會的秘書表示，整個教會「都仰賴麥克」。

麥克在學校也開拓一番事業。他和幾個同學在北京高中的學校官網隨意瀏覽，發現學校網站的漏洞會讓他們看到學生的社會安全碼等機密資訊。他們迅速通知負責維修電腦和網路的老師艾瑞克・麥坎（Eric McCann）。

艾瑞克表示：「那是一個從來沒有人發現的漏洞。麥克跟他朋友快速搜尋密碼和學生帳號，沒想到檔案就大辣辣出現在那裡。」學校高層沒有對外公開這件事，也沒有提起麥克和他同學的功勞，他們低調修補了漏洞，並更改所有人的密碼。

麥克嗅出資安漏洞的直覺變得愈來愈敏銳。他注意到很多學生在上課前會先把置物櫃密碼轉好，這樣一來回來時只要輕輕一拉，置物櫃的門就會開了。某天早上，他在走廊上把每個同學的鎖都拉一遍，只要有櫃子被拉開，他就會在上面貼紙條責備對方沒鎖好。

當麥克放學後去呼叫宅宅上班，摩根則會去麥當勞工作。高三那年，他們兩人都成為名流合唱團的成員。他們跟隨合唱團前往田納西州納希維爾（Nashville），在電臺節目《大奥普裡》（the Grand Ole Opry）的全國競賽上，表演雷蒙斯樂團（the Ramones）的經典歌曲《傾聽我的心》（Listen to My Heart）。雖然合唱團通常會選一些《美國經典歌曲集》的曲子，但麥克個人比較喜歡金屬樂團的歌，像超級殺手（Slayer）和金屬製品（Metallic）這一類的樂團。

摩根希望能和麥克一起在高年級才藝劇表演二重唱。但她在練習時嘲笑麥克走音，以報當年麥克嘲笑她過重的仇，麥克一氣之下便退出了表演。

二〇一〇年春天，麥克以接近全班榜首的高分從北京高中畢業。他的班級排名和他在美國大學測驗（American College Test，簡稱 ACT）的成績，讓他榮獲伊利諾州代表學者（Illinois State Scholar）的名聲。不過在畢業紀念冊中，他還是穿著尺寸太大的「恩典牌」舊衣服。布萊恩鼓勵麥克開始半工半讀，建議他一邊在維面科技打工，一邊念大學，當初傑森也是這樣走過來的。布萊恩心想，反正就算麥克上課都在打瞌睡，還是能輕易在程式設計課拿到滿分並換取文憑。

但麥克卻直接在呼叫宅宅展開全職工作，即便全職工作的年薪不到三萬美元。麥克的家人並不鼓勵他去念大學，他也擔心就算拿到助學金還是付不起學費。「我深知我們負擔不了，」他說：「我知道我能申請各種助學貸款和獎學金。但即便如此，我的財務狀況還是無法負荷。我不想負那麼多債。」同時，麥克也認為他自學的效果可能比關在教室好。對他來說，上大學的意義是讓他能從事喜歡的工作，可是他已經有工作了。在高中最後一周，學校布告欄貼出眾人的榜單，麥克看到他的同學各有落腳處。而他的名字不在上面。他心想：管他的，我已經有全職工作了。

摩根和麥克不同，她想去念大學。摩根計畫在密利克大學（Millikin University）主修音樂。那所學校位於北京東北方的迪凱特，距離北京有七十五英里遠，但距離更北邊的諾默爾只要一小時車程。正巧維面科技準備在當地一座小型購物商場開一間呼叫宅宅分店，服務隨六十六號公路擴張的郊區。麥克很快就被調到諾默爾分店，從此他每周末會開車去迪凱特找摩根。他在摩根買的新電腦上灌好微軟文書處理程式，還放進盜版的迪士尼電影給她看。

摩根在臉書上發文，表示對註冊大學感到「**超**興奮」，但她的欣喜很快被財務現實打斷。她光是買課本就花光所有積蓄，這讓她不得不向麥克借錢。開學兩個月前，摩根在臉書貼文上寫，如果她借不到五千美元貸款，就「徹底完了。我實在**太**窮，念不起大學。我超擔心錢的問題。」

摩根的親戚並沒有因此同情她。某天她在臉書上抱怨：「花錢買教科書實在有夠貴……明年我要怎麼付這筆錢？」

「老方法：去找工作。」她的外祖父韋德．赫爾（Wade Hall）建議她：「你的姑媽在當服務生，或許你可以改走這條路。」

「外公，我在學校念書時已經有一份在音樂系的工作，」她回答：「但我賺的錢都付光了，我實在沒時間再打第二份工。」韋德則說：「親愛的，實際一點好嗎。」

摩根開始正式上課後，更殘酷體會到光靠自己的聲音無法換到音樂文憑。她在臉書上寫：「我鋼琴彈得很爛，這讓我被迫重新思考是否要當音樂老師。我不知道，我的大腦就是拒絕以適當的速度讀譜。」某天她的老師在她彈鋼琴時打斷她，說她「誤讀」了，她忍不住哭了出來。

摩根也很想念麥克，每次在周末相聚後分開都讓她心碎。她寫道：「每次要和他說再見時，我內心深處都會非常痛苦。」「噢，為什麼周日的夜晚總是讓人悲痛難耐……這完全是因為我深愛的人要離開了，我不知道什麼時候才會再見到他。我應該永遠都當不了軍眷。」

終於，她下定決心不再朝音樂老師之路邁進，而是成為一位全職母親。二〇一〇年十月，摩根在進入密利克大學兩個月後就選擇輟學。她和麥克一起認養一隻貓，將牠取名為阿比蓋爾·莉莉（Abigail Lily），並在諾默爾租了一間公寓。「每次想到我們即將開始一起生活，我就會手指發麻。我從靈魂深處知道，沒有比這更正確、更完整的選擇。」

二〇一一年某天，麥克去見摩根的父親，以各種藉口聊了兩小時。起初鮑比·布蘭琪以為麥克是要說摩根懷孕了，才會左右其詞，但麥克其實是想向摩根求婚，他只是在嘗試鼓起勇氣，希望徵求鮑比同意婚事。鮑比很樂意給兩人祝福。那年十二月兩人正式訂婚，並決定次年十月舉辦婚禮的日期。

麥克和他朋友去一個偏遠的農場舉辦單身派對，他們安排一場破壞科技的狂歡之夜。麥克的同事戴夫·雅各布擔任他的伴郎，他在家中烤好兩份十磅重的肩胛肉帶去派對，還準備自製煙火跟炸彈。「派對現場就像電影《上班一條蟲》（*Office Space*）的大結局，」戴夫說：「我帶來的其中一個小玩意兒，把一台老舊的 Xbox360 主機炸得半天高。」

麥克的父親還帶來一堆槍，在簡單教大家如何安全用槍後，他們就用壞掉的電腦來打靶。戴夫說：「只要沒有喝太醉就能拿槍，我們也朝一些舊螢幕開了幾槍。」

麥克和摩根的婚禮在一個秋意盎然、陽光普照的下午舉辦。貝絲為摩根精心設計髮型，祖母麗塔擔任主婚人。在一百多位賓客見證下，麥克和摩根正式結為連理。戴夫在一個九〇年代翻唱樂團中當過貝斯手，所以他負責婚禮的音樂和場控。在舉杯祝賀時，戴夫向賓客說明為什麼他認為麥克會是個好丈夫。他說每當有顧客的電腦開著色情檔案忘記關時，公司其他人都會趁機大飽眼福，只有麥克專心地只想把電腦修好。戴夫表示，麥克甚至在面對電腦中的淫穢內容時，都會感到內疚。

由於他們的婚禮在州立公園舉辦，典禮上禁止供應酒精飲料。不過戴夫在後車廂藏了一些啤酒，他和另一位呼叫宅宅的朋友一直回車上拿啤酒，但沒有讓麥克知道。戴夫解釋：「若讓他知道，他肯定會發飆。」

婚禮過後，麥克和摩根在飯店過夜。之前有些飯店拒絕讓他們訂房，因為兩人當時還未滿二十一歲。但皮奧里亞的麗怡飯店（Country Inn and Suites）破例讓兩人能在那裡度蜜月。飯店原本還提供他們氣泡酒慶祝，但麥克將酒退了回去，告訴員工他們還沒到合法飲酒的年紀。

婚禮後第二天早上，麥克醒來時眼眶泛淚，感覺幸福洋溢。兩人準備去大廳吃早餐時，麥克悄聲和摩根說：「這是我們婚後第一次一起醒來。」

兩年後，在二〇一四年某天下午，布萊恩．福特的妹妹驚恐地打電話給布萊恩。她點開一封垃圾郵件的附檔，現在沒辦法打開電腦中任何檔案，包含一些她很珍惜的照片。駭客留下筆記，要她付幾百塊美元的贖金取回檔案。儘管當時她和全世界大多數人一樣不太熟悉這種全新型態的網路犯罪，也還不會使用「勒索軟體」這個術語，但她已經成為勒索軟體的受害者。

布萊恩建議她先不要付這筆贖金。接著他把這個充滿挑戰性的案子轉給麥克。這對布萊恩來說幾乎是理所當然的選擇。麥克十分多才多藝，在維面科技，他被眾人稱為公司的「瑞士萬用小刀」。他精通各種事務，包含編寫程式、排除故障、提供網路解決方案與維修硬體，他的溝通能力也改善許多。麥克常常獨自顧諾默爾分店，同時處理現場臨時客戶跟清點款項。他喜歡獨立作業，這讓他能更專注在自己的計劃。當時，他為一名客戶打造一個網站，讓汽車車主能在伊利諾州更新他們的車牌。

在布萊恩的妹妹遭受攻擊前，麥克已經對勒索軟體略有耳聞。他有幾名客戶也被攻擊過，麥克開始製作一份表單記錄相關案件，希望能藉此歸納出一套解決方案。當他在檢查布萊恩妹妹留給他處理的電腦時，他從檔案副檔名「勒謝福」（LeChiffre）認出勒索軟體的品種。「LeChiffre」在法文中就是「加密」的意思。

當麥克碰到資訊科技的難題時，他和同事常會上網搜尋答案。每次他們在搜尋解決惡意軟體的方法和工具時，最後都會來到嗶嗶電腦的網站，麥克也已註冊為論壇一員。他從網站傳送私人訊息給法比恩．沃薩爾，法比恩是一名歐洲資安專家，經常在網站上發文，並因為破解幾款勒索軟體開始小有名氣。法比恩已經開發出「勒謝福」專用的解密工具，但如果要解密，他還需要最初對布萊恩妹妹的電腦進行加密的惡意軟體原始檔。不幸的是勒索軟體在發動後，已經自動刪掉原始檔案，沒有留下任何紀錄。

「我能用暴力破解嗎？」麥克問。暴力破解是指一種利用電腦高速運算能力，強制試過每一種可能密碼的方法。法比恩回答：「那樣行不通。」

法比恩對這位來歷不明、似乎「真的對這門學問感興趣」的年輕美國人留下深刻印象，同時他證實麥克的想法：如果沒有勒索軟體留下的紀錄，還原檔案之路便遙遙無期，因為這款勒索軟體使用的密鑰太長，法比恩表示「就算你破到天荒地老也解不完。」

後來，布萊恩妹妹的照片沒有被救回來。麥克認為這次失敗就像敲響一記警鐘，他體會到自己還有太多要學的東西。「我還沒開始踏上逆向工程之路，」[3] 他說：「當時我全靠法比恩。」

那次經驗同時也是麥克人生中的轉捩點，他第一次發覺未來要面對什麼。

麥克回到呼叫宅宅的辦公室，和戴夫提起他認識一位新導師，戴夫身為麥克的摯友兼同事，對法比恩的大名不陌生，他知道法比恩就是跨國防毒軟體公司 Emsisoft 幕後的資安工具開發人員。

「哇，你真的和法比恩直接對話？」戴夫驚訝地說：「很酷耶！」

「對啊，我和他合作搞一些東西。」麥克回答。

「我之前在軟體上看過他的名字，」戴夫說：「幹得好，老兄。」

1 Middle America 為美式術語，常被譯作「美國心臟地帶」、「美國中部」，通常是指美國的中西部地區，包含俄亥俄州、印第安納州、愛荷華州、內布拉斯加州、堪薩斯州和伊利諾州等地。該詞除作為地理標籤，也被賦予文化意涵，指涉美國中部的小鎮與郊區地帶，這些地區人口多為中產階級與中上層階級白人，信仰福音教派或主流新教，相較於美國東岸與西岸城市地區，反映較保守與典型的美國中產階級價值觀。

2 南部邦聯（Confederate）為美利堅聯盟國（Confederate States of America）的簡稱。一八六一年到一八六五年南北戰爭期間，美國南方十一個蓄奴州成立南部邦聯，組成獨立於美利堅合眾國的政體。

3 逆向工程原指透過拆解方式，解析產品的設計與製作方式。這裡指透過分析解讀原始碼，了解惡意軟體的運作與加密方式，以進一步取得密鑰或還原被加密的檔案。

第三章
獵人聚首

麥克沒有等太久，勒索軟體就再度找上門。塞勒姆青年學校（Salem4Youth）是一所私立寄宿學校兼農場，也是維面科技的客戶之一。該校專收一些問題青年，校舍位於伊利諾州的弗拉納根（Flanagan），是一座在布魯諾區東北方三十五英里外的小村，村上放眼望去都是風力發電廠和玉米田。

每一位拜訪學校的人一進到校園，就會先看到溫斯頓·邱吉爾的格言：「馬的外表能滋養人的心靈。」住在學校農舍內的十幾名年輕人，要在五十英畝的校園學習騎馬與照顧馬匹。學校除了仰賴學費和捐款，也會透過販售馬匹維持營運。

塞勒姆青年學校與福音派的門諾教會合作，開設線上課給學生，每間教室會備有六台電腦，[1]學生能依照自己的進度和節奏學習，內容則是依教會頒布的在家自學課綱安排。這所學校的學分也受到外界認可，所以幾乎所有參與該計畫的學生，都能進入體制內的高中並順利畢業。

維面科技的技術人員每個月都會到農場巡視，幫他們解決電腦的問題。有一次，一名外勤工程師結束例行性巡檢後，從農場扛了一台亮黃色伺服器回辦公室，放到麥克桌上跟他說：「他們打不開檔案。」

麥克抽出伺服器的硬碟，開始一一掃描檢查。他發現硬碟中的檔案都被改名了，並找到一份勒索筆記。筆記給農場兩個選項：「你可以等待奇蹟發生，然後價碼會變兩倍」，或現在就付五百美元，以「輕鬆還原你的檔案……要拿回你的檔案只有一條路可走：付錢。」

麥克搜尋副檔名後，很快就確認電腦是被名叫「特斯拉密碼」（TeslaCrypt）的勒索軟體入侵。這款軟體在二〇一五年二月亮相，主要針對美國和西歐的對象發動攻擊。它的特別之處是會對儲存電腦遊戲檔案的資料夾加密。

就當時而言，特斯拉密碼比大多數的勒索軟體都來的精密。它依靠一套稱為「橢圓曲線密碼學」（lliptical curve cryptography）的先進加密法，還精心將一系列的隱藏密鑰互相連結，讓它更難破解。特斯拉密碼會有一個主密鑰，能打開所有受感染的網絡，但每一位受害者的個人密鑰都不同。只要惡意軟體還在運作，每次使用者的電腦重開機，軟體就會改寫一套專屬於「當次」的密碼。每個被限制存取的檔案，也都會有一組自己的密碼。

特斯拉密碼有很多版本，每一版本都比前一版更複雜。嗶嗶電腦網站上因為特斯拉密碼前來求助的受害者眾多，光是相關貼文就有數百頁。當時，網站的創辦人勞倫斯・亞伯拉罕（Lawrence Abrams）也在密切追蹤特斯拉密碼。

麥克並不認識勞倫斯，但他抱著姑且一試的心態傳訊息給勞倫斯，說明塞勒姆青年學校受襲的事。不久勞倫斯回覆了，說他正在打造一支專門拯救特斯拉密碼受害者的特種部隊，而且需要志願人士幫忙，他問麥克有沒有興趣加入這個團隊。這可是千載難逢的邀請。長久以來，嗶嗶電腦吸引來自美國和歐洲的頂尖資安專家，他們都渴望貢獻自己的才華與智謀，以抵抗日漸升溫的勒索軟體威脅。於是這群專家開始並肩合作，他們跨越語言和地理疆界，慢慢認識彼此的過人之處。麥克全心投入這項計畫。

勞倫斯・亞伯拉罕不是寫程式的高手。他很少自己破解勒索軟體，但對於勒索軟體的危險有充分認知。他的專長在於預見一個重大的資安威脅，並找到最有潛力解決的人，讓他們一起解決問題。

勞倫斯將嗶嗶電腦打造成相當於十八世紀巴黎沙龍的資安論壇，讓最優秀的人才在這裡閒談交流，他們的追隨者則會關注這群人的一舉一動。勞倫斯既是召集人，也是撰史者。他寫下具有權威性的貼文，描述勒索軟體的最新發展，以及他們為了反擊做了哪些準備。

「每個碰到勒索軟體問題的人都會來我們網站，」勞倫斯說：「我們吸引所有同道中人。」

勞倫斯年紀約五十出頭，比麥克大了一個世代。他的肩膀寬闊、臉色紅潤、頭髮斑白，跟妻子和一對雙胞胎兒子住在紐約市。儘管年過半百，勞倫斯仍帶著少年的氣質，他對自己生活變得出乎意料酷這件事感到很興奮，並總是能將欣喜之情傳染給身邊的人。

勞倫斯的雙親在成衣產業工作，不過他從小就對電腦比較感興趣。他在小學二年級時得到第一台電腦，並很快開始玩電玩遊戲、上網看虛擬布告欄，還會幫朋友父母做會計用的表單。勞倫斯在青少年時期對電腦駭客有種浪漫想像，當時駭客還是一種很新潮的現象，就像更早世代的人會偷偷崇拜比利小子，[1]或者《虎豹小霸王》中的布屈・卡西迪（Butch Cassidy）等法外之徒。[2]勞倫斯說：「網路犯罪和網路攻擊總是給我一種神祕感。」

勞倫斯從雪城大學（Syracuse University）取得心理系學位後，加入曼哈頓一家電腦顧問公司，為出版社、會計公司與曼哈頓鑽石區（Diamond District）的店面處理電腦問題。二〇〇二年某天，勞倫斯在辦公室讀到一篇文章，內容是關於有人架設假的「蜜罐」（honeypot）伺服器來引誘駭客上當，[3]以觀察駭客的戰術。勞倫斯很好奇，於是也架設自己的蜜罐伺服器，過一段時間後就有人闖進他架好的虛擬機器。

勞倫斯興致勃勃地觀察那名駭客的一舉一動，內心同時浮現與對方互動的衝動。他打開電腦上的筆記本寫了一則訊息，想讓駭客知道自己正在看著他。他送出訊息，盯著畫面上一閃一閃的指示線。讓他感到訝異的是那名駭客居然回應了，對方寫道：「你這是在做什麼？」

「噢，我才剛把這裡架起來。」勞倫斯回覆。

他們兩人繼續互相開玩笑。勞倫斯說那是個「很奇特的經驗」。「對方覺得很有趣。我也覺得很有趣。他沒有造成任何傷害，非常的友善。」這場交流激發勞倫斯對資安的興趣。

勞倫斯對於企業的繁文縟節感到疲憊，他其實夢想成為一名創業家。二〇〇四年，還在顧問公司上班的勞倫斯，會在妻子熄燈睡覺後「摸黑」耕耘他的新網站。他的妻子則提議幫新網站取一個名字。「你的網站是架給那些電腦出問題的人，」某天晚上她說：「當電腦有問題時你會做什麼？你會咒罵電腦，對吧？」

於是，專門支援電腦新手的網站「嗶嗶（消音）電腦」就此成立。勞倫斯知道其他競爭對手的網站都是設計給精通科技的人，那些網站就像新手根本不可能讀懂的說明手冊。他會整理出常見的電腦問題，提供淺顯易懂的建議，像是如何解決畫面死當、電腦無法開機跟無法連線的問題。嗶嗶電腦網站就和勞倫斯的個性一樣，不會輕易批判別人，論壇上的指導方針就是所有問題都是好問題。

嗶嗶電腦提供外行人解決電腦故障或駭客的經營模式，很快就取得成功。網站上推出一篇使用「搶劫我試試看」（Hijack This）程式的教學，教別人用它找出電腦中的病毒、間諜軟體和廣告軟體，這讓嗶嗶電腦一炮而紅。勞倫斯還找來自願幫忙的人，向家庭用戶說明如何操作這套軟體來清理他們電腦。從那時開始，志願性協助的專家成為網站支柱。最終，這群專家中有幾十人成為論壇管理員，他們還會負責舉辦培訓課程，教人如何分析惡意軟體。

當嗶嗶網站流量開始攀升，二〇〇八年，勞倫斯退出顧問公司全心投入經營嗶嗶電腦。這個網站的收入來自廣告和銷售佣金，使用者則完全免費。為了擴充網站內容，勞倫斯聘請三名全職記者，偶爾還會找一些專欄作家，他自己則擔任勒索軟體和資訊安全的主筆。他說：「我痛恨有人比我們更快產出新聞。」他的行程雖然很彈性，而且總是會出席孩子們的體育活動，但他從來沒有真的放下網站休息，就算在度假中也一樣。「若有什麼事發生，我會馬上跳進去。」

勞倫斯第一次遇到勒索軟體是在二〇一二年，當時他碰到一群勒索軟體的受害者，他們都被一個名為「ACCDFISA」的軟體攻擊。ACCDFISA是「聯邦網路安全局反網路犯罪部」（Anti Cyber Crime Department of Federal Internet Security Agency）的縮寫，是一個虛構的政府單位。受害者會收到通知，說他們的電腦因為持有兒童色情影片受到感染。除非他們支付一百美元贖金，不然無法開啟電腦中的檔案。當時由於虛擬貨幣還不普及，攻擊者會要求受害者購買預付卡，透過簡訊方式將卡號傳給指定的電話號碼。雖然那時預付卡的面額很有限，但有無法被追蹤的匿名特性。

勞倫斯成功破解第一版的「ACCDFISA」，但在病毒改版後就無法解開了。他找上一位老朋友——法比恩．沃薩爾。法比恩是一間被稱為Emsisoft防毒公司的幕後創意源頭。

當著名的虛構偵探夏洛克．福爾摩斯遇到特別狡詐難解的謀殺案時，會去找他哥哥邁克羅夫特．福爾摩斯商量。在小說中，邁克羅夫特被形容身形高大、性格孤僻，是「國家最不可或缺的人物」。[2]他不像夏洛克一樣精力充沛，但腦袋比他聰明。《福爾摩斯探案》的作者亞瑟．柯南．道爾在小說中寫道，在邁克羅夫特「碩大的身軀上，有一顆異常精明的腦袋，棲息在他眉宇間……他細緻的表情充滿微妙變化，只要看過一眼……人們就只會記得他過人的思想。」

法比恩．沃薩爾在各方面都很像邁克羅夫特．福爾摩斯，包含他的才智、腰圍，以及不願和世界打交道的性格。而且他和邁克羅夫特一樣，身邊也帶了一位年輕弟子——麥克．葛拉斯彼。法比恩很幸運，他需要的所有線索在他的電腦上都能找到，所以他不用外出辦案，就能在家解決讓人困擾的謎團。

法比恩有一雙藍眼睛，他禿頭、面無血色、不修邊幅。大多數時間，他都待在倫敦近郊一間兩房公寓。他房間潔白的牆上掛著顏色鮮豔的電玩場景畫作，沙發上則替他養的貓鋪了一條毛茸茸的棕色毛毯。他的書架上整齊排了一列《超時空奇俠》（Doctor Who）的角色公仔，那是他最喜歡的電視影集。那些公仔是他的親密好友兼合夥人莎拉．懷特（Sarah White）送他的。

法比恩常常穿著 Emsisoft 公司的上衣，上頭除了印有公司商標，還玩笑般地寫：「**資安駭客：專門用您不懂的方法，解決您不知道您有的問題**」。法比恩說起話來精準又嚴謹，即便是最複雜的密碼學，在法比恩的解釋下連初學者都能聽懂。

法比恩經常失眠，他會徹夜坐在巨大的曲面螢幕前，用一組閃爍七彩光芒的鍵盤分析勒索軟體，鍵盤旁還會放一公升的低咖啡因無糖百事可樂。法比恩在工作時，有時會在 Spotify 上播「自殺羊先生最愛播放清單」（MrSuicideSheep Favourites）的電子音樂，有時則會放一些悲傷浪漫的愛情電影，像是《生命中的美好缺憾》或《王牌冤家》。

法比恩患有注意力不足過動症，或許因為這樣，他會有過度集中的症狀。當他全神貫注在解決勒索軟體問題時，可以連續工作三十、四十個小時而渾然不覺。他會焦躁不安地在椅子上動來動去。

為了讓自己放鬆，法比恩偶爾會吃一些大麻食品或迷幻蘑菇。他從網路上買孢子，然後用一個小盒子自己種出蘑菇。通常他三餐都叫外送，不過偶爾會準備一些德國口味的家鄉菜，像水煮香腸或烤巧克力起司蛋糕。由於法比恩沒駕照，出門時他就會搭優步。通常他只有在看醫生時才會出門。

法比恩對點頭之交的朋友來說，是個好相處且說話機智的人。但在友善的外表下，他內心潛藏童年時代陰影帶來的憂鬱。一九八四年，法比恩在蘇聯統治下的東德出生，當時他父母已經四十多歲。他說：「事實上，醫生還建議過我媽流產，因為她太老了。」法比恩的父親是個酒鬼，每天都會喝很多啤酒。「他喝的可不是又淡又便宜的美國啤酒，」法比恩說：「他喝的都是正統德國啤酒。」共產政府確保人民都被分配到工作，法比恩的父親被分配的工作是擔任家禽交易商。但當柏林圍牆倒下、德國再次統一後，他父親失業了。法比恩的母親則是公廁的清潔工，後來她罹患癌症，領了一份撫恤金就離職了。

他們一家住在羅斯托克（Rostock）郊區，當地居民大多是工人階級。羅斯托克是波羅的海周邊的一座小港都，因為反移民動亂惡名遠播。法比恩還小時，看過支持新納粹主義的年輕人在街上遊蕩。他跟家人住的公寓爬滿跳蚤，連廁所都要和其他租戶共用。

法比恩的父母年幼時期都很貧困，出於補償心態，他們成年後變成囤積者，在公寓裡堆滿舊瓶罐和舊報紙。法比恩在一個沒有穩定結構或規則的環境下長大，他說：「沒有人告訴我什麼是正常的，比方說要每天洗澡之類的事。」他無法與父母親「有情感上的連結」，他們從來沒對他說過愛他。「記憶中，我第一次被擁抱是在十六歲那年，抱我的人是我同學。」

法比恩的父母毫不掩飾對他姊姊的偏愛，時常會帶姊姊去家族旅行，留下他一個人看家。法比恩的父親還會對他施暴。法比恩從小就知道只要他忍耐，就能更快讓家暴結束。他被毆打時不會哭也不會反擊。直到十歲左右，他覺得自己終於大到能護自己時，才開始有所反應。但他從此也留下心理創傷。十二歲那年，法比恩開始出現夜驚症（night terror）的症狀。他說：「我幾乎每一晚都會哭喊到吵醒整棟房子。」他的鄰居威脅要向房東抱怨，於是他父母把他送去身心科尋求醫生協助。

法比恩會連續好幾周都穿一樣的衣服上學。就像麥克．葛拉斯彼穿「恩典牌」舊衣一樣，法比恩的衣著讓人一看就知道他家境貧困，這也意味著他容易成為被霸凌對象。受到家暴經驗影響，他遭受霸凌時也沒有任何反應，後來霸凌他的人覺得無聊就放棄了。同學們也發現法比恩在課堂上對他們「特別有用處」，法比恩說：「他們知道我有將很複雜事物說得很簡單的天賦。」

法比恩在上課時常常不聽老師的話，頻頻違規，但對他來說課堂作業易如反掌。「我甚至不用專心，」他說：「只要稍微聽過我大概就會記得。我從沒有特地為一個學科認真念過書。」他開始和其他邊緣人混在一起，他們自稱為「怪胎幫」，會一起打電動，提倡一些對自己有利的政見，例如降低合法飲酒年齡等。

一九九二年，德國剛恢復統一初期，法比恩的父親在政府安排二度就業下開始上電腦課，法比恩去父親班上時第一次接觸到電腦，當時他才八歲。「那時我覺得電腦非常迷人。對我來說它們從本質上就符合邏輯。我得替自己弄到一台電腦才行。」法比恩開始做回收，收集瓶瓶罐罐賺錢。到了十一歲他終於存夠錢，買了一台電腦。他把電腦藏在家中掃具櫃裡。他說：「那是台野獸。」以當時而言，那台電腦又快又強大，電腦中裝了英特爾的中央處理器，並配上十四吋螢幕和一台光碟機。法比恩讀完整本英文使用手冊，雖然光是「開機」（boot up）一詞就讓他感到困惑，因為在德文裡「boot」是船的意思。他又存了一筆錢，買一些會附送試用版遊戲或軟體的電腦雜誌。

買完電腦兩個月後，法比恩的電腦就中了「龍舌蘭」（Tequila）病毒，病毒來源是他同學之間交換的遊戲磁碟。但法比恩對病毒感到很著迷。他說：「第一次看到電腦中毒時，我完全迷上了。」當下他的第一個反應是也想創造一款電腦病毒，這樣就能搞懂它們如何運作。法比恩從圖書館找到幾本相關書籍，發現他不需要自己真的去寫病毒。「就像外科醫生不用學會開槍，還是能學會怎麼取出子彈。」法比恩轉而收集病毒樣本。當其他小孩在集郵時，他則是收集病毒並加以分析。十六歲時，法比恩已經開發出他自己的反木馬軟體，他將軟體釋出在網路上的虛擬布告欄，讓人們使用。他請使用者捐款給他，並收到一大筆錢。

但法比恩抑鬱的情緒沒有因此減緩。他在高中時輟學離家出走，從此再也沒見過他父親。十八歲那年，他靠著寫程式賺到的錢搬去維也納，開始在一間防毒軟體公司工作。可是後來他失去出門上班的動力，連起床都感到無力，幾個月後便離職了。他說回想起那段時時期，「我的狀況真的很糟很糟。」

接著，他遇見了克里斯蒂安．梅洛（Christian Mairoll）。克里斯蒂安在二〇〇三年創辦 Emsisoft 公司，他和法比恩一拍即合。克里斯蒂安表示，法比恩「在他的領域是真正的極客，他很喜歡拆解程式，連我寫的也不例外。」「我想我們兩個一直在挑戰誰比對方更強。」

「在某個時間點，我們想如果能合作組隊、融會我們的知識，我們就能成大事。從這個角度來說，我從來不是『雇用』法比恩，而是把他當成合作夥伴。只是我剛好比較專注在營運層面，所以當了執行長，如此他就有時間更深入技術層面，去分析惡意軟體和編寫程式。」

後來，公司總部搬到紐西蘭。克里斯蒂安在當地買了座農場，[3]開始過著照顧羊群、養雞、種水果的生活。他對法比恩的成就感到驕傲。「在這個星球上，很少有人能做他這種工作，」克里斯蒂安說：「他在做的或許是某種形式的藝術。」

法比恩身為 Emsisoft 的高階主管，能將公司導向他有興趣發展的主題，包含勒索軟體興起的現象。他在工作中漸漸熟悉嗶嗶電腦網站和它的創辦人勞倫斯。後來勞倫斯為了「ACCDFISA」尋求他協助，法比恩便出手破解軟體。但之後駭客又推出新的修正版。法比恩說：「這就像一場貓抓老鼠的遊戲。」

法比恩在父親過世後回德國照顧母親，並漸漸放下童年留給他的憤怒。他說：「當你持續責備別人對你所做的事時，你會一直處在受害者心態。」

二〇一三年九月，一款前所未有的勒索軟體出現，而法比恩就是其中一位身先士卒投入分析研究的資安研究人員。一款名為「加密鎖櫃」（CryptoLocker）的軟體，為現代勒索軟體揭開序幕，狩獵勒索軟體的行動也正式展開。加密鎖櫃是第一批開始要求用數位貨幣付款的大型勒索集團。這一款勒索軟體利用偽造的客戶服務信件，假裝成聯邦快遞類的貨運公司，讓人點開帶有惡意軟體的附檔，趁機滲透受害者電腦。[4]攻擊者會要求受害者以比特幣支付三百美元贖金，並警告如果不在三天內付款，他們就會銷毀密鑰，讓加密檔案再也救不回來。法比恩分析後發現這款勒索軟體無懈可擊。

加密鎖櫃也是嗶嗶電腦的轉捩點，從此嗶嗶電腦從一個平凡的電腦技術協助網站，搖身一變成為對抗勒索軟體的最前線。勞倫斯說：「網站一系之間被跟加密鎖櫃有關的文章淹沒，沒有人知道這款病毒從何而來。」

勞倫斯發現加密鎖櫃利用一款稱為Zbot的木馬病毒，侵入視窗作業系統。Zbot是最知名的「金融木馬」（banking Trojans）之一，這種病毒原本是被開發來竊取金融帳戶的密碼。勞倫斯在去他岳父家參加家族聚會前，寫了一篇關於Zbot的文章，並把文章貼在網站上。到了岳父家後，他暫時離席檢查網站狀況。但當他試著登入嗶嗶電腦時卻沒辦法登入。他頓時陷入慌亂。

「發生什麼事了？」他不禁自問。勞倫斯打開伺服器紀錄，卻看到伺服器上「充滿請求（requests），就像在駭客電影中會看到文字不斷快速刷過，無法停止。」

勞倫斯意識到在他貼出文章後，加密鎖櫃背後的勒索集團對他發動分散式阻斷服務攻擊（distributed denial-of-service attack；DDoS）。[4] 他們利用機器人（bots）或被惡意軟體感染的殭屍電腦干擾流量、轟炸嗶嗶電腦，讓網站超載。勞倫斯束手無策，於是他聘請其他公司幫忙解決。嗶嗶電腦整整當機了四天。「我恨死那種感覺，糟透了，就像被侵犯一樣。」

不過勞倫斯也對嗶嗶電腦引起勒索集團的注意，感到有點受寵若驚。「我發覺那些開發人員有在讀我們寫的東西，看我們在做什麼。而且我們有能力在事情發生當下去改變事件走向。那時候我開始上癮。從那天起，只要有人發現任何勒索軟體，就會將資訊貼在嗶嗶電腦。我們會近一步分析資訊，事件就會有進一步發展。」

對法比恩來說，處理勒索軟體是一種誘人的消遣。他說：「我一直都對勒索軟體有興趣，偶爾會幫忙解決問題。只是我需要有人在背後推我一把，」而他的幕後推手是莎拉．懷特。莎拉直覺認為法比恩需要將所有心力放在勒索軟體上，她預測勒索軟體犯罪會大爆發，這件事反映她精準的預知能力。法比恩曾用一句德國諺語形容莎拉，說她總事能「跳出框架思考、預見轉角後遇到的狀況」（*um die Ecke denken*）。

二〇二一年秋天，莎拉就讀於倫敦大學皇家哈洛威學院（Royal Holloway），主修資訊工程與資訊安全。當時她大學四年級，那是她在學校的最後一年。莎拉在大三期間沒有修任何課程，而是在英特爾實習。她以全職軟體開發人員的身分賺取學分和薪水。實際上，早在二〇一六年三月，她就以高中生身分，開始在 Emsisoft 兼職擔任勒索軟體分析員。

莎拉在一九九八年出生，她的身形嬌小，留著一頭及肩淡棕色長髮。雖然她可能在技術層面上比不上麥克・葛拉斯彼和法比恩・沃薩爾，但她有不同特質，其中之一是她對勒索軟體的演變和趨勢有不同凡響的遠見。她能在推特和其他網路平台找到很多勒索軟體的樣本，讓麥克和法比恩進行分析，這讓她成為公司的無價之寶。Emsisoft 推出的許多解碼工具都會署名讚揚莎拉的貢獻。

莎拉和她的室友共租一棟公寓，這對一位習慣獨居的人來說是很重要的一步，她說那讓她感覺更像是個「活在三次元的人」。當莎拉最喜歡的節目《英國烹飪大賽》（*The Great British Bake Off*）播到「麵包周」時，她還會做佛卡夏給室友們吃。她和法比恩很少實際碰面，但兩人每天都會在 WhatsApp 通訊軟體上聊天。她傳訊息給法比恩時，法比恩那頭還會響起專屬她的歡呼鈴聲。

莎拉在倫敦南方的郊區長大，是家中的獨生女。她父親在地方政府工作，負責監控公園的公共場所安全與健康狀況，她母親則負責照顧有學習障礙的成人和孩童。她的雙親都沒大學學歷。莎拉一家常去佛羅里達州的迪士尼樂園度假，那讓她熱愛迪士尼電影。她和麥克一樣特別鍾愛《獅子王》。

從很小開始，電腦就是莎拉生活的重心。在一張二〇〇二年萬聖節的紀念照中，年僅四歲的莎拉綻開燦爛微笑，她穿著橘色褲子站在南瓜燈前，旁邊電腦螢幕上開著一款教育遊戲。不久，她開始在尼奧寵物（Neopets）網站上養虛擬的格雷伊獵犬，她在現實生活中也養了一隻傑克羅素梗犬。莎拉是家中的「電腦萬事通」，在學校的數學與科學學科也表現優異。電腦課的班上有二十三名學生，其中只有她是女孩。

莎拉在其他方面也與眾不同。她形容自己是具有神經多樣性的人。[5]老師們也注意到她很沉默寡言，但對適合自己的題目非常感興趣，像是惡意軟體。二〇一三年四月，莎拉祖父的電腦被惡意軟體感染，為了尋找解決方法，她找到嗶嗶電腦，利用站上提供的工具掃描硬碟把檔案修好。網站上有一名熱心人士自願幫她清理電腦。「哇喔！這感覺挺酷的！」莎拉心想：「要不我也試著加入看看？」

不久之後，她就開始參加嗶嗶電腦的訓練計劃。他們安排她閱讀資安相關的資料並讓她練習。每天莎拉放學回家就會在論壇待上幾個小時，學著怎麼移除惡意軟體。她說：「我當時對此充滿熱情。」到最後一關，指導員在一台虛擬機器中灌入名為「ZeroAccess」的惡意軟體。這款惡意軟體曾滲透過數百萬台電腦系統，通常是在受害者打開受感染檔案或連結時入侵。莎拉通過測試移除了ZeroAccess，完成她為期十一個月的訓練課程。二〇一四年，她以這項訓練計畫中最年輕的畢業生身分，加入嗶嗶電腦的惡意軟體應變小組。

莎拉還在實習階段就開始參與討論惡意軟體的群組，在群組中有一位不常發言的成員名叫「法沃」（FaWo）。某天，法沃終於加入討論，他的評論激起莎拉的興趣。她決定接觸法沃這號人物——當然，法沃就是法比恩．沃薩爾。莎拉表示最初自己「比較像在嘗試和他對話，而不是他在回應我。」

莎拉和法比恩很快就發現兩人有共同興趣，像是在YouTube上看別人玩遊戲的影片。莎拉在法比恩面前很自在，她不必假裝對那些典型青少年會關注的主題有興趣，像流行時尚或音樂等等。

某年聖誕節，莎拉的家人送她一件真人大小的北極熊連身裝，讓她在冬天寒風刺骨的家中能保暖。她穿上後拍了一張自拍照傳給法比恩，從此以後北極熊成為兩人共同的吉祥物。他們的推特頭像都是穿著北極熊連身裝的圖片，那是由同一名藝術家繪製給他們的感謝禮。他們曾在二〇一六年拯救那名藝術家被勒索軟體綁架的作品集。法比恩會稱莎拉北極熊寶寶，並自稱為大北極熊。

漸漸地，法比恩開始依賴莎拉的建議。莎拉跟他說希望能以消滅惡意軟體為志業，法比恩便為她安排兩個在Emsisoft的實習機會。只要莎拉發現有勒索軟體開始不受控制地蔓延，就會催促法比恩集中火力。「我到處都看到這一款勒索軟體的消息，」二〇一五年十月，她告訴法比恩：「或許我們應該研究其中一些案例，看能不能破解。」

隔一個月，法比恩在「拉達曼迪」（Radamant）勒索軟體的加密演算法中找到破綻，當時這種勒索軟體在暗網上廣為販售。[5]他針對該軟體第一版和第二版製作解鎖工具，這顯然讓拉達曼迪的製作者不太開心。在下一版本的原始碼中，他們額外寫了「真是謝謝你喔法比恩沃薩爾**去你的！**」（ThxForHlpFabianWosarANDFUCKYOU!!），以及「Emisoft 該死的混帳我恨你們。」（emisoft fuckedbastardsihateyou）。他們還把軟體的命令與控制伺服器命名為「Emisoft 最爛了」（emisoftsucked.top.）。[6]

對此，法比恩在嗶嗶電腦上發表一篇貼文回應：「我不太清楚你們圈子是怎麼做事的，但在我們業界被惡意軟體作者辱罵，是我們能得到的最高獎勵，所以非常感謝你們這麼做。」[6]接著，他補充自己只有一個要求：「只是拜託一下，下次麻煩試著把公司名字寫對。」

法比恩和莎拉在推特上，也開始追蹤一位神祕的匈牙利研究員，對方以「惡意軟體狩獵團」（MalwareHunterTeam）稱號在網路世界行動。當惡意軟體狩獵團才二十幾歲時，就已經破解十幾款勒索軟體，他協助破解的軟體有更多。他不信任權威，從政府到銀行皆是，而且極度迷信。

像是在二〇二一年七月，惡意軟體狩獵團曾發布一篇推特，跟眾多追蹤者說：「一個很重要的小建議：不要睡在有任何鏡子的房間，至少在睡覺時要把鏡面完全蓋上。」他會沒來由預言人類即將面臨沒有人想像得到的神祕**大事**。同一年八月，他發文說：「如果有任何人最近想自殺，我認真說，再活一陣子看看會發生什麼事，因為那將不會是地球上常發生的事。就算幾千年都難得一見。」

惡意軟體狩獵團在推特上，常因為科技大廠沒有認真看待勒索軟體的威脅而感到沮喪。二〇二

○年八月，他在推特上表示 Google Play 商店中有八款惡意軟體可以下載：「這再次展現谷歌所謂的**安全性**是一場笑話。」他也嘲諷他心目中另一位科技巨人的資安缺陷：「什麼？你希望微軟專注在行銷以外的其他瑣事？」四個月後，他將勒索軟體大爆發歸咎於「那些該死的公司根本不在乎資安漏洞，他們根本不在乎任何應該在乎的事，也感謝當局連假裝做事都免了。」

丹尼爾．加拉格爾（Daniel Gallagher）在資安產業工作，他在推特上認識麥克和法比恩後，也開始協助他們。丹尼爾很罕見地獲得惡意軟體狩獵團的信任跟友誼，他表示，惡意軟體狩獵團在對「惡意軟體進行逆向工程與了解惡意軟體如何運作上，是一位非常傑出的人。他能從程式碼中找到隱蔽的細節，並且全年無休地追殺惡意軟體。」

幾年前，丹尼爾在細讀惡意軟體狩獵團的推特貼文時，發現這位朋友正面臨財務困境。丹尼爾回想當時自己傳訊息給對方，說道：「我覺得不太對勁，我能怎麼幫你？」他提議資助對方，但惡意軟體狩獵團一再拒絕他。後來，丹尼爾終於說服他收下一筆現金。他寄了一百美元過去，那對丹尼爾來說只是點零頭，「光是每個月喝星巴克就會花掉」。但對匈牙利人來說一百美元是一大筆錢。法比恩也伸出援手，他聘請惡意軟體狩獵團在 Emsisoft 兼職擔任軟體分析師。

丹尼爾和惡意軟體狩獵團之間有時會用帶點黑色幽默的口吻開玩笑，說他們如果能無所顧忌投入網路犯罪生活，就會變得富有許多。「你眼睜睜看著這些勒索軟體背後的執行者一個周末就能輕鬆賺到五十萬美元，」丹尼爾說：「我們會說：我們也辦得到啊。當這些犯罪數量已經多到讓你精疲力竭且充滿挫折，你就會開這種玩笑。我們像是在打一場兵敗如山倒的戰爭，但我們會奮戰到底。你不能因為看起來沒辦法贏就直接放棄。」

惡意軟體狩獵團則謹慎表示，他已經不記得自己如何開始對勒索軟體產生興趣。不過他表示在對抗勒索軟體過程，他最有成就的時候是當「麥克靠我給他的樣本或我整理乾淨的檔案，破解了勒索軟體。」

另一名來自東歐化名為「血腥多莉」（BloodDolly）的研究人員，發現特斯拉病毒在保護密鑰上的關鍵缺陷。當時，勞倫斯召集的特種部隊正在研究這款病毒。特斯拉軟體的開發人員透過常見的質數相乘方式產生對應密鑰。長久以來，數學家都對質數著迷不已。質數是一種只能被一和自身整除的數字，由於質數擁有許多獨特的性質，在加密資訊時格外有用。

但特斯拉病毒犯了一個錯，它意外用了非質數的數字產生密鑰。此外，相較於標準程序中系統會用兩個極大的質數相乘，產生受保護密鑰，有一些特斯拉病毒的受害者密鑰是以許多較小的質數產生，相比之下比較容易被破解。有鑒於此，血腥多莉能用一種稱為「數域篩選」（number sieve）的演算法縮小質數範圍，這套演算法在分解較小整數時很有效率。接著，他只要有足夠運算能力，就能找出特斯拉密碼的密鑰並解鎖被加密檔案。

血腥多莉實際上是一位名叫伊戈・卡比納（Igor Kabina）的斯洛伐克人，他在一間防毒公司擔任「偵測工程師」（detection engineer）。血腥多莉是一位巫師角色的名字，伊戈從他玩過的一款歌德風遊戲借來這個名字。通常他會穿一身黑，他眼眶深陷、有著神秘的微笑和一頭過肩黑髮，看起來就像個術士。二〇一五年五月，血腥多莉在嗶嗶電腦上貼了一個連結，公開他的「特斯拉解碼器」（TeslaDecoder），並寫道：「我希望這對某些人有幫助。」文末他還附上一個微笑的表情符號。

不過後來他發現，特斯拉密碼幕後的勒索集團也會看他張貼的對應措施，藉此改寫軟體進行除錯。從此血腥多莉不再直接貼出解鎖檔案的教學文章給受害者。但他仍會和勞倫斯的特種部隊分享更新後的解鎖工具。勞倫斯則在他的網站上將特斯拉密碼標記為可被破解的病毒，但盡可能避免描述如何破解，以免勒索集團針對弱點進行修補強化。

麥克跟血腥多莉在嗶嗶電腦上聯繫。他從這名斯洛伐克研究員身上吸收所有破解特斯拉密碼與解救受害者的知識。血腥多莉回憶當他們開始合作時，麥克「還在嘗試用暴力破解方式解決問題」，因為他使用的是比較慢的程式語言，血腥多莉向他展示如何加速他的程式碼。

麥克運用血腥多莉的工具，為塞勒姆青年學校與另一位同樣遭受特斯拉密碼攻擊的客戶取得密鑰。二〇一五年八月，麥克在嗶嗶電腦上驕傲公布這個消息：「我想宣布一個成功的故事：這個禮拜我在家裡成功幫一位系統被攻擊的客戶，解開一些樣本檔案的密碼……想必我的客戶聽到她能拿回她的照片會很開心。」

塞勒姆青年學校回復對學校網路的權限，省下一筆贖金。該校的執行董事泰瑞・本格（Terry

Benge）表示：「我們很感激每一位協助我們對抗邪惡的人。」

當時，法比恩正在處理不同品系的勒索軟體，因此把新的特斯拉密碼受害者都轉介給麥克。受害者會提供被加密檔案，麥克則將檔案放進血腥多莉的解碼工具分析。他不分日夜趕工，很快為受害者算出專屬密鑰，並同時用到公司與家裡電腦。這讓他的妻子不太開心。當摩根在玩《模擬市民》時，遊戲中的人物動作變得比較緩慢，因為電腦大多數算力都被用來暴力破解特斯拉密鑰。

有的密鑰只需要用筆記型電腦花上幾分鐘就能破解，但有的可能得花一整個禮拜，而且還要用高效能的伺服器運算。每天整支特種部隊能幫助十到十五名受害者。「你必須幫每一位受害者都運算一輪，」麥克說：「不是只要有一個主密鑰就能解開所有人的檔案。」

有的密鑰以比較長的字串組成，如果要在預計時間內算出來，就需要更多運算能力，有的甚至超出麥克手邊能用的電腦的運算極限。在機緣巧合下，北卡羅來納州的「使命健康連鎖醫療集團」（Mission Health）新買兩台高效能的伺服器。丹尼爾．加拉格爾正是這間公司的資安主管，他在首席資安技術長同意下，將這兩台伺服器用來支援特種部隊。

丹尼爾回想當時他傳訊息給其他成員，說道：「嘿，我手上有一台價值萬元的伺服器，現在剛好空著沒人用，我們來使用它吧。」

麥克把握機會，把一套腳本（script）寄給丹尼爾。「開啟這個檔案，」麥克跟丹尼爾說：「我只需要用到中央處理器的運算力。」

「這我辦得到。」丹尼爾回答。兩人開始合力設法取得密鑰。

麥克陸續救了很多特斯拉密碼的受害者，當人數超過一百人後，他已經懶得去記到底幫助多少人。勞倫斯在嗶嗶電腦網站上特別感謝「所有犧牲寶貴時間來幫助特斯拉密碼受害者的人。」並特別提到血腥多莉和狩魔 335 的貢獻。

後來，勞倫斯回想當時情景說：「那件事鬧很大，簡直瘋了……我們破解密鑰忙得不可開交，麥克則在過程中發現程式漏洞。」

有時，勞倫斯會代表受害者與特斯拉密碼背後的駭客談判。某次他告訴對方，他們搶走的是一位母親手上僅存的兒子照片，她的兒子是在戰場上陣亡的美軍，對方於是免費給勞倫斯密鑰。

二〇一六年五月，血腥多莉發現特斯拉密碼在暗網上的網站似乎關閉了。眼見機不可失，他要求勒索集團釋出主密鑰，讓受害者都能取回他們的檔案。過了一天半，對方宣布他們將終止活動，並把最新的一組主密鑰提供給他。「計畫終止，」特斯拉密碼在暗網上寫道：「我們很抱歉！」[7]

當時狩獵團隊還沒正式成立，獵人們在對抗「加密鎖櫃」、「特斯拉密碼」或其他病毒時，都是透過嗶嗶電腦的私訊功能與推特聯繫。他們的對話紀錄散落在不同平台上，內容因此變得零碎沒有組織。光是搞清楚每個人的工作進度就事半功倍，而且每天都會有新的勒索軟體浮現。在嗶嗶電腦的大門前，總是有氣急敗壞的受害者大排長龍。

勞倫斯說：「到了某個階段，我心想：為什麼我們還要透過論壇上的私訊功能解決問題？」

是時候讓獵人們聚集在一起了。二〇一六年五月，當特斯拉密碼的攻擊者退場時，一名來自西班牙巴塞隆納的惡意軟體分析師兼樂團鼓手馬可．里維拉．洛佩茲（Marc Rivero López），提出一個打破溝通藩籬的構想。

馬可是一位積極和善的人，過去他就曾和勞倫斯、丹尼爾、惡意軟體狩獵團和麥克合作過，會幫助他們分析新的威脅。但他一直對團隊缺乏整合這件事感到困擾。馬可說：「我看到大家都各忙各的。我心想：拜託，這樣稱不上是在一起工作，我們來創個私人社群吧。」

馬可知道對任何團隊來說，專屬於成員的溝通橋樑是必要的。在五月五日，他發送推特訊息給他認識的嗶嗶電腦團隊成員：「大家好，我們來創個聊天名單，製作私密通訊錄吧。這樣我們就能分享一些勒索軟體的消息。我們可以追蹤新品種的勒索軟體，互相更新資訊，你們覺得如何？」

丹尼爾進一步提出建議：「要不要用 Slack 對話？它可以開很多頻道。」Slack 是一個傳送訊息協作平台，成員能在不同聊天室討論各品系的勒索軟體。

惡意軟體狩獵團也很感興趣，但依然保持謹慎：「唔……如果 Slack 真的很棒，我們晚點或許可以試試看。」

「我認為絕對值得考慮。」丹尼爾寫道。

「夥伴們，我能先開個頻道把你們加進來嗎？」馬可問道：「只是先試用看看。」他補上一個笑臉表情符號。

馬可著手建立 Slack，勒索軟體狩獵團從此成軍。

勒索軟體狩獵團的創始成員除了有馬可、丹尼爾和惡意軟體狩獵團，初代成員還包含麥克、勞倫斯、法比恩、莎拉和詹姆斯（James）。最後一位成員詹姆斯是一名來自義大利的系統管理員，二〇一四年，他的員工被勒索軟體攻擊，他因此加入嗶嗶電腦團隊。血腥多莉沒有加入狩獵團。他認為自己只是「相關人士」，不過還是會跟麥克合作。他說道：「我是間接參與勒索軟體狩獵團。我進嗶嗶電腦是想幫助人，勒索軟體狩獵團也有同樣目標。」

由於使用者跨越不同時區，團隊的頻道永遠都有人上線。他們很快從免費版的 Slack 升級到有更多功能的專業版，起初馬可自己負擔年費，過了不久，整個團隊就開始分擔這筆費用，每人大約出一百美元。不過麥克的經濟狀況讓他無法負擔年費，他的份是由馬可幫他出。馬可的說法是：「麥克人很好又把任務做得很棒，如果我們能幫助他有何不可？」

馬可在團隊中有另一項重要貢獻，那就是他認識在 VirusTotal 工作的人。VirusTotal 是一個線上資料庫，專門收集與測試可疑檔案，查看檔案是否挾帶惡意軟體。這個團隊從西班牙海岸的馬拉加（Malaga）起家，[8]二〇一二年，谷歌收購他們的服務。因為馬可的關係，VirusTotal 提供勒索軟體狩獵團一個免費私人帳號。要不是如此，取得帳號的價格將高到令人卻步。

勒索軟體狩獵團一直保持低調的行事作風。「我不認為外界有任何人知道這個團體的存在，因為我們從沒公開談論過。」馬可說：「我們從來不提這個團體在哪個地方，有哪些成員，要如何加入。」狩獵團沒有一套正式的規章，但成員之間有默契地遵守一些不成文規矩。例如每當他們破解某個品系的勒索軟體，會盡可能以最隱蔽的方式告訴受害者，以免打草驚蛇。

「我們碰到很多敏感的數據。」丹尼爾說：「因此我們對誰能加入團隊非常挑剔。你是否真的完全了解這個人？他們是否有任何不對勁的跡象？他是不是會四處炫耀的人？有沒有可能把數據用在他們工作上換取利益？」

最初，狩獵團的團員一致同意免費救助受害者。後來他們偶爾會討論是否推出收費方案，但每次都打消念頭。「那樣感覺不太好。」勞倫斯說。

勞倫斯在狩獵團中擔任專案經理的角色。一開始只有馬可是狩獵團的 Slack 管理員，後來馬可把勞倫斯和丹尼爾也設定成管理員。馬可開了一個管理員專屬頻道，讓他們三人能討論未來的成員人選。狩獵團不接受申請入會，新成員必須要由現有成員推薦提名才能加入，而且需要有特殊專長，例如能收集惡意軟體樣本或找到病毒弱點。「我們會問候選成員：你為什麼想加入？你能為我們帶來什麼價值？」馬可說：「如果對方只是想學習勒索軟體相關知識，那他走錯地方了。這個團隊每個人都有自己的角色定位。」

一旦候選成員通過提名審查，狩獵團就會展開投票。每一位成員都有否決權，投票必須全體同意才會通過。在對付勒索軟體的行家之間，能受邀加入勒索軟體狩獵團被視為一種榮耀。幾年來狩獵團拒絕過六位候選人，也收了六名新成員。

「團隊動力很重要，」丹尼爾說：「無論是任何成員，只要在團隊中就不能造成其他人困擾。不管他有多聰明都一樣。」

有一次某位惡意軟體研究員通過提名，馬可於是傳訊息給大家，準備舉辦投票。但有一名成員回答：「如果這傢伙加入，我就退出。」

馬可見狀趕緊打圓場。「我希望所有人在這個團隊都能開心，」他寫道：「所以如果我們有疑慮，他就不能加入。就這麼簡單。」

狩獵團也曾拒絕過一位由勞倫斯提名的微軟員工。「過去，惡意軟體的研究者不太喜歡微軟。」勞倫斯解釋：「微軟會一直推出安全性更新。我個人認為這個決定是錯的。微軟的人員能為我們帶來很多資源。」

儘管馬可擔任管理員角色，他從來沒有實際和團隊中任何一位成員見過面。「一開始我們計畫要見面開一場會，但我們從來沒有實行。」後來狩獵團的成員以線上聚會取代實體會議。二〇一七年，莎拉、法比恩和麥克開始會在每周日晚上，一起上線玩虛擬的派對桌遊。「那是由我發起的。」莎拉說：「我想要有人陪我玩。」

他們會玩一些跟狩獵團毫無關聯的有趣遊戲，例如《反人性卡牌》（*Cards Against Humanity*），在這款遊戲中，玩家會輪流被問問題，然後從各式各樣牌卡中，盡可能選最無禮或最政治不正確的答案。他們也會玩《故障的影像電話》（*Broken Picturephone*），這款遊戲有點像《猜猜畫畫》（*Pictionary*），差異之處在於玩家既要畫圖，也要編造謎題。另外還有《揭秘希特勒》（*Secret Hitler*），[9]在這款遊戲中，玩家會各自扮演一九三三年德國國會中的自由派和法西斯派，彼此互相較勁。法西斯派的目標是選出希特勒擔任總理，自由派的目標則是找出希特勒並暗殺他。《揭秘希特勒》就像撲克牌一樣，是一款需要「社交推理能力」（social deduction）的遊戲。玩家必須要讀懂彼此的想法，判斷別人是否在虛張聲勢。根據莎拉說法，麥克花了一點時間才上手，但法比恩「強到可怕」。

隨著狩獵團漸漸上軌道，麥克達成一個里程碑。他第一次成功逆向拆解一款勒索軟體，並打造出解碼工具。

那是一款透過垃圾信件的附檔傳播的勒索病毒，被稱為「奪魂鋸病毒」（Jigsaw）。當電腦被這種病毒感染，螢幕上會跳出和《奪魂鋸》電影中一樣的拼圖殺人狂娃娃。[10]娃娃的雙頰上有紅色螺旋圖樣、脖子上繫著領結。接著畫面會展開勒索筆記的捲軸，要求受害者在二十四小時內，以比特幣支付一百五十美元來交換解碼用的密鑰。

「我想和你玩個遊戲，」勒索筆記的開頭寫著《奪魂鋸》邪惡反派的經典台詞，「讓我解釋一下規則：你的個人檔案即將被刪除，包含你的照片、影片、文件等等。但是別擔心，只要照我說的去做，這一切就不會發生……現在，讓我們開始玩這場小遊戲吧。」

奪魂鋸病毒有一種不尋常的功能。只要受害者還沒付清贖金，系統每小時都會刪掉一些檔案，讓受害者壓力與時俱增。假設三天後款項還沒付清，剩下的所有檔案都會被銷毀。

但奪魂鋸病毒的加密模式很隨便，它不僅提供每位受害者相同的密鑰，甚至將密鑰藏在勒索軟體的原始碼中，並明確標示出「密碼」字樣。二〇一六年四月，麥克、勞倫斯和惡意軟體狩獵團一起合作，破解了奪魂鋸病毒。

奪魂鋸病毒並未就此罷休，相反地，它衍生出數十種不同變體。[11]這些變體是一群「腳本小子」（Script kiddies）的傑作。「腳本小子」是指那些經驗不足，只會修改別人開發的程式，不會自己寫程式的新手駭客。這些人把勒索筆記翻譯成多種語言版本，從越南語到土耳其語都有；原先的拼圖殺人魔娃娃也被換成各式各樣角色，有的是《刺客任務》（Hitman）遊戲系列的主角，有的是史蒂芬金（Stephen King）筆下的食人小丑潘尼懷斯（Pennywise）。但這些變體各有缺陷，幾乎都被麥克一一破解。

1 比利小子（Billy the Kid）本名為亨利・麥卡蒂（Henry McCarty，一八五九年—一八八一年），他是美國舊西部的不法之徒與槍手，曾殺死八個男人，參與新墨西哥州的的林肯郡戰爭，後於二十一歲時被槍殺身亡。

2 《虎豹小霸王》（*Butch Cassidy and the Sundance Kid*）為一九六九年在美國上映的西部電影，講述假名分別為「布屈．卡西迪」與「日舞小子」的兩名歹徒，相偕逃亡到玻利維亞，以延續兩人犯罪生涯的故事。

3 蜜罐指專門架設來吸引入侵者的誘餌電腦，此類型虛擬裝置會在隔離環境下運作，因此實際上不會影響到真正的主機，就像是在籠子裡放一個裝滿蜜的誘餌來捕蟲的陷阱一樣，因此被稱為「蜜罐」。

4 分散式阻斷服務攻擊指透過惡意傳送大量訊息，讓對方瞬間流量過載的攻擊方式，這種攻擊方式如同惡作劇訂了一堆東西卻不領取，會造成其他人無法使用服務，甚至能讓對方的主機因此癱瘓。

5 神經多樣性（neurodivergent）一詞用於描述人類心智的多樣性，該詞彙的倡導者主張自閉特質不應被視為一種疾病，而是另一種大腦運作方式，具自閉特質的人士係以不同方式感知、處理與回應訊息。神經多樣性的概念可擴及多種與神經發展相關的群體，例如過動與注意力不足、妥瑞氏症、發展性語言障礙、發展性動作障礙、學習障礙（包含閱讀、書寫、計算）等。

6 命令與控制伺服器（command-and-control server，簡稱 C&C 或 C2）為一部發送命令給感染惡意程式的裝置、並會從這些裝置接收資訊的電腦。

第四章

有趣的戰爭

二〇一六年五月，在勒索軟體狩獵團正式成立之時，一個被稱為「啟示錄」（Apocalypse）的團體也開始活動。「啟示錄」透過滲透軟體的方式，讓他們的使用者從遠端連線到其他電腦。如果在滲透後發現目標電腦的預設語言是俄羅斯語、烏克蘭語或白俄羅斯語，他們的勒索軟體就會自動終止，不會將檔案加密。[1]

啟示錄引起麥克的導師法比恩注意。法比恩很快就破解啟示錄其中三種變體，他說啟示錄寫的是「業餘程式碼」，並把密鑰分享給受害者使用。啟示錄接著又釋出六個版本，法比恩也一一把它們破解。

到了八月底，啟示錄把最新的變體命名為「法比恩勒索軟體」（Fabiansomware），算是以反諷方式向勒索軟體狩獵團的專業致敬。[2]在程式碼中，勒索集團直接留下豪語挑戰法比恩：「破解我啊，王八蛋！」

法比恩處之泰然，在推特上寫道：「他們很在意我呢。如果他們開發技術不那麼差，我可能還會感到受寵若驚。」

這個軟體的名稱也讓一些受害者誤以為法比恩就是勒索他們的人。一名受害者在推特上對法比恩說：「閉上你的狗嘴。你鎖住我的伺服器還勒索我。」

「在你繼續丟臉前，先查一下我是做什麼的，」法比恩反駁：「我是一名惡意軟體研究員，因為我一再破解他們的垃圾勒索軟體，讓他們的受害者不用付錢就能解鎖檔案，才會惹火勒索集團。」

他就像破解先前幾版的勒索軟體一樣，把「法比恩勒索軟體」前兩版也破解掉了。到了二〇一六年十月，這款勒索軟體的開發員備感挫折，乾脆在釋出第三版前找上法比恩，要他試試看能不能破解。

「哈囉，法比恩。我剛做完新版本，你要樣本嗎？我可以傳給你。」

「當然好啊。」法比恩回答。

開發人把樣本連結傳給法比恩。「我百分之百確定你破不掉。」（十一分鐘後）「我想聽聽你的看法，你喜歡我寫的程式碼嗎？」

法比恩注意到這一版軟體中有一張他推特的頭像，照片中的他有胖胖的臉、剃短的平頭、戴著黑色細框眼鏡並留著山羊鬍。只有一點不太一樣，照片上頭還有個陽具指著他。他先把針對他的侮辱放在一邊，開始分析這一版勒索軟體。

「在某些情況下我還是能破解它，」法比恩回答：「雖然稱不上全破。」

接著駭客改變自己的語氣，稱讚法比恩能解決先前其他版本「就像神一樣」，並問他是怎麼在一天內把其中一個版本破解掉。

法比恩解釋：「因為你的運作模式很單純，不用花太多力氣就能搞懂它們。」

「好，謝謝你的回答。」駭客寫道：「那就讓我們繼續這場有趣的戰爭吧。」

法比恩把被修改過的頭像貼在推特上，解釋這張圖會出現在下一版的法比恩勒索軟體中。「我不知道這稱不稱得上某種愛好者創作（fan art）。」

一周後，啟示錄的開發人員再度開啟對話，試圖招募法比恩。「既然你腦袋這麼聰明，何不做點賺大錢的事？」

「我有讓我能過舒適生活的錢了，」法比恩回答：「我喜歡我的工作，而且樂在其中，也不用擔心哪天特警部隊會找上門。」

啟示錄這種主動示好的經驗其實不罕見。勒索軟體開發人員常會試圖接觸獵人，向他們抱怨、辱罵或嘲弄，有時甚至想操縱他們。他們跟狩獵團成員都熱衷於勒索軟體，彼此有很多相同技巧，而且是嗶嗶電腦的忠實讀者，尤其是當網站發布新的功績時。啟示錄的開發人員說對一件事，法比恩是能躋身最傑出勒索軟體攻擊者行列的人，但他反而是世上最偉大的勒索軟體獵人之一。法比恩和這群黑帽駭客「有著共同的志向」，勞倫斯表示：「他們之間簡直像在競爭。」

獵人與駭客這兩方陣營，都是一群無師自通、大材小用的科技極客。他們有時不諳社交禮數、喜歡電玩遊戲，也對特定電影很熟悉。例如一款名為「哈庫那馬他他」（HakunaMatata）勒索病毒，名稱就出自麥克最愛的動畫《獅子王》中受到奧斯卡提名的歌。大多數勒索集團和勒索軟體狩獵團一樣是由年輕人組成。集團成員雖然分散在世界各地，但主要集中在東歐地區，例如俄羅斯和北韓等國家。在一些案例中，有的勒索集團還受到政府保護，甚至會成為暗中發動網路戰爭的秘密武器。

有些駭客本身會有一套自己引以為傲的行為準則。例如他們通常會遵守諾言，收到贖金就會還原受害者的電腦。勒索集團認為如果他們背信忘義，未來的受害者更可能拒絕付款。他們會找各種藉口將自己的勒索行為合理化，但即便他們一再重申贖金並非重點，他們攻擊的目的多半還是為了錢。勒索集團和狩獵團最大的差別就在於他們貪得無厭。

法比恩破解過太多款勒索軟體，阻撓駭客幾乎已成為他的日常活動。當他戰勝駭客同時，還能聽到這些壞蛋的稱讚或抗議，這反而能讓他從中找到樂子。

有時被擊敗過的駭客會在勒索筆記中，藏進寫給死對頭的訊息。有的會巴結法比恩，像在二〇一六年年底，「恩莫雷拉」（NMoreira）病毒的開發人員就在勒索筆記裡插入一段話：「法沃薩爾，有你的，看到有人知道自己在做什麼，真的讓我受到很大啟發。你的暴力破解工具太讚了，令人印象深刻……我之前沒測試過隨機數字生成器（Random Number Generator），是我太蠢了。希望你也能破解這一版軟體，我不是在諷刺你，你真的很鼓舞人心。抱。」

法比恩將這段讚美貼在社群媒體，寫道：「至少他們這次是當一個禮貌的笨蛋，但還是笨蛋。」

有的駭客則動之以情。「法比恩，拜託，不要破解我的病毒！」一位攻擊者寫道：「這是我的最後一搏，如果你把這版也破了，我就去吸毒了！」[3]

法比恩不為所動，還是破解那款軟體並做出解碼器。

更多駭客則是會辱罵他。他們會發動挑釁，在一堆長長的號碼和字母中放入一句：「再破一次啊，法比恩！看你有多行！」[4]

法比恩就像勞倫斯發現嗶嗶電腦受到分散式阻斷服務攻擊時一樣，對於自己被關注到感到愉悅。「他們特地花時間心力傳訊息給我，預期會被我看到，顯然我真的惹毛他們了。」[5]法比恩說：「知道自己做的事刺激到一些很惡劣的網路犯罪集團，是一種不錯的動機。」

但有時他會有點難分辨傳給他的訊息是辱罵還是恐嚇。有一位攻擊者對他說：「把起司漢堡放下，你這胖子。」[6]儘管法比恩沒有刻意保密自己的體重，他的頭像就是一個大塊頭，他也曾在推特上提過他在節食，但這段話還是讓法比恩有點心驚。如果駭客對他個人外貌有興趣，那也可能去查他的住址或追蹤他的家人。

法比恩在推特上也遇過有人設陷阱抓他。對方辦了一個假冒「法比恩．沃薩爾」的帳號，貼上一段加密訊息。當法比恩解碼後，發現一個追蹤ＩＰ位址的網站。ＩＰ位址是用來識別連接在互聯網裝置上的一系列數字。假設知道一個人的網路位址，就能用來追蹤對方上網的裝置。也就是說如果法比恩從家中電腦連上那個網站，對方就可能定位他所在的城市，甚至知道他在哪一條街。當時，法比恩還住在德國羅斯托克的老家。

更令人擔憂的一次，是「CryptON」勒索軟體幕後的犯罪集團成員，透過線上論壇傳訊息給法比恩。CryptON 是一款同時會攻擊家庭用戶和公司的勒索軟體，但它的演算法有一個弱點。二〇一七年法比恩發現這個缺陷，把前面三版都破解了。據推測，母語是俄語的 CryptON 開發人員不假掩飾地警告法比恩，「他們的朋友」想去德國漢堡「登門拜訪」。此前，法比恩在領英（LinkedIn）網站上將自己的所在地標註在漢堡，因為漢堡距離他居住的羅斯托克只有兩小時車程，而且是比較為人所知的大城市。他說：「他們暗示說如果想要，他們就能找到我，所以我最好少管閒事。」

從此法比恩在領英之類的網站上，都不再公開他的個人資訊。但那次事件也提醒他，他不只是在幫受害者復原檔案，狩獵團的行動還會帶來一個他們沒想到的後果，那就是破壞駭客的生計。當法比恩破解駭客的勒索軟體，駭客就會頓失收入，有的人可能無法養家餬口，有的可能得延後買下一台昂貴跑車。如果一些駭客和外國政府勾結，那無論對駭客或法比恩來說潛藏的風險都更高。

對法比恩來說，光是俄羅斯黑幫就足夠令人擔憂了。畢竟羅斯托克是知名的犯罪組織中心地帶，離法比恩家不遠一家瓦丹造船廠（Wadan Yards）的董事長，二〇一一年就是在莫斯科被謀殺。[7]雖然沒有太多證據能證明傳統犯罪組織和網路犯罪組織是否有重疊，但法比恩還是變得很多疑。

他在咖啡廳總感覺有人惡狠狠盯著他，也懷疑有人在家附近的雜貨店跟蹤他。

法比恩在羅斯托克開始變得綁手綁腳，於是決定帶母親一起搬家。他們搬進「一套非常漂亮的公寓，那座公寓位在他母親長大的地方」。當時法比恩的母親正值腦癌末期，法比恩擔心如果再搬家會讓母親更無所依賴。到了二〇一七年末，法比恩的母親逝世，他決定離開德國，認為那樣才能保護自己。他的優先選項是英國，因為英國保障個人隱私的法律比較嚴格。他知道自己會很懷念波羅的海海岸涼爽的天氣，還有家鄉的傳統德式香腸，但除此之外他沒有留戀之處。

法比恩在濱海城市長大，因而熱愛游泳。他想過要搬到英國南方海岸的渡假勝地布萊頓（Brighton），那邊有著知名的礫灘。他也考慮搬去蘇格蘭，蘇格蘭的每月平均氣溫更接近羅斯托克。但到最後他覺得比起跟過去藕斷絲連，更重要的是要離莎拉·懷特的所在地近一點。當時莎拉正在選大學，當她選擇倫敦大學皇家哈洛威學院時，法比恩便打定主意搬到倫敦。他下定決心從此盡可能低調度日。

※

法比恩在準備搬離德國時，大西洋另一頭的麥克則發現自己身陷一個奇怪處境——他首度要和勒索集團合作。

當時，一名義大利的電腦工程師法蘭西斯科．穆若尼（Francesco Muroni）找上麥克，說他發現「比特幣勒索病毒」（BTCWare）的弱點。比特幣勒索病毒是一款專門攻擊居家用戶的勒索軟體，法蘭西斯科認為它產生密鑰的方式不夠隨機，因此請麥克做出解碼器。

「麥克採用我的概念驗證（proof of concept）產生更可靠的做法。」法蘭西斯科說：「我和他合作是因為我的技術知識比他更深厚一點，但他非常擅於將知識轉化為人們能運用的東西。」

比特幣勒索軟體幕後的攻擊者在嗶嗶電腦論壇上，讀到有關解碼器的消息。於是他們透過修改勒索軟體作出回應。「他們很想修好他們的加密法（cryptography），但每次都搞得一蹋糊塗。」麥克說：「我們破解上一版本後，他們又釋出新版，我們就會再破解一次。」每一次麥克都得調整他的解碼工具。

雙方來回交鋒六個月，經歷九次更新改版。麥克和法蘭西斯科總共破解五個版本，但後來生產密鑰的隨機數字增大到他們無法破解的範圍。到了這個階段，大多數受害者只能乖乖付贖金。但當他們付完贖金後，卻出現另一個問題：勒索集團提供的密鑰，沒辦法成功復原所有檔案。

之所以如此，是因為勒索軟體本身太過複雜，運作時出現許多問題，意外摧毀原始檔案。其一問題是「邊界調整錯誤」（padding bug），那會抹除檔案末端十六位元的內容；另一個問題則是系統會以「零」覆寫被加密的檔案，一旦原始資訊被覆寫，就永遠找不回來。

為了解救那些走投無路的受害者，麥克決定和他的死對頭合作。他發信給比特幣勒索軟體背後的犯罪集團，提出一項協議。他請對方寄給他舊版的主密鑰，特別是他沒辦法破解的版本，反正勒索集團不會再用舊版賺錢。交換條件是他承諾跟對方說明如何修好最新版本的缺陷處，讓對方不再誤刪受害者檔案。麥克指出如果不這麼做，勒索集團將會失去公信力，並更難取得贖金。

勒索集團同意給麥克其中一個以「.aleta」為副檔名的版本密鑰，不過有個但書：勒索集團與他之間的協議必須保密。二〇一七年九月駭客回覆麥克：「我只能給你 .aleta 版的密鑰，但你不能讓別人知道比特幣勒索軟體的 ALETA 版密鑰被釋出，好嗎？」

麥克本來就不在乎消息是否曝光，但他必須讓檔案被編寫成「.aleta」副檔名的受害者，知道現在有解碼器能用了。他回應：「關於不能公開消息這點，如果我公開徵求受害者主動和我連繫，你接受嗎？」

「好。」勒索集團回應，他們在二十四小時內便跟麥克開始合作：「你現在進度到哪？」

麥克請對方提供原始檔案和加密後的檔案，他回道：「我今晚會用除錯工具測試看看。」麥克口中的除錯工具，指的是他用來分析惡意軟體用的工具。

勒索集團同意了。他們將檔案傳給麥克，麥克回覆：「收到，我有時間就來處理。」那天稍晚，麥克就找到錯誤的源頭，並告訴對方如何解決。

「好，」勒索集團回答：「等我們一下，我們把密鑰都解出來給你。」

法比恩搬家後，過去常收到來自駭客的直接讚美與挑釁都減少了。但這不是因為駭客不再「關注」他，而是因為勒索軟體這一行漸漸發展成熟，這些駭客變得愈來愈專業。

※

過去，法比恩認為多數和他聯繫的駭客不是獨自行動，就是隸屬於小團體中的成員。但在他搬家時期，很多勒索軟體開發員已經在較大的幫派底下行動。

這些開發員以「勒索軟體即服務」（ransomware-as-a-service）的方式分工，把實際散播勒索軟體的工作，分派給其他駭客去做。這種模式從二〇一四年開始流行，有一款名為「CTB-Locker」的勒索軟體廣告出現在暗網，以一萬美元價碼將軟體的使用權，賣給有興趣「加盟」為關係人士的組織。[8]勒索軟體開發員除了向犯罪集團收取「加盟費」，還會從贖金中抽取三成傭金。由於當時勒索軟體是一門以數量取勝的生意，攻擊對象多為家庭用戶，那則廣告吸引到手上握有所謂的「殭屍網路」（botnet）的駭客群。只要利用殭屍網路，他們就能在電腦持有者不知情狀況下，挾持被感染的電腦展開無差別攻擊，透過發送垃圾郵件散播勒索病毒。購買「套裝軟體」的駭客不需要具有深厚的技術知識，也能成功發動攻擊。像是「達摩病毒」（Dharma）和「佛波斯病毒」（Phobos），都是以這種勒索軟體即服務的方式運作，長久以來受到駭客歡迎，這兩款病毒還內建掃描器，引導駭客找到可下手的目標。

勒索軟體即服務的程式廣告在暗網論壇愈來愈猖獗，這種商業模式廣受歡迎，也變得更加老練。[9]勒索集團開發出不同營利手法，有的只要支付一次買斷產品的授權費，有的則是以月費制讓駭客訂購軟體。隨著贖金額度水漲船高，許多開發人員會設定分潤協議從中分一杯羹，並控制受害者匯款的加密貨幣錢包。

最終，這種加盟申請流程變得愈來愈有競爭性。野心雄厚的犯罪集團開始青睞擅長滲透大型組織的勒索軟體專家，並以大企業、政府機構、教育單位和醫療單位作為目標，畢竟這些組織的資金更多。這些潛在的「雇主」在「徵人啟事」中，列出具體的資格要求，例如應徵者需要熟悉 Cobalt Strike，那是一款被駭客用來找出系統弱點的合法軟體。[10]雇主也希望找攻擊過雲端備份系統的人，因為假使將企業的備份資料都加密，受害者無法透過備份還原檔案，就得非付贖金不可。應徵者也需要交出自己的「作品集」，有潛力的候選人才能進到面試階段。

二〇一九年七月，一支稱為「勒惡集團」（Ransomeware Evil，簡稱為 Revil）的團體野心勃勃擴張業務，招募「數量有限的人才」。他們在用俄文寫成的徵才啟事中直接斥退新手。

廣告中寫道：「準備好在面試中展現你的品質，證明你足夠勝任這份工作。」「我們不是測試場，如果你還是一位**會盡力嘗試的學徒**，就不用來應徵了。」[11]

勒惡集團告訴應徵者，不准在任何獨立國家國協地區散播勒索軟體，包含俄羅斯。一旦受試者錄取，就能得到贖金中六成的分潤；如果成功散播病毒三次以上，分潤還會提升到七成。勒惡集團知道同業競爭者、執法機關與資安研究員也在關注他們的行動，因此在徵人啟事上只簡短說明行動，並未提供細節。廣告上簡短寫著：「更多資訊會在面試中進一步告知。」

勒惡集團這樣的犯罪組織會持續招募新人，讓更多駭客加入散播勒索軟體的行列。他們與同行間也會互相競爭，以獲取最有潛力的開發人員。由於市場上對開發勒索軟體的需求很大，開發人員似乎比他們的雇主更具談判優勢，能同時為許多勒索集團工作。有的開發人員甚至會一魚兩吃，以多種勒索軟體攻擊同一名受害者。

為了爭取最優秀的人才，有些業者還會將大量比特幣存到暗網論壇，委託第三方代管。由於被代管的帳戶能公開存款總額，應徵者從徵才啟事上就能看見金額。業者以此表達誠意，用該筆數字奠定他們的江湖地位。未來如果加盟的駭客跟業主談不攏交易，加盟者還能要求論壇管理員從代管帳戶中扣款補償他們。勒惡集團背後的關鍵人物「未知者」（Unknown），就在代管帳戶中存了相當於一百萬美元的存款。[12]

「未知者」是一位為達目的不擇手段的人，他曾罕見地接受美國資安顧問公司「記錄未來」（Recorded Future）旗下的新聞網站採訪。他將這場採訪視為替勒惡集團打造品牌聲量的新穎手段。

「記錄未來」的記者德米特里．斯米利亞涅茨（Dmitry Smilyanets）本身也當過駭客，未知者和他談道：「人們可能會覺得，為什麼我們需要這麼做？」[13]他是指對外進行公關宣傳的部分。「但從一個角度來看，與其把宣傳機會讓給競爭者，我們不如直接拿下。無論是不尋常的想法、新潮的手段或建立品牌聲譽，都能為我們帶來好的結果。」

儘管很少有人會認為勒惡集團的成員是好人，但他們成功達到成果。勒惡集團一舉成為世界上獲利最高的勒索集團之一。無論未知者在訪談中的言論是否真實，他吹噓自己的手下成功滲透許多軍事目標，包含一座彈道飛彈發射基地、一艘美國海軍巡洋艦、一座核能發電廠，以及一座軍火製造工廠。最後是因為他建議，下屬才沒有對目標發動攻擊。「我們完全有可能發動戰爭，」未知者說：「但那不值得，後果無利可圖。」

未知者承認要招募有才華的合作夥伴需要經過激烈競爭，這和合法正當的商業世界沒兩樣，有人會離開生意興隆的公司，跳槽到薪水更高的地方。「當然，這不是件愉快的事，但競爭就是這樣。」未知者說：「這意味著我們需要確保人才回來。我們得提供別人給不起的待遇。」

未知者或許也想透過勒惡集團的成功帶來的奢華生活，吸引潛在的應徵者。這位駭客曾讓世界上幾間最大的公司陷入困境，他似乎熱衷於述說一些難以證實但同時很誘人的白手起家故事。

「童年時期，我得在垃圾堆挖寶，吸別人丟掉的菸屁股，」他說：「我去上學得走十公里的路，同一件衣服也得連續穿六個月。我年輕時住在一座公社，常常連續兩三天沒吃飯。但如今我是個百萬富翁。」

當大筆資金隨著勒惡集團的活動流入，勒惡集團和其他勒索集團開始效法企業做法。現實世界的製造商會將物流或網頁設計的業務外包給其他公司，勒索軟體開發人員也開始會將自己業務範圍外的工作外包，專注於提升軟體品質。高品質的勒索軟體意味著勒索軟體狩獵團更難破解的病毒，也代表犯罪集團能從受害者身上賺到更多錢。犯罪集團仰賴品質優化的軟體賺來的鉅額贖金，再次加強投資他們的企業、聘用更多專家，加速邁向成功之路。

犯罪分子爭先恐後擠進繁榮的勒索軟體經濟產業，地下輔助服務供應商如雨後春筍般湧現，或從其他類型的犯罪工作調派支援，以滿足開發商對客製化服務的需求。[14]舉例來說，如果和「GrandCrab」這個勒索集團合作，「加密專家」（cryptor）會提供服務，保障勒索軟體不被一般反惡意軟體掃描器偵測到；「初期存取經紀人」（initial access brokerages）專門竊取機密資訊，找出目標的網路弱點，並將情報賣給勒索軟體的營運商和關係人士；比特幣「混洗商」（tumblers）會提供換幣優惠，給將他們當作贖金洗錢管道的犯罪集團。有的承包商來者不拒，有的則會獨家跟固定對象合作。

「這跟正常世界相似。」約翰．福克（John Fokker）說，他是位於加州資安公司 Trellix 的網路調查部長。「當人們走向專業化，業務又蒸蒸日上，就會把過去必須自己處理的業務拆分出來。你在地下世界看到的情況也相同。」

實際上，大多數的受害者看不見這個龐大的地下經濟體。不過有些勒索集團也有業界所謂「直接面對客戶」（customer-facing）的外包服務。有的犯罪者會共用一座位於印度的電話客服中心，透過真人代表和受害組織的員工或客戶打交道。駭客會提供客服一套劇本，客服人員就會參照劇本，向電話另一頭的人描述他們碰到的情況，因為有的受害者根本不知道自己被攻擊。然後客服人員會向受害組施壓，說服他們繳納贖金。

雖然我們無從得知勒惡集團是否也有使用印度這家電話客服中心，但未知者在接受斯米利亞涅茨訪問時，確實提到直接以電話聯繫受害者為勒索流程帶來「很好成效」，並補充說：「我們不只會打給每個目標，還會打給他們的合作夥伴和記者，讓被攻擊目標的壓力倍增。」

有些犯罪集團甚至會將談判程序外包給供應商處理。由於很多駭客都不諳英文，因此從商業角度來看，聘請專業人員和受害者溝通似乎是個理所當然的做法。不過即使是在合法的商業界，外包都可能適得其反，何況地下的經濟產業鏈。由於不同勒索集團常會請同一個供應商服務，談判過程有時會造成混淆。例如曾經有一個外包商同時接下「迷宮病毒」（Maze）與「分身發贖」（DoppelPaymer）勒索集團的協商工作，以線上聊天形式同時和這兩個集團的受害人談判。由於談判者是依靠固定的腳本作業，他們在幫「分身發贖」談判時，從頭到尾都忘記把「迷宮」兩字改成「分身發贖」，導致談判過程更加令人困惑，也延遲付款期程。

在這場大亂鬥當中，負責幫受害者協商的人深受其擾，美國的談判專家利茲．考克森（Lizzie Cookson）就表示，犯罪集團將業務外包後讓「整個過程更令人頭痛」。[15]「我們早就知道和我們互動的不再是開發員**本人**，」考克森說：「這很糟糕，過去處理事情簡單明瞭很多。」

勒索軟體比其他網路犯罪更有利可圖的消息，慢慢在暗網上傳開來，駭客也開始鼓勵地下世界認識的人加入這個行列。他們不需要再做一些低報酬的瑣事，像試圖將偷來的信用卡號碼兌現。他們的犯罪生涯應該與時俱進，像傳奇武打演員兼導演李小龍的那句名言般「化身為水」。

網路犯罪首腦馬克西姆．雅庫貝斯（Maksim Yakubets）就從善如流地化身為水。[16]二〇〇九年，在現代勒索軟體問世四年前，二十二歲的雅庫貝斯開起他的惡意軟體生涯。[17]據說雅庫貝斯和他的同謀以一款被稱為「宙斯」（Zeus）的惡意軟體感染數千台電腦，截取電腦中的密碼、銀行帳戶，以及其他登入網路銀行所需資訊。相較於勒索軟體，他們的做法稱得上是勞力密集的流程，宙斯的同夥利用這些不當取得的資訊，將受害者的資金從銀行帳戶電匯到錢騾（money mules）帳戶。錢騾的任務就是將錢移到其他帳戶或提領出來，再將收入走私回雅庫貝斯和他所屬集團手上。據說這個在烏克蘭出身的俄羅斯國民和他同謀透過宙斯計畫，從美國各地市政單位、銀行、公司與非營利組織搶劫數千萬美元、然而雅庫貝斯認為他還能做得更好。

隨著勒索軟體數量激增，雅庫貝斯也開始化身為水，正巧他在網路上用的綽號也是「水」（aqua）。據說他率領一群同夥開發名為「布加特」（Bugat）的惡意軟體，專門用來擊潰防毒軟體的防線，竊取網路銀行認證與其他個資。[18]他們戲謔地自稱為「邪惡公司」（Evil Corp），[19]並以這個名稱註冊伺服器，雇用幾十人在莫斯科的咖啡廳地下室運作。[20]雅庫貝斯和他手下的集團持續改善他們的惡意軟體，後來有一款改版軟體被稱為「卓迪士」（Dridex），其中加入一項最重要的功能：協助安裝勒索軟體。有了這項功能，邪惡公司開始以一款名為 BitPaymer 的勒索軟體攻擊大型組織，例如英國的國民保健署（National Health Service）、美國職業高爾夫協會（PGA of America）等，並要求高達二十萬美元的贖金。

BitPaymer 擁有非比尋常的精緻加密技術。它採用數層加密的複雜方式，掩飾惡意軟體和視窗作業系統間的互動，讓狩獵團的逆向工程變得更加複雜。麥克．葛拉斯彼取得 BitPaymer 的一份樣本，但也束手無策。二〇一七年七月，他和義大利研究人員法蘭西斯科．穆若尼一起分析這一品系後，在推特上寫道：「Bitpaymer 勒索軟體確認無法被破解。」

在此同時，雅庫貝斯大搖大擺在莫斯科街頭遊蕩，完全不介意眾人目光。網路上流傳很多影片，內容是關於邪惡公司的成員開著豪華跑車燒胎炫耀。[21]雅庫貝斯本人開一台訂製的藍寶堅尼，車牌上就寫著「大盜」。麥克發布推特宣布無法破解 BitPaymer 的那年夏天，雅庫貝斯在莫斯科附近一間高爾夫俱樂部舉辦一場奢華的婚禮，據說婚禮現場請來俄羅斯著名的流行歌手列昂尼德．阿古丁（Leonid Agutin）獻唱，那場婚禮耗費了三十三萬美元。[22]雅庫貝斯的新親家或許會讓他更感所向無敵，他的岳父伊都華．本德斯基（Eduard Bendersky）曾在俄國特種部隊擔任軍官。[23]

邪惡公司受到金錢驅使，將企業營運中心轉向勒索軟體。但雅庫貝斯本身的犯罪活動也造成另一個痛苦轉變，勒索軟體從一種能讓駭客快速致富的工具，變成民族國家能用來傷害對手的工具。

這種轉變跟當初啟示錄開發人員和法比恩展開的「有趣的戰爭」截然不同，勒索軟體展現在實際網路戰爭中作為武器的潛力。二〇一七年時，美國政府曾譴責北韓以「想哭」（WannaCry）蠕蟲病毒發動毀滅性攻擊。[24]想哭病毒的受害者遍及一百五十個國家，英國國家保健署也在受害名單。後來，資安研究員馬庫斯．哈欽斯（Marcus Hutchins）找到能關閉這種不尋常蠕蟲病毒的關鍵，他因此一舉成名。但想哭病毒在短短時間內，仍然引發數億美元的損失。

到了二〇一九年十一月，美國司法部在數年調查後，以駭客行為、銀行詐欺還有其他跟宙斯病毒與卓迪士病毒相關的罪名，起訴雅庫貝斯和他一位同謀。[25]國際執法機關官員雖然沒有足夠證據，將邪惡公司的攻擊歸咎於普丁政權，但他們發現了雅庫貝斯在擔任該犯罪集團領導時，曾「直接為俄羅斯政府提供協助」的證據。[26]雅庫貝斯從二〇一七年起，就在為俄羅斯聯邦安全局（Federal Security Service，簡稱 FSB）效力，該單位正是蘇聯國家安全委員會（KGB）的後繼者。

隔一年，雅庫貝斯開始申請一個許可證，以獲取聯邦安全局的機密訊息。美國財政部表示，雅庫貝斯的任務「是為俄羅斯國家相關計畫效力，包含透過網路獲取機密文件，以及代表該國執行網路相關活動。」

在聯邦調查局中，負責調查雅庫貝斯相關活動的負責人是基思．穆拉斯基（Keith Mularski），他長期主導這項業務，直到二〇一八年以網路組主任身分退休。穆拉斯基表示，俄羅斯政府利用邪惡公司這類的勒索軟體網路犯罪，掩飾他們「在收集有利情報的事實」。穆拉斯基說：「他就是在幫國家做事。」

雅庫貝斯並未遭到俄羅斯政府拘留，因為俄羅斯與美國之間沒有引渡協議。美國財政部在起訴書中表示，當時邪惡公司已利用卓迪士勒索軟體，在全球賺取至少一億美元的非法所得，然而加速的勒索軟體攻擊帶來的傷害卻難以被估計。財政部以雅庫貝斯與俄國聯邦安全局的連結為由，將邪惡公司列入制裁名單。[27]這項裁決意味著從今開始，如果勒索軟體受害者付錢給邪惡公司，就是支持犯罪活動，受害者可能會因此面對包含罰鍰在內的民事懲處。

然而無論是起訴或制裁，都沒有辦法阻止邪惡公司繼續肆虐。他們知道制裁將讓收到的贖金減少，於是想出一個權宜之計。他們暗中調整 BitPaymer 的程式碼，將勒索軟體重新命名為「WastedLocker」。這樣一來，受害者就不會因為違反美國制裁命令受到懲罰，因為政府需要先證明這款「新的勒索軟體」和該集團有關。在資安研究人員能證明這款「新的」勒索軟體與邪惡公司有關聯前，受害者支付贖金的程序就不會受到法律影響。

幾年下來，包含勒索軟體狩獵團成員在內，資安研究人員堅持不懈地分析，一再揭露各種新的勒索軟體是出自邪惡公司之手。邪惡公司也一次又一次將旗下勒索軟體重新標籤。邪惡公司主要利用網路釣魚信件攻擊各大產業，包含製造業、醫療保健業與生活用品等，其中包含針對全球定位裝置製造商台灣國際航電公司（Garmin）進行削弱性打擊。[28]有一次，法比恩和麥可還發現邪惡公司將旗下的勒索軟體偽裝成一款名為「Babuk」，或稱為「PayloadBIN」的勒索軟體，那是他們競爭對手的勒索軟體。

「看來邪惡公司這次想以 Babuk 的名義蒙騙過去，」二〇二一年六月法比恩在推特上表示：「邪惡公司再次將 WastedLocker 更名為 PayloadBin，試圖讓受害者違反 OFAC 的規定。」[1]

當天稍晚，麥克也在推特上補充：「WastedLocker → Hades → Phoenix → PayloadBin，這些勒索軟體背後都是同一個惡意軟體犯罪集團。中間可能還有別的名字，我一時之間懶得細數。」

被揪出來的邪惡公司決定再次重組。二〇二一年十月，一款名為「金剛鸚鵡」（Macaw Locker）的新勒索軟體攻擊了兩個大型目標：光學設備製造商奧林巴斯（Olympus）的美國分部，以及美國最大電視台營運商中的辛克萊廣播集團（Sinclair Broadcast Group）。金剛鸚鵡在勒索筆記中放入一個以文字畫成的鸚鵡，並要求受害者前往暗網一個網站。「不要浪費你的時間還原資料，你不可能辦到的。」網站上寫著：「如果你想要購買解碼器，用聊天視窗傳訊給我們。」金剛鸚鵡向每位受害者索取數千萬美元的費用。

法比恩分析了程式碼後，判斷金剛鸚鵡就是邪惡公司的最新傑作。為此勞倫斯訪問法比恩，並寫下一篇文章刊登嗶嗶電腦上。文中揭露這個受制裁犯罪企業的行動，讓許多受害者免於在無意間違反聯邦法令。勞倫斯帶著一絲憤慨寫道：「現在金剛鸚鵡再次被揭露是邪惡公司的變體，我們倒想看看這些資安威脅者的下一個勒索軟體要用什麼名字。」[29]

這場持續已久的貓抓老鼠遊戲似乎永無止盡，除非邪惡公司金盆洗手，不再發動勒索軟體攻擊，或美國收回制裁命令。但短時間內這兩種情況都不太可能發生。

勞倫斯之所以對勒索軟體攻擊者持續的惡意感到厭煩還有別的原因，他知道有的犯罪分子也會在他的網站貼文，這一直以來都讓他感到好笑與錯愕，但「迷宮」團隊卻率先採取一個令人不安的新策略。他們除了一口氣把勞倫斯逼出舒適圈，還讓嗶嗶電腦從此成為勒索軟體演變史上最激烈的戰場。

我們至今還不知道迷宮團隊究竟身在何處，幕後操控者是誰。但如同其他駭客盯上法比恩，迷宮集團也視勞倫斯為眼中釘。當迷宮勒索軟體在二〇一九年出現時，勞倫斯和麥克就分析過它的程式碼，並在程式碼中發現嗶嗶電腦的網域名稱。[30] 同年十月，迷宮團隊再次試圖挑釁勞倫斯，這次是在對義大利發動攻擊時，把勞倫斯的電子郵件寫在程式碼中。[31]

原先迷宮團隊只是挑釁，但很快他們就改用更陰險的手段。二〇一九十一月中，某個周五傍晚六點半，勞倫斯正準備收工時收到一封出乎預料的電子郵件，信件署名為「迷宮團隊」（Maze Crew）。信中則描述該組織準備開啟一場具開創性的攻擊行動，目標是加州一所旗下有二十萬名員工的保全人力公司——聯合全球保安集團（Allied Universal）。迷宮團隊像《蝙蝠俠》漫畫中的小丑設計一個轉折，他們在把檔案加密前，就先從受害公司手中下載大量資料，並將這些偷來的資料當成談判籌碼。迷宮團隊告訴聯合全球，如果該公司不付贖金，這些檔案將外流出去。雖然當時勞倫斯不知道對方是如何辦到的，但他感覺出自己在這個邪惡的新陰謀中被犯罪集團當成棋子。[32]

「我們已經告訴對方，如果不付錢給我們，我們將會寫信告知你這個情況。畢竟作為一間保全公司卻被擊破並遭到勒索，會有多丟臉。」迷宮集團在寄給勞倫斯的郵件中寫道：「我們給他們的期限就到今天，但他們似乎放棄付款程序了……如果他們不在下周五前將指定款項寄來，我們就會開始公開我們從他們網路下載的所有資料。」

迷宮集團為了證明這封信是來真的，還在信中附上很多號稱從聯合全球手中偷來的檔案，檔案標題包含「機密調查報告」、「醫療報告—襲擊事件」以及「分居協議」。勞倫斯審視過後認為內容是可信的。

迷宮集團在後續信件中，跟勞倫斯說他們每次都會竊取一些檔案當作談判籌碼；在這次攻擊中，他們要求的價碼是三百比特幣（相當於當時的兩千三百萬美元）。勞倫斯回信詢問，受害者要如何知道他們付了贖金，迷宮集團就會把偷來的資料刪掉。他從對方的回應知道，這不會是他們最後一次利用破解的檔案進行談判。

「邏輯很簡單，」迷宮集團跟他說：「如果我們洩露資料，誰還會相信我們？這對我們沒有好處，既然什麼都賺不到，除非我們犯蠢才會洩露出去。」

換句話說，如果迷宮集團不遵守協議，未來的受害者知道這件事反而會失去付款的動機。勞倫斯聯絡了聯合全球，試圖警告對方迷宮集團告訴他的事。但或許對方沒有把勞倫斯當資安研究人員看待，只把他當作媒體人士，公司的發言人只回覆簡短訊息，表示聯合全球「已經知道有人可能在未經許可下進入系統」，並提及內部資訊人員與外聘顧問已經著手調查事件，以增強公司資安。

勞倫斯拚命想讓聯合全球知道更多細節，於是又試了一次。但對方發言人表示公司「現階段不會再提供任何回應」。接下來幾天，迷宮集團仍持續寄信告訴勞倫斯攻擊狀況，並向勞倫斯證明他們依然掌握公司的伺服器。

接著，迷宮集團首度催促勞倫斯聯絡聯合全球，並建議他將這起事件寫出來：「問他們這個問題：他們是否希望迷宮集團在下周一以聯合全球口吻廣發垃圾信？……笑死。我想你應該能針對這件事寫出很棒的文章。幫你想好文章標題了：**如何在最短時間內搞砸一間保全公司**。

勞倫斯這才發現自己被利用了。雖然先前他是出於禮貌才連繫聯合全球，但雙方溝通的內容全都在駭客的預料之中。迷宮集團就是希望透過這種方式對受害者施壓。如今迷宮集團已經明白表示他們居心所在：他們要利用勞倫斯和嗶嗶電腦的公信力，公開羞辱聯合全球並殺雞儆猴，讓其他受害者知道談判失敗的下場。

眼前發生的事讓勞倫斯愈想愈不對勁。他打定主意，除非知道該公司已經付了贖金，或迷宮集團真的外流檔案，不然他不會把這件事寫成文章。當時聯合全球的付款期限在下星期五，知道這一點的勞倫斯持續關注他的電子信箱和網站。然後，當勞倫斯收到迷宮集團寄來第一封信的六天後，他在嗶嗶電腦論壇上看到一篇讓他畢生難忘的文章。迷宮集團貼了一篇文，詳細述說他們破解聯合全球的經過，並附上一個 700MB 的外流檔案連結，內容包含解約同意書、各式合約、醫療紀錄、伺服器目錄列表與加密認證等。

「我們這邊已經是星期五早上了，」駭客在論壇上寫道：「沒錯，在亞洲已經星期五了。忘了提醒你們，付款期限是我們這邊的星期五，不是美國時間。」

此前幾年，網路上一直都有駭客突破電腦安全系統並竊取資訊的案例。但過去的駭客都是在暗網販售這些資訊，而不是拿來勒贖。勞倫斯曾聽過受害者如果不付贖金，資料就會被對外釋出的傳聞，但就他所知這是第一次有人真的把資料釋出。而且迷宮集團還是利用嗶嗶電腦公布遭竊資料。勞倫斯一氣之下把貼文刪除。他聯繫了執法機關，也再次嘗試和聯合全球取得聯繫。勞倫斯從網站上移除聯合全球的資料後，迷宮集團將文章貼到一個俄羅斯的駭客與惡意軟體論壇，並再次描述攻擊事件跟釋出資料。

「公司聯繫了我們，在收到資料外洩的證據後就杳無音訊，」迷宮集團寫道：「我們給他們時間思考，而這就是他們的決定。在我們看來，這是很笨的決定，畢竟考慮到一家**保安公司**為名譽損失付出的代價，我們要求的金額其實不高。」

迷宮集團在暗網發布的新貼文沒提到勞倫斯，不過點名了另一位勒索軟體狩獵團的成員，表明他們一直都在密切注意狩獵團的社群媒體動態。

「附註，給惡意軟體狩獵團，」迷宮集團寫道：「我知道你喜歡高談闊論如何破解勒索軟體。告訴你，我們手上還握有對方公司的系統。」

那天晚上，勞倫斯趕出一篇文章，晚上十一點多就貼上論壇。

「這是一則不幸的消息，嗶嗶電腦也不樂見這種事發生，但迷宮集團的所作所為很重要，必須讓大家知道，」他告訴讀者：「隨著攻擊規模擴大到新的層面，如今受害者不僅要擔憂能否找回被加密的檔案，還要考慮如果那些被偷走的未加密檔案外流，會有什麼後果。」

二〇一九年，勞倫斯曾寫下第一篇跟迷宮集團有關的文章。當時他勸讀者保護自己的「首要之務」，就是「建立可靠且經過測試的資料備份，萬一緊急狀況發生，還能還原資料」。[33] 但現在看來，這個建議似乎徒勞無功。備份檔案或許能讓受害者免除檔案加密的困擾，但聯合全球攻擊事件卻宣告備份檔案毫無幫助，至少從大規模資料外流事件的角度來說。即使受害者握有備份檔案，他們仍得付贖金，要不然他們的機密資料就會被公布在暗網。這意味著各種資料都可能公諸於世：智慧財產、警方蒐集的證據、軍事機密、私人醫療紀錄、教育紀錄、就業紀錄等等。

「雙重勒贖」（Double extortion）的犯罪型態，讓勒索軟體變得比過去更危險也更難以預測。這也意味著勒索軟體的攻擊事件，都必須被視為資料外洩事件處理。受害者必須依照各州及聯邦法律相關規定，通知雇員、客戶、病患與任何資料可能因此洩露的人。這樣一來，受害者需負擔的責任更重，要從攻擊中復原的成本也愈高，大眾對資料隱私和資安的信任感亦會持續降低。

迷宮集團毫不掩飾地將嗶嗶電腦當作他們最愛的媒體窗口。他們曾對其中一個攻擊目標的談判員表示：「我們很快就會舉辦一場很不錯的媒體發表會，密切注意嗶嗶電腦，我們相信各家媒體都會貼出我們在上面分享的內容。☺」該集團持續試圖讓勞倫斯成為幫兇，經常不請自來寄信給他。勞倫斯身為一名記者，經常對如何處理溝通問題感到掙扎。他感覺自己有義務要公開透明面對讀者，但又不希望自己變成駭客用來向受害者施壓與勒索的把柄。

迷宮集團持續針對高知名度的目標發動攻擊，包含佳能（Canon）、樂金電子（LG Electronics）與全錄公司（Xerox）等。[34]當他們針對佛羅里達州彭薩科拉（Pensacola）的市政府發動攻擊時，向對方要求一百萬美元贖金，接著告知勞倫斯他們偷取檔案的事。[35]勞倫斯報導了那次攻擊，其他媒體也跟進報導。有一部分報導懷疑迷宮集團只偷到一點資料就在虛張聲勢。大約兩周過後，迷宮集團釋出一成他們號稱掌握在手中的資料，讓提出質疑的人無話可說。然後迷宮集團再次找上勞倫斯，表示他們已經釋出那些文件，以向媒體證明他們的聲明屬實。

「這都要怪大眾媒體，誰叫他們要寫我們只會流出幾個檔案，」迷宮在寫給勞倫斯的信中說：「我們證明我們是來真的。」[36]

許多犯罪集團都會自比羅賓漢，號稱他們打擊大政府或大藥廠是在劫富濟貧，迷宮集團也披著反資本主義的外衣掩飾自己的貪婪。二〇二〇年，當文森特・達哥斯提諾（Vincent D’Agostino）代表其中一名受害者與他們談判時，迷宮集團代表人表示，他們「不是那種典型駕遊艇和私人噴射機的黑幫」，並補充他們想要的「不只是錢」，而是想懲罰不懂得規避風險的「愚蠢體制」（idiocracy）。「真正的罪犯是政府和企業，」迷宮集團的代表說：「公司領導階層不願意花錢強化資安，隨意儲存資料。」達哥斯提諾正是資安公司 BlueVoyant 的資通安全鑑識與事件回應負責人。「政府也不在乎人民。對他們來說，人民只是數字……所以如果我們想和這些人對話，我們也要用數字來對話，而他們最懂的數字就是損失。」

儘管迷宮集團威脅釋出遭竊的資料，最讓集團談判人失望的一點，是包含彭薩科拉市政府在內的部分受害組織仍不願意支付贖金。迷宮集團相信這些組織不願意支付贖金，不是因為他們不想鼓勵罪犯，而是覺得只要遵從個人資料侵害事故的相關通報規定，就能受到保障並免責。

迷宮集團告訴達哥斯提諾：「我們不知道聽過多少公司說：『我們已經通報了，所以不在乎你是否要公開。』你懂這個意思嗎？他們利用法律規避資料公開帶來的損失，而且根本不在乎客戶死活。我們不喜歡這樣，我們想懲罰這些公司。」

其他勒索軟體也很快追隨迷宮集團這套手法。到二〇二〇年底，數十個犯罪集團採用了雙重勒贖手法。[37] 迷宮集團與大部分運用此手段的集團，會在暗網上創一個「外流網站」，讓社會大眾都能檢視受害者的姓名與遭竊資料，有的是免費的，有些則要收費。迷宮集團在外流網站上寫道：「這些公司都不願與我們合作，並試圖利用他們的資源，隱藏我們成功打擊他們的事實。稍後這裡將公開他們的資料庫與私密文件。請持續關注最新消息！」

勒惡集團也開始像迷宮集團一樣，把竊得的資料貼在駭客論壇，接著也成立自己的外流網站，並命名為「快樂部落格」（Happy Blog）。他們在網站上公開受害者的名稱，以及從他們手中竊取的資料。著名的受害者包含曾為女神卡卡（Lady Gaga）和其他名人辯護的律師事務所、連鎖貨幣兌換所通濟隆（Travelex），以及美國時尚品牌 Kenneth Cole。[38]二〇二一年，勒惡集團向科技界丟下震撼彈，公布了蘋果（Apple）的產品藍圖，其中包含尚未公開的新款 MacBook 筆電。[39]該集團表示，這些資料是從蘋果的關鍵供應商廣達電腦（Quanta Computer）手上偷來的。

勒惡集團的未知者在「記錄未來」的訪談中表示，在外流網站上公開檔案「簡直棒透了」。[40]他帶著所向披靡的氣勢，提出其他種向受害者施壓的可能性：「我在想可以擴大這種策略，對公司執行長或創辦人施壓。我認為把個人情報當成開源情報（open-source intelligence，簡稱為 OSINT）進行威脅，是一個非常有趣的選項。但受害者需要明白，在你付清贖金前，我們花掉的資源越多——這些全都會包含在服務成本中。☺」

芝加哥的資料隱私辯護律師麥克．沃特斯（Michael Waters）曾代表整型美容集團出庭辯護，該集團的病人遭遇過類似待遇。駭客們針對該集團動雙重勒贖並竊取的資料中，包含接受隆乳手術的病患前後的比對照片。他們以電子郵件聯繫這些病患，並在訊息中附上病患的個人照片。沃特斯說：「他們威脅除非完成付款手續，不然就要將這些照片公布在網路上。」

犯罪集團為了在談判中獲得更多籌碼，除了改變竊取資料的手段，也大膽想出更多創意手段遊說目標。像是勒惡集團會先滲透保險公司，目的是為了找出他們承保資安保險的保戶名單。他們知道這種保單會包含贖金賠償。一旦找到符合條件的對象，它們就會對目標下手。「對，這就是最美味的部分，」未知者說：「先駭入保險公司，取得顧客資料庫，再從那裡出發。等到攻擊過名單上的人，再去攻擊保險公司。」[41]

迷宮集團則用另一種創新手段，他們組成勞倫斯所謂的「黑幫聯盟」（Cartel），與其他犯罪集團聯合組成一個共用的資料外流網站。[42]二〇二〇年六月，迷宮集團告訴勞倫斯，合併資源能為小型組織與大型公司都「帶來有益的結果……所有成功的事業都要先解決組織問題。」

同年十二月，也就是迷宮集團攻擊聯合全球一年後，勞倫斯在嗶嗶電腦上寫了一篇文章，再次探討他一開始提出的問題：受害者要如何確定他們被竊取的資料會在付款後刪除？他得出的結論是：沒辦法確定。勒惡集團曾在受害者付款並要求刪除檔案的幾周後，再次向相同的受害者勒索，威脅要貼出資料。有些團體也曾在受害公司付款後貼出該公司資料。即使是聲誓旦旦的迷宮集團，也曾不小心在他們的外流網站貼出受害者資料。勞倫斯在第一篇關於聯合全球的文章中曾告訴讀者，雙重勒贖是件「需要留意」的事情，如今，他只能告訴大家要做好最壞的心理準備。

「受害者完全沒辦法知道究竟付了贖金後，勒索方是否就會刪除資料。」勞倫斯寫道：「各家公司應該直接假定他們的資料已經在多個不同的威脅者手上流傳，而且這些資料在未來將會以某種方式被利用或外洩，無論他們是否付款。」[43]

※

到了二〇二一年初，隨著勒索軟體愈來愈受注目，勒索集團的手段也更加惡劣。這讓一些小玩家開始改變主意，其中一位轉向的駭客是阿德里安（Adrian），他在電報（Telegram）通訊平台上用俄文版的名字作為駭客身分。[44]

阿德里安偏好用俄文版名字，一方面是因為他的父親是俄國人，另一方面則是希望那能讓他聽起來更嚇人。他表示：「最危險的駭客都來自俄國。」但實際上他住在一個中東國家，當地電腦駭客也很普遍。

阿德里安從小就熱愛電腦，也喜歡玩《絕對武力：全球攻勢》（Counter-Strike: Global Offensive）和《糖豆人》（Fall Guys）之類的電玩遊戲。他從高中畢業後沒有去讀大學，也從來沒有一份真正的工作。他說他不常離開家門是因為「我的世界全和電腦息息相關」。最終，對科技的濃厚興趣將阿德里安帶入電報上的駭客頻道群，他從那邊進入網路犯罪世界，以對密碼薄弱的伺服器進行暴力破解起家。

二〇二〇年，阿德里安也轉而用勒索軟體賺錢，因為其他手法「沒辦法輕鬆賺錢」。他跟勒索軟體狩獵團那些死對頭一樣，從書籍和線上影片自學密碼學。接著，他以佛波斯病毒為底，開發出自己的勒索軟體。他將之命名為「齊格」（Ziggy），這個名字源自二〇一六年，一種在寮國發現的閃鱗蛇。當時這種品種的蛇被命名為齊格·星塵（Ziggy Stardust），以紀念逝世的大衛·鮑伊（David Bowie），名字靈感則來自大衛·鮑伊的舞台人格。[45]

雖然齊格讓阿德里安不愁吃穿，還買了一台新電腦，但他表示自己的動機更多是政治導向，而非利潤導向。他攻擊的對象是美國與及以色列的使用者，但他要求金額只有兩百美元。相較於其他犯罪集團動輒提出七、八位數的贖金，阿德里安的贖金小到有點荒謬，而且他還得和一名負責找到受害者的同夥拆帳。當惡意軟體狩獵團和麥克一起分析齊格軟體時，發現其中有一份「白名單」，標示該勒索軟體會自動關閉、不發動攻擊的地點，包含伊朗、敘利亞、黎巴嫩與巴勒斯坦。

過了一年，阿德里安從受害者手上淨賺了大約三千美元後，開始感到良心不安與害怕。當時，包含美國在內的全球執法機關開始攜手合作，他們聯合破獲一個用來散播勒索軟體的大型殭屍網路，以及「網行者」（NetWalker）勒索病毒。阿德里安的導師是另一個較小型勒索軟體「弗逆克斯」（Fonix）的開發人員，前不久才放棄繼續開發勒索軟體。兩人在電報上聯繫時，弗逆克斯的作者告訴阿德里安，他對傷害別人感到難過。阿德里安表示他仔細思索過這段話並向上天祈求指引，不知道要是他的親友知道自己所作所為會如何看待他。

阿德里安決定退出。於是，他和所有對勒索軟體有興趣的人一樣找上嗶嗶電腦。他發現狩魔335──也就是麥克．葛拉斯彼──已經分析過齊格病毒。他在推特上找到麥克。

「嗨，兄弟，」他傳訊息給麥克：「你好嗎？我是齊格勒索軟體的主要開發者，我想公布所有密鑰。你能幫我把密鑰分享出去嗎？我對我做過的事感到抱歉。請幫幫我吧，兄弟。」

差不多在同個時期，許多款勒索軟體幕後的駭客紛紛找上麥克，交出他們的私人密鑰，讓他拿來開發解碼器。麥克開心地收下阿德里安的密鑰，他知道這意味著齊格病毒的受害者能還原他們的檔案了。不過開心歸開心，他還是不免發揮自己的本性，抱怨一下周日工作量忽然暴增的煩悶感。他說：「該死的勒索軟體作者通通給我選在周末洗手不幹，我已經夠忙了。」麥克做出解碼器，同一天稍晚就對外釋出。[46]次月，嗶嗶電腦報導齊格將為曾經付過贖金的受害者提供退款的消息。文中表示：「這些駭客決定換邊站，在退款後將加入勒索軟體獵人的行列。」[47]

阿德里安在贖罪後內心的擔憂稍微減輕，但仍憂慮執法機關會找上門。「我不喜歡看到人們不快樂，」他說：「那感覺非常糟。在我們的信仰中，傷害人是違反教律（HARAM）的事……現在我已經放棄了。但我還是罪人嗎？」

阿德里安表示如果當局沒找上他，他打算開一間自己的電腦維修行，幫其他人解決電腦問題，尤其是勒索軟體問題。他已經做出補償，夢想用自己的技能行善，不再為非作歹。對於那些不知悔改繼續散播勒索軟體的駭客們，阿德里安由衷感到悲哀。他說：「我認為總有一天，所有勒索軟體的開發者都會對自己的所作所為感到難過。」

從法比恩的角度來說，他倒是沒看到那些大型勒索集團中有人表示懊悔的證據。即便如此，他還是想確保勒索軟體狩獵團能妥善利用任何駭客改變心意的機會。法比恩踏出不尋常的一步，他開了一個虛擬告解室，讓駭客可以透過匿名方式，將解碼密鑰傳給他，坦承他們的罪過並懺悔。實際上，告解室就是一個在網路罪犯偏愛的通訊服務上開設的帳號。二〇二一年七月，法比恩透過推特向超過一萬名追蹤者宣布相關細節。

「我創了一個 XMPP 帳號，讓人可以比較容易匿名將密鑰庫丟給我，」他寫道，「所以如果你想在停止作業的同時清掉你的密鑰資料庫，歡迎透過以下帳號聯絡我：fabian.wosar@anonym.im。我一概不過問。」

法比恩在發布推特前特地詢問莎拉的看法，她樂觀其成。「有何不可？」她說：「或許你能有意外收穫。」不過法比恩一發文，懷疑論也隨之浮現。「享受垃圾訊息吧，」其中一名追蹤者回覆：「這條路不好走。」

第二天法比恩回應：「目前沒有任何反應，我還懷疑帳號是不是壞了。」

另一個人則直接說法比恩「根本就是瘋子」。這名追蹤者寫道：「你真的是想要別人用垃圾轟炸你耶。」法比恩毫不畏懼，回覆道：「不管代價為何，只要能換回一些勒索軟體受害者的資料就好了。」

法比恩就像是個牧師，無聊地在告解室一角，充滿希望與耐心地等待，期待有懺悔者前來告解。接著，在第一個月，告解者如涓涓細流般開始湧現。然而，這些罪人想要的不是得到赦免，而是復仇。

大多數和法比恩聯繫的人都是被辜負的駭客，他們聲稱被犯罪夥伴詐騙，或受到同夥冤屈。有人則想透過提供資訊來摧毀競爭同業。他們會提供法比恩行動細節與即將發生的攻擊內容，並交出過去攻擊事件中的解鎖密鑰。這種訊息來往對雙方都有利，法比恩能幫助目標預防攻擊發生或從攻擊中復原，駭客則能借法比恩的刀破壞對手行動。

到了八月底，一位和「彗星」（El_Cometa）勒索集團有來往的駭客找上法比恩。彗星勒索軟體原名為「SynAck」，從二〇一七年就開始發動攻擊，到了二〇二一年八月才改名為彗星，激烈的內鬥也隨之產生。[48]這名前來告解的駭客之前在集團中負責找出脆弱的目標，他認為自己的錢被一名同夥騙光了。為了向對方算帳，他決定破壞整個行動。這名駭客提供法比恩慧星的受害者需要的解鎖密鑰，同時還提供法比恩一個雲端儲存槽的登入細節，集團利用那個儲存槽存放竊取的資料。

除此之外，駭客還告訴法比恩哪些潛在目標的系統已經被入侵，但檔案還沒被加密，以及勒索集團在這些目標的網路設好「後門」的證據。設定後門意指入侵者留下能再次取得系統權限的秘密入口。這些潛在受害者中，包含了北卡羅來納州的「奶油球」（Butterball）火雞公司。

告解者將奶油球公司的其中一個詳細網路分布圖，以及網域管理員認證的截圖給法比恩，截圖上的密碼簡單到可笑，像是「Butterball1」（奶油球一號）和「G0bb1er」（火雞）。法比恩收到訊息後連夜趕工，試圖聯繫奶油球警告對方，但卻始終聯繫不上。到了倫敦時間凌晨一點，執著又挫折的法比恩在推特上大發牢騷。

他寫道：「我痛恨這種情況。你知道一家公司即將被勒索軟體襲擊，但你卻沒辦法讓任何人聽進你的話，對方甚至不接你電話。」他的推文中沒有明指奶油球，也沒說出他到底如何知道對方面臨災禍。「我們知道對方的資安系統已經掛了，勒索軟體即將發動。那是一間身價上億的美國公司。」兩天後，法比恩向他的追蹤者更新狀況：「我們成功聯絡上公司，把手上的資訊交給他們。當時他們已經在採取適當行動，這是個好消息。他們的資訊團隊能即時且獨立地發現有人入侵，這點值得讚賞。」

奶油球公司後來通知「所有個資可能被竊的人」[49]，告知有人駭入公司網路，並試圖將公司檔案上傳到雲端。奶油球聲稱他們在一個小時內，就偵測到「可疑活動」、中止上傳並刪除被移轉的檔案。

法比恩跟奶油球分享入侵情報後，感覺事情圓滿落幕。如今勒索軟體狩獵團已經聯繫上每一位彗星駭客提供名單上的受害者。

「我們成功聯繫上這起攻擊中的所有受害者與潛在受害者，」法比恩在推特上寫道：「我們提供免費的解碼工具給已經被勒索軟體攻擊的受害者，並把所有獲得的資訊都轉交給對方公司的資訊團隊與執法機關。總而言之，這是個美好的一周。」

接下來幾個月，法比恩每隔幾周就會收到新的駭客訊息。他也很忠實扮演告解神父角色，對所有人不帶任何批判眼光。他相信如果給駭客一個空間，讓他們毫無顧忌坦承自己的違法行徑，他們會更放心洩露自己的秘密。他也理解到最有效獲取訊息的方式，就是表明他已經做好心理準備幫駭客做苦差事，讓駭客認為「是他們在利用我，而不是我在利用他們。」

由於如今法比恩能再次和他的對手規律互動，他得以近距離檢視整片江湖的變化。和他打交道的對象普遍是大型勒索集團的駭客，而非小型的獨立操作員。他知道這些人對他們所屬的犯罪集團沒有忠誠義務，反之亦然。他接觸到的人建立忠誠的唯一要素就是金錢。

然而有些事從沒改變過，像是勒索軟體獵人和駭客對密碼學的共同癡迷。有時即便這些駭客是為了報復他們敵人，還是會花一點時間希望聽到法比恩認可他們的手藝，或在他的勒索軟體神殿致上崇高敬意。這些訊息讓法比恩想起多年前和啟示錄之間的談笑內容，當時對方開發人員曾直呼他是「神一般的存在」。

「創造勒索軟體的人對狩獵團所做的事以及背後需要的技巧和知識，抱有一定程度的讚賞，」法比恩表示：「他們出現在我面前，就是對此展現敬意的方式。」

儘管如此，法比恩、麥克與其他狩獵團戰友的身上，仍背負著來自駭客和受害者雙方的沉重壓力。這場「沒那麼有趣的戰爭」帶來的壓力，以超乎預想的方式影響他們以及他們身邊摯愛的人。

1 美國海外資產控制辦公室（U.S. Office of Foreign Assets Control，簡稱為 OFAC）為美國財政部下轄的機構，負責對外國個體或組織執行經貿制裁，職責包含管理制裁名單，與執行相關制裁措施。

第五章

執著的代價

早在團隊正式成立前，麥克就知道自己、法比恩、惡意軟體狩獵團與其他成員需要建立一個溝通管道，也需要一個專門編列勒索軟體的網站，讓受害者上傳被加密檔案，透過系統的自動辨識功能，確認他們受到哪一款病毒攻擊。如此，受害者也能知道是否能在不付贖金的情況下搶救資料。成立這樣的自助網站不只對受害者有益，也能減輕獵人的負擔，讓他們專心破解新的病毒。

麥克無論是在呼叫宅宅的辦公室或在家中，都在持續尋找解決方案。「我是個程式設計師，」他說：「我最擅長什麼？自動化作業。」

麥克以他一貫直接的方式，將新網站依照用途命名為「辨識勒索軟體」（ID Ransomware）。二〇一六年三月，他在推特和嗶嗶電腦上宣布辨識勒索軟體的網站上線。「我們被勒索軟體攻擊後，第一個問題往往是：**什麼東西鎖住我的檔案**？下一個問題則是：**我能解鎖檔案嗎**？」麥克寫道：「成立這個網站的目標就是要回答這些問題，並依照受害者的感染情況，引導他們獲取正確資訊。」

「辨識勒索軟體」網站上唯一的裝飾是電影《特種部隊》（G.I. Joe）的一句引言：「知道就成功一半了！」除此之外，網站首頁的設置如同其名般直接了當，網站會請受害者提供被加密檔案或勒索筆記——如果沒有勒索筆記，那有攻擊者提供的電子郵件或連結也好。網站也會列出已知的勒索軟體名稱，並回答常見問題。例如：

你能不能幫我的資料解碼？

不行。本服務僅供辨識可能將你檔案加密的勒索軟體之用途。它會試圖告訴你對的方向，讓你知道你的檔案是否有已知的解碼方法。

我的資料會被保密嗎？

……我無法百分之百保證檔案絕對保密。這些資料會被暫時存放在一個共用主機，我對這些數據可能進行的其他用途不負任何責任。

辨識勒索軟體網站一上架，流量立刻一飛衝天。受害者、研究人員、執法人員與資安顧問都把他們手上的加密檔案上傳到網站分析。當系統偵測到先前沒碰過的勒索軟體，麥克就會將它加進他的資料庫。這是一項浩大的工程，網站上線不到一個月，辨識勒索軟體平均每天都會收到一千五百筆上傳資料，其中大多數來自美國以外其他國家，來自全球各地的志願人士則將該網站翻譯成數十種語言，從瑞典語到尼泊爾語都有。辨識勒索軟體成為狩獵團的中央情報交換中心。對團隊成員來說，這個網站是無價之寶，因為它能辨識出新發現的病毒，讓他們進一步分析和解碼。

麥克賦予勞倫斯完整權限，讓他能取得所有傾盆而來的原始資料，但他要勞倫斯保證絕不會將任何資料用在新聞報導。麥克不想在無意間干涉到執法機關的調查進度，他是以同僚身分和勞倫斯分享資訊，而非視他為記者。

「我也很想寫其中一些故事，但我沒這麼做，因為我知道我不能。」勞倫斯說：「有時我寫了一篇故事，會突然驚覺：『靠，我知道這個問題的答案。但我還不能說出來，因為我不想辜負麥克對我的信任。』」

不過勞倫斯從匯集而來的資訊中，能搶先一覽勒索軟體的演變情形。「因為很多人都會使用這個網站，麥克收集許多了不起的資料。」勞倫斯說：「他有數不盡的資訊，你能看到數據統計、趨勢、哪種類型攻擊正在進行，以及攻擊何時發生。」

麥克很快就開發出提供其他受害者用的免費應用程式。例如「勒索筆記清除器」（RansomNoteCleaner）能移除受到感染後，留在系統上的勒索筆記。這樣一來，受害者就不用花時間一一手動刪除。另外還有「加密檔案搜尋器」（CryptoSearch），這款程式能找出被加密的檔案，讓受害者能輕易備份，未來哪天如果找到破解軟體的方法時，備份檔案就能派上用場。

辨識勒索軟體也會自動將受害者的網路位址丟進 Shodan 搜尋引擎進行比對。Shodan 能查出電腦是否有暴露的弱點，當這個網站找到駭客能能侵入的弱點時，辨識勒索軟體就會把弱點標示出來。接著，就像麥克在高中時把紙條貼在高中同學置物櫃一樣，網站會自動建議用戶針對問題進行補強。

儘管麥克想將辨識勒索軟體的網站網設得簡明扼要，像是設成「idransomware.com」，但他的網站實際上是用更長且沒那麼方便的網址：「idransomware.malwarehunterteam.com」。這背後有一項個人因素，那就是麥克破產了。

雖然當時「idransomware.com」的網域能被使用而且只需要付一小筆錢，但麥克仍無法購買。因為付款程序得透過支票或信用卡完成，但麥克之前的信用卡違約，銀行支票帳戶也被凍結。惡意軟體狩獵團對麥克深感同情，他深知貧困的痛苦，於是提供替代方案，讓麥克免費共用他的網域名稱。

不過在辨識勒索軟體網站上線不久，麥克就向訪客保證，該網站無論在「現在與未來，都會免費為大眾服務」。他還補充：「我不會要求你付費給我的服務。但我強烈建議你花點錢投資適合的資料備份，以免未來成為受害者……不過，如果我或這個網站有幫助到你，你真的希望有所回饋，歡迎資助我一兩塊錢。」他在這段內容下方附上一個捐款連結，希望能透過捐款協助營運該網站開銷。

如果將辨識勒索軟體註冊成非營利組織，個人或組織就能透過捐款抵稅。但麥克沒有考慮這個做法，他也負擔不起。他收到的捐款非常少。他曾興奮地在 PayPal 上收到一筆三千美元的大額捐款，但這筆天上掉下來的禮物實際上是一場詐騙，或許是來自他破解過的駭客的復仇。PayPal 因而要求他將款項退回。麥克付不起這筆錢，只好改用其他收款平台。

麥克拒絕向受害者收費的原則這讓他付出代價。他在呼叫宅宅的薪水連自己的帳單都付不起。呼叫宅宅的母公司維面科技公司提供年輕員工各式各樣的豐富經驗和指導，唯獨就是沒教他們如何賺大錢。二〇〇八年，擔任公司首席技術人員的戴夫・雅各布年薪是兩萬美元。「這筆薪水就算是在我居住的那區來說都很低。但是我和室友同居，所以還過得去。」十年後，維面科技給戴夫薪資是一年三萬兩千美元，戴夫於是決定離職，到開拓重工任職。

麥克很少抱怨他的薪資，而且從沒主動要求過加薪，實際上他獲得的加薪也不多。他從技術人員升職到程式設計師，接著升到計畫經理，負責監督一個建構網站與應用程式的海外團隊。麥克不喜歡他的新職位。維面科技吸收了另一家公司的網站建構部門，而從麥克的標準來說，新進員工的表現不甚理想。他說：「為了修他們的東西，我做了很多事。」

即使獲得更高階的職稱，麥克仍要負擔過去的工作職責。他還是得設計程式與顧店，這也代表他還是得接電話跟面對客戶。他在蠟燭多頭燒的情況下更沒有時間處理勒索軟體，但他缺乏足夠信心和動力去找更高薪工作。他不喜歡改變，維面科技是他待過唯一一家公司。他也飽受「冒牌者症候群」之苦，內心的不安會持續跟他自己說：他不配得到更多認可與更好的工作。「光是要在面試中說自己有多好，就不是麥克會做的事。」戴夫說：「那完全就不像他。」

麥克和摩根從結婚以來，一直都在嚴峻的經濟狀態中苦苦掙扎，即使摩根擔任保姆賺錢貼補家用。摩根在臉書上連年記載他們不安定的狀態。她在二〇一三年三月寫道：「或許我們得暫時過著月光族的生活，哈……我們甚至沒有預算買衣服或其他東西。」

那個月他們以十一萬六千美元買下位於布盧明頓的家時，採用的是美國聯邦住房管理局（Federal Housing Administration）提供給低收入戶的貸款專案。「他們為了買房有點太拚了。」戴夫說道：「也許每個月預算剛好打平看起來還好，但那樣會很難面對一些突發狀況。」

到了二〇一五年六月，某天摩根在貼文中詢問：「有人能先借給我一千兩百元嗎？」次月，他們買了一台二手的日產尋路者休旅車（Nissan Pathfinder），因為摩根堅持要有一台內裝三排座椅的車，讓她擔任保姆時能載孩子。戴夫說：「摩根有時非得拿到他們以為需要，但實際上不需要的東西。」光是車貸就讓他們每個月得付四百五十美元。

麥克曾和戴夫提起這件事，說道：「這差不多就是我們能負擔的極限了。」

「對，但是老兄，你另一輛車太舊了，而且有很多問題。要是你必須在繳清車貸前把這台老車換掉怎麼辦？再過一兩年，你可能又要繳另一輛車的貸款。」

「這個嘛，我寧願處理已知的問題。」

「老兄，說真的，這不是個好主意。」

果不其然，另一輛車很快就壞了。

麥克在維面科技的老闆布萊恩和傑森也知道他經濟拮据。當他們希望麥克在和重要客戶開會時能看起來體面一點，就會出錢讓他去理髮。「我們付了好幾次理髮費用。」布萊恩說，後來麥克乾脆決定把頭髮留成馬尾。布萊恩也建議麥克與摩根穩定控制預算，但他們只當耳邊風。布萊恩說：「有些人得自己想通才行。」

傑森建議麥克夫婦把裝潢齊全的地下室租出去。他們家地下室有一個小廚房、一間臥室和一間浴室。有時親朋好友會付象徵性的租金住在那邊，但麥克和摩根不希望讓陌生人成為房客。

麥克為了補貼家用，除了呼叫宅宅的工作，還另外接了一份報紙《潘特格拉弗報》（*Pekin Daily Times*）的送報工作。麥克在成長過程，本身就很喜歡下課後在他的社區配送《北京日報》（Pekin Daily Times）。但是《潘特格拉弗報》是早報，他家附近也沒有通往報社比較方便的路線。麥克會在每天早上三點起床，把腳踏車掛在車子後面，駕車前往《潘特格拉弗報》的報社。到了報社，他會領一百五十份報紙，一一用橡皮筋和袋子裝好。接下來他會在一片漆黑中往北開十五英里到他的送報路線，到了目的地後停好車，接著他會騎上腳踏車，開始挨家挨戶送報。他會把報紙放在郵箱、前廊或是訂戶指定的位置。在幾位顧客抱怨過他踩到他們的草皮後，他都只走人行道。當他送完報紙，他會回家小睡片刻，再去呼叫宅宅上班。

扣除油資、橡皮筋和袋子的費用，麥克每個月只能多賺兩百美元。不久後，他就在聖誕節前放棄了這份工作。雖然聖誕假期有值得期待的小費獎勵，但他實在累到無法撐下去，而且他開始擔心自己的健康狀況。他出現血尿的症狀。

「麥克被搞得很慘，」戴夫說：「他累到連正職工作都做不好。」

摩根則感到孤單。在正職工作和勒索軟體間兩頭燒的麥克，沒有多少時間陪她。

麥克與摩根兩人的個性正好相反。麥克是個理性、內向且高度專注的人，而摩根則熱愛社交、感性而坦率，但是他們兩人互相依賴彼此。麥克需要摩根把他從內在世界拉出來，讓他跟別人的感受建立連結。摩根則需要麥克的鎮定和屹立不搖，幫助她面對家庭的動盪和情緒變化。他們兩人也有共同興趣，像是去車庫拍賣挖寶。

「我很愛我老公，在他身邊才能完全做自己。我感覺他從來不會批判我，或覺得我有任何不完美的地方。」摩根曾在臉書上寫道：「我生命中從來沒有人像他一樣給我那麼多自信。」

但是現在麥克常常會在呼叫宅宅加班晚歸。他在辦公室桌上放了一台筆電，桌子下面又有一台高效能電腦，這兩台電腦都被他用來破解勒索軟體。麥克的同事會留下他關店，某天晚上暴風雪來襲，當麥克準備要回家時發現自己被雪困在店裡，只好吃著接待櫃台抽屜的零食，在辦公室過夜。

「我好像總是見不到他，」摩根說：「有時我們晚上待在一起，他會忽然說：『天啊，我得去處理這件事。』然後就消失好幾個小時。」

摩根在等麥克回家時，會照顧寵物、看電視、滑滑社群媒體還有畫填色繪本。但漸漸地她失去動力。「很多時候我醒來，開始不明所以地感受到存在危機。像當滑我手機時，會想這有什麼意義？刷牙有什麼意義？沖澡有什麼意義？我沒辦法繼續做一些正常人每天會做的事，因為我感覺自己毫無價值。」

摩根為了交新朋友，加入了當地的婦女會，和別人一起聚餐或享受SPA。她內心最渴望的其實是有個孩子，但她卻掙扎於不孕之苦。因此她把母愛揮灑在她養的貓咪上，會稱呼貓咪為「我的寶寶們」，也把愛投注在她擔任保母的男孩身上。摩根會在臉書上寫道：「小詹姆士今天寫下他第一篇文章，是關於我和他一起玩雪，我好感動，這讓我好開心！」

摩根為了紓解壓力，開始沉溺於另一種昂貴的嗜好——大麻。摩根的妹妹曾短暫住在她家。當時她妹妹在當地的哈帝漢堡（Hardee's）打工，會和一些朋友在摩根家抽大麻。摩根決定「試試看那是什麼感覺」。她第一次抽的時候，「感覺到一種讓人心滿意足的幸福感，讓她無憂無慮地放鬆，並能真的集中精神做想做的事。」摩根說：「抽大麻讓我重拾生命。」

起初她只有在周末才抽，但後來她連結束晚上的保姆工作後都會抽。她找到專屬的藥頭，每隔一周就買「半盎司」的貨。「我會盡力用這十四公克撐到最後，但是壓力很大。」隨著庫存減少，她開始感到恐慌。「如果我的毒癮突然發作怎麼辦？要是我手邊沒貨，我們也沒錢再買怎麼辦？」

摩根無法取得醫療用大麻的處方籤，只好去買街頭貨，每個月因此得花掉兩千美元。這重創她跟麥克的預算。麥克說：「當我發現時，我去看銀行帳戶，發覺這邊少掉五百元，那邊少掉兩百元，還好我有先設定提款上限。」

他們就像奧運的短跑選一樣搶著用光兩人薪水。麥克要把錢拿去繳帳單，摩根則想去買大麻。「我不在乎水電費、不在乎房子或車，說實話，我什麼都不在乎，」摩根說：「我比較擔心我會自殺，或待在看不到光的地方。」她表示自己跟麥克的婚姻「建立在她能多快在麥克繳帳單前把錢弄到手。麥克知道她沒大麻的後果，到時候她會精神崩潰到難以自救。」

麥克跟摩根愈來愈常積欠帳單。麥克反對摩根吸食大麻，原因不只是大麻很花錢，同時也因為他是個安分守己的人，摩根的作為在伊利諾州是違法的。麥克相當重視邏輯分析和理性思考，正是這些特質讓他能破解勒索軟體。因此要他和一個腦袋不清楚的人相處，他會備感挫折。「當時他不太想和我扯上關係。」摩根說。

麥克更常埋首於工作，但卻讓摩根壓力倍增。她還小的時候，當她父母親外出飲酒作樂，她就會感覺自己被遺棄。如今她的丈夫也頻頻缺席，這讓類似的焦慮再度觸發。「當然，有時他可能就只是工作太忙，沒想到要傳簡訊給我。」摩根說：「我只好一直等一直等一直等他回家。最後我會抓狂打電話給他，或等他回到家時自殘威脅他，因為我覺得自己不重要。但事實並非如此，他沒出軌也沒做什麼蠢事。」

「或者有時他會說：『我一小時後到家。』但接著一小時、兩小時、三小時過去了，我在那邊痴痴等待，不知道該如何是好。我心想：該傳訊息給他嗎？可是我不想打擾他，我不想成為他的負擔。於是我被困在自己的情緒中走不出來。」

最後摩根決定給麥克下最後通牒，她要麥克離開她，或接受她抽大麻。「這就是我的底線了，」她說：「我再也無法忍受他以憎惡的眼光看我。當我終於找到能幫助我的東西時，他卻無法接受。不僅如此，他痛恨這件事。因為這一點，他也恨我。」

麥克在她的堅持下，同意抽一支大麻試試看。他們在凌亂的車庫實驗，但結果並不理想。當摩根抽著她平時習慣的劑量時，麥克只抽了一小口就頭昏腦脹。他變得異常多話和愛笑，大談他的想法和感覺，還有他的腦袋是如何運作的。接著，他瞥見車庫上疊著大風扇跟烤肉架，這兩種設備在他眼中相當奇幻地變成一隻有翅膀的神話生物。他大喊：「媽呀是條龍耶！」

後來麥克回到主屋內躺下，內心想著「我已經瘋了」。「我徹底嚇壞了，以為我再也無法恢復正常。我好像被困在《全面啟動》（*Inception*）的世界裡。」麥克所說的《全面啟動》，是二〇一〇年李奧納多．狄卡皮歐主演一部侵入潛意識的電影。「這輩子我從沒這麼害怕過。」

摩根養兒育女之路遙遙無期。有一陣子她短暫滿足想要有個健全家庭的慾望。在二〇一七學年時，她和麥克接待了一位來自泰國的交換學生唐（Tang），唐住在他們家空房，並前往布盧明頓高中上課。[1]麥克說：「當時，那是我們少有的育兒選項之一。」

那時麥克二十五歲，他對要養育一個高中生有所自覺。唐參加了學校的足球隊和保齡球隊，麥克則出席她所有體育活動。「那真的很怪，」他說：「我看起來像個留了鬍鬚的青少年，試著和一群四十幾歲，家裡真的有青少年的家長混在一起。」

摩根則對她的新角色樂在其中，她很享受身邊有唐的陪伴。當麥克在辦公室忙時，她會和唐坐在一起，並指導她的功課。摩根以家長身分陪唐參加學校的返校舞會，順道和唐的老師討論她的學習進度。「親師面談很順利！」摩根在臉書上宣告：「我們一致認為……唐是個很認真的學生、獨立自主，甚至還會幫其他同學！我們都以她為傲！」她在跟唐第一次見面的下雪天，拍了幾張唐的照片。

唐既外向又討人喜歡，她在新環境適應得很好，還會和朋友一起去聽演場會、去主題樂園還有前往芝加哥旅遊。根據交換學生的計畫規定，她不需要付租金。麥克和摩根家中多了一個人要養，他們身為寄宿家長，財務問題更加惡化，最後逐漸變成嚴重的地步。麥克被迫選擇性支付水費或電費，他們知道如果付了水費，就會被斷電。

沒電的情況下，麥克就得清空冰箱，把裡面的東西都裝進保冷箱，然後開車載到公司，借用辦公室冰箱儲存食物。若是沒暖氣，他們就會盡量少待在家。麥克會在辦公室待到半夜，摩根和唐則去朋友家拜訪，他們晚上睡覺時則多蓋幾件被子。沒水的情況下能撐三四天，他們不沖馬桶，麥克會到後院小便。他和摩根會利用工作時間喝水，並讓貓咪喝事先裝好的瓶裝水。但就算他們拿到錢，要恢復供應服務也不是件簡單事。因為他們的信用卡和銀行帳戶已經被列為拒絕戶，麥克得拿著現金去各局處，或用西聯匯款（Western Union）之類的轉帳服務。

對唐來說，這不是電影或電視上那種富有的美國生活。她居住的環境沒有名車代步、碧綠校園，更沒有時尚豪宅。唐也對寄宿家庭感到虧欠，她通知了在泰國的父母親，於是常見的慈善模式就此翻轉。唐的泰國家庭提議幫美國家庭出錢付瓦斯帳單。不過，葛拉斯彼夫婦拒絕了。「我沒有讓她父母那樣做。」麥克說。他付了帳單，第二天就開了暖氣，但「還是感覺蠻尷尬的。」

摩根的親戚將他們夫妻倆的財務問題歸咎到麥克身上。他們認為維面科技在利用他，並建議麥克找個更好的工作，像是去企業當工程師。「他們總是給我壓力，」麥克表示，摩根的親戚會說：「你應該去州立農業上班，在那邊能賺三倍的錢。」

他的姻親還會說，或者你至少該向辨識勒索軟體的使用者收錢。即使是麥克當成自己祖母一樣的岳祖母麗塔，雖然她堅定支持麥克，但在這一點上也不例外。「我試著盡量不干涉這些事，」麗塔．布蘭琪說：「除非有時我犯蠢，會忍不住和他說：『寶貝啊，你得拼一點，你知道你是能賺大錢的人。』」

對麥克來說這些話就像在暗指他是遜咖，這讓他想起高中期間不愉快的回憶。當時同學都在背後叫他怪胎。麥克把這些建議都當耳邊風，依然堅持理想。儘管這代表他和摩根得付出鉅額的個人成本，他仍不打算向勒索軟體受害者收費，或成為「財星五百大企業」（Fortune 500）中的一個官僚小齒輪。「即使起薪是二十萬美元，我也不想在州立農業當一名工程師。」他說：「那意味著即便知道自己能處理好一個問題，但因為那不在我的權限範圍內，還是得交給別人處理。」

被麥克忽略的不只有旁人的建議，還有他的健康。他知道自己健康狀態不佳，應該要尋求協助，但是他很害怕。光想到要和醫療系統打交道就讓他反胃，尤其這還有可能擾亂他的生活節奏，讓他不得不暫停對抗勒索軟體。「他對人體感到噁心，」摩根說：「如果你聊到脈搏、心跳、眼球或血液，麥克就會開始坐立不安。」

後來麥克的不適感與日俱增，他的體力也持續下滑。摩根決定主動幫他掛號。二〇一七年十月，外科醫生動刀割除麥克身上一個腫瘤。起初他們以為那是良性腫瘤，但檢驗報告出來後卻發現，麥克罹患了膀胱癌，這對年輕成人來說不常見。

摩根將消息貼到臉書上：「請大家為麥克祈福好嗎？今天得到一些壞消息。」

麥克只請了短短兩天假，一天動手術，一天休養。他不想讓同事失望。

「可憐的傢伙。但面對罹癌這件事，麥克可是個堅強的鬥士。」戴夫說道：「他不太會在別人面前展現出他實際承受的超大壓力。」

幸運的是麥克的癌症算是在早期發現，有望完全康復。可是醫生推薦他做的免疫療程是一場折磨。連續兩個月，麥克每個禮拜都要讓護士注射液態結核菌到他膀胱。這些細菌會觸發免疫細胞，讓免疫細胞攻擊癌細胞。治療過程摩根得按住麥克，按摩他的腳，好讓他冷靜下來。接著他們回家後要等一小時讓他排尿，結束後得要用漂白劑清理廁所。

「我很害怕。」麥克在十一月第一次接受療程後，在臉書上坦承：「這他媽是我做過最可怕的事。我一點都不想再做五次。」

免疫療程結束後，醫生告訴他一個好消息：他完全康復了。麥克終於釋放壓抑許久的情緒。他在維面科技舉辦在皮奧里亞高爾夫俱樂部的聖誕派對上，以不尋常且令人永生難忘的方式狂歡作樂。派對上，幾乎不會喝酒的麥克走到吧檯。「我不太知道我喜歡或想喝什麼，」他告訴酒保：「你能幫我調杯甜的嗎？」

酒保幫他調了杯長島冰茶。那是種酒精濃度很高的調酒，調和了五種不同酒類：伏特加、蘭姆酒、龍舌蘭、琴酒與橙皮酒。麥克一飲而盡，接著又再要一杯，喝完又再續一杯。短短半小時內他喝了三杯。

「你能想像這傢伙喝得一蹋糊塗，」戴夫說：「他只想放鬆一下，但他不知道自己的極限在哪，也不知道酒裡面加了什麼。只是覺得很好喝。」

戴夫當時坐在麥克隔壁，他還得抓著麥克領口，以免他摔倒。「你還行嗎，老兄？」戴夫一直問他。摩根打電話把麥克的父親叫來接他回家。

※

麥克不是勒索軟體狩獵團中，唯一一個忙於應付勒索軟體而付出個人代價的成員。丹尼爾·加拉格爾也飽受折磨。他一方面得滿足日常工作要求，一方面要追蹤與滿足他羞辱勒索軟體攻擊者的執著，他在這兩者之間搖擺不定。

丹尼爾和法比恩與麥克一樣，也被診斷患有成人注意力不足過動症，並有長時間專注在一項任務的過度集中傾向。此外，他還有一個稱為形素—色彩聯覺（grapheme-color synesthesia）的特質。這種特質讓他在理解字母和數字時，會連想到特定色彩。舉例來說，英文字母的D對他而言是藍灰色的，數字9則是酒紅色的。丹尼爾說，他對一串數字「會有特定的感覺。有的數字是秋天的顏色、冷色系，也可能是暖色系。所以當我檢閱大量文字或網路位址時，我能透過特定顏色去感受到它，而能以更快速度找到想要的資訊。我能快速掃視資料，卻不用真的讀它們，我很容易就能看到一種顏色滑過，我想這也是為什麼我的資料分析能力特別強。資料之間的連結會自然跳出來。每當你成功把資料連結起來時，就像打了一劑多巴胺一樣。」許多具創造力的人，包含有名的藝術家、音樂家及科學家都有這種聯覺能力。例如諾貝爾物理獎得主理察．費曼（Richard Feynman）曾寫過，數學方程式在他眼中是「淺褐色的j、帶著紫藍色的n，以及深棕色的x在四處飛舞。」[2]

丹尼爾在狩獵團中有兩種角色。一個是為團隊找出惡意軟體樣本。他寫下所謂的「YARA規則」，引導VirusTotal在龐大的惡意軟體資料庫中，找出符合條件的樣本。他也創造出一個會自動分享樣本的工具。「起初，我就像《刺激1995》（The Shawshank Redemption）中的瑞德，專門把別人想要的東西弄到手。」

丹尼爾真正熱衷扮演的則是另一個角色。如同勞倫斯對攻擊者感到著迷，法比恩喜歡嘲弄攻擊者，丹尼爾則一心一意要懲罰攻擊者。如果獵人們懷疑某個人在製作勒索軟體，他們就會讓丹尼爾知道。「丹尼爾是會深究到底的兔洞獵人。」麥克說。

丹尼爾的推特用知名的網路迷因「不爽貓」（Grumpy Cat）當頭像，他經常在推特上揭發網路罪犯的身分。「我常會發廢文。」丹尼爾咄咄逼人的態度也招來反彈。「人們時常對我有個印象，就是我在網路世界是個惡霸或混蛋。因為我好幾次會在推特上點名特定的人，」他說：「但這麼做背後是有原因的。有的人就是需要被公開點名，在眾人面前被打巴掌。他們不知道自己帶來多嚴重的影響。」

一九八一年出生的丹尼爾從小就過著游牧般的生活。他父親是個油漆工，同時也跟法比恩的父親一樣是個酒鬼。他的母親有時會去做出納員，但大多數時候，她都把時間花在幫丹尼爾和另外五個兄弟姊妹打包搬家，他們一家從德州搬到佛羅里達州，再搬到麻薩諸塞州。基本上是哪邊有工作就搬到哪。丹尼爾高中畢業時已經住過七個不同的州，因為太常搬家，他也很難交到朋友。

丹尼爾的叔叔給了他人生中第一台電腦，那是一台國際商業機器公司（IBM）的電腦。當時丹尼爾才八歲，但他最大的興趣是玩車。他在鱈魚角（Cape Cod）一間高級職業中學主修汽車技術科，畢業那年還贏了該領域的全州與全國競賽，展現他對電子科技的掌握度。後來，他開始參加汽車越野賽，駕駛一台自行改裝加大馬力的福斯GTI（Volkswagen Golf GTI），還買了一台二〇二〇年款的奧迪RS3。丹尼爾說：「開車、賽車和收藏跑車仍然是我現在的嗜好。」

一九九九年，丹尼爾從高中畢業後，他在麻薩諸塞州海尼斯（Hyannis）的一間凱迪拉克展售店上班。四年後，隨著他的父母親離異，他搬去北卡羅來納州藍嶺山脈（Blue Ridge Mountains）一個度假區，和曾經協助帶大他的姊姊住在一起。對於一個專長是汽車電子的人來說，相關工作在該地區不好找，他有將近十年時間都在高級餐廳的外場擔任服務生。在夏天的旺季，他每周能賺一百美元，冬天淡季則領季節性失業補助。當時丹尼爾「被困在能輕鬆賺錢」的服務業。「我感覺在浪費自己的才能，」他說：「我的人生不該只是如此。」

於是他去了社區學院，讀了一個副學士學位，並取得網路犯罪科技的相關證書。他曾設想過走上執法之路，但後來理解長期下來他可能會因為某些案件留下心理創傷，像是牽涉到兒童色情產品的案件，他決定改變方向。二〇一二年，他被藍嶺山脈當地的醫院聘為負責監管資安的網路工程師。後來那間醫院被納入「使命健康連鎖醫療集團」旗下，交接時丹尼爾詢問：「誰要接手我的工作？」結果答案是沒有。於是他自己創造一個角色：「那兩年，我在一個旗下有十萬五千名員工的連鎖醫療體系底下，擔任一人小組的資安防禦工程師。所以，很瘋狂。」

二〇一六年，一款稱為「山山」（SamSam）的勒索軟體開始擴散，帶來前所未有的影響，丹尼爾也開始將勒索軟體視為優先防禦對象。當時的勒索軟體還在一個「亂槍打鳥」的時期，許多集團針對的還是獨立的電腦使用者，會向隨機對象要求幾百到幾千美元贖金。山山則開始針對一整個組織的電腦要求數萬元贖金。接下來三年內，山山針對北美地區與英國地區的電腦系統發動加密攻擊，至少入侵兩百個以上的單位，總計造成超過三千萬美元損失。[3] 山山的攻擊地區包含喬治亞州的亞特蘭大、紐澤西州的紐瓦克（Newark），以及加利福尼亞州的聖地牙哥港（port of San Diego）等。山山背後的駭客獲得至少六百萬美元贖金，而且他們的編碼無懈可擊。

他們針對對象主要是醫療院所，全國許多病患的預約療程因此受到影響。雖然該集團並未找上「使命健康」，但丹尼爾想：「如果我們不謹慎一點，這件事很可能會發生在我們身上。」於是他組織一場以桌遊形式進行模擬的網路停機練習。

丹尼爾極盡所能想揪出山山背後的攻擊者。「我對他們特別反感。」每天晚上他都嘗試在社群媒體和暗網上找到他們的蛛絲馬跡，但卻徒勞無功。這場研究勾起他對狩獵勒索軟體的興趣。每天早上六點他會出門，開車七十英里到使命健康位於艾西維爾（Asheville）的辦公室，上完一整天班後，晚上下班回家，他就開始盯著社群媒體，試圖找出任何提到勒索軟體的調查線索，接著便會一頭潛下去。

二〇一六年十月，丹尼爾還在起步階段時，有過一次成功紀錄。當時惡意軟體狩獵團辨識出一款稱為「異國」（Exotic）的新型勒索軟體。異國似乎還在開發中，接連釋出三種不同變體。其中一個變體的勒索筆記上用了希特勒的圖片與納粹旗。「你被異國病毒感染了，」筆記上寫著：「付錢，不然你的檔案就沒了！祝你有美好的一天☺」[4]

丹尼爾決心揪出這個線上化名為「邪惡分身」（EvilTwin）的駭客。邪惡分身「在操作的安全性上犯了一個愚蠢的錯誤」，讓丹尼爾得以找出他的身分。於是，在一個秋意濃厚的周六下午，丹尼爾在準備出門享受北卡羅來納州的秋季景緻前，將這個進度回報給狩獵團。

「這個小傢伙和他的夥伴身分差不多都在我的掌握中了，」他在Slack上寫道：「姓名、居住城市都有了。他們全都十五、六歲，和我預期的差不多。」丹尼爾補充這些名符其實的腳本小子，住在德國慕尼黑附近一座稱為格拉芬（Grafing）的小鎮。

「巴伐利亞（Bayern）……當然了。」法比恩回覆：「巴伐利亞邦就像德國版的德州一樣，充滿一堆有錢的白癡，是個既傳統又虔誠的地區。」

莎拉插嘴問：「如果他們才十五、十六歲，執法機關可以怎麼處置？」

「很遺憾，我想是沒辦法。」丹尼爾回答：「你唯一真的能做的，是試著改變他們的人生道路。就我的經驗來說，那通常得用上獎勵或懲罰，既然我不可能給這些小王八蛋任何獎勵，我會透過告訴他們未來可能面臨的懲罰來說服他們……有時你只能讓他們知道，他們的所作所為都被看在眼裡，希望這讓他們在做事之前三思。」

莎拉建議聯絡他們的家長或其他親戚。由於這群青少年來自德國，法比恩自告奮勇擬筆處理這件事。

丹尼爾則不太相信這會有用。他寫道：「之前的經驗讓我知道即使這麼做，那些家長只會覺得我家孩子一定是小天使，然後把我當成胡亂批評他們的壞蛋。」

接下來幾周，丹尼爾把這件事拋諸腦後。但到了十一月中，他發現邪惡分身開始實驗另一款不同的勒索軟體，他終於受夠了。

他告訴惡意軟體狩獵團：「我要開始在推特上指名道姓，把他們抓出來罵了。」接著他真的這麼做，他在推特上直接以駭客的本名「大衛」（David）稱呼。

接著，丹尼爾還傳了一封私人訊息給大衛，勸他不要再繼續嘗試，那不值得冒被執法機關找上門的風險。「不要再寫勒索軟體了，」丹尼爾回憶當時對大衛說：「寫一些能阻止勒索軟體的東西吧。」大衛退縮了。丹尼爾進一步讓大衛知道，他會把對方的個資交給歐洲相關單位。「你需要學點教訓。」

大衛的帳號從此銷聲匿跡。過了將近三年，二〇一九年十二月，勞倫斯的每周讚揚名單中，除了列出勒索軟體狩獵團的成員與其他知名的資安研究人員，還出現一個陌生的名字。那個人就是大衛，他因為提供嗶嗶電腦勒索軟體的資訊而受到表揚。大衛換掉黑帽戴上白帽，換邊站了。

惡意軟體狩獵團認出了大衛的推特帳號，跟勞倫斯抱怨他稱讚的是一位有開發勒索軟體前科的人。勞倫斯深入研究這件事後，發現幾年前丹尼爾曾在推特上批評過這位「前腳本小子」。他找上丹尼爾探聽更多訊息。

「他是其中一個被我公開點名做壞事的人，我還叫他轉換跑道。」丹尼爾回覆：「我甚至告訴他，如果他真的想要受人尊敬，應該協助對抗勒索軟體，而不是創造勒索軟體。如果當時他決定開始這麼做，那我們應該對改變跑道的人抱持開放態度。」

「我同意，」勞倫斯說：「他幫了我不少忙。」

「從我的經驗來看，這些駭客似乎很清楚自己在做什麼。」丹尼爾說：「老實說，他們可能因為我走上正道這件事，讓我覺得與有榮焉。」

「確實，你應該感到驕傲。」勞倫斯說：「他現在試著要當個好人。」

二〇一七年六月，丹尼爾盯上一個新的目標。一位在網路上自稱為瓦季司（Wazix）的開發者，在暗網的犯罪論壇兜售他的新病毒「特斯拉軟體」（TeslaWare）。瓦季司會向受害者要求一百比特幣，如果他在七十二小時內沒收到款項，就會刪除受害者的檔案。勞倫斯分析了特斯拉軟體的樣本後，在嗶嗶電腦上報告它「完全亂七八糟、毫無效率又慢得要命」。[5]特斯拉軟體的加密方式有「無數的缺陷」，而且容易破解。勞倫斯建議受害者不要付贖金，而是聯絡嗶嗶電腦取得進一步解碼指引。

丹尼爾在網路上搜尋一番，發現特斯拉軟體的駭客沒有完全掩蓋好自己的蹤跡。那名駭客住在法國，本名是約凡（Jovan）。在丹尼爾眼中，這個名字剛好是從灰紫色到橘色的一串色彩。他說：「如果那個名字出現在某個地方，我一眼就會看出來。」

丹尼爾用他最拿手的方法，他在七月十七日直接叫陣，向對方發出推特：「好了好了約凡，是不是有人該休息一下了？」

那名駭客則以一連串辱罵的推文回應。

某位資安研究人員評論：「特斯拉軟體的作者瓦季司在推特上崩潰了。」

瓦季司退隱後，勒索軟體狩獵團一名荷蘭成員決定出手。身兼資安公司卡巴斯基實驗室（Kaspersky）研究員的約恩．范德偉（Jornt van der Wiel）聯繫了法國警方。「很好，他們有興趣了。」約恩告訴團隊法國警方的反應：「我只需要在今晚之前整理好所有資料就行。」

整個團隊欣喜若狂。「太好了，這一切他媽的太好了！」麥克寫道。

「有夠讚！」莎拉說。

法比恩則留意到瓦季司的作業模式「和他的勒索軟體一樣充滿破綻」。

約恩的警方聯絡人跟他說瓦季司仍是少年犯，但還是可能被起訴，不過調查人員需要有瓦季司「罪證確鑿」的活動細節，如是才能說服他的上司和檢方立案調查。

儘管丹尼爾日常工作已經讓他忙得不可開交，他仍接手這件事。「這樣很棒，」他寫道：「以我目前的工作量可能要花上幾天，但我很樂意幫忙！」

幾天後，約恩帶來最新消息：「警方很可能會對這傢伙提起告訴。我們目前正在和警方討論實際上要以什麼名義起訴。」

「太棒了！」莎拉說，「如果可以的話，請持續讓我們知道最新狀況。」

「如果有我能幫忙的地方請告訴我，」丹尼爾寫道：「我會重新安排我的行程，協助將罪犯繩之以法。」

八月二十二日，約恩從法國警方那邊得到消息，向團隊報告：「瓦季司上個禮拜被逮捕了，被抓的時候手還在鍵盤上……感謝你們幫助。」檢調方希望狩獵團不要公開這件事，因為警方還在搜捕瓦季司的同夥。狩獵團同意了。

約恩向隊友們道賀：「每個人都做得很好！」

「我真的很訝異，」莎拉說：「以執法機關來說，這次動作真迅速。但這是件好事。」

不過即便丹尼爾成功逼退駭客，他依然蠟燭兩頭燒。丹尼爾要兼顧醫院業務和追緝壞人，這將他逼到崩潰邊緣。二〇一六年底，一款快速擴散的惡意軟體蠕蟲病毒感染了使命健康的系統，丹尼爾連續七天每天工作十八個小時，最後才將他們公司網路進行分區隔離，並阻止六十三起感染事件。「那件事改變了我。我累壞了，再也回不去了。」

丹尼爾身心俱疲，體重也急速下滑。過勞的生活與隨之而來的壞脾氣，讓他的婚姻關係同樣變得緊繃。「我知道如果繼續維持同樣高壓的狀態，我很快就會住院了。」於是，他在二〇一七年離開使命健康，接下一個壓力比較小的教學工作，開始開發資安線上課程並擔任教師。一年後，他進入一間搜尋引擎公司擔任資深的資安分析師。同一時間他也減少夜間偵探的工作量，那讓他對狩獵團的隊友感到內疚，害怕辜負了他們期望。

「我感覺很糟糕，因為沒做出什麼貢獻。每一陣子我就會道歉一次。大家都會說：『你也有自己的生活要過。』當然如果有大事發生，我還是會馬上跳進去。我很常半夜三點在頻道上分享最新資訊。我們就像一間全球化公司，大家必須彼此配合時間才能分享情報。」

※

法比恩也有他的掙扎之處。他背負身為全世界最頂尖的勒索軟體破解者之一的壓力。他的自我價值來自分享自己的專業知識與拯救受害者。但多年來他得承受受害者對他的需求，與伴隨拯救失敗而來的失望，這些都讓他備感沉重。有一家俄亥俄州的家族企業老闆因為受到勒索軟體攻擊而瀕臨破產，他躺在醫院床上寫信向法比恩求助，說因為駭客帶來的壓力讓他心臟病發。然而當時那款勒索軟體的程式碼是沒辦法破解的，法比恩也愛莫能助。

另一名受害者還威脅法比恩，說如果無法取回資料，他就要去自殺：「請幫幫我，不然我就要死了……你是我最後的希望。」

法比恩將這則訊息截圖貼在推特。「這種要求是不被接受的，」他寫道：「我自豪的事不多，但對於自己依然會同情向我求助的受害者這點，我確實是感到自豪的。何況這還是建立在多年來，我每天都會收到勒索軟體受害者謾罵、苛求與缺乏尊重的請求的前提之上。」

法比恩回想起來，覺得那種感覺就像病人收到癌末診斷書：「勒索軟體的受害者真的會經歷悲傷的七個階段：否認、討價還價、悲傷、抑鬱……他們要經歷過每個階段後，才會抵達接受的階段。」

他向他的全科醫生提起自己承受的壓力，對方給他一本跟心理健康服務有關的手冊。法比恩預約了心理諮商，但過了兩周都沒收到回音。於是他將面臨的難處公諸於世。二〇一九年七月，他在推特上寫道：「這個月我過得特別煎熬。你知道，那就像是在一整個月都只想點火燒了自己和周圍一切的感覺。我充滿憤怒和悲傷，彷彿沒有終點。」

與此同時，法比恩漸漸成為大眾眼中的勒索軟體權威，媒體常分享他的真知灼見。當法比恩公開批評資安保險公司付錢給攻擊者形同「延長勒索軟體的生命」時，業界領袖雖然對他的言論感到不滿，但同時對他留下深刻印象。[6]二〇一九年十月，法比恩受邀前往葡萄牙里斯本，在一場研討會上演講。[7]他對於能收到這樣的邀請備感榮幸，興奮地前往舉辦研討會的五星級渡假村參加會議。但當他抵達時，卻覺得自己來錯地方。他躲進飯店其中一處陽光絢爛的陽台，站在一棵盆栽旁躲避人群。「一切都很光鮮亮麗，」他說：「在場每個人都穿著西裝，只有我穿著短袖上衣和牛仔褲。我不屬於那個地方。」

後來當別人問起那場演講進行如何時，法比恩回答：「還好吧，我想。我沒有什麼比較基準。」他幾乎沒和其他與會者打交道，絕大多數時間都待在他位於另一間簡樸飯店的房間。他會一個人在房間裡，反覆思考那些吵著要他幫忙的受害者。他連續四個晚上都沒有睡覺，並開始出現精神異常症狀。「我開始會和實際不在場的人對話。」

當法比恩返回英國時，他在 Emsisoft 的同事注意到他很沮喪，透過網路確認他的狀況。不久，一名來自英國牛津大學讀過他作品的博士生，邀請他向一個資工課程班級的學生演講。法比恩接受了。他既興奮又緊張，並再次痛苦意識到自己缺乏正式教育。他心想：「我很肯定我一踏進教室就會被燃燒殆盡。」但他坦率的觀點與他顯然對演講主題瞭若指掌的表現，讓學生們聽得入神。事後他說：「演講超時了四十分鐘，因為大家一直在提問。」這正是一向急於取悅他人的法比恩需要的慰藉。

除此之外，法比恩在那年夏天從一間貓隻繁殖場救回兩隻小貓。其中一隻貓的雙眼是藍色，另一隻貓則是綠色的，法比恩分別將牠們命名為藍寶石和綠翡翠，他從貓咪身上也得到一絲慰藉。有時，法比恩會帶著貓咪去找心理學家，幫牠們處理在被他拯救前留下的情感傷痕。最後，他也為自己找了一個心理治療師。

※

麥克和法比恩一樣承受來自受害者的壓力。「受害者都以為我是耶穌，」麥克說：「他們認為我能破解任何東西。」麥克持續被受害者糾纏而疲憊不堪，他同時還得面對財務、婚姻與醫療困境的重重關卡。但這一切都沒有讓他停止狩獵勒索軟體。他和血腥多莉利用早期戰勝特斯拉密碼的方式戰勝其他病毒，其中值得一提的案例是「白玫瑰」（WhiteRose）。白玫瑰攻擊的對象是使用微軟視窗伺服器 2003（Windows Server 2003）作業系統的電腦。該系統在當時已經太過老舊，因此大多數受害者都是買不起新伺服器的歐洲小企業。

大多數勒索軟體的筆記，都會簡單明瞭告訴受害者他們的檔案被加密了，並告知應該如何付費解鎖。白玫瑰的筆記卻是個反常的案例，被勞倫斯比擬為「創意寫作課程作業」，因為軟體以一段省思自然之美的的華麗詞藻，包裝真實的卑鄙意圖：

> **我身後是一座空蕩蕩的夢想之屋，而在我面前，盛開著美麗的白玫瑰。**
>
> **置身於這座花園，令人安詳而寧靜……一切都很自然。**
>
> **我不過是對駭客跟程式有點興趣……相信我，我擁有的唯一資產，就是這座花園中的白玫瑰。**
>
> **我白日思索，夜晚書寫，寫下故事、詩句、程式、漏洞，思量我總共售出多少白玫瑰，我對自己說，富有，意味著擁有來自不同種族、語言、習慣和宗教的朋友。**
>
> **而不只是身處一座種滿原始白玫瑰的時髦花園。**

我希望你能接受我這份禮物，如果它到你面前，請閉上雙眼，想像你在一座巨大的花園，坐在木椅上，感受這片美好景致，降低你的焦慮和日常的緊繃感。

感謝你的信任。

現在張開你的雙眼。

你的系統上有朵花，就像一座小小的花園；那是一朵白色的玫瑰花。[8]

也許白玫瑰的創作者不該那麼在意他的花園，而是多花點心思在密碼學上，因為白玫瑰創造亂數的手法還不夠好。雖然白玫瑰的系統設有防止暴力破解的保護層，麥克和血腥多莉還是繞過保護層，取得部分密鑰。

麥克把他為白玫瑰和其他勒索軟體製作的解碼器放在嗶嗶電腦。但當受害者試圖下載解碼器使用時，他們的防毒軟體往往會把這些工具標示為可疑程式，而拒絕存取。勞倫斯得知後，深知麥克無法負擔認證費用，而花了四百美元申請認證，讓使用者知道他們下載的解碼器是安全的。

「麥克已經做了這麼多。如果你能幫他，為什麼不幫？」勞倫斯說。

再後來，葛拉斯彼一家的財務狀況跌到谷底。二〇一八年六月，他們家的交換學生返回泰國，家庭支出也隨之減輕。但一個月後摩根失去保姆的工作。由於她同時得照顧生病的麥克、自己也病痛纏身，又要花時間陪伴唐而屢屢曠職，她的雇主認為她不可靠而將她解雇了。葛拉斯彼一家頓時失去三分之一的收入來源。摩根說：「我的雇主對於我無法隨傳隨到這件事感到不滿。」更糟糕的是由於解雇摩根的家庭是以行為不當的理由開除她，根據伊利諾州法律，摩根無法申請到失業補助。摩根到處找其他保姆工作，卻不斷碰壁。

葛拉斯彼夫婦決定取消他們家的保全系統，每個月省下五十美元，但也只是杯水車薪。他們連那台尋路者的車貸都繳不起，只好將車抵押給銀行廉價拍賣，不足的費用還要由他們自己補齊。他們共用僅存一台現代汽車伊蘭特（Hyundai Elantra）小房車，甚至因為連續遲繳四期房貸，開始收到法拍通知。

於是，勒索軟體狩獵團的夥伴再度出手相助。法比恩先注意到麥克好像沒辦法在家用電腦，問他發生什麼事，麥克才支支吾吾坦承他家的網路已經斷了，而且可能連房子都快沒了。

法比恩擔心朋友的安危，也認為整個團隊要靠麥克才能持續運作，於是開始捐款到辨識勒索軟體網站的帳號。同時，他也安排 Emsisoft 以兼職方式聘請麥克幫公司寫解碼器。「你在外面不可能輕易找到像麥克這種人，」Emsisoft 的創辦人克里斯蒂安．梅洛表示：「法比恩建議過我早晚都要招募他。光是他的辨識勒索軟體網站能用來追蹤勒索軟體活動的能力就價值連城……我們要聘用人時不那麼重視正式學歷。外面有很多自學成材的人才，他們的技能比那些菁英大學出來的人來要成熟許多。他們是**呼吸著那個領域維生的人**，很難被超越。」

這份收入讓麥克和摩根能繳清房貸欠款。麥克說：「天哪，走進銀行砸下四千美元現金，把過去欠錢都還清，感覺棒透了。」麥克和摩根不需要放棄他們的寵物、他們心愛的小屋，也不會害怕再也看不到出沒在自家庭園的松鼠、土撥鼠與帝王斑蝶了。

第六章

阻止「既視感」蔓延

雷・奧倫德斯（Ray Orendez）盯著電腦螢幕，挫折到想撞牆。他的生計在短短一瞬間全毀，而且他似乎對此束手無策。

那天在菲律賓首都馬尼拉是個典型的潮濕六月天，天空偶爾會有閃電劃過，隨之而來的雷陣雨敲打窗戶。自稱是一名「滿腔熱血的攝影師、籃球愛好者、慈父良夫、醫療就業人員」的雷，在吃完晚餐後回到他的居家辦公室。為了維持生計，雷兼職兩份工作，除了在醫院擔任全職看護，他也是一名自由接案的攝影師。

雷的辦公室堆滿電子產品，包含他的電腦、任天堂 Wii 遊戲主機和 GamCube 遊戲主機。在閒暇時刻，雷就會玩一下復古電玩放鬆心情。那天他正準備幫客戶編製一場「瘋狂星期三」的夜店活動照片，還有一個籃球營比賽的照片，但他卻發現自己打不開存放照片的資料夾。他從二〇一四年以來拍攝的成千上萬張作品、照片和影片都打不開了。

「我電腦裡全部照片文件都壞掉了，我不知道該怎麼辦。」雷回憶道：「當時我萬念俱灰，覺得再也拿不回檔案了。」

雷自幼在馬尼拉長大。他的母親是一名生物老師，父親則是開三輪摩托計程車的司機。雷在高中畢業前對人生方向一片茫然，他有一位親戚在當護理師，於是母親建議他也去當護理師。雷考進曼達路永市（Mandaluyong City）的菲律賓國父大學（Jose Rizal University）護理系念書。

畢業後，雷去考護理師證照。考試結果出來前，他正好受邀參加一場生日派對，當時他朋友在派對上拿著尼康相機拍照記錄。雷看了很心動，便報名去上攝影課，他母親也買了第一台相機送他，那是台尼康 D5000 型的數位相機。

考試結果出爐，雷的護理師證照沒通過。既然當不成有證照的護理師，雷退而求其次在公立醫院擔任護士助理，負責照顧成人和兒童，檢查他們的生命徵象並幫嬰兒換尿布。他喜歡幫助別人，但這份工作只有最低工資，因此他決定將自己的嗜好轉為副業。雷利用晚上下班和周末放假時間，開始拍攝各式各樣的活動：婚禮、慶生會、受洗典禮、籃球營與各種比賽。如果有人願意出更高價格，他能同時兼拍影片。他時常在為客戶製作的相簿中寫上貼切的聖經箴言。像他在一場退休派對的相簿中，搭配聖經《箴言》第十六章的引言：「白髮是榮耀的冠冕，在公義的道上必能得著。」客戶對他趨之若鶩，很快地雷在副業的收入超過正職。

在二〇一九年那個潮濕的六月天，雷試著以盜版方式免費下載一款電玩遊戲。諷刺的是，他試圖下載的盜版遊戲還是以海盜頭像為特色。「有時當海盜是會有報應的。」他說。這次他的報應很慘，他的檔案不僅被鎖住，還改寫成一個陌生的副檔名「.gerosan」。

他的螢幕上跳出一個筆記視窗，說道：「你全部的檔案，包含相片、資料庫、文件與其他重要檔案，都被用最強的加密法鎖上了，只有專屬的密鑰可以開。想要復原檔案的唯一方法，就是購買解碼工具與你專屬的密鑰……請注意：不付錢的話，你永遠無法還原你的資料。」對方的喊價是九百八十美元，遠超過雷能負擔的範圍。雷試圖以改名方式救他的檔案，但一點用也沒有。

少了他的作品集，雷沒有東西吸引他的潛在客戶。如果他的客戶需要他提供遺失或受損的照片或想加洗其他照片，雷也沒辦法達成對方需求。

「我的世界頓時支離破碎。」雷說：「因為愚蠢的勒索軟體，我幾乎要放棄攝影了。」

雷的妻子瑪拉．顏．奧倫德斯（Mara Yan Orendez）勸他不要那麼激動。他們沒有失去一切。瑪拉的筆電上還有他們的小女兒瑪蒂（Maddie）的照片，瑪蒂蹣跚學步的照片是雷最無可取代也最珍愛的照片。雷常常稱瑪蒂是「我最喜歡的拍攝對象」以及「我的小小模特兒」。

瑪拉表示或許還有人能幫他們。但雷心想報警只是浪費時間，而且他不太想告訴警察他是因為下載盜版軟體才中毒。雖然他電腦中的檔案全被加密，他還是能上網，雷開始四處搜尋解決方法。終於，他找到了嗶嗶電腦，獲得能破解「.gerosan」變體病毒的工具。

雷點擊啟動解碼程式，畫面指示他上傳一個被加密的樣本檔案讓程式分析。畫面也顯示出許多和他電腦有關的媒體存取控制（media access control，簡稱 MAC）位置。這些號碼和數字對雷來說毫無意義，但他還是把這些內容一起用推特私訊寄給解碼程式的開發者——狩魔335。

他在訊息中懇求對方幫忙：「先生，請問您能幫幫我嗎？我來自馬尼拉，電腦被感染了gerosan勒索軟體。」不到四小時，在馬尼拉時間凌晨十二點二十二分，麥克簡短回給他一個好消息：「取得你的密鑰了。」

綁架雷的電腦的勒索軟體被稱為「阻止既視」（STOPDjvu），「阻止既視」是全世界最多產的一種勒索軟體。雖然防毒公司、媒體或執法部門幾乎都不太在意它，但它實際上摧殘成千上萬像雷這樣的受害者。

在勒索軟體狩獵團對抗的眾多品系中，對抗阻止既視是麥克打過最長的聖戰。阻止既視在二〇一八年初橫空出世，很快就橫掃全球。每天麥克針對它製作的解碼器，都有上千次下載紀錄，總計則被下載兩千五百萬次。光是在二〇二〇年與二〇二一年間，在辨識勒索軟體和Emsisoft收到的檔案中，被阻止既視加密的檔案就佔了八成。它主宰整個勒索軟體界的局面，Emsisoft做報告時甚至會直接分成兩種資料——屬於阻止既視的資料和不屬於阻止既視的資料。

阻止既視有超過五百種變體，麥克將前一百四十五種稱為「舊型阻止既視」，後續的則稱為「新型阻止既視」。無論新舊，勒索筆記的內容都大致相同，也很少更動提供給受害者的聯繫信箱位址。「我想從頭到尾發動攻擊的都是同一批人。」麥克說。

阻止既視攻擊者採用薄利多銷的經營模式，通常要求的贖金不會超過一千美元，相較於其他勒索軟體要求的平均贖金低很多。大多數受害者都是學生或工人，他們遍布在亞洲、南美洲與東歐，通常是在試圖安裝盜版軟體時意外被感染。這些人常付不起贖金，以至於損失對他們教育或職涯而言至關重要的資料，像唯一一份畢業論文草稿，或工程設計藍圖。但受害者試圖違法下載盜版軟體的背景，往往讓他們不願意聯繫警方，執法單位因而嚴重低估阻止既視的嚴重性。由於阻止既視一直維持低調作風，要求贖金也不高，警方或資安公司即便知道該款軟體存在也不會優先處理，而讓它如野火蔓延。有一次麥克曾找到阻止既視的伺服器位址，並轉交給聯邦調查局。但他表示：「他們什麼也沒做。」

一開始，就連麥克都不太在意阻止既視的第一個變體，但當它「開始充斥在嗶嗶電腦版面上時」，麥克就成為「世界上唯一在**阻止**阻止既視的人。」隨著二〇一九年這款軟體帶來的恐慌達到高峰，麥克每天都會被二十到五十則推特私訊轟炸，這些訊息來自和雷・奧倫德斯一樣走投無路的受害者。在嗶嗶電腦的論壇上，有許多人求他幫忙找回他們的論文、資料庫或家庭照片。

麥克對永無止息的乞求感到疲憊不堪，同時讓他感到挫折的是，這些人似乎永遠不知道要備份自己的檔案。有一名受害者擅自在臉書上加摩根好友，只是為了跟麥克聯繫。那名受害者來自印度，該國是最常遭受阻止既視打擊的國家。「摩根被嚇壞了。」麥克說：「我把那傢伙揪出來臭罵一頓，然後封鎖了他。」

即便如此，麥克還是不顧一切想幫助受害者。就算是他晚餐吃到一半，當有人傳來他需要的資訊，例如提供媒體存取控制位址，他都會馬上起身衝到電腦前，把資料輸進去（即便摩根會為此不滿）。麥克會不自主對眾多受害者感到同情，他和這些人一樣靠著微薄的薪資生存。如果是他碰到同樣情況，即便阻止既視的贖金已經相對較低，恐怕他也付不出來。他說：「他們是真的拿不出四百美元，這一點我感同身受。」

麥克在青少年時期也曾使用買不起的盜版軟體，例如當年他擔任教學網站管理員時，也曾用過 Adobe Photoshop 修圖軟體製作影像、設計線上課程。「我比較聰明一點，」他說：「我沒有一找到連結就點下去。」

摩根曾在臉書上寫過一篇文章，稱讚「麥克驚人的電腦技術，讓我能獲得任何我想要的影集／電影／書／音樂。」她還補充：「說真的，這或許讓我們省下一百萬元。」

麥克在與阻止既視對戰的過程中，並不完全是孤軍奮戰。勒索軟體狩獵團的另一名成員卡斯騰．漢恩（Karsten Hahn）也投入戰線。卡斯騰在團隊中擔任尋找並分析新型勒索軟體的角色，主要透過 VirusTotal 的資料庫。卡斯騰率先辨識出大約七成的阻止既視變體，只要有任何新的發現，他就會通知麥克。

卡斯騰本身是一位跨性別者，在蘇聯控制下的東德長大，年幼時住在靠近波蘭邊界的地帶，並夢想著成為一名超級英雄。小時候，卡斯騰很愛穿一套他母親為他製作的蝙蝠俠服裝。但當他穿上那套服裝去超市，並試著假裝在拯救其他小孩，或假裝那些孩子受到幫派份子攻擊，他母親感覺很丟臉。「從此她禁止我穿那套衣服。」他說。

卡斯騰的母親是位醫生，父親則是東德秘密警察史塔西（Stasi）一員。東西德統一後，史塔西被解散了，卡斯騰的爸爸背負惡名昭彰的履歷，很難找到工作。於是他去一間倉庫工作，開始種聖誕樹來賣。當卡斯騰八歲時，他的父母離異。後來他跟母親與母親的男友同住。青少年時期，卡斯騰遭受母親男友情緒跟語言上的虐待。「他讓我無時無刻都懷疑自己的能力，」卡斯騰說：「我感覺又笨又沒用。」卡斯騰飽受恐慌症折騰，並因此接受多年心理治療。

「我一直都對電腦很有興趣。」卡斯騰說，但這個興趣並不受到他母親與母親男友的鼓勵。「他們總會有意無意和我說女孩不該碰電腦。」原先卡斯騰放棄上大學，成為一名幼稚園教師，但他不是那塊料。「那份工作需要一心多用，但我做任何事都會全神貫注。」

最後卡斯騰鼓起勇氣，告訴母親他想上大學念資工。她同意了。「我的孩子都能有一次改變生涯方向的機會。」她和卡斯騰這麼說，並出錢讓他念大學。卡斯騰進入萊比錫應用科技大學（Leipzig University of Applied Sciences），他的碩士論文就是關於惡意軟體的分析。[1]這篇論文讓他在二〇一五年獲選為全德國最佳電腦科學論文，並得到一千歐元獎金。他也創立自己的 YouTube 頻道，內容就是教人如何分析惡意軟體。莎拉・懷特看過他的頻道後對他印象深刻，於是提名讓卡斯騰加入勒索軟體狩獵團，卡斯騰成為少數有碩士學位的團隊成員。他加入團隊的動機在於勒索軟體狩獵團是一個免費為人服務的團隊。「我受到他們的心態吸引。如果他們為此收費，我就不會幫他們了。」

卡斯騰在二〇一六年以跨性別身分出櫃，當時他已婚，還育有一個三歲的兒子。「我媽至少連續哭了兩年。對她來說，那就像自己的女兒死了一樣。我丈夫也說他有相同感覺，他感覺我就像死了。」卡斯騰與丈夫離婚，成為一名單親家長。他詢問他的的雇主能否讓他在家工作，以便於接送兒子上下學。當時他在一間德國的資安公司任職，對方沒有立即回應。與此同時，他也向法比恩說明自己的困境，法比恩於是向他提出 Emsisoft 的一個職缺，讓他既能遠端工作，還能領到更高薪水。不過最後卡斯騰仍留在原本的德國公司，對方則配合他調整了上班時間。

卡斯騰就和麥克一樣一路刻苦走來，他也會同情阻止既視的受害者。他表示如果這些受害者因為下載盜版軟體就被認為受到攻擊是活該，那太不公平了。「人們對那些人有偏見，而不想幫他們。」他說：「但他們究竟是誰？他們是那些負擔不起正版軟體的窮人。有時下載非法程式或許是從貧困中逃脫的唯一出口。」

當卡斯騰辨識出阻止既視的變體，麥克就會著手進行逆向工程。他分析勒索軟體時就像在診斷難解怪病的醫生，會發揮耐心與技術分析勒索軟體的病毒株。[2]他的虛擬機器（virtual machine）就像他的檢查台，受到感染的系統則是他的病患。病患的病症包含：一份勒索筆記、陌生的檔案名稱，以及看似隨機雜亂的文字。他的軟體程式像核磁共振機或斷層掃描機，讓他能看穿勒索軟體的防護外層，分析底下的結構。

如果軟體外層的加密模式是堅固的，勒索軟體就會固若金湯。不過對狩獵團來說幸運的是，有時攻擊者會犯錯，因為做出穩固的加密系統不是他們唯一的目的。他們同時希望勒索軟體能快速且低調，這樣一來受害者在電腦被襲擊時不會注意到，也不會阻擋勒索軟體入侵。因此，攻擊者會偷工減料，盡可能將程式碼寫得愈短小愈好，讓加密進行更快。他們也會忽略從宿主的電腦記憶體中抹除密鑰，因此只要電腦還沒關機，就還能讀取密鑰。

一般來說，勒索軟體會變更檔案名稱最後面的副檔名，接著它會開始將檔案加密。軟體通常都會用一套加密法，也就是特定的演算公式，根據公式指定將某一串字轉譯為另一串字。舉例來說，簡單的凱撒加密法（Caesar cipher）會將文本中每個字母，換成後面特定順位的字母，像A可能變成D、B就會變成E，以此類推。[3]

勒索軟體集團通常會使用的加密法有兩種。如果他們用的是「串流加密法」（stream cipher），就會以一串持續變動的數字串流組成密鑰，再用這串密鑰加密所有文本。「區塊加密法」（block cipher）則會把文本切為很多段相同長度的區塊，接著以各自不同但彼此相關的方式加密。無論是哪一種加密技術，勒索軟體都會根據演算法進行數學運算，並將檔案加上密鑰，組合成「加密檔案」。

由於被加密的檔案或附檔名經常像勒索集團的簽名一樣好認，麥克會以此判別自己對付的是誰。但他的重點是要還原加密前的文本，因此，他首先採取的一種做法是將勒索軟體原始碼拿來跟「誘餌檔案」測試。通常卡斯騰或惡意軟體狩獵團會負責從 VirusTotal 中挖掘原始碼。「誘餌檔案」是專門設計來吸引惡意軟體的檔案，但麥克拿來做別的用途。在誘餌檔案被感染前，檔案中會有多零，這樣一來，麥克就比較容易看出加密法是如何改變這些數字。他會運用十六進位編輯器（hex editor）來檢視，這種編輯器會將二進位的零和一，轉換成一套對應數字和字母，如是能更容易讓人看出改變的內容。麥克靠著十六進位編輯器，就能拿不同長度的誘餌檔案來測試勒索軟體，檢查它們是否都以同樣方式加密。如果加密方式相同，那代表它們可能共用一組密鑰——換言之，麥克就有機會利用這一點破解軟體。

當麥克遇到新品系的勒索軟體，他會用另一套稱為「加密測試器」（CryptoTester）的程式，檢查加密方式在已知的演算法中有沒有相似之處。加密測試器也是麥克的發明，麥克同樣遵守不求名利原則，將程式免費開放給大眾使用。[4]

麥克會在虛擬機器中開啟另一個視窗，更進一步審視眼下的勒索軟體。他會用解編譯器和反組譯器（disassemblers）將勒索軟體轉為程式語言，這麼一來就能讓軟體程式碼中許多部分比較容易理解。他喜歡把這個過程稱為「解混淆」（de-obfuscate）。靠著自己的技術與幾分好運，麥克便有機會知道解碼密鑰是如何算出來的，並判斷究竟能否破解它。

每當麥克突破重重關卡，破解對方設下的謎團，他的眼睛就會為之一亮，說道：「讓我們再施一次魔法吧！」

從愛滋木馬出現至今，隱藏密鑰的加密技術日新月異。喬・波普本人可能都無法理解現今的加密技術。波普運用的是「對稱加密法」（symmetric encryption），這套基本的加密法會用同一組密鑰加密與解鎖檔案。歷史上，對稱加密法的概念流傳已久，它和幾個世紀以來間諜會用來加密跟解讀訊息的加密技術沒什麼兩樣，只是變得比較複雜。第二次世界大戰中，英國破解納粹時期著名的恩尼格瑪密碼機（Enigma），靠的就是對稱加密法。

一九七〇年代，「非對稱加密法」（asymmetric encryption）的出現大幅提升加密技術。這種加密法仰賴一組數學上相關的密鑰。通常，它會用一個「公開密鑰」（public key，簡稱公鑰）加密檔案，所有觀察者都能取得這組密鑰，[1]但光靠這組密鑰還無法解鎖與打開檔案。如果要解鎖，會需要另一組不同的「私人密鑰」（private key，簡稱私鑰）才能辦到。私鑰與公鑰之間會以特定算式互相連結，但只有創造者知道算式內容，而且算式不一定會存在於伺服器或線上。

最有名的非對稱加密法，就是「RSA加密演算法」。RSA代表三位電腦科學家，分別是羅納德・李維斯特（Ronald Linn Rivest）、阿迪・薩莫爾（Adi Shamir）和倫納德・阿德曼（Leonard Adleman）。RSA加密演算法巧妙地利用質數進行加密，阿德曼因為開發這種加密法而獲得圖靈獎（Turing Prize），那相當於得到電腦科學界的諾貝爾獎。[5]一九八〇年代初期，有人開始創造「混合加密法」（hybrid encryption），顧名思義就是將對稱加密法和非對稱加密法混用，額外增添一層保護層。

除了愛滋木馬外，這些加密技術原先都只被用在防衛用途。它們被用來保護機密情報、財務紀錄與其他珍貴資訊，以免受到敵人與竊賊侵擾，並確保資料的可信度。然而，一九九六年，兩位來自哥倫比亞大學的研究員亞當・揚（Adam Young）與莫迪・永（Moti Yung），在一場研討會上發表一篇論文，展示如何採用混合加密法進行勒贖。這篇論文造成深遠影響。

亞當跟莫迪的想法非常聰明。根據他們的模型，駭客能滲透電腦，並利用對稱密鑰將受害者檔案上鎖。換言之，任何一個知道密鑰的人都能解鎖這些檔案。然而，這組對稱密鑰是隨機的，理論上難以破解，而且會受到重重保護。加密者能再以公鑰對這組對稱密鑰，進行第二次加密保護。當受害者付清贖金後，攻擊者就會用他的私鑰取得這組對稱密鑰，再用來解鎖檔案。

這種混用不同加密技術的手法，對駭客來說有很大優勢。對稱式加密法運作起來比非對稱加密法快非常多，可能有幾百倍到幾千倍差異。但因為它是用同一組密鑰來加密與解密，因此也很容易被破解。他們提出來的這組混合加密模式，似乎提供一種理想組合：它既有對稱加密的速度，又有非對稱加密的強度。

亞當跟莫迪發表這篇論文，原先是要作為警示之用，提醒社會大眾防範這種形式的網路犯罪。然而，這篇論文卻成為勒索軟體的攻擊範本。兩人後來寫道，這篇文章被學界批評「具有創新性卻不得體」。[6]如同炸藥技術原本是用於採礦和建設，卻很快就被拿來製作炸彈，加密技術很快就被用在破壞性用途。值得一提的是，他們兩人同時也預測隨著數位貨幣出現，駭客能更有效防止贖金受到追蹤。如今，亞當跟莫迪的學術概念化為現實，威脅全世界人們和公司。

兩人在二〇一七年寫道：「根據我們觀察，二十年前我們描述的，正是如今勒索軟體產業所採用的**商業模式**。」

即便如此，這種模式不是誰都會用。儘管有層層保障，混合加密法的安全強度仍取決於它運用的對稱密鑰強度。勒索軟體狩獵團最常針對的弱點，就是攻擊者誤用了標準密碼學的實作手法，採用隨機數字作為對稱密鑰。

理論上，如果密鑰採用一組隨機數字，而且數字夠大，就不可能被破解。但前提是這組數字不只得非常隨機，還得非常大。半世紀以前，以兩百五十六個隨機的零與一組成的對稱密鑰還很安全，當時沒有電腦能在正常時間內算出這麼多數字。但對現在的超級電腦來說，一組密鑰至少要有兩千一百二十八個二進位數字。沒有達到這個數字規模，都可以透過暴力破解算出來。（你可以想像一個一開始全都是零的里程錶，一個一個數字從右邊開始加，直到所有數字都出現過為止。）研究人員有時還會用好幾台電腦分工合作，一起破解密鑰。

有時駭客還會用非隨機的密鑰來加密，這讓狩獵團的工作更輕鬆。因為電腦是確定性的機器，在設計上沒有任何模糊地帶，因此要產出一組隨機號碼其實比想像中還要困難。其中一種方法是利用熔岩燈，先拍下燈管內的蠟加熱後產生的泡泡，再將這些看似混亂的運動轉為對應的數字。[7]

由於熔岩燈本身沒辦法產生足夠數據，這種生產方式被稱為「偽隨機數」產生器（pseudorandom number generator），但它足以當作一組起始數字。接著，演算法會將這組起始數字當成「種子」（seed）放入公式，算出一組巨大（但最終還是具有重覆性）的數列。這就像賭博時發牌員會用好幾副不同的牌，來避免賭徒利用算牌取得優勢。勒索軟體的開發者希望藉由產生器製造大量不規律的數字以擾亂破解者，這方法有時可行。包括微軟視窗作業系統在內，有的作業系統本身就內建產生偽隨機數字的功能，強度大到現在電腦無法破解的程度。

但有時破解者能預測出種子，其中一種常見的種子是利用當下的時間。開發者會以一九七〇年一月一日作為起始，計算從該日期到當下經過的秒數以生成種子，這種概念稱為 Unix 時間。[8] 而獵人們只要猜到攻擊者使用的是這套時間模式，就能將可能的種子範圍縮小，自然也比較容易破解隨機數字。這是駭客即便握有強大可運用的技術庫，卻沒保護好自己密鑰的案例之一。

麥克為了找出阻止既視勒索軟體的弱點，一次又一次嘗試不同方法。隨著愈來愈多「絕望到瘋掉」的受害者淹沒麥克，這款勒索軟體就占用他愈多時間。無論麥克在家還是在公司，都在花時間處理問題。「只有這種這種病毒會如此，過去從沒有其他勒索軟體出現同樣狀況，從來沒有。」

阻止既視其中一個對稱加密技術的弱點，是它運用了所謂的離線密鑰（offline key）。由於對稱密鑰的加密金鑰同時能用來解鎖，攻擊者為了保護他們的加密金鑰，並沒有把密鑰藏在一開始入侵目標的勒索軟體中，而是在勒索軟體準備好將資料加密時，透過網路通知攻擊者的伺服器，由伺服器發送密鑰給勒索軟體進行加密。然而，有時勒索軟體可能暫時連不上網路，有可能是被入侵的電腦防毒軟體阻止它們連線、可能攻擊者剛好在換伺服器，或者出現其他系統錯誤。在這種情況下，惡意軟體就會採用程式碼內建的預設離線密鑰，這就像是把備用鑰匙放在門墊底下一樣，相較之下離線密鑰的安全強度就比較弱。

麥克從阻止既視的編碼中發現，他能以特定模式看出哪些檔案是在離線狀況下用離線密鑰加密的。到了這一步，找出密鑰就很容易了。而且雖然阻止既視攻擊每一台電腦時，用的都是獨一無二的線上密鑰，但每一種變體中都只有一組固定的離線密鑰，有時甚至好幾種不同的變體會共用同一組離線密鑰。只要麥克找到這組離線密鑰，就能還原很多受害者的檔案。

接下來，麥克會設計出一套精密的手法，試著騙過阻止既視的伺服器，讓它自己把線上密鑰送上門。一開始會如此設計，是因為他發現一件令他好奇的事：阻止既視有一個其他勒索軟體都沒有的特性，它會用受害者的媒體存取控制位址產出密鑰。由於網路上每一件硬體都有自己的位址，阻止既視的製作者就能利用這個位址，認出哪個密鑰屬於哪一位受害者。當勒索軟體準備好加密時，他就會將受害者的位址傳送到攻擊者的伺服器，讓伺服器回傳密鑰。

麥克想出一個點子，如果勒索軟體能用媒體存取控制位址從伺服器上取得密鑰，那他也能這麼做。為了避免被反向追蹤他的身分，他利用洋蔥路由器（The Onion Router，簡稱 Tor）連上暗網後，匿名發出密鑰請求。伺服器誤以為他是需要加密更多檔案的勒索軟體，便會把密鑰傳給他。由於阻止既視採用的是對稱加密法，用來加密檔案的密鑰也能用來解鎖。

於是，麥克做了一個能自動從受害者電腦上取得媒體存取控制位址的工具，同時也做了一個自動連繫伺服器的機器人，這樣一來他就能大量取得密鑰。對方伺服器不會將持續收到的請求標示為可疑活動，而且伺服器和耐心有限的人類不同的地方，在於無論它收到多少重覆請求也不會累。有些受害者有好幾組媒體存取控制位址，麥克製作的機器人也會輪流每一組都嘗試看看。

這種做法其中一個難處是攻擊者常常更換伺服器的位置和主機位置，以掩蓋他們的行跡。所以有時當機器人聯繫的是舊的位址，就沒辦法取得回覆。麥克因而得和時間賽跑，搶在駭客更換伺服器前把媒體存取控制位址輸入機器人中送出去。「在伺服器關掉前，我必須以最快速度出手。」他說。有時他會錯失良機。受害者可能給他六組位址，但他來不及在伺服器更換位址前全部試完。即便如此，這種他稱為「趣味大冒險」（fun escapade）的手法還是讓他成功拯救了三百七十五個人，這些人因此不需要支付贖金，而其中一人就是雷・奧倫德斯。

雷正巧碰上正確時機。七天前，麥克才剛更新擷取受害者媒體存取控制位址的工具，擷取工具在雷的電腦上找出五組位址。周四早上，麥克在呼叫宅宅的辦公室把雷的位址交給機器人，然後機器人成功從伺服器上取得線上密鑰後，再將密鑰寄給雷。

但是雷仍然有一些檔案無法打開。雷在馬尼拉時間的星期五晚上寄信給麥克：「先生，這個帳號和密碼沒有用。」

麥克猜想那些打不開的檔案是用離線密鑰加密的，那可能是因為在加密過程，勒索軟體暫時和伺服器失去連線。巧合的是命運似乎站在雷這一邊，那個禮拜麥克才剛找到該款變體所用的離線密碼。從副檔名來看，雷遇到的是舊型阻止既視一〇一版。

「所有無法解鎖的檔案都是用離線密鑰。」麥克回覆：「我昨天更新了。」

「好的，先生，非常感激您的協助。」雷回答。

如果沒有離線密鑰，或者來不及送出媒體存取控制位址，麥克其實有第三個選項：他能利用阻止既視最大的缺陷。在二〇一九年，勒索軟體狩獵團的莎拉．懷特曾發表一段談話，標題是「在加密技術的傷口上撒鹽：如何避免成為和勒索軟體製作者一樣的蠢蛋」（Pouring Salt into the Crypto Wound: How Not to Be as Stupid as Ransomware Authors），其中她提到串流加密法的「黃金守則」，就是「永遠不要重覆使用密鑰！」[9]而阻止既視就是犯下這個大錯，它在同一台電腦上用的全都是同一組密鑰。

假使要採取第三種方法，受害者只需要給麥克一組「對應檔案」，那就是同一個檔案的原始對照版本與加密過後的版本。即便受害者沒有進行系統備份，在電腦中不會有原始版本的檔案（要是有他們也不用來找麥克了），但許多受害者仍能從其他地方找到一些原始版檔案，像電子郵件或手機上的備份。依照「互斥或」（exclusive or）的邏輯，麥克能比對兩個檔案的差異之處，藉此找出加密金鑰。由於阻止既視使用的是對稱加密法，這個金鑰便能拿來解鎖檔案。同時由於軟體違反莎拉所謂的黃金定律，用同一個金鑰加密同一台電腦所有資料，麥克找到的加密金鑰也能解鎖其他檔案，即使沒有其他檔案的原始檔也沒問題。

「他們會跟我說：我所有檔案都被加密了。」麥克回憶道：「我就會說：我不需要全部的檔案備份，只要給我一個乾淨的原始檔和感染後的版本，我就能破解其他檔案。」

在二〇一九年十月，麥克成立了一個自助平台。受害者只要上傳一組對應檔案，就能自動算出他們的密鑰。阻止既視的受害者前仆後繼的請求從此大幅減少，麥克也有更多時間破解其他勒索軟體。

隨著愈來愈多受害者不付贖金，阻止既視的製作者必然會理解又有一種變體被破解了。最後，他們終於把「舊型阻止既視」中的對稱加密法，改為同時混用對稱與非對稱的「混合加密法」。他們使用被稱為「Salsa20」的串流加密法將檔案加密，接著再採用不對稱的RSA加密法保護Salsa20的密鑰。[10]麥克表示，如今「九成九的勒索軟體都會用上RSA加密法。」

RSA加密演算法的安全強度靠的是數學上的複雜度。雖然任何一台像樣的計算機都能將質數相乘，就算是很大的質數也沒問題，但沒有人能快速地反過來求出組成大型數字的質數。換句話說，如果只要求算出35的質數是7和5很容易。但假設要求一個人算出1,034,776, 851,837,418,228, 051,242,693,253,376,923 是 1,086,027,579,223, 696,553 乘以 952,809,000,096,560,291 的結果就很難。

RSA加密演算法的公鑰用的就是由兩個質數相乘取得的半質數（semiprime）。麥克能找出它的公鑰，但要算出私鑰，他就得找出這組數字是哪兩個質數相乘的結果。不幸的是阻止既視用的質數非常大，所以當質數相乘後，就算是現代最強大的電腦花上一輩子的時間，都求不出原始的質數。同時，因為改版後阻止既視不再使用對稱加密法，就算現在麥克欺騙阻止既視的伺服器，讓它回傳加密用的線上密鑰，他也沒辦法用來解鎖。同理可原，「對應檔案」的做法也失效了。

改版後的阻止既視只存在最後一種缺陷。當目標電腦無法和伺服器連線時，系統仍然會使用一組固定的預設密鑰。因為這組密鑰同樣是由 RSA 加密演算法生成，麥克沒辦法像過去一樣直接找出來。但只要有人曾付過贖金，取得離線密鑰並寄給麥克，麥克就能將密鑰拿來解救其他碰到同款阻止既視的受害者。

麥克表示：「就算是新型的阻止既視，只要系軟體用的是離線密碼，受害者就還有一絲希望。」

麥克藉由他發現的三種方法：運用離線密鑰、混淆攻擊伺服器、比對相應檔案，成功幫助無數阻止既視的受害者。但這些人沒有完全從錯誤中得到教訓。即使經歷舊型阻止既視的噩夢，他們仍繼續使用盜版軟體，也不會備份檔案。有些被麥克救過的人又被新的阻止既視或其他勒索軟體發動攻擊，當麥克和他們解釋因為新的勒索軟體更加複雜而他幫不上忙時，他們還會對麥克發脾氣。麥克對這種忘恩負義的行為耿耿於懷，表示：「我真的很討厭救過某個勒索軟體的受害者後，過了一年他們又帶著另一個無法破解的勒索軟體找上我。」

雷．奧倫德斯就不一樣。他知道自己是僥倖逃過一劫，而且不想再次挑戰命運。他不再使用盜版軟體，並在他的臉書專頁上向未來顧客宣布：「所有照片都會存在隨身碟。」

疫情期間，雷暫停了他的攝影事業，因為他原先拍攝的活動都取消了。他在醫院照顧染上新冠肺炎的患者，自己也受到感染，幸運的是他的症狀並不嚴重。他在二〇二一年表示：「過去兩年對我們這些在醫療界的人來說是場硬戰。」

如今他仍感激自己能從阻止既視的襲擊中全身而退，「如果沒有麥克，我電腦上所有作品集都會付之一炬，只因為一個愚蠢的病毒。」他說：「我很驚訝他沒有為此收我任何費用。」

1 觀察者（observer）在密碼學中，通常指除了攻擊者和被攻擊者外，所有能監控、截取或分析資料通訊內容的人，包含駭客或狩獵團中針對加密過程進行分析的人。

第七章

掌控大局的路克

當阻止既視橫掃全世界的學生和勞工時，另一個來自俄羅斯的勒索集團則針對更大的目標下手，並要求高額贖金，急遽拉高勒索軟體的威脅性。該集團自稱為「路克」（Ryuk），他們在二〇一八年八月現身，比阻止既視晚了六個月。

路克屬於勒索軟體改革過程的先行者。當時，少數勒索集團率先開始挑選跟研究目標，在做好功課後才下手，並將贖金拉高到六位數美金。路克的手法讓其他勒索集團發覺，比起癱瘓一千人的電腦與向每個人要求一千美元，癱瘓一間有上千台電腦的公司並要求對方支付一百萬美元，要來得容易多了。有些集團還會針對託管服務供應商（managed service providers）下手，這些公司會幫數十組客戶代管電腦，他們的客戶通常是醫療單位或地方政府。由於目標規模擴大，勒索軟體造成的衝擊力道隨之倍增。在二〇一八年第三季，勒索軟體要求的平均贖金不到六千美元，[1]但當路克加入戰場兩年後，平均贖金暴漲到超過二十三萬美元。[2]根據二〇一九年，由勒索軟體協商企業海灣軟體（Coveware）提出的報告指出：「路克持續創下最高贖金紀錄，比其他勒索軟體要高上好幾倍。」[3]

路克也是最活躍的勒索集團之一，除了阻止既視之外，二〇一九年所有勒索軟體攻擊事件中，有超過兩成是路克的傑作。

路克挑選的對象，都是高收入、資安防禦相對薄弱且迫切需要恢復運作的組織。如同阻止既視在攻擊家用電腦領域盤踞勒索軟體之冠，路克則在摧殘公司、非營利組織、學校與重要基礎設施的總數中獨佔鰲頭。他們特別喜歡攻擊醫療設施，其中一個案例是德魯伊市地區醫學中心（DCH Regional Medical Center）。該組織是阿拉巴馬州杜斯卡洛薩市（Tuscaloosa）唯一提供全科服務的醫院。

「德魯伊市」（Druid City）這個暱稱源自杜斯卡洛薩市的街景。該市街道兩旁林立著水櫟樹，德魯伊正是以崇拜這種大樹聞名的異教徒。一九二三年，當地集資成立德魯伊市醫院（Druid City Hospital，簡稱 DCH），[4]這所擁有五百八十三床規模的醫療中心，位於阿拉巴馬大學主校區東側。該院備有癌症中心、創傷中心與手術用機器人。「每個喝醉的大學生都會來找我們，每位老太太也都會來找我們。」曾在該院擔任護理長的麗莎・瑪莉・卡吉兒（Lisa Marie Cargile）表示。該院也是德魯伊市聯合醫療體系（DCH Health System）的中心，其中包括諾斯波特黑戰士河（Black Warrior River of Northport）旁的一所小型醫院，以及位於三十五英里外的費耶特（Fayette）一所附設護理之家的醫院。

在雷・奧倫德斯受到阻止既視攻擊三個月後，二〇一九年十月一日的一大清早，勒索軟體攻擊並癱瘓三間德魯伊市聯合醫療體系旗下的醫院。醫院高層立刻意識到這是一場大規模的資安威脅事件，並宣布這起事件屬於「內部災難」的醫療應變等級。[1]為了控制災情，院區立刻關閉大多數伺服器並切斷虛擬私人網路（virtual private network，簡稱VPN）連線。到了早上八點，院方召開緊急會議，主管階層決議取消所有非必要活動，並指派院內後勤人員支援重要部門。[5]隨後院方通知聯邦調查局以及特勤局（Secret Service），特勤局當天就到場處理。

同一天早上，德魯伊市醫院在網站上發布公告，提及「為了病患安危考量」，[6]他們將關閉三間醫院，「僅收急需救助的新病患」。院方要求當地救護車將病患轉送到其他醫療機構，並請有安排門診或檢驗的病人預先致電確認。如果有病患需要急診服務，可能會在接受緊急處置後被轉往其他醫院。

醫院進一步以直接了當的方式，解釋執行這些緊急措施的原因：「德魯伊市聯合醫療體系中的三間醫院遭到勒索軟體攻擊。罪犯限制我們使用電腦系統的能力，我們目前尚未明瞭對方要求的付款條件。」很少會有機構在可能需要跟對方談判前，如此大動作說明情勢。

到了下午兩點二十二分，阿拉巴馬州衛生局（Alabama Department of Public Health）的緊急應變統籌人員通知該地區另外三間醫院、一間護理中心以及緊急事務管理署，要他們隨時準備接收德魯伊市醫院的病患。「由於遭到勒索軟體攻擊，德魯伊市聯合醫療體系的三所設施將進行分流，」統籌員寫道：「病患及傷患可能需要導流到其他設施，我們需要該區**所有**醫院更新目前的空床狀況。」[7]

這不是阿拉巴馬州首次遭到勒索軟體攻擊。三個月前，同樣位於阿拉巴馬州的莫比爾市

（Mobile）就曾發生過攻擊事件，當地的春丘醫學中心（Springhill Medical Center）的電腦系統被癱瘓，就連護理站用來檢視病患生命徵象的螢幕都遭殃。事後春丘醫學中心向媒體表示他們只是遇到「網路問題」，因此「並不影響病患安危」。[8]但實際上，這場攻擊關閉了必要的保命系統，包括護理站用來監測產房嬰兒心跳的電子設備。

二〇一九年七月十六日，當蒂蘭妮・奇德（Teiranni Kidd）入院時，她並未得知醫院被駭客攻擊的消息。第二天當她分娩時，她床邊只有機器現場印製的紙本胎兒心電圖，而且圖上顯示胎兒發生宮內缺氧的胎兒窘迫跡象。據說這張圖顯示的警告並沒有傳達到主治婦產科醫師手中，如果有的話，奇德原本還能採取剖腹方式生下孩子。

奇德在控訴醫院的起訴書中寫道：「當時除了在蒂蘭妮產房的人以外，包含護理站、任何醫師或醫護人員，都無法確切獲知追蹤胎兒生命徵象的相關資訊。」[9]

奇德生下的女兒名為妮可・席拉（Nicko Silar），妮可一出生腦部就受到嚴重損傷，她在二〇二〇年四月逝世。這是史上第一樁勒索軟體導致的死亡事件。春丘醫學中心否認造成任何疏失，並表示他們被勒索軟體攻擊仍維持營運的原因，是因為「病患需要我們，而我們……認為這樣做是安全的」。[10]醫院並未公開證實攻擊者身分，但根據《華爾街日報》報導，攻擊者很有可能就是路克。[11]

德魯伊市聯合醫療體系的三間醫院在沒有病患病歷與其他數位紀錄的情況下，同樣陷入困境。整整三天癌症病患無法接受放射治療，部分手術與疼痛管理的療程被迫延期。從二〇一九年的十月一日到十月十日醫療體系遭受攻擊的九天中，原先應該要送到他們院區的救護車，共計將患者轉送其他醫院兩百三十七次。[12]相較於九月，三間醫院急救部門協助的病患平均總數也直線下滑。

當時護理師無法確認是否提供病患正確的藥物和劑量，因為他們查不到病患的用藥史，無從得知病患是否還有在使用其他會造成衝突的藥物，或是否重覆用藥。護理長卡吉兒形容當時的狀況宛如「人間煉獄」。那時她請病假在家休養，但身為護理長，她持續和團隊保持密切聯繫。「大多數比較年輕的護理師，基本上只要年資未滿十年都沒做過紙本資料。這對他們來說特別吃力。院方和我同事表示，要建構好新的系統並上線要耗費四到六個月才能完成。就我看來，院方唯一的選擇就是付贖金。」

沒過多久，院方就找到罪魁禍首的身分。十月二日，德魯伊市醫院宣布：「根據調查，加密本院檔案的勒索軟體屬於路克勒索軟體的變體。」

路克這個名字取自一部日本動漫的惡魔角色。[2]它的程式碼和先前另一款跟北韓有關的勒索軟體「荷米斯」（Hermes）相似，據說可能是一個俄羅斯勒索集團透過暗網買下荷米斯的原始程式加以改良而成。[13]路克不像荷米斯，不會加密整個檔案，而是只會加密部分檔案，讓檔案無法使用。這樣一來它的加密速度會更快，而且更不容易被發現。同時，它改用「.ryk」作為副檔名。

截至二〇一九年，路克攻擊過超過一百個美國組織與跨國組織，主要目標是物流公司、科技公司與小型市政單位。[14]美國聯邦調查局與英國國家網路安全中心（National Cyber Security Centre）

紛紛對此提出警告，[15]甚至連路克的起源地俄羅斯都無法倖免於難。俄羅斯是遭受路克攻擊頻率第六高的國家，到了二〇二〇年，俄羅斯境內受到路克攻擊的次數大幅減少，這有可能是因為該集團試圖尋求或接受普丁政權的庇護。那年七月，路克所屬犯罪集團中的一名首領在與其成員訊息來往時，就曾討論要成立一個專門「處理政府事務」的辦公室。[16]

二〇一九到二〇二〇年間，路克收到的贖金都遠高於其他所有勒索軟體的平均。根據經驗法則，路克會要求公司上交一成的收入，那相當於什一稅，在俄文中被稱為「десятина」（desyatina）。贖金金額雖然是一大筆錢，但通常不會會多到讓公司破產的地步。有些公司付了錢卻拿不回它們的檔案，因為路克有時會提供有缺陷的解碼器。

起初，路克會將要求的金額直接寫在勒索筆記中。後來他們不再採用這種做法，轉而要求受害者透過電子信箱聯繫。他們用了五家不同的電子郵件供應商，其中包含瑞士的加密郵件服務ProtonMail。二〇二〇年十月，ProtonMail停用路克旗下兩萬個帳號，集團於是改用其他平台，透過別的管道進行私訊對話。雖然有時路克會和受害者談價，但該集團的回覆總是很簡短，常常不到十個字，有的甚至直接傳送贖金數字。

路克相較於其他勒索集團更冷酷無情。他們沒有對話空間，也不會和你說笑。只有在很罕見的情況下，路克才會偏離集團一貫的簡潔性。有一次為了要解釋為什麼針對西方企業，他們引用一句十七世紀的法國諺語「*A la guerre comme à la guerre*」。那句話的原意是「極端時刻就要有極端的手法」，[17] 表示在艱難情境中，要利用手中一切資源達成目的。列寧在一九二〇年的文章中也曾用這句話向貧窮、飢餓與疾病宣戰。

麥可第一次碰到路克時，是從辨識勒索軟體網站收到使用者上傳的加密檔案。當時這款陌生的勒索軟體剛攻擊了三家大企業，其中有兩家是美國企業。集團要求的贖金高達六位數，麥克和勒索軟體狩獵團的成員立刻知道他們面對的是個危險的對手。接下來幾個月即使希望渺然，麥克等人依然持續狩獵路克。他們就像《白鯨記》（*Moby Dick*）的船長追逐著那條白鯨般鍥而不捨。當其他大型高獲利的勒索軟體在網路世界來來去去，路克始終佔據大舞台，一再展示頻繁且具有高度傷害力的攻擊，並一再提醒狩獵團成員對於自身力有未逮的無奈。

但，實際上法比恩有著先發優勢。他曾破解過路克的前身——北韓荷米斯（Hermes）的第一版。在二〇一七年二月，狩獵團的成員卡斯騰就曾遇過荷米斯，當時法比恩決定在一場直播中分析這款勒索軟體。當他一邊仔細研讀程式碼，一邊同步向觀眾說明他的分析狀況時，他發現一個缺陷。荷米斯產生的隨機數字並不夠隨機，這不是法比恩第一次碰到這種情況。這意味著他能以暴力破解的方式取得密鑰。於是麥克根據法比恩的工作成果，寫出一個解碼器。

或許荷米斯的開發者也看了這段直播。到了下一個版本，他們就強化軟體的隨機數字產生機制。但法比恩又發現另外一項疏失：荷米斯提供多名受害者一樣的密鑰。

當俄羅斯人將荷米斯改寫成路克時，這個缺點仍然存在。在少數案例中，只要有人付清贖金取得密鑰，狩獵團就能用密鑰解鎖其他受害者的檔案，如是其他人就不用付贖金。狩獵團聽說聯邦調查局自行研究後也發現同樣弱點，但路克很快就發現這個缺陷，改成給每個受害者各自不同的密鑰。

狩獵團持續追蹤路克，這時法比恩注意到路克旗下似乎有一個團隊叛變拆夥獨立了。狩獵團從幾名受害者口中得知這個分支團體的存在，法比恩將他們命名為「牛仔路克」（Cowboy Ryuk），因為這個團隊叛逆到「完全不受控制」，和狩獵團認識那個守口如瓶的專業團隊相反。牛仔路克會口吐髒話、摧毀檔案，並會竊取機密資訊，即使付了贖金也會公開資料。對於狩獵團來說牛仔路克很容易辨別，因為他們用的是舊版的路克程式碼，只是改用自己的勒索筆記和副檔名。他們用的加密技術雖然複雜，但很草率，似乎根本不在意寄給受害者的密鑰究竟是否有用，而且他們存在的時間也很短暫。

路克勒索軟體的出現，反映另一個勒索軟體威脅層次升高的演變。他們除了轉而攻擊大目標賺大錢，也隸屬於更大規模的企業型犯罪集團。路克背後的組織不只部署了路克，手上同時還有另外兩款惡名昭彰的惡意軟體——「惡戲機器人」（Trickbot）和「艾默特」（Emotet）。這兩款軟體專門被開發來滲透金融帳號，原先被稱為「銀行木馬」（banking Trojans）。這個犯罪集團有準公司化的指揮鏈，他們會依照技能聘用對應人員，負責各式各樣的業務分工，從人力資源、編寫程式到撰寫釣魚信件的人都有。這個由「惡戲—艾默特—路克」三者組成的團體，在線上約有四百個使用者名稱，但實際上的成員規模比這小很多，因為一部份人會有好幾個化名，其中有一半的使用者名稱都屬於路克的團隊。

惡戲機器人和艾默特負責進行事前準備工作，專門幫該集團撰寫能讓目標上鉤的釣魚郵件。他們會透過釣魚郵件或遠端桌面服務功能（Remote Desktop Services，微軟的伺服器內建讓使用者能遠端操作其他電腦的功能）侵入電腦，取得目標家中、公司與政府辦公室的電腦管理員身分。他們以這種方式打造出一個擁有數百萬台電腦、遍布全世界的殭屍網路。

惡戲機器人和艾默特悄悄在這些系統中遊走，在不被注意的情況下找尋並竊取具有傷害力的資訊。他們向 ZoomInfo 和 Owler 這類的市調公司購買目標公司的情報，收集目標的利潤數據，以此決定要不要發動勒索軟體攻擊，並推估要將贖金設到多高。刺探完情報後，他們就會引爆埋藏已久的路克勒索軟體。通常他們會選在受害者時區的半夜時間發動攻擊，如此一來他們在攻擊行動被偵測前，會有更多時間散播勒索軟體。路克的程式碼會指示電腦刪除或加密任何備用系統，並關閉防毒軟體。

指使路客的犯罪集團首腦躲在暗網深處，透過一個秘密控制台監控與指揮一切。這些網路罪犯每天都會更新控制台，控制台上會列出所有目標，他們掌握的資料範圍從德州的警局到加州郊區的學區，握有的資訊包含這些地區的網路位址、網域的裝置數量、密碼、受影響的用戶電子信箱與攻擊戰役的目標，例如是要以竊取資訊為目的還是要以勒贖為目的。控制台上也會以紅綠燈方式標示攻擊狀況，許多條目後方還會加上備註，例如以俄文標示「分析中」（разбор；razbor），或者標示「加密」（crypt），意指惡戲機器人已經開好後門，勒索軟體即將開始加密或已加密完成，通常這也表示路克出擊的時候到了。

亞歷克斯．霍爾登（Alex Holden）是一名會說俄語的烏克蘭人，他在密爾瓦基（Milwaukee）成立霍德安全資安公司（Hold Security），並成功瓦解了惡戲機器人。霍爾登為了避免企業客戶遭到攻擊，他和旗下三十名來自美國和中歐的分析師，就像惡意軟體一樣實際滲透了該組織。他們從超過三千個有假前科紀錄的假身分中，選出他們的偽裝身分假扮成駭客同夥，進而取得控制面板的存取權。他們也在與該集團的成員對話中摸清了集團的運作模式。

「很多網路罪犯都是孤獨的，」霍爾登說：「他們會想和能理解他們的人聊天。」

霍爾登旗下的分析師大多為女性，但她們會假裝成男性，因為操控惡戲機器人的集團大多數成員都是男性。「關鍵就是要建立親切感。」霍爾登有一套專用軟體檢查他們傳出去的俄語訊息文法，以免因為性別文法錯誤而意外暴露身分。

當分析師刺探敵情時，會訴諸駭客的感官，嗅覺、觸覺或味覺。「感官經驗會傳達**這是真的**的訊息給你的大腦，」霍爾登說。舉例來說，他們會說：「我現在坐在廚房桌邊，但我沒辦法專注。我昨晚喝太多伏特加，腦袋沉甸甸的，嘴裡都是廉價香菸的菸灰味。我老婆在大吼，小孩跑來跑去。我只想好好睡一覺，可是我得先想辦法搞定這個存取權。我想再多喝點伏特加。」

有時分析師表現得太逼真，路克還會要他們一起合作參與攻擊。但他們會委婉拒絕，以自己的服務太熱門為藉口，表示其他網路犯罪工作讓他們忙不過來。

路克和其他勒索軟體一樣，有時會把責任和風險委交給合作廠商處理。但不同於其他開發者慣用的五五分帳或七三分帳，路克分給自己的比例更高。霍爾登說，曾有一個網路罪犯團體闖進一間位於內華達州的保險公司，開始「探索勒索軟體的可能性」。當路克要求他們五五分帳時，那個犯罪團體抱怨路克根本就在同時勒索他們和保險公司，即便如此，他們還是繼續參與其中。

路克的控制台上缺少的其中一種數據，就是受害者是否有保資安險。但這幫人很清楚，他們的利潤中有一大部分是來自保險賠償。「在路克幫裡面有個老笑話，」霍爾登說：「那就是他們認為勒索筆記中應該加一個選項：**請記在保險公司的帳上**。」

當有顧客付了贖金，他們就會被視為高價值客戶。為了完成交易，勒索集團會對送出去的密鑰不能用感到很不安。有一次，路克的頭頭通知他的接頭，說他們同時有一個好消息和一個壞消息。壞消息是路克的解碼器可能有問題，好消息是反正他們最近要出新版軟體了。霍爾登覺得他的語氣就像是一位不願承認產品缺失的執行長。

惡戲－艾默特－路克組織就像在擁擠的市場求生存的合法公司一樣，也不斷尋求擴張。他們在二〇二〇年八月，開始與被稱為「康帝」（Conti）的另一個俄羅斯勒索軟體集團合作。[18]康帝從受害者身上得到數億美元同時，會將傭金付給惡戲機器人組織中一位被稱為「斯登」（Stern）的老大。[19]

從康帝的表現中可以看出來，他們似乎非常理解美國執法部門處理勒索軟體的方法漏洞。其中一名康帝的成員傳訊給另一名成員，提到：「美國的公部門與私營領域之間是分散的。現在他們試著改變這一點，但到目前為止都還沒成效。理論上如果有組織遭到攻擊，會有義務通報政府，但他們卻缺少清楚的通報對象。」[20]接著，那名成員描述美國聯邦調查局和國土安全部（Department of Homeland Security，簡稱 DHS），以及各地方警局扮演的角色。

這兩個集團結盟成果豐碩。康帝依靠惡戲機器人的保護傘，發動一系列獲利豐厚的攻擊，而惡戲機器人的管理層將這些利潤再次挹注到公司。霍爾登表示，二〇二一年四月到八月間，惡戲機器人就投資了兩千五百萬資金構置實體辦公室、硬體設施與聘用更多員工。他們的管理階層會商議攻擊目標，以及如何改善效率與達到最高利潤。「我們得施加更大壓力，用電話騷擾影響合作夥伴，把事情鬧上媒體。」[21]二〇二一年，化名為芒果（Mango）的斯登助理在信中寫道：「我提議先彙整以下內容，這樣一來當目標被鎖定時，我們已經有完整的分析報告：目標的高層管理員、聯絡窗口、目標的個資、我們預計找尋的內容、他們的合作夥伴、他們的聯絡人。最重要的是我們要先有一套施壓策略，規劃好哪些對象能用哪些手法……我們得提出更切實的贖金要求，站穩自己的立場。」

維塔立・克雷梅茲（Vitali Kremez）是一名經常和麥克合作並也專注在對付路克的人。他分析這款惡意軟體後和亞歷克斯・霍爾登一樣，深入研究這個集團的組織結構和財務。

維塔立在白俄羅斯長大。他在大學輟學後移民到美國，起初他只能做些建築工地的工作，同時在酒吧兼職表演吉他。後來，他加入曼哈頓的檢察官辦公室擔任網路犯罪分析員，接著加入閃點公司（Flashpoint）。閃點公司是一所位於紐約專門調查網路犯罪的公司。維塔立主要負責調查勒索軟體，他會透過監看駭客在論壇對話的方式，找出網路犯罪與背後犯罪集團的關聯性。

維塔立和麥克是在推特上認識的，兩人從二〇一九年就開始合作處理一款稱為「GetCrypt」的勒索軟體。麥克靠著維塔立研究的內容，透過暴力破解寫出一款解碼器。他們兩人的技能正好互補。「我會拆解並分析惡意軟體是如何躲過偵測、如何對目標下手，」維塔立說：「麥克則比較適合專注在密碼學。」

同年稍晚，維塔立從閃點公司跳槽到哨兵公司（Sentinel）。接著他自己創立一間名為「先進情報」（AdvIntel）的小公司。二〇二〇年三月，他在勞倫斯邀請下獲得全員許可，加入勒索軟體狩獵團。

對維塔立來說，擊倒「惡戲—艾默特—路克聯盟」是他最大的挑戰。他和另一名研究員追蹤六十一個比特幣錢包，認為那些錢包就是路克拿來存放利潤的錢包。[22]他們從中發現，該集團會透過中間人，將大多數比特幣在兩間亞洲的交易所兌現。另外還會有一大筆錢透過洗錢方式，兌換成當地貨幣或另一種數位貨幣。

維特研究路克幾年下來，「痛苦地意識到」一個結論：「路克背後這些罪犯非常商業化，絲毫不在乎受害者地位、目的或負擔能力。」

聯邦調查局也拿路克沒有辦法，只能把受害者往狩獵團這邊送。二〇二一年初，路克攻擊了維吉尼亞骨科診所（OrthoVirginia），該院的資訊長泰麗・黎普利（Terri Ripley）連絡聯邦調查局網路部探員里奇蒙（Richmond）。對方詢問她公司是否有未受感染的備份？她回答沒有，就連備份都被感染了。

泰麗掛上電話後從探員那邊收到一封轉薦信，這是聯邦調查局至多能做的。信中寫道：「不知道你是否聽過，有一個第三方單位能檢驗是否能破解路克。」信上還附上辨識勒索軟體的網站連結。「如果你在這個網站上看到這款勒索軟體在特定條件下有機會被破解的訊息，網站應該就會告訴你要找誰幫忙破解。」

泰麗的團隊正式向聯邦調查局的網路犯罪投訴中心（Internet Crime Complaint Center）登記這個案件。但維吉尼亞骨科診所的執行長表示：「我們每天中午打給聯邦調查局，他們都表示束手無策，只說我們收到你的資訊，會聯絡看看。」

當維吉尼亞骨科診所得知路克勒索軟體無法破解時，他們就開始和駭客談判。最終，儘管連診所的備份檔案都被加密，他們還是選擇重建一套系統，拒絕支付贖金。

當德魯伊市醫院和維吉尼亞骨科診所一樣遭受攻擊時，他們發現自己別無選擇。二〇一九年十月五日，德魯伊市聯合醫療體系投降了。他們宣布：「我們和執法部門與資安專家合作評估所有選項後，決定執行對我們的病患最有利的解決方案，包含向攻擊者購買解碼密鑰，以期加快系統恢復進度，確保大眾安全。」他們並未公開贖金額度，但該時期路克通常會要求六位數贖金。

五天後，德魯伊市聯合醫療體系恢復正常作業。但受到攻擊帶來的代價還沒結清。德魯伊市醫院面臨病患提出的財務補償要求，這是專門針對遭到勒索軟體攻擊醫院的新型態訴訟。

過去幾年來有關資料外洩的訴訟很常見，但通常人們很難證明資料被竊造成的財務或其他損害。但當針對醫院發動的勒索攻擊日漸頻繁，芝加哥的梅森法律事務所（Mason Lietz & Klinger）律師團有了新的想法，他們擴張資料外洩的訴訟標準，讓訴訟範圍涵蓋更具體的危害——醫療服務受阻。如此一來，即使攻擊事件沒實際揭露資料，也適用於訴訟內容。

梅森法律事務所的律師加里・克林格（Gary Klinger）表示：「我們創造出醫療服務受阻這個詞彙，以迴避資料外洩不會帶來任何損害的論點。」

截至二〇二〇年底，梅森法律事務所已經對許多醫療院所和其他遭到勒索軟體襲擊的單位，發起大約三十起訴訟案，控訴他們未盡保障資安的責任。不過有些人可能認為這是在譴責受害者。其中一筆針對德魯伊市醫院發起的訴訟案中，[23]就是針對他們未妥善監控電腦網路與系統，造成病患健康風險與曝露他們個人資訊進行訴訟。該案由聯邦法院轉移到托斯卡洛薩郡巡迴法院（Tuscaloosa County Circuit Court）。訴狀上寫道：「由於勒索軟體造成醫療紀錄被封鎖，病患必須放棄醫療照護與療程，另尋醫療管道。」德魯伊市醫院則回覆，原告無法證明其中造成任何過失或損害，該案件應予以駁回。

在這場集體訴訟中，有一名原告是七十歲的加伯利雅・麥克洛（Gabryella McCraw）。十月五日當天，她的過敏症發作。當時她的雙眼腫到無法睜開，臉上也布滿紅斑。她的法定監護人謝內卡・佛萊爾森（Sheneka Frieson）帶她前往諾斯波特醫學中心（Northport Medical Center）接受治療。該院的護理師告訴她由於院區遭到路克攻擊，雖然醫院已同意支付贖金，但目前仍無法應對大多數病患。加伯利雅等了五小時才能接受治療。訴狀表示：「麥克洛小姐花了三天時間才讓腫脹消退。」

到了二〇二一年六月，德魯伊市醫院與病患達成和解，他們並外對外公開和解金額。但與此同時，造成他們一切困擾的俄羅斯犯罪集團仍逍遙法外，美國司法系統拿他們一點辦法都沒有。

1　內部災難為醫療專有名詞，意指事件發生在醫院內部，因此要將病患外送的流程。這個詞彙是相對於災難發生時，醫院要接受外面進來的病患流程

2　這裡提及的日本動漫為《死亡筆記本》，路克為動漫中的一位死神。

第八章

退失據的聯邦調查局

原先在聯邦調查局，偵查網路犯罪應該是第三優先事項，僅次於恐怖主義和反情報活動。[1]然而在二〇一五年，聯邦調查局局長詹姆斯・柯米（James Comey）發現他的網路司（Cyber Division）人才枯竭，導致調查活動窒礙難行。

對聯邦調查局的網路司來說，留不住人才是歷年的老問題。但那年春天情況格外嚴重。大約有十二名年輕有為或正值事業高峰的網路探員，因為受到政府以外的優渥工作吸引，向局裡遞出辭呈或正在考慮離職。隨著辭呈愈疊愈高，柯米收到一封不請自來的信，寄件人是先前離職的安德烈・麥奎格（Andre McGregor）。在信中，這名年輕的探員提出幾項可以改善網路司的建議。

柯米經常告訴大家，有想法隨時可以找他聊。即便如此，當調查局的資深職員知道有一名年資僅六年的探員真的找上柯米時，還是對這件事感到震驚。更讓他們意外的是，柯米認真看待這封信與其他探員先後離職的問題。他表示：「我想和這些人碰個面。」

柯米從全國各分局邀請這些探員到華盛頓總部，並私下和他們共進午餐。[2]他和這些人私會的消息很快傳遍總部，接著各司與各辦公室也聽說這件事。資深職員公開說這些網路探員的壞話，酸他們是「十二怒漢」（the 12 Angry Men）、「決死突擊隊」（the Dirty Dozen），或直接稱他們「那群王八蛋」。對老派探員來說，他們為了聯邦調查局出生入死；相比之下，網路探員則像一些被寵壞的千金大小姐，稱不上是真正的聯邦調查局特務。

就連被邀請的網路探員對於能和柯米見面都感到受寵若驚。儘管他們在維吉尼亞州匡提科（Quantico）的聯邦調查局國家學院（FBI National Academy）都受過嚴格的審問訓練，但許多人還是對於要被局長問話感到焦慮。「作為一個探員，你永遠不會見到局長，」參與那場餐會的米蘭·帕特爾（Milan Patel）說：「你知道局長是誰，因為他很有名。但局長不會知道你是誰。」

聯邦調查局的探員也幾乎不會有機會進到總部胡佛大樓（J. Edgar Hoover Building）七樓的行政辦公室。但在那天，這群三十幾歲的男人們都穿西裝打領帶、打理好頭髮，排成一列闊步走到七樓大廳，前往柯米的個人會議室。進入會議室後，他們都挺直身體緊張地排排站好，等待局長到來。接著柯米走了進來，他穿著捲成短袖的襯衫，手裡還拿著便當。

「大夥們，請坐，」他和他們說：「脫下外套吧，讓自己舒服點。告訴我你是誰、住在哪裡以及你為什麼要離職。我想知道你們在離職前在局裡是開心的還是失望的。」

於是，每個人輪流回答了這些問題。每個人都說自己是開心的，描述自己對於調查局的任務有多敬佩。

「嗯，這是個好的開始，」柯米說。

他們敞開心胸聊了起來。接下來一整個小時中他們一邊吃午餐，探員們一邊說出心底話。他們告訴柯米，局裡其他探員與主管忽視跟誤解他們的技能。調查局中還是有高中那種幼稚的派系，網路探員會被嘲笑是「技客小隊」（Geek Squad）。特警隊常嘲笑他們：「你們帶槍能幹嘛？」當資深組長提到全體都必須通過體能測驗時，會問他們：「你們要背著鍵盤做伏地挺身嗎？」這些話打擊他們本來就已經很脆弱的歸屬感，並再次證實局裡普遍認為網路探員的重要性不如其他人。

這些人在會面過程也表示他們反對調查局根深蒂固的文化要求，包括要求特務應該具備「在任何地方完成任何任務」的能力。柯米本身深信這道信條，他希望在他任內，所有探員都應熟練電腦相關技能。但網路探員們認為這是個錯誤的想法。儘管像培養線民或臥底調查等傳統技能都適用於網路犯罪調查上，但若反過來要一個對電腦完全缺少興趣或天賦的人，成為一名頂尖的網路調查員，幾乎是不可能的事。從一九九〇年代開始，局裡就有將非技術人員安排到網路調查小組的習慣，這也帶來網路探員所謂的「再教育疲乏」（reeducation fatigue）問題。他們經常得放下手邊調查工作來訓練新人，無論對方是新來的主管還是新進的網路探員，他們來的時候幾乎都沒專業技術可言。

除此之外，網路探員也面臨許多個人困題。像是在聯邦調查局內，為了促進升遷，局裡通常會要求探員搬家。這種無法定下來的生活讓局裡探員難以照顧家庭。其中一名網路探員就哀嘆道，他的伴侶是生意人，結果他被調到威契塔（Wichita）這種偏遠地區，讓她無法找到適合工作。探員們告訴柯米，由於他們的技能在私營企業中隨時都能派上用場，當前市場需求也很高，因此他們根本不需要為了升職而面對「洗牌般」的生活。他們在私部門能拿到很漂亮的職缺，薪水是聯邦探員好幾倍。私人企業的雇主需要維持競爭力，相較之下，聯邦調查局並不打算為了留住頂尖的網路探員，改變他們僵化的薪資結構。

由於這些探員不會有損失，他們直言不諱指出調查局得做出改變。他們告訴柯米，如果要改善人才流失的問題，那應該將網路探員集中到華盛頓總部，而非將他們派往全國各地的分局辦公室。這種安排也相當合理，因為網路犯罪並不需要像偵查銀行搶案到犯罪現場進行調查，此外，他們面對的嫌犯通常也不在國內。

最重要的是，他們希望調查局能尊重他們的專業。

柯米一邊聽一邊問問題，並記下筆記。接著他將這些人帶進他的個人辦公室。探員們四下瀏覽，大多數人都知道，他們這輩子可能不會再有機會踏進這間辦公室。柯米的辦公桌上擺著一個相框，照片裡是他的妻兒。辦公室的地毯上印著大大的聯邦調查局紋章。探員們依然十分尊敬調查局，他們擠成一團，沒人敢踏在紋章上。

整間辦公室最讓人印象深刻的，或許就是那一整面牆的白板。白板上是調查局的組織圖，並用磁鐵貼上各分局的主管照片和姓名。其中有很多人都是在二〇〇一年九一一恐怖攻擊後，一路爬上來的反恐專家。

柯米贊同這些訪客的想法，也知道對聯邦調查局的未來而言，網路專業有其重要性。但與此同時他不能翻修整個調查局，把強大的老鳥晾在一邊，以留住一群剛來沒多久的人。

當探員們專注研究白板時，柯米開口了：「聽著，我知道我們在領導上有問題，我想要改掉這個問題，但我沒有足夠的時間。我在局裡的時間有限，要改變這些文化至少要再花一整個世代。」但這些探員都知道，面對像勒索軟體這種持續升溫的網路威脅，聯邦調查局不能再等下去了。

儘管勒索軟體的攻擊手法日新月異，調查局官員仍告知國土安全部和其他聯邦單位的對應單位不需要優先處理勒索軟體，因為勒索軟體相對其他犯罪造成的傷害與抓到犯人的機率都太小了。[3]相較於積極動員遏止勒索軟體的威脅，聯邦調查局反而是先編寫一份「養成好習慣」的文件，警告大眾應小心防範勒索病毒，並鼓勵大眾拒絕付款給犯罪分子。[4]

一名出席柯米會談的探員表示，對聯邦調查局的領導階層來說，勒索軟體不過是「小不點級的犯罪」。

他說：「他們只把勒索軟體當成技客小隊的事，也就是說他們根本不把這當成一回事。」

調查局的網路探員在柯米面談中提出的議題很多都是老問題了，事實上，調查局對網路犯罪興致缺缺這件事，早在第一起由國家出資發起的電腦入侵事件中就能看出端倪。

一九八六年，克里夫．史托爾（Cliff Stoll）在勞倫斯柏克萊國家實驗室（Lawrence Berkeley

National Laboratory）擔任系統管理員，他的上司要求他從電腦實驗室的電腦算力會計系統上，找出少少的七十五分美元。史托爾追溯錯誤的系統紀錄，發現其中有未經授權的使用者。接著，他循線揭露一場針對美國政府與軍方的大規模電腦入侵事件。在調查最後，線索指向一群德國駭客，出錢聘請德國駭客的則是蘇聯國安會的情報單位。一九八九年，史托爾將整場聖戰寫成《捍衛網路》（The Cuckoo's Egg）一書。他在調查過程敲了七次聯邦調查局的大門，但每次都被拒在門外。

聯邦調查局問他：「聽著，小鬼，你們有損失超過五十萬美元嗎？」

「呃，沒有。」克里夫回答。

「有任何機密資訊外流嗎？」

「呃，沒有。」

「那就走開吧，孩子。」[5]

後來，史托爾和一名美國空軍調查員討論這起事件，對方總結調查局的立場：「電腦犯罪並不簡單，它不像綁架案或銀行搶案能找到證人與明確損失。在缺少明確解決方案的情況下，也不能怪他們不想碰困難的案子。」

要到將近十年後，美國政府才正式組織起來對抗網路威脅。一九九五年，奧克拉荷馬市的艾佛瑞德．P．默拉聯邦大樓（Alfred P. Murrah Federal Building）發生爆炸案，柯林頓政府召集十二名政府官員組成委員會，評估全國重要基礎建設的安全性。[6]當時由於醫療、銀行等民生必需服務正邁向線上化，委員會很快就將注意力從提莫西・麥克維這種自爆貨車的實體威脅，[1]轉移到針對電腦發動的攻擊。

在委員會協助下，美國政府在一九九八年成立後來的美國國家基礎建設防護中心（National Infrastructure Protection Center，簡稱 NIPC）。國家基礎建設防護中心有來自聯邦調查局、特勤局、情資單位與其他聯邦部門的代表，專門負責預防與調查電腦入侵案件。中心的監督工作由聯邦調查局負責，因為在所有部門當中，聯邦調查局偵查案件的法律權限最廣。

搶地盤的內部鬥爭一觸即發。負責主導中心成立的司法部副部長麥克・瓦提斯（Michael Vatis）表示，國家安全局（National Security Agency，簡稱 NSA）與五角大廈（Pentagon）都對於要向聯邦調查局報告複雜的電腦犯罪案件感到不滿，他們認為調查局根本沒辦法處理這些事情。「他們說：喔，不、不、不。不能給調查局。」瓦提斯回憶道：「他們表示，聯邦調查局只知道拿一條黃帶子把犯罪現場圍得水泄不通，然後抓壞人。而且他們出了名地不願意分享情報。」

與此同時，聯邦調查局內部也為了爭取資源吵得天翻地覆。「你會碰到一堆老古板，爭論網路犯罪根本不是什麼嚴重的真實罪行，」瓦提斯說：「那些探員是靠著扳倒犯罪組織或對抗俄羅斯情報單位爬上來。他們會說：這不過是些青少年的小把戲，不是真的犯罪。」

當時，只有少數幾十名調查局探員接觸過或有在留意電腦犯罪的調查領域。會使用電腦的探員則更少，光是派遣他們補滿國家基礎建設防護中心的新職缺，都快不夠用了。中心需要新血，於是調查局向內部召集志願者，無論對方背景。其中有一名應徵者是駐紮在紐奧良的探員史黛西・阿魯達（Stacy Arruda）。她在一九九九年轉調到中心後參加第一場小組會議。但當她上司開始大談「Unix 這個，Linux 那個」時，她就發現自己麻煩大了。

「阿魯達，你聽得懂我在說什麼嗎？」主管問她。

「聽不懂。」

「那你為什麼還在那邊點頭微笑？」

「我不想看起來像個笨蛋。」

阿魯達沒有花太多力氣否認這件事，因為大多數國家基礎建設防護中心新來的探員都和她類似，他們對接下來要調查的世界一無所知。

史黛西表示，當調查局中自願加入國家基礎建設防護中心的人都寥寥無幾時，探員們開始「被迫自願」加入。史考特・奧根鮑姆（Scott Augenbaum）就是「被自願」的探員之一。他說自己之所以會被派到國家基礎防護中心，只因為他在原本所屬的紐約雪城（Syracuse）辦公室，是唯一「有一點點科技背景」的探員。換言之，只有他「懂得怎麼把筆電接到電話線上撥接上網」。他對自己被派到這個單位感到失望，因為「這不是聯邦調查局那種又酷又有趣又性感的工作」。他在局裡的朋友都嘲笑他，史考特提及：「他們和我說去搞網路會搞壞你的職業生涯。」

二〇〇一年九一一恐怖攻擊事件發生後，聯邦調查局局長羅伯・穆勒（Robert Mueller）創建網路司來抗電腦犯罪。[7]網路司接手國家基礎防護中心的調查工作，預防工作則轉交給二〇〇二年新成立的國土安全部負責。然而在接下來幾年，國安部都專注在防範實體攻擊，將預防電腦犯罪的任務置之高閣。[8]

為了強化新成立的部門，聯邦調查局在所有分局辦公室都設立網路小隊，並啟動一套訓練計畫，協助現有的探員轉換跑道。同時，受到當時氣氛高漲的「愛國者效應」影響，許多技術高超的資工專家覺得需要站出來為國效力。米蘭・帕特爾和安東尼・費蘭特（Anthony Ferrante）就是在這個背景下加入部門，兩人後來也參加了柯米面談。

九一一事件發生時，當時剛從大學畢業的安東尼在安永會計師事務所（Ernst & Young）擔任顧問，他的辦公室就在曼哈頓中城的摩天大樓。那天他眼睜睜看著雙塔在他眼前崩塌，從此決心用他的電腦技能對抗恐怖主義。他在福坦莫大學念資工碩士期間，接觸到聯邦調查局的招募人員，調查局表示很希望能將他的數位專長用在新成立的網路司。招募員問了安東尼他會哪些語言。

他回答：「HTML、JavaScript、C++、Business Basic。」

「那是什麼？」招募員聽了一頭霧水回問：「我是說……俄語、西語、法語。」

這不會是安東尼最後一次覺得局裡搞不清楚狀況。二〇〇四年他抵達匡提科的學院時，他發現自己得和四十名新進探員一起接受槍械訓練。上課時教練問：「這裡有人沒開過槍嗎？」

低頭專心寫筆記的安東尼舉起手，整個房間忽然一片靜默。他抬頭才發現自己是唯一一個舉手的人，所有人都盯著他看。

「你是什麼背景？」教練問他。

「我是電腦駭客，」安東尼說。

聯邦調查局國家學院常被戲稱為「可以配槍的大學」，安東尼的答案在這裡不太受歡迎。教練對他搖頭翻了個白眼後繼續上課。

米蘭則是在二〇〇三年進到聯邦調查局國家學院。當時他從紐澤西理工學院（New Jersey Institute of Technology）畢業，以資工系學生身分入學。離開學院後，他被派到紐約的網路小隊，但他的新主管不太知道他能做什麼。他的上司給了他一台呼叫器、一張蘭德麥奈利公司出版的地圖，還有一台一九九三年款的福特航空之星廂型車鑰匙。米蘭形容那台車「破到看起來像是在巴格達被炸過」。另一名探員幫他準備了一台電腦，上面用的是早就過時的微軟視窗作業系統。

他心想：「我的天啊，這簡直就是石器時代。」

隨著時間過去，米蘭發現要向主管報告網路案件的進度簡直麻煩到不行。因為很多主管都對電腦一竅不通，他得把報告寫成「小朋友也能看懂的程度」。

「你得試著用車來比喻電腦，」他說：「他們對你說的話有聽沒有懂。但他們才是管事的人，你能否做事得靠他們決定。」

米蘭發現他在網路司的大多數同事都像史黛西和史考特一樣毫無科技背景，有些探員會進網路司只是因為他們從匡提科畢業時網路司有缺，或認為這裡只是升職的前一站。聯邦調查局有套熱門的晉升方法，很多資深探員和主管會試著在五十歲退休年齡前，進入網路司進行最後一個專案，這樣履歷看起來會比較漂亮。當探員從調查局退役後，更容易受到私營企業的雇主青睞。

「在一個網路小隊中，如果你夠幸運可能會有一、兩個人會做真材實料的工作，像是解碼、分析網路流量跟寫程式。」米蘭說：「然後，小隊中會有兩、三個人擁有資工學歷，知道如何調查網路案件。剩下的另一半成員都只是**在網路小隊計畫中的人**，他們對網路根本一竅不通。」雖然有些不懂網路的人還是能成功破案，但他們是少數特例。

儘管局內的局勢相當不利，米蘭還是參與一些調查局的重要網路案件。他主導了絲路（Silk Road）調查案。[9]絲路是個黑市版的拍賣市場，專門讓人匿名買賣非法物資和服務。當執法部門針對暗網的拍賣市場展開大規模調查時，他們鎖定六個絲路在全球各地的伺服器，截獲他們的網站，並在二〇一三年十月關掉網站。後來，住在舊金山的羅斯・烏布利希（Ross Ulbricht）因為創建與營運該網站以及持有毒品遭到起訴。他被判處兩次無期徒刑加上四十年的有期徒刑。

米蘭因為在這個案件中的卓越調查表現，受到聯邦調查局局長獎提名。他成為網路司的單位主管，為局裡提供科技方面的對策。後來「決死突擊隊」和柯米面談後，米蘭就接下一份薪資更好的工作，離開調查局前往私營企業上班。

安東尼則獲選進入了聯邦調查局的網路應變小組（Cyber Action Team），負責處理全球最重要的網路事件。他以監督特別探員（supervisory special agent）的身分，成為聯邦調查局網路司的參謀長。安東尼與柯米面談後，在聯邦調查局續任兩年。他在二〇一七年離職，進入富事高諮詢公司（FTI Consulting）擔任全球資安負責人，工作內容就是協助遭受勒索軟體攻擊的受害公司。

安東尼還是會密切注意聯邦調查局對網路犯罪發起的公訴案。但他在二〇二一年表示，他對調查局很失望。儘管偶爾有成功案例，但在二〇一五年網路探員與柯米會面後，聯邦調查局對勒索軟體發起的公訴依然少之又少。

「他們還是有在處理案件，但這些案件只是一拖再拖。」安東尼說：「他們沒有認真把網路犯罪當一回事，所以現在當然很失控。因為這麼多年來都沒有人出面制止……沒有人懂。無論是在聯邦調查局或在司法部，都沒有任何人懂。因為不懂，他們就沒有投入像樣的資源。因為沒有投入像樣的資源，這些案件便毫無進展，或永遠不被重視。」

※

貝弗韋克（Beverwijk）位於阿姆斯特丹西北方約二十英里處，是荷蘭北岸附近一座四萬一千人的城市。十七世紀時，富商們在這座城市打造許多莊園。[10] 如今，城中最知名的貝弗韋克市集（De Bazaar Beverwijk）是歐洲最大的民族市場之一。市集擁有數十個食品攤位和超過兩千名攤商，市場上會販售來自阿拉伯的香料、土耳其地毯、民族服飾、古物等商品。[11]貝弗韋克有個小型海灘度假區，是當地適合衝浪的知名海灘，度假區還有全荷蘭最寬闊的沙灘，讓日光浴者能盡情享受。[12]

在波光粼粼的北海下方，還有一處不為人知的景點。貝弗韋克是跨太平洋光纖纜線的登陸點之一，當地連接了美國和歐洲的網路。受到這項特點吸引，全球各地的勒索軟體集團紛紛進駐。荷蘭執法部門也因而被刺激，採取積極創新的方式打擊這些罪犯。貝弗韋克之所以作為纜線登陸點，有一部分原因是當地海岸有漸斜的平緩坡度。這讓荷蘭海岸成為海底光纖登陸的熱門地區，並造就該國快速順暢的網路環境。[13]當住在其他地方的駭客受不了緩慢不可靠的連線品質時，會紛紛轉向荷蘭設立犯罪用的伺服器。

荷蘭的法律條件也很適合駭客。當地的網路供應商不需要對他們旗下伺服器的內容負法律責任，嚴格的隱私保護法讓駭客能在不暴露身分前提下購置伺服器。除此之外，當網路罪犯將基礎設施選在荷蘭時，他們連最壞的打算都做好。在暗網上有個地下版本的評論網站，站上的駭客會對全球的監獄品質進行評價，而荷蘭的監獄榮登榜首。[14]

面對源源不絕在荷蘭設點的駭客，荷蘭國家警察局（Dutch National Police）和荷蘭司法部（Ministry of Justice）感覺他們必須想出對策。司法部高層提供國家警察局一筆獨立預算，組織全新的高科技犯罪小組（High Tech Crime Unit；HTCU）。為了強調這個小組的重要性，他們直接將小組安排在位於烏得勒支（Utrecht）東南側的國家警察局總部。從二〇〇七年小組成立以來，該單位已贏得世界頂尖網路犯罪打擊組織的名聲。

打從一開始，荷蘭的高科技犯罪小組就和聯邦調查局的網路司走上完全不同的路。高科技犯罪小組早期的領導人馬賴．舒比爾斯（Marijn Schuurbiers）以經營新創產業的方式帶動該單位，並奉守如同耐吉的口號：「做就對了！」（Just do it!）馬賴大學主修資訊學，畢業後當了好幾年一般警察。他知道只要碰到網路技巧，大多數傳統的警官「永遠沒辦法和一輩子只專攻資訊工程的年輕人相比」。因此他沒有像聯邦調查局一樣試圖教導現有執法人員進階的網路技巧，而是直接聘請沒有警察經驗的科技專家。高科技犯罪小組的領導階層還建立一套準則：團隊中至少要有半數以上的成員是資工專家。高科技犯罪小組希望讓這些人打造該單位的文化，要達成這個目的，就得讓他們團結一致，有自己的聲音。這些資工專家很快開始有自己的主張，抗議只由傳統警察擔任的協調員主導了調查的作業規定。在他們的抗議之下，高科技犯罪小組改變調查政策，讓數名調查員也能擔任協調和決策的角色。

每一名網路專家都會搭配一名傳統執法人員，兩人得搭檔合作進行調查。在高科技犯罪小組明亮的辦公室前能俯瞰高速公路，後面則是一座花園。兩人一組的搭檔會被安排在相鄰位置，好讓他們隨時交換筆記。他們也會一起審問嫌犯。這和國家警察局的其他部門截然不同，通常數位專家會被安排在一間獨立辦公室，不會參與到日常事務的運作。

「在兩人組中，會有一個審問技巧老道的人，搭配一個能在嫌犯試圖蒙騙過去時一語拆穿的人。」約翰・福克說。後來他在高科技犯罪小組中，也擔任專門處理勒索軟體的數位協調員。「這套新舊並陳的作法很有效。」

剛開始，當該單位招募三十二名創始成員時，所有入隊的資工專家都必須通過警察考試。他們立誓成為正式的執法人員，會隨身佩帶槍枝和警徽。但有些在電腦方面天賦異稟的應徵者沒辦法通過體能考試，或不想要碰武器，該單位高層也發現他們確實不需要。於是向來靈活有彈性的高科技犯罪小組改變入隊條件，資工專家可以不用通過傳統警察考試就能入隊。不過他們的職稱仍沒改變，以數位專長入隊的成員和其他探員有相同的升職條件。

約翰談到專門對應勒索軟體的小隊成員，表示：「他們之間沒有真正的區別。在我的隊伍上，數位組的人雖然不配槍，但有時他們的階級還會比傳統警官出身的同僚高。雙方會互相尊重。」

當二〇一三年聯邦調查局的網路司陷入人才短缺的困境時，高科技犯罪小組則接連收了許多名資工專家。當時他們的目標是要將成員從六十人擴張到九十人，於是採取聯邦調查局的招募人員異想不到的全新招募手法：資安奪旗戰（Capture The Flag，CTF）。[15]他們辦了一場模擬真實世界數位犯罪的競賽，邀請所有荷蘭公民參加。一般人隨時都能在家用自己的電腦參賽。競賽的內容將會考驗參賽者的程式編寫、數位鑑識、惡意軟體分析、逆向工程與密碼學能力。只要有人能夠成功完成挑戰，就會收到職缺的邀請。

當時高科技犯罪小組的隊長皮姆・塔肯伯格（Pim Takkenberg），聽說英國的情報單位用了類似競賽招募資工專家，而有了這個競賽的提案。他相信透過舉辦這場招募能達成兩個目標。首先，這能篩選掉缺乏他們所需進階技術能力的人；再者，他們或許能從中找到意外的璞玉，例如像麥克・葛拉斯彼這樣內向的人。這種人缺乏正式訓練，或者光從履歷無法發現他們的亮眼之處。

但這場競賽要成形，得先要有足夠的人才參與。皮姆經常出席荷蘭各地文化中心舉辦的科技之夜。在科技之夜的駭客講座（Hack Talk）上，有數百位對電腦充滿熱忱的人會齊聚一堂，包含修補匠、電玩狂熱分子、技術分析師與資安專家等。大家會一邊喝啤酒，一邊聽台上的講座和專題討論，現場還會有音樂表演。皮姆建議高科技犯罪小組也協助舉辦一場類似活動，發起他所謂的「網路犯罪線上遊戲」。那場活動在海牙舉辦，會場名稱正好就叫「木馬」（Trojan Horse）。高科技犯罪小組在活動上大張旗鼓揭開挑戰賽序幕，有超過一千人到場參與活動，更多人透過串流在線上觀賽。

最後，總共有一千兩百人報名高科技犯罪小組開出的三十個職缺。在面試過程中，有些可能原本不習於談論自身技巧和經驗的人，卻能侃侃而談在挑戰賽中如何解決問題。高科技犯罪小組對於用獨特方式解決挑戰的人特別感興趣。

到了二〇一三年底，當招募階段告一段落，相較於聯邦調查局將網路犯罪視為小不點級的犯罪，高科技犯罪小組則投入加倍的資源，新成立許多專門對抗勒索軟體的小隊。

過去很多有自閉傾向的人很難找到工作。他們常常找不到能包容自身特殊需求的職位，或在面試時因為社交技巧問題無法充分表現。但這些人就像勒索軟體狩獵團的成員，他們在神經系統上的差異，可能同時伴隨過人的數學能力、問題解決能力與專注力。馬賴相信高科技犯罪小組的成員應持續朝多樣化發展前進，而且該單位已經很能接受非常規的招募方法。因此，他與他的同事都特別留意能招募帶有自閉傾向科技專家的機會。

二〇一三年，創辦資訊履歷學校（ITvitae）的彼得・范霍夫維根（Peter van Hofweegen）就為他們送上一個新的機會。在荷蘭，資訊履歷學校專門訓練適合發展科技長才且具有自閉傾向的人。六十歲出頭的彼得充滿年輕氣息，他戴著一副粗厚的黑框眼鏡，常常圍著一條大圍巾。彼得創辦的學校專收難以適應傳統教育和工作環境的自閉症患者，他看準這些人的傑出才能，和同事一起幫助受訓者精進技能，讓他們專注發展資料科學或資訊安全類的專業領域。接著，他們會協助跟需要這些學員技能的雇主牽線。

過去幾年來，彼得為了讓他的學生有安身之地，找到很多具有潛力的雇主。彼得不輕言放棄，他的堅持換來許多知名企業與資安公司的優渥職缺。當時，有一位名叫湯姆的學生告訴彼得，他想為高科技犯罪小組效力。雖然過去彼得從沒送任何資訊履歷學校的學員到高科技犯罪小組，他仍決心幫湯姆實現這個目標。

但彼得內心知道，要把學生送進菁英雲集的高科技犯罪小組並不是件容易的事。湯姆連高中都沒畢業，而且彼得心中還有另一個人選：馬克・庫曼斯（Mark Coumans）。馬克會比湯姆更早完成資訊履歷學校的訓練，不過馬克大學也同樣以輟學告終，兩人過去的就職紀錄都不太光彩。即使是對出了名以非常規招募的高科技犯罪小組，這兩人都還不夠格進去。然而，馬克和湯姆兩人都有異於常人的非凡能力，彼得相信他們能幫助打擊網路犯罪。

馬克在成年階段被診斷出自閉症，他在年輕時擔任過資訊工程師，但他加入資訊履歷學校前，有十年的履歷都是空白的。那段期間，他成為一名全職爸爸，還擔任孩子的足球隊教練。他就像莎拉．懷特一樣，只要是有興趣的主題就會全神貫注，像是如何在長跑中達成最好表現。

儘管這些和網路調查員的工作毫無關聯，彼得還是展現他一貫的毅力，懇請高科技犯罪小組先把馬克的履歷擺在一邊，和馬克當面聊聊。「我們只需要有一個信徒，」彼得心想：「一個能夠看到我們這套工作模式的價值的人。」

即便是開明的馬賴，也難免對彼得的提案有所疑慮。他擔心高科技犯罪小組沒辦法為自閉症患者提供他們需要的額外照護。不過高科技犯罪小組的一名專案協調員伊馮．霍斯特（Yvone Horst）就是彼得要找的信徒。在她的懇求下，高科技犯罪小組同意讓馬克進來實習半年。

馬克以新進數據分析實習生的身分進到高科技犯罪小組，有三名專業資料科學家和他同期進入該單位。這些新同事都是大學畢業，還曾經在像是安侯建業聯合會計師事務所（KPMG）這類大公司工作。相較於他們手上的高階技能，馬克顯得非常缺乏經驗。他坦言：「我在資訊履歷學校只上了六個月的概論課，比不上四年的大學課程。」

四個月後，伊馮打給彼得，和他報告馬克的實習狀況。

「我很抱歉，但馬克沒辦法待下去，」她告訴彼得：「我們會讓他完成半年的實習，到時候你得幫他找別的工作。」

不久，在某個星期五下午，伊馮聯繫了高科技犯罪小組的成員，要大家幫忙辨識一台可疑的廂型車，她相信這牽涉到一場重大威脅。但他們手上只有一張模糊的照片，最多只能看出車子側面印了不太尋常的標誌。很多調查員針對那個標誌開始下手，試著透過逆向圖片搜尋方式找出它。「如果每個人都在做同一件事，要不是所有人會同時大喊『找到了！』要不就是一片鴉雀無聲。」馬克回想起這點，

於是他決定朝不同的方向邁進。他專注在那台車的品牌、型號以及其他特徵，藉此將範圍縮小到荷蘭境內有登記相同特徵的車輛。整個周末他都在做這件事情，到了周一，他向伊馮報告他找到的結果。最後，那場威脅並沒有一開始預期中的那麼嚴重。但主管們對馬克採取不同的做法並貫徹到底這一點，留下一個深刻印象。

又過了一陣子，荷蘭國立打擊犯罪執法先鋒隊（national crime squad）一名同僚問伊馮，能不能從她的團隊借個人，幫她處理一個沉寂已久的冷門案件，伊馮於事建議讓馬克試試看。馬克和部分勒索軟體狩獵團的成員類似，有高度集中的能力。他開始認真研究起這個案件。他研究了開源情報，並整理出一份案件報告，指出一名警方從沒想過的對象可能是嫌犯。雖然警方對該案件的細節保持機密，結果如何不得而知，但馬克交出的報告讓他的上司改變心意。

伊馮打給彼得報告這個消息，解釋「發生了些不可思議的事情。」

「馬克很特殊，」她說：「我們用得上他。」

高科技犯罪小組正式將馬克聘為開源情報研究員，將他天生的能力運用在深入單一議題的研究。接下來幾年，馬克將成為貨真價實的警官。他並不需要通過體能測試。「我不會負責需要出去追嫌犯的職位。」他說。他對於能參與一些高科技犯罪小組最大的案件感到自豪，其中一個案件最後還成功逮捕勒索軟體的幕後主事者。

馬克進入高科技犯罪小組一年後，資訊履歷學校也將湯姆送進去。從此，高科技犯罪小組的大門為該校敞開。荷蘭國家警察局最後成為資訊履歷學校的學員畢業後的主要雇主之一。馬克和湯姆都隸屬於高科技犯罪小組的菁英小組。然而，荷蘭國家警察局也想找一些能在旗下十個地區網路小隊工作的人，協助處理一些比較日常的案件。一段時間下來，資訊履歷學校有將近五十名學生進入地區小隊工作。有的人會處理一些繁瑣但必要的工作，像負責從監視錄影資料中檢視犯罪現場，運用他們的能力找出別人忽略的小細節。有的人則擔任資料科學專家或數位調查員。

「如果馬克沒有處理那樁冷門案件，湯姆就沒有辦法實現他成為警員的夢想，後續可能還有二十五個人連嘗試的機會都沒有。」彼得興致激昂地說：「他們與社會格格不入。但對於這些組織來說，他們是非常非常重要的人選。」

到了二〇一二年，聯邦調查局高層認知到大多數案件都有技術成分，例如會用上電子郵件或手機。那一年開始，調查局開始優先聘用資工專家以非探員的約聘身分協助案件。這些約聘網路專家會在全國各地分局工作，他們不配槍，也不需要通過標準的體能測試。但這些沒有配槍的技術專家，仍得不到像在高科技犯罪小組的約翰·福克一般的欣賞和尊重。先前在國家基礎建設防護中心擔任探員的史黛西·阿魯達後來進到網路司擔任督導，她給這些約聘人員取了一個綽號：海豚。光從這個名稱就能看出約聘人員普遍不被看重。

「他們擁有高度智能，但無法和人類溝通。」二〇一八年從聯邦調查局退休的史黛西形說：「當我們出外勤時，我們會帶上一隻海豚。當敵方開始對我們吱吱叫時，我們就會派海豚叫回去。」

如果就連擔任探員的米蘭和安東尼都很難在聯邦調查局得到尊重，對這些非探員的「海豚」來說更不可能了。他們得處理各式各樣案件中有技術成分的事務，而不只是處理網路相關案件。儘管這些約聘資工專家在調查網路相關案件時扮演關鍵角色，有時甚至是全辦公室唯一能搞懂技術層面的人，但仍常被視為探員的後勤人員，並受到次等公民般的對待。

蘭迪·帕格曼（Randy Pargman）歷經曲折才當上西雅圖分局的海豚。從很多方面來說，蘭迪和麥克·葛拉斯彼是同一類人，兩人都說話溫和、性格自謙而且是書呆子，他們內心其實對公共服務充滿熱忱。蘭迪愛上電腦的原因和麥克一樣，是源於對業餘無線電的熱愛以及他的祖母。

蘭迪在加州長大，和祖母的關係很密切。他的祖母對科技充滿興趣，她購買的雜誌中有基本的程式教學，她還會幫蘭迪將雜誌中的程式碼複製到雅達利（Atari）的電視遊樂器中，這成為蘭迪學電腦程式編碼的入門課程。青少年時期，蘭迪參加一場郡市集，被一個業餘無線電愛好者的攤位吸引，很快他就開始存錢想買一台三百美元的無線電。當時正值一九九〇年代初期，家用網路還沒普及，因此當蘭迪發現他能用無線電讀取日本圖書館的頁面，還能發送簡單的電子郵件時，他感到樂不可支。[2]

高中畢業後，蘭迪靠著他的無線電專長當上華盛頓州巡警（Washington State Patrol）的無線電調度員。並非出於工作原因，他自己寫了一個電腦程式改善調度系統的效率，還寫了一個將該州汽車登記詐騙調查案的程序自動化的程式。這些經驗促使他進入密西西比州立大學念資訊工程。二〇〇〇年夏天，還在就讀大學的蘭迪完成聯邦調查局的實習，這段經驗讓他從此深深欣賞調查局的使命。畢業後他短暫為美國國防部服務，之後進入私營企業擔任一陣子軟體工程師後，就申請加入聯邦調查局成為探員。他在二〇〇四年受到聯邦調查局聘用他，米蘭和安東尼也差不多在同一個時期進到調查局。

蘭迪進到調查局後和這兩名探員一樣，對於仍處在數位石器時代的調查局感到震驚。在聯邦調查局國家學院中，電腦課教官教授的是如何用「WordPerfect」打出面談紀錄和報告，早在一九八〇年代末這款文書處理平台就沒落了。對蘭迪來說，聯邦調查局用這種過時軟體還好，更不可思議的是這些探員居然連這麼基礎的軟體都需要有人教。在開始上課第一周，教練給了他另一個「驚喜」。

「好，這裡有沒有科技宅？」他問。

蘭迪和一位同學舉手，教練看著他們直接說：「你們將來不會處理網路案件。局裡要你們做什麼，你們就得做什麼。」

後來，另一名舉起手的科技專家跟蘭迪說，他要退出學院回私人企業上班。「這和我想像的不一樣。」他說。

蘭迪同樣感到煎熬。他相信聯邦調查局的使命，但他只想解決網路犯罪。他和安東尼一樣沒有任何用槍的經驗，也不確定要如何面對案件現場。當一名資深探員和他們分享調查局工作最艱難的一面時，他意識到殘酷的事實，呈現在他眼前的數據是探員面對生死交關現場的交火次數、高於平均的自殺率和離婚率。

蘭迪和調查局內部的輔導員與牧師討論後，決定不成為探員。但他仍以約聘人員身分留在學院擔任軟體開發工程師。八年後，聯邦調查局開放約聘資工專家，蘭迪迫不及待申請加入。他在二〇一二年成為專屬西雅圖分局辦公室的資工專家。

「這就是我進入調查局的原因，」蘭迪說：「我能只專注在網路案件調查，不用處理配槍帶徽的事情。」

蘭迪進入西雅圖分局後開始有個遠大理想。他希望聯邦調查局能借鏡世界上打擊電腦犯罪最成功的執法組織——荷蘭的高科技犯罪小組——來改造網路司。他深知調查局既傳統又古板，和高科技犯罪小組的創新文化有很大不同。但他總是滿懷抱負，希望高科技犯罪小組的傑出業績能說服調查局採用一些荷蘭的方法。

長久以來，蘭迪很熟悉高科技犯罪小組在逮捕駭客與擾亂駭客基礎建構的名聲。他透過聯邦調查局的職涯中期專業計畫，認識一名荷蘭的警官，蘭迪向她請教高科技犯罪小組成功的秘訣，而她的回答直接了當：高科技犯罪小組織會有效率，是因為他們將傳統警官和資工專家組成兩人搭檔。這種搭檔關係在該單位成立時是優先事項。

高科技犯罪小組中資工專家的密度也超乎蘭迪想像，他感到相當欽佩，並將荷蘭做法提交給聯邦調查局科技運作部門（Operational Technology Division）的主管，這些主管負責監督的就是新成立資訊部門的業績。但他們對此一笑置之。

「我們養不起這麼多資工專家。」其中一位聯絡人告訴他：「那太瘋狂了。」

蘭迪理解到，由於聯邦調查局的網路司規模遠大於高科技犯罪小組，要建立一對一的夥伴關係極其困難。然而在調查局配置下，人數極為懸殊的資工專家幾乎不可能像高科技犯罪小組那樣能共同發聲。蘭迪進一步認識西雅圖分局調配的網路犯罪調查人力，並發現人力失衡的問題將導致網路專家人力枯竭，無論是約聘資工專家，還是像米蘭和安東尼這種擁有進階技術能力的探員都將愈來愈少。

許多在西雅圖與蘭迪共事的網路探員都寧可去當會計師、律師或普通警員。為了熟悉數位世界，他們會去網路安全培訓承包商「SANS 科技研究所」（SANS Institute）上速成班，其中受歡迎的課程包含資安概論和資安基礎訓練營。探員會邊做邊學如何調查電腦犯罪，從機構角度來看，網路案件或白領案件的犯罪集團看上去沒什麼兩樣，但領導階層沒考慮到的是，要讓完全沒科技背景的人學會高階電腦技能並不容易。這一點荷蘭警方打從剛成立高科技犯罪小組時就心知肚明。

網路探員經常找蘭迪處理一些基本任務，像分析電子郵件的標題欄位，檢查信件中的技術細節是否有任何有幫助的線索。

「這很簡單，你得自己學會怎麼做。」蘭迪告訴某位探員。他標示出郵件上的網路位址。

「那是什麼意思？」對方回答：「網路位址是什麼？」

蘭迪只好花時間幫他，因為如果不幫他，探員可能會做出一些丟臉的事，例如發傳票要求提供一些本來就公開的資訊，「一切都是因為他們不知道怎麼做。」

聯邦調查局是以分局來分配特定勒索軟體的調查工作，舉例來說，阿拉斯加的安克拉治辦公室負責調查與路克有關的案件，伊利諾州的春田辦公室則負責調查「疾速」（Rapid）勒索軟體的案件。每隔一陣子，就會有新的勒索軟體申訴案件進到西雅圖分局。由於這些案件不會直接指派給資工專家，蘭迪知道後就會提醒探員處理這些案件。

「天，又來了一個沒人處理的案件，」他告訴同事：「我們來處理吧。」

「聽起來很棒，」探員回答：「但這樣一來我會忙到沒空做別的事。」

早期的勒索軟體只會要求幾百美元的贖金，聯邦調查局對此不感興趣，因為造成的損害不大。

就像克里夫・史托爾在柏克萊國家實驗室處理七十五分美元的差額時，調查局嗤之以鼻的態度。但後來隨著損害逐漸擴大，探員們卻出現希望避免調查勒索軟體的其他原因。在調查局中，個人聲望取決於是否成功成為「起訴探員」（trial agent），意思是你處理的案件有沒有被成功起訴與定罪，而且案件最好能上新聞。但勒索軟體的案件就算有像蘭迪這種熱心的資工專家支援，依然顯得漫長且複雜，很少會有逮捕機會。

光是大多數勒索軟體的幕後駭客不在美國境內這點，就讓調查程序從一開始就充滿挑戰性。探員要從國外收集證據，必須透過司法互助協議（Mutual Legal Assistance Treaty，; MLAT）的程序，與聯邦檢察官、聯邦調查局駐外法務專員與國籍執法機關協調。因此即便是看起來很單純直接的工作，例如想取得一張可疑的伺服器圖片，可能都得花上數個月。如果那個伺服器剛好位於敵對國家，例如伊朗或北韓，那探員也只能摸摸鼻子認了。正因為跨國調查像走迷宮一般，就算是聯邦檢察官都不鼓勵探員調查複雜的網路案件。

蘭迪在西雅圖分局擔任資工專家期間，也有處理一些技術上很複雜的案件。其中一起案件還讓美國司法部對惡名昭彰的「Fin7」駭客集團發起公訴，蘭迪對此感到自豪。[16] Fin7 入侵了上百間美國公司，盜竊超過一千五百萬名顧客的信用卡資訊。但蘭迪在西雅圖那七年中，辦公室從沒接手任何勒索軟體的案件。

「如果你花很多時間去追勒索軟體，幾年下來卻沒逮捕任何人，就會被當成一種失敗，」蘭迪說：「即便你為社會做出很大貢獻，像分享相關資訊、協助保護人民，你仍是個失敗的調查員，因為你沒有逮捕到任何人。」

儘管調查局針對勒索軟體無所作為，長久以來，調查局和特勤局都在爭執誰才是負責調查勒索軟體的人。儘管特勤局從一八九四年開始負責保護總統的工作，[17]早在那之前局裡其實就有一個較不為人知的任務，那就是對抗金融犯罪。這個任務從一八六五年四月亞伯拉罕．林肯被暗殺那天就開始了。[18]在林肯前往福特劇院（Ford's Theatre）前，他簽署成立特勤局的法案，並批准該單位負責對抗偽幣。隨著金融犯罪日新月異，逐漸演變成線上犯罪，特勤局和調查局開始爭論手上的案件該歸屬何方。負責監督特勤局特務的馬克．葛蘭茨（Mark Grantz）表示，雖然特勤局也擁有聯邦賦予對抗電腦犯罪的權限，但有時卻會被聯邦調查局搶盡風頭。

「他們會說：**喔對啊，我們已經在處理這個案件了。我們五年前就開始追這傢伙。把你手上的東西都給我，我們來接手**。那就是他們的作風。」馬克說這不禁讓他懷疑：「五年來你都沒碰這個案子，那憑什麼要我把檔案交出去？」

在二〇一七年一月，葛蘭茨主導了一項針對勒索軟體攻擊的調查案，當時正好是川普（Donald Trump）就職前八天。華盛頓特區的公共區域影像監控系統遭到攻擊，[19]失去了一百二十六台街頭監視器與主機間的連線，部分總統就職遊行路線的畫面也因此斷線。華盛頓特區不理會勒索軟體要求的五位數贖金，以最快速度重設所有監視器，趕在就職典禮前三天恢復上線。特勤局在其他執法機關協助下追溯到兩名羅馬尼亞籍駭客，他們在歐洲遭到逮捕並引渡到美國審判，最後以電信詐欺的罪名起訴。這是美國執法機關難得成功擊退勒索軟體行動的紀錄。

其他特勤局的調查案件有時會因為人員調度而停滯，因為負責案件的特務被調去保護重要人士。「那讓人很挫折，」馬克說：「你訓練出一個人。他們從事五年的數位鑑識工作後終於得心應手，現在你卻得把他們派去擔任總統隨扈。」

蘭迪．帕格曼在調查局也很挫折，因為聯邦調查局會抗拒和私部門的資安研究人員有效合作。當聯邦調查局和私部門的專家聯繫上時，敏感資訊常常只會單向流動，那就是從私部門往調查局流動。

隨著針對美國的目標發動的大型網路攻擊頻頻發生，聯邦調查局經常對外聲明該局重視公私部門的合作關係，以預防這類型的攻擊與收集相關情報。但部分探員認為這只是空洞的說詞，就像發生大規模槍擊事件後，官員會上電視說他們「心心念念」受害人。現實中許多聯邦調查局的人根本就不信任私部門的研究員。

「大多數探員會覺得，如果他們將資訊分享給私部門的人，那怕只有一點點，資訊就一定會外洩，透過網路傳遍天下。然後壞人一定會看到，整個案子就毀了。」蘭迪說。

雖然蘭迪沒辦法經手勒索軟體案件，但他還是找到一些方法滿足自己的工作意義，像是協助各組織防備近在眼前的網路入侵。蘭迪審視了從司法互助協議中取得的惡意軟體命令與控制伺服器，接著通知可能成為受害者的人。他說：「那種感覺真的很棒，我們阻止了一堆入侵事件。」聯邦調查局的領導階層也對他的努力給予獎勵，蘭迪同時獲得聯邦調查局的先進科技卓越局長獎，以及聯邦調查局的卓越勳章。

但他對於自己只能當個「探員小幫手」的從屬角色感到疲乏。他內心想著，如果聯邦調查局能像高科技犯罪小組一樣，現況會有多大不同。他在局裡永遠沒有升遷機會，因為只有正式探員能擔任網路司的領導階層，而且探員們五十歲就能領全額退休金退休，他卻得等到六十二歲，退休金還比較少。二〇一九年，蘭迪決定退出調查局，他在請辭時向主管表示，他希望能成為一個實際做出改變的人，而不只是給予建議的人。

「我熱愛為調查局的工作，」他說：「這份工作充滿意義，很充實。但這裡不會開放領導階層的職缺給我，只因為我不是一名探員。你可以理解，我得找到一個能讓我領導的工作，並做出改變、創造一個做大事的團隊。」

在荷蘭語中，入侵電腦被稱為「*computervredebreuk*」，意思是「擾亂電腦秩序」。這個字的字源很接近家暴施虐案件的字。如同他們的用字，高科技犯罪小組將勒索軟體攻擊視為貨真價實的襲擊案件。二〇一四年，約翰．福克接下專攻勒索軟體團隊的數位協調員的工作，從那時開始，他便熱衷調查他認為「最嚴重的網路犯罪類型之一」。當時，勒索軟體的受害者大多使用家用電腦，他們損失的檔案多為照片或大學論文。約翰表示：「我爸媽也可能成為受害者。」

約翰還擔任荷蘭國家警察時，就已經是數位調查員，後來他參加奪旗戰競賽後，順利加入高科技犯罪小組，當時該職缺因為受到大眾關注成為熱門職缺。沒多久，他的小隊就接到第一宗大案件。二〇一四年底，任職於宜家家居的一名電腦工程師發現他的電腦檔案被一款名為「錢幣庫」（CoinVault）的勒索軟體綁架。這款勒索軟體是透過盜版軟體傳播，專門攻擊位於歐洲和美國的目標，得手後會要求兩百美元贖金。這名瑞典受害者回溯感染路徑，找到一台在荷蘭被駭入的伺服器，他連繫擁有該伺服器的公司，那是一家小公司，接著那間公司就將被駭的案子回報給高科技犯罪小組處理。當調查人員檢查伺服器時，他們發現伺服器中存滿錢幣庫受害者的解鎖密鑰。

高科技犯罪小組首先採取的指導原則，就是跟勒索軟體狩獵團這類的私部門研究人員合作。該單位的領導階層相信與私部門建立合作關係，無論對交換情報或交換專業都有幫助。「每個人手上都握有一部分拼圖，如果你不讓他們一起拼，就看不到全局面」皮姆說。

高科技犯罪小組在調查錢幣庫過程中聯絡了約恩·范德偉，他是位於荷蘭卡巴斯基實驗室的研究員，後來也加入勒索軟體狩獵團。約恩和馬賴是在參加研討會時認識的。調查人員取得錢幣庫的密鑰後，請約恩協助製作解碼工具，讓受害者能用來解鎖檔案。同時，高科技犯罪小組希望約恩能幫他們分析勒索軟體的程式碼，以便於進一步找出駭客。

當約恩深入研究勒索軟體的樣本時，他發現程式碼中大辣辣寫了兩個名稱。雖然他心想：「沒人會那麼笨吧。」但他受邀前往高科技犯罪小組總部比較筆記時，為了以防萬一，還是將這則資訊告訴小組組員。約恩向約翰打包票，說會等到調查結論出爐再公開討論這個案件。「我們不會貼任何部落格文章，」約恩說：「也不會不經你們同意在推特上張貼任何資訊。」

當雙方達成共識後，約翰告訴約恩高科技犯罪小組手中的情報，這也是長久以來蘭迪期望聯邦調查局能達到的雙向交流。約翰表示駭客犯了一個錯，他們並非透過虛擬私人網路連上散播勒索軟體的伺服器，而是直接透過他們的主伺服器網路位址。而主伺服器的網路位址註冊的姓氏，正好跟約恩在勒索軟體程式碼中看到的人名相同。這項線索推動高科技犯罪小組案件的偵查，讓他們成功抓到兩名嫌犯。嫌犯是一對住在荷蘭的兄弟檔，兩人最終坦承犯案並被定罪。這是最早有勒索軟體操作人員被逮捕的案件之一。

「錢幣庫」的幕後罪犯遭到逮捕後，卡巴斯基實驗室更新了錢幣庫的解碼器，將這對兄弟交出的其他一萬五千筆新密鑰加進去。接著，荷蘭警方與卡巴斯基實驗室、歐洲刑警組織（Europol），以及位於加州的邁克菲防毒軟體公司（McAfee）合作，創立一個網站讓大眾免費下載錢幣庫與其他勒索軟體的解碼器。從此「拒絕勒索軟體」網站上線，網站開始日期就在麥克推出辨識勒索軟體網站的四個月後。[20]「拒絕勒索軟體」也成為找尋解碼器的熱門網站。

儘管高科技犯罪小組的運作很成功，當民營企業為科技人才提供優渥機會，犯罪小組也同樣面臨優秀的網路調查員流失的挑戰。例如皮姆．塔肯伯格為警方效力十四年後，在二〇一三年離職。約翰．福克則是任職六年後在二〇一八年離職。皮姆和約翰都繼續在資安領域工作，並經常和他們的舊團隊分享情報。最終，高科技犯罪小組增長到一百七十人的規模。皮姆進入一所位於烏得勒支的資安公司 Northwave 擔任主管，協助監督一項為資訊履歷學校學生準備的進階網路訓練計畫。

高科技犯罪小組同樣面對如何抓到敵對國家罪犯的挑戰。為了解決這個問題，該單位採用「釜底抽薪」（off-center targeting）的策略。當他們在調查勒索軟體操作員時，經常扣押位於荷蘭的勒索軟體伺服器，擾亂負責散播勒索軟體的殭屍網路，並通知潛在受害者預防攻擊。「我們會採取任何能降低駭客投資報酬率的手段。」馬戴．賈斯伯斯（Matthijs Jaspers）說，他主要負責監督高科技犯罪小組與私部門合作。舉例來說，在二〇一六年，約恩和勒索軟體狩獵團合作分析「野火」（WildFire），這款勒索軟體專門針對荷蘭受害者。[21]之後約恩將他分析的結果分享給高科技犯罪小組，犯罪小組便扣押了駭客的命令與控制伺服器，並截獲約五千八百組解碼密鑰。也因如此，狩獵團對約恩的技術和人脈網印象深刻，進而邀請他正式入團。

二〇二一年一月，一群來自世界各地的私人研究員與高科技犯罪小組合作，破壞了惡名昭彰的艾默特殭屍網路，進而阻礙路克的攻擊。高科技犯罪小組的釜底抽薪策略因而受到全球關注。包含聯邦調查局在內的全球相關單位，在高科技犯罪小組研究人員協助下綁架上百台艾默特的命令與控制伺服器，癱瘓對方的殭屍網路。[22]執法機關也發布移除艾默特的工具給受害者。[23]

艾默特遭到破壞後，高科技犯罪小組從成功經驗中獲取自信。他們得意地在熱門的暗網論壇上以英文與俄文向駭客直接喊話：「艾默特的殭屍網路是過去十年來最龐大的殭屍網路之一。但最後它還是難逃荷蘭警方與國際夥伴的法網。在荷蘭設置犯罪用的基礎設施注定會失敗。我們有地下情報來源和資安產業……人總有犯錯的時候。我們就等你們犯錯。」[24]

聯邦調查局沒有多少關於勒索軟體的成就能吹噓。當局需要徹底改革過時的網路犯罪調查手法以提高效率，但他們卻反其道而行，堅持自身的文化標準，並試圖將傳統執法人員轉型成科技專家，卻不讓符合資格的資工專家成為探員。「一個能做十五下引體向上，並在十六分鐘內跑完兩英里的人，就是你想找來解密勒索軟體的人嗎？」米蘭・帕特爾說：「一般來說，對於寫程式和拆解惡意軟體充滿熱忱的人，不會是在健身房裡做深蹲的那種人。」

聯邦調查局希望他們網路探員是擁有相關工作經驗的體育型大學畢業生，這些人同時還要願意用槍、配合勤務搬家，並根據情勢從網路犯罪抽身去調查別的案件。

麥克・葛拉斯彼肯定不是那塊料，但調查局需要他的專業知識。於是麥克便成為了一個線民。

1　提莫西・麥克維（Timothy McVeigh，一九六八年—二〇〇一年）是策劃奧克拉荷馬市爆炸案的主謀，他被控告違反十一項美國聯邦法律，最終被執行注射死刑。

2　此處的無線電應應指 Winlink，是從一九九〇年代初期開始，發展的一套透過業餘無線電上網與收發電子信件的系統。

第九章
政府特工與他的海豚

麥克・葛拉斯彼創立的辨識勒索軟體網站一炮而紅之後，他多少有預料到接下來會發生什麼事。但當聯邦調查局的探員馬克・菲爾普斯（Mark Phelps）找上門想和他碰面時，麥克還是大吃一驚。

麥克認為他無法拒絕這場會面。但他向對方解釋他還有呼叫宅宅的工作，又有勒索軟體狩獵團的事情要忙，馬克得要配合他的行程才行。於是他們選在麥克下班後，在距離麥克辦公室不遠的潘娜拉麵包連鎖餐廳（Panera Bread）碰面。

兩人見面那晚，麥克下班後直接橫越五個車道，走向辦公室對面的餐廳。他滿心緊張，沒想過和聯邦調查局談話的特殊意義，這時才發現自己其實不知道會發生什麼事。麥克內心變得疑神疑鬼，深怕這次會面對方實際上是要以某個罪名逮捕他。他的感覺就像每次在開車時超過警車，即便自己內心知道沒有犯法，仍難免感到一陣焦慮。

麥克抵達餐廳，馬克和一名聯邦調查局的約聘人員賈斯汀・哈里斯（Justin Harris）上前迎接他。他們告訴麥克這一餐由他們買單，但麥克緊張到一點胃口也沒有，而且怕點太貴會超出調查局預算，於是只點了一顆蘋果。三人坐下來，馬克開始解釋這次面談的目的。他是一名網路探員，賈斯汀則是資工專家。他們在網路上看到麥克的網站，想知道他手上有沒有能協助聯邦調查局調查勒索軟體的情報。麥克聽到他們是為了借用他的專業知識，而不是他無意間觸犯什麼法律要逮捕他，這才放寬心。

馬克和賈斯汀問麥克，他從辨識勒索軟體上分析的資訊中，有沒有能幫他們找出攻擊者的情報。[1]麥克知道駭客都會費盡心思隱匿他們的蹤跡，但他也相信在某些情況下，他是有能力找出對方伺服器的網路位址。他告訴他們，如果他幫得上忙就會幫。

討論快結束時，馬克表示希望能再和麥克碰面。麥克對能跟聯邦調查局合作已經感到頭暈目眩，沒想到還能幫上聯邦調查局的忙。麥克的回應相當謙遜，並同意繼續碰面。不久，他成為聯邦調查局登記在案的線民。根據調查局規定，登記為「線民」意味著「提供局裡的資訊與支出，在某些情況下能受到補償」。[2]調查局給了麥克一個用於官方文件的代號，這個名字可能會出現在法庭上。對於自己的別名，麥克只透露那是「非常貼切」的名字。每當他需要在文件上簽代號，他就會改變字跡以保障自己的隱私。

馬克探員和他的新線民麥克有著相似的背景。他也來自一個虔誠的中西部藍領家庭。一九二七年，菲爾普斯的父親朗恩與母親珍妮在還是青少年時就結婚了。[3]一九八一年馬克出生，並在印第安納州長大。[4]他們家有棟雙臥室的房子，距離印第安納波利斯賽車場（Indianapolis Motor Speedway）不到半英里遠。[5]從一九一一年開始，著名的印第安納波利斯五百英里大獎賽（Indy 500）就在當地舉辦。[6]

朗恩・菲爾普斯在當地的二十號金屬板工人工會（#20 Sheet Metal Workers Union）待了將近十五年，[7]馬克的祖父與其他親戚也都在工會工作。後來朗恩接下一份新工作，在印第安納中區一所屋頂承包商擔任業務和專案經理。二〇〇一年，他成為一間新創公司「鳴號公司」（Horning）的負責人，那間公司的業務是裝修屋頂與鈑金工作。鳴號公司旗下大約有九十位員工，根據朗恩的領英頁面顯示，該公司宗旨是要「為認真工作的人找到好工作」。在生涯期間，朗恩接過的案子包含現在改名為甘布里吉球場（Gainbridge Fieldhouse）的康塞科球場（Conseco Fieldhouse），[8]那裡也是美國職籃印第安納溜馬隊的主場。除此之外，朗恩還協助建造過印第安納波利斯動物園（Indianapolis Zoo）。

從小，馬克就會以紙牌與魔術技巧娛樂他父母。他就讀於賽車場高中（Speedway High）期間，是個外表打理整齊，臉上總是掛著笑容的模範少年。馬克在火星塞美式足球隊（Sparkplugs' football team）擔任中鋒，社團時間還參加國家榮譽協會（National Honor Society）與科學社。他在學校樂團中吹奏小號，樂團在畢業前一年得到全州冠軍。[9]

馬克和麥克一樣在高中時就交了女朋友，兩人後來也順利步上紅毯。夏安・迪拉德（Shawn

Dillard）大馬克一歲，兩人都參與很多課外活動，包含樂團、劇場與抵制破壞行為學生會（Students Against Destructive Decisions，簡稱 SADD）。高中畢業後，夏安追隨二十多年前母親的腳步，考進普渡大學（Purdue University），[10]主修獸醫科技。馬克則進入印第安納大學與普渡大學印第安納波利斯聯合分校（Indiana University–Purdue University Indianapolis），主修電腦科學。[11]二〇〇四年七月，這對高校戀人從大學畢業後，就在印第安納波利斯一名福音派牧師的見證下結為連理。[12]

馬克曾短暫進入聯邦調查局工作一陣子，接著他在雷神技術公司（Raytheon）找到一份軟體工程師工作。[13]但他仍夢想以探員身分回到聯邦調查局。他知道調查局新進探員的年齡上限是三十七歲，[14]他在雷神待了將近十年後，終於通過入局申請，以減薪方式加入調查局。

二〇一五年左右，調查局將他派到伊利諾州的皮奧里亞調查網路案件。他和夏安在附近的當拉普村（Dunlap）買了一棟四房的房子。[15]當拉普在當地是著名的文教區，在探員間很受歡迎，探員會把那裡稱為「聯邦調查局的地盤」。馬克和夏安有一棟殖民風格的斜頂房子，後院有一片寬闊的綠地，讓他們養的黃金獵犬「金塊」（Nugget）有足夠的嬉戲空間。夏安拿到了她的州獸醫技術員執照，[16]後來擔任寵物保險的出險分析師，處理全國各地的案例。[17]

馬克是一名禁酒主義者，他最喜歡的書就是《聖經》。虔誠的他找了許多守護基督教信仰的方法，像是他和夏安一起去過一趟禿丘山十字架（Bald Knob Cross）朝聖之旅，[18]禿丘山是一座一百一十一英尺高的十字架地標，位於蕭尼國家森林區（Shawnee National Forest），距離皮奧里亞有四小時車程。晚上當十字架亮起來時，在方圓七千五百英里內都能看到光芒。這座宏偉的十字架成為當地舉辦各種節慶的場所，無論是復活節的周日禮拜，或一年一度的吉普車巡禮（Blessing of the Jeeps）都會在此舉行。

馬克和夏安都熱衷於混合健身運動（CrossFit），這種熱門的健身療法以它狂熱的追隨者聞名。兩人也加入當地的健身房，馬克會在臉書上貼出健身成果。他在一張照片中，展示手寫的健身菜單：「跑步一英里、引體向上一百次、伏地挺身一百次、深蹲三百次、跑步一英里。」他還附上一張自己的照片，相片中的他渾身肌肉、剃著小平頭。他綁了一條藍綠色頭巾，戴著太陽眼鏡，身穿一件戰術背心。在另一張照片中，他和微笑著的夏安站在他們車庫前，展示兩人訓練出來的二頭肌。照片上寫著：「無袖星期二！展示火力！」

皮奧里亞前哨站是隸屬於聯邦調查局春田分局辦公室的五個前哨站之一。[19]春田分局辦公室位於伊利諾州州府，局裡大約有一百四十名探員和後勤人員負責處理各式各樣案件，包含公共貪腐、國家安全、運毒與兒童猥褻案等。[20]過去，該分局曾讓三名現任與前任州長被定罪，[21]其中一起最有名的案子發生在一九九〇年代初。當時，春田辦公室收到臥底線民馬克．惠塔克（Mark Whitacre）舉報後，調查農業巨頭阿徹丹尼爾斯米德蘭公司（Archer-Daniels-Midland，簡稱ADM）操縱價格的行為。後來這間公司繳了一億美元罰金，[22]三名公司前任執行長也因此入獄，其中包含惠塔克本人在內。他在協助聯邦調查局同時，藉機侵占九百五十萬美元公款。[23]這個故事在二〇〇九年被拍成電影《爆料大師》（*The Informant!*），由麥特戴蒙主演惠塔克的角色。

雖然馬克是一名網路探員，但他有時也得去處理其他類型案件。「馬克不只從事網路工作，我的意思是，他實際上也會去緝毒現場。」麥克說：「不過，要因為網路犯罪把人銬上手銬逮捕還是困難許多。」

春田辦公室的轄區涵蓋重要的政府研究設施和基礎設施。例如伊利諾大學香檳分校的美國國家高速電腦中心（National Center for Supercomputing Applications，簡稱 NCSA），那裡擁有世界上最快的超級電腦之一，能經手極大量的機密計畫資料。美國運輸司令部（U.S. Transportation Comman，簡稱 TRANSCOMM）的總部則位於史考特空軍基地（Scott Air Force Base），也是在密蘇里州聖路易斯東側大約二十五英里處，該機構負責協調美軍在全球的軍事運輸活動。

二〇〇三年到二〇〇七年間，曾負責管理聯邦調查局春田辦公室的特務敦畏三（Weysan Dun）表示：「國家高速電腦中心和運輸司令部和我們有很好的合作關係。我們鎖定很多敵方的情資單位和犯罪集團，這是我們在偵辦網路案件上很活躍的原因。」

敦畏三表示，像春田辦公室這種比較小的外勤單位，常讓探員有種「自卑情結」，他們會認為只有大城市才能接得到大案子。但敦畏三告訴探員們，春田辦公室是個「短小精悍」的單位。

春田辦公室在轄區內的前哨站布署許多網路探員，其中包含人在皮奧里亞的馬克。這些探員身邊也會有春田辦公室的「海豚」支援他們。賈斯汀．哈里斯曾在社區學院讀過資工，後來進入春田市的伊利諾大學就讀，在二〇一四年順利取得碩士學位。[24]他在畢業那年就加入聯邦調查局。

賈斯汀就像西雅圖的蘭迪．帕格曼一樣，不只需要處理網路案件，也得協助各式各樣的調查案件。賈斯汀在調查局的同事都看得出來，他忙得分身乏術，有人曾說他「完全就過勞了」。他的同事表示：「他看到什麼都想做。他真的很棒。但是在春田辦公室，必須要有十個像他一樣的人才夠用。」

麥克和調查局開始合作後，每隔幾個月就會和馬克與賈斯汀碰一次面，如果賈斯汀忙不過來，也可能由不那麼懂科技的人暫時代替他。麥克很期待和調查局互動。儘管調查局很少起訴勒索軟體案件，但光是和他們合作帶來的神祕感就讓麥克興奮不已。比起平日上班處理修不完的硬碟，回到家還得面對一波波的家庭危機，與探員合作的刺激感為麥克枯燥的生活注入一劑強心針。

每次他們會在紅羅賓漢堡店（Red Robin）或丹尼餐廳（Denny's）這種快餐連鎖店碰面，這些地方都有無線網路，相較之下也比較低調安靜。麥克不再像第一次碰面時只敢點水果，他開始享受調查局的款待。他們在丹尼餐廳碰面時，麥克不會像平常只點兩美元的比司吉簡易早餐，而是直接點十二美元的鐵鍋套餐。還有一次馬克不惜重金招待麥克去皮奧里亞一間牛排館，店內一頓排餐就要價三十美元。對麥克來說，這個價錢相當於買了一整桶汽油。他們點了魷魚圈當開胃菜，那是麥克這輩子第一次吃到魷魚圈。雖然馬克事前不知道，但那次聚會距離麥克生日只差幾天。麥克向馬克說：「謝謝你招待的生日大餐。」

他們兩人之間相談甚歡，麥克幾乎忘記眼前的人是一名聯邦調查局的政府探員。「我們就像兩個好友一起聚餐，一邊吃飯一邊聊勒索軟體。」麥克說。不過當馬克需要和麥克討論一些可能牽涉到機密的事時，他們就會回到現實，馬克會送麥克到停車場，兩人一起坐在馬克車內討論。有時，馬克會遞上一份文件要麥克在上面簽署，表示他是自願向調查局提供情報。

時間久了，麥克和馬克相處就感到愈來愈自在。他們在開始討論勒索軟體前，他會和馬克聊自己的心事——他的癌症、摩根失業的狀況，或房子可能被法拍的問題，馬克則會感同身受地聆聽。當二〇一九年一月聯邦政府停擺三十五天時，馬克也曾提起他拿不到薪水。偶爾他也會提到最近要參加的混合健身活動，但除此之外，馬克很少談到自己。「我們幾乎都在聊我的事。」麥克說。

雖然馬克是麥克的主要窗口，但賈斯汀才真正深入了解麥克的情報價值。儘管麥克很欣賞馬克學習科技的意願（馬克後來甚至去上了逆向工程的課），但真正讓麥克感激的還是賈斯汀。賈斯汀的在場，能讓充滿技術細節的討論變得輕鬆許多。麥克常覺得自己和賈斯汀比較合得來，賈斯汀更聽得懂麥克在說什麼。

麥克和賈斯汀都會哀嘆自己工作上的困境，他們面臨的處境也驚人地相似。有時麥克在維面科技必須處理一些基礎工作，無法接到他心目中具挑戰性的任務。賈斯汀在調查局也一樣。麥克說，賈斯汀在調查局的工作狀況就像「在中小企業中，別人要你做什麼就得去做」。「我們談到彼此面臨相同處境，我們有更高的技能。我盡量不表現得像一名菁英主義者，但這說起來有點尷尬。如果我正在進行較高難度的技術性工作，還是整間辦公室唯一能完成任務的人，卻要去櫃台幫忙賣隨身碟，我真的會被打斷。當我回座位上時就會想：**我剛剛到底在做什麼？**」

麥克回到辦公室後，會和傑森．翰恩與戴夫．雅各布私下透露和聯邦調查局碰面的事。「他對自己做的事感到很驕傲，很想和別人分享。」傑森說。但麥克沒有馬上和其他勒索軟體狩獵團的成員提到這件事。他很清楚成員們不太滿意聯邦調查局在處理勒索軟體的成績。

大約在二〇一三年左右，馬克將麥克培養成線民前，一名紐約的聯邦調查局探員曾找上勞倫斯．亞伯拉罕，希望他提供關於勒索軟體的情報。那名探員解釋，如果勞倫斯願意提供情報，他們不會寫出他的名字，而是會以一串代表他的數字呈現在調查報告上。

勞倫斯對這個提案的反應和麥克相反，他立刻很反感。「我知道我可能看太多電影，但這聽起來很像哪天我會消失在這個世界上。」勞倫斯這樣回答探員，拒絕他的提議。「發傳票給我，我就會提供所有你需要的資訊。」

至於法比恩，他曾發現一項「非常關鍵的情報」，能揪出假冒聯邦網路安全局反網路犯罪部的開發者。那名勒索軟體的開發者謊稱為官方單位，向受害者要求付款，以移除電腦中的兒童色情圖片。但那次聯邦調查局在他心中的形象開始幻滅。當時法比恩和勞倫斯首次合作，一起破解這款勒索軟體後，法比恩試著聯繫聯邦調查局的聯絡人，但卻發現對方已被調職，不再負責調查網路犯罪。調查局改由另一名探員和他談這件事，卻幫不上什麼忙。

到了二〇一六年，法比恩變得更不信任調查局。當時，他和另一名探員調查一款稱為「ASN.1」的勒索軟體。這款勒索軟體在美國和歐洲傳播，法比恩和探員找出兩個散播勒索軟體的伺服器，分別位於美國和荷蘭。他們也找到駭客的真實網路位址與他們委託的網頁代管公司，幾乎只差一步就能找出攻擊者身分。

兩人與高采烈想將這些情報交給能針對駭客採取正式行動的人，於是在二〇一六年十一月擬出一份報告，簡單說明他們手中握有什麼證據，寄給調查局的聯絡人。

然而，對方的回應卻讓他們大失所望。調查局的聯絡人回問一些基本問題，光是聽到這些問題，他們就知道對方對勒索軟體毫無概念。比方說對方想知道命令與控制伺服器如何運作、網路位址有什麼用，還有他們報告中的截圖能否放大。

「老實說，我有點訝異，」另一名研究員寫信給法比恩說道：「在我看來，這些東西已經夠清楚了，但他們卻還是要我們寫進報告裡。」

法比恩同意他的看法。他原本希望聯邦調查局能出面「扣押伺服器並幫助勒索軟體受害者」。只要取得伺服器的密鑰，他們就能協助受害者解鎖加密檔案。但調查局的聯絡人似乎連伺服器的用途都搞不太清楚。

由於其中有一台伺服器在荷蘭，法比恩也將這個消息傳給荷蘭國家警察局的約翰·福克。福克馬上知道這份情報的價值。

「這真是好消息！」約翰．福克回覆：「我們等不及了要動手了，我們會試著扣押這個伺服器。」

隨後，法比恩將整整八頁的證據細節報告送去。幾周後 ASN.1 就關門大吉。

麥克除了和馬克實際會面，也會定期寄情報給對方。通常馬克會對麥克提供的資訊表達感激，但很少會告訴他這些情報用在哪些地方。這種單向溝通方式，對麥克來說就是聯邦調查局的標準作業流程。

聯邦調查局需要麥克從辨識勒索軟體網站收集到的資訊。由於每天麥克的網站都會收到數千筆資料，光是一天收到的量，就相當於調查局一整年會接到的勒索軟體案件量。許多受害者不太願意向調查局通報勒索軟體案件，尤其當受害者是公司時。他們擔心調查局介入後公司系統的復原程序反而會拖慢，或讓攻擊案件被公諸於世。他們也擔心調查局在偵查過程發現一些不可告人的秘密。即使受害者願意與調查局聯繫，通常也是在事發幾個禮拜後才通報，相關線索早已失去效力。

麥克將上傳檔案的網路位址交給聯邦調查局，相當於提供調查局一個快速找到受害者的管道。每隔一陣子當麥克閱覽上傳檔案時，會在勒索筆記中發現受害公司的名稱。如果對方是美國的公司，他有時會先跟馬克提及相關資訊，讓調查局能盡快聯繫受害者，並追蹤攻擊事件的後續發展。

如果麥克在勒索筆記中找到其他資訊細節，也會交由調查局進一步追蹤，比方說比特幣的錢包號碼與駭客的電子郵件地址，這些資訊能讓調查局追蹤勒索經濟的贖金流向，進一步找出攻擊者的下落。除了這些細節，辨識勒索軟體網站的原始統計數據，能幫調查局評估任何一種勒索軟體的散播狀況與嚴重性。「他們會問我很多統計上的問題，」麥克說：「像是現在這種勒索軟體在美國有多嚴重？」

這便是麥克的技術派上用場的時候。他分析過無數個勒索軟體，能輕易從程式碼的編寫模式中認出不同品系的勒索軟體。假設某款新的勒索軟體和現有的樣本有相似之處，就代表兩款勒索軟體背後的駭客集團可能有關聯。

麥克在聯邦調查局偵查山山勒索軟體的過程也參與其中。最後這樁調查案件，成為美國司法部首批起訴勒索軟體開發者的案例之一。二〇一八年十一月，美國司法部以詐欺取財罪嫌起訴兩名伊朗籍嫌犯，主張對方開發並散播這款勒索軟體。至今這兩名嫌犯仍在逃亡中，很可能還躲在伊朗。

麥克常常很好奇自己案件中扮演的角色，過去馬克從來都不會和他討論這件事。但在山山勒索軟體案件調查結束後，馬克以點頭致意的方式，默認麥克提供的資訊很有幫助。

二〇一八年年初某一天，維面科技的老闆布萊恩和傑森忽然把麥克拉到一邊。他們告訴麥克，聯邦調查局邀請他們一起到春田分局的總部辦公室參觀。去參觀前，傑森建議麥克好好打扮一番。

「麥克，那天你要穿最正式的服裝。」傑森告訴他。

儘管如此，那天早上麥克還是穿了平常的工作褲，披著一件冬裝大外套出現。他和傑森、布萊恩與布萊恩的妻子一起開車前往春田市。一名聯邦調查局的員工接待了他們，開始帶他們參觀春田辦公室。春田辦公室位於街道尾端，外觀是一座寬闊而低矮的建築。踏入辦公室的大門後，首先會進到一個圓形中央大廳，入口處的地板以各種不同石材鑲嵌，組成一幅彩色的聯邦調查局徽印。整座辦公室充滿企業氣息，讓麥克一行人感到印象深刻。最後，他們被導覽員帶到一間大型會議室出席一場「全員會議」。他們走近會議室時，還得擠過聚集在會議室外的人群。

人群中有人向麥克點頭致意，並說：「希望你在一大群人面前不會怯場。」

當麥克一走進會議室，全場頓時歡聲雷動，數十名調查局員工歡呼迎接他的到來。原先麥克跟在布萊恩背後，但布萊恩忽然轉身走到人群後方，而麥克則被人群簇擁著往前台走。他這才發現自己的名字被投影在大螢幕上。

「嘿！你是話題人物耶！」有人大喊。

原來麥克獲頒二〇一七年年度聯邦調查局社區領袖局長獎（FBI Director's Community Leadership Award）。當負責春田辦公室的特別探員西恩．柯克斯（Sean Cox）頒發獲獎證明給麥克時，麥克開心得說不出話。社區領袖局長獎是一個備受尊崇的獎項，這個獎項在一九九〇年創立，[25]用以表彰在打擊犯罪、恐怖主義、毒品與暴力行等方面，提供「巨大支持」的個人和組織，並表示他們「透過為調查局服務，對地方社群做出卓越貢獻」。每年聯邦調查局各分局辦公室都能選一名年度獲獎者。在馬克推薦下，考克斯選拔了麥克，而這場驚喜是考克斯的主意。

當麥克終於回過神來時，他才笑開來與考克斯握手致謝。他短短說了幾句話表達感激之意。

接著，考克斯邀請麥克一行人到他的辦公室聊聊。從頭到尾麥克臉上都掛著笑容，和平常截然不同。那天稍晚，他興奮地和摩根分享好消息。很快地摩根的親戚也都聽說這件事，因為摩根的祖母麗塔聽聞消息後，就傳訊息到家族群組通知大家。其他親戚們都很震驚：「什麼？是我們認識的那個麥克嗎？」

麥克買了一套西裝，邀請父母和他一起前往華盛頓特區的聯邦調查局總部，參加正式的頒獎典禮。但令人失望的是他的父母婉拒了他的邀請，理由是他們正忙著搬家到佛羅里達州。於是麥克改邀請布萊恩和傑森，兩人很開心地答應了，他們都深以麥克為榮。聯邦調查局資助了麥克的旅費，與此同時，得知麥克財務窘境的布萊恩幫他付了摩根的旅費。維面科技的同事都開玩笑說，布萊恩和傑森會這麼做別有居心，「他們陪他去是因為不想讓別人有機會招募他，」戴夫．雅各布說：「要找到能替代麥克的人太難了。」

頒獎典禮選在陽光明媚的四月舉辦，葛拉斯彼夫婦一早抵達聯邦調查局總部的胡佛大樓，隨後頒獎典禮正式開始。各分局推選的獲獎者一一上台，由聯邦調查局局長克里斯多福．瑞伊（Christopher Wray）頒發獎項。這些人各自因為不同案件受到推舉，[26]包含鴉片類毒品案件、青少年暴力事件、人口販運案件、貧困問題與仇恨犯罪等。麥克在所有獲獎者中是最年輕的一位，也是唯二名對抗網路案件的獲獎者之一。

那天麥克穿了一套深色西裝來掩飾他細瘦的身形，[27]當他從瑞伊局長手中接過獎項並跟局長握手致意時，他難掩臉上散發的自豪神情。在媒體發表會上，聯邦調查局特別提及麥克創立了辨識勒索軟體網站，以及他「親手破解許多勒索軟體」的功勞。[28]接著聯邦調查局也向勒索軟體狩獵團致意：「麥克參與一群由頂尖資安專家組織成的網絡。他與該團隊合作分析惡意軟體，開發各種解密方法，好讓受害者不需要支付贖金，就能取回他們的資料。」

麥克一行人回到諾默爾辦公室後，傑森和麥克坐下來認真討論這件事。即使聯邦調查局沒有像其他人猜想般試圖招募麥克，這場頒獎典禮已經足以讓傑森知道，麥克的能力早就超出呼叫宅宅的工作範疇。

「麥克，我們都知道你愛的是勒索軟體，」傑森說：「我們也知道對付勒索軟體是你想做的事。我們會支持跟幫助你去做這件事。但我們這間公司不適合你想從事的業務。」

麥克回到家之後，親手在門口釘了一個木架，然後把剛拿到的獎牌放上去。獎牌上刻了他的名字，他也將瑞伊局長簽署的獎狀裱框擺在一旁。他開始回想和傑森的對話。他確實想把所有時間都用來處理勒索軟體，但他很難想像如果沒了呼叫宅宅，接下來的職涯該何去何從？

※

二〇一九年夏天，聯邦調查局觀察到勒索軟體的攻擊型態變得愈來愈複雜，[29]受害者的損失也大幅增加。醫療組織、工商部門與交通部門連續受到衝擊。那年九月，聯邦調查局在匹茲堡的卡內基美隆大學（Carnegie Mellon University）舉版第一場勒索軟體高峰會。這場活動僅供受邀人士參加，與會者包含保險從業人員、律師、資安公司與防災應變公司職員等，同時，公部門方面則有國土安全部、特勤局與司法部代表出席。

馬克邀請麥克參加這場活動。聯邦調查局希望讓他以「領域專家」身分出席，並出資安排他前往匹茲堡的機票與住宿，每天麥克還會收到對應的薪資。高峰會第一天，麥克做了三十分鐘的短講，在這場僅供調查局人員參與的演講中，他首先深入解析春田辦公室負責調查的「疾速」勒索軟體。

接著他向探員們介紹辨識勒索軟體網站，好讓他們知道如何鼓勵受害者使用網站，如此網站就能獲得寶貴數據，調查局探員也能利用這些數據偵查案件。

在高峰會前兩天，麥克不被允許參加其他任何場次，這些場次都只開放給調查局內部人員參加。但麥克光看議程內容，就知道如果他能參與，將為這些場次的討論帶來哪些貢獻。「我可以看出哪些辦公室在處理哪個勒索軟體。我看了每一場都會想，我知道跟這款勒索軟體有關的事，也分析過那款勒索軟體。我很好奇他們在這些案子上是否和我有一樣的結論。」

麥克對自己被排除在外這一點很失望。他沒辦法到現場和其他人交流有關勒索軟體的心得，只能蹲在旅館房間。於是他乾脆上街四處闖闖，用聯邦調查局的津貼犒賞自己。他走出旅館去了街角的奶昔工廠（Milk Shake Factory），買了一杯精緻的奶昔。他很不習慣陌生環境，也很想念在家的摩根。

直到遇到勞倫斯，麥克的心情才好起來。雖然聯邦調查局沒有出資邀請勞倫斯參加研討會，但他聽說麥克要來，特地從紐約趕過來和他碰面。「我和他合作這麼多年，終於能和他見上一面。這就是我參加的主要原因。」勞倫斯說。

當高峰會進行到開放私部門參與的環節，馬克利用正式場次間的休息時間，介紹麥克認識其他網路探員。他不只告訴麥克這些人的名字，也和麥克說明這些人各自的分局還有他們在處理哪些勒索軟體。當麥克開始向探員和研究人員分析勒索軟體時，所有人的目光全都聚焦在他身上。大家都想聽聽他的意見，他甚至沒有足夠時間和每個人都說到話。

至於晚上就是另一回事了。麥克被探員們邀請一起去聚餐小酌。雖然麥克很喜歡聚會其中一部分，像是聽聯邦檢察官描述成功案件背後不為人知的細節，但他對網路以外的話題知道不多，很難加入聊天行列。其中一天晚上，勞倫斯點了杯酒給麥克，但麥克淺嘗一口就感覺昏昏欲睡。於是接下來他都只喝白開水，腦中隱約聽到有人在聊區塊鍊科技的話題。

接下來的白天，麥克和約翰．福克共同參與一場專題討論。原先主導荷蘭高科技犯罪小組的約翰，如今在資安軟體公司趨勢科技（Trend Micro）擔任研究員。麥克在演說中介紹了辨識勒索軟體的網站，後來有一名聽眾問他：他的網站上是否有隱私權條款？

根據辨識勒索軟體網站上的聲明，麥克從受害者上傳的檔案中發現的駭客信箱以及比特幣的錢包位址「可能會被儲存下來，並能與可信賴的第三方或執法機關共享」。麥克回答那名聽眾：「我不是法律人，但對我來說這樣就夠了。」

同樣參與那場專題討論的勞倫斯對此就不那麼確定了。有的使用者會使用辨識勒索軟體的網站，可能正是因為不希望執法機關介入。然而麥克卻把他們的網路位址和其他資訊都給了執法機關。

勞倫斯擔心麥克還太年輕，沒有想清楚分享這些資訊的後果。「這麼做會有很多法律上的責任，」勞倫斯說：「他很可能引火自焚。如果有公司想找他算帳，一定會帶來很大的後遺症。就算他在隱私條款上發布聲明，在法律上也站得住腳，但他負擔不起訴訟費用。事實上就是他太相信別人了。」

勞倫斯對於麥克在高峰會上和聯邦調查局攜手合作這件事，也點出一個很微妙的爭議。他很清楚麥克和其他研究員有時會以子之矛攻子之盾，利用攻擊者的戰術反擊他們。他們會駭入犯罪集團的命令與控制伺服器，從中取出密鑰再交給受害者，這樣一來，他們不需要付贖金也能還原加密檔案。

舉例來說，在高峰會前幾個月，麥克就曾在「MegaLocker」勒索集團的伺服器上找到一個入侵點。MegaLocker 勒索集團的攻擊對象是全世界的家庭用戶與公司，他們每筆密鑰都要求一千美元贖金。[30]而麥克發現的弱點讓他能進到集團的伺服器，大量取得這些價值不斐的受害者密鑰。

接著，麥克在嗶嗶電腦的論壇上寫下：「請受害者不要付款。」一名論壇管理員貼出公告表示：「我們的專家正在努力破解 MegaLocker 加密的檔案。」

「噢，是你呀。你們不是什麼好東西。」MegaLocker 在論壇上以俄文回應。「我還在想，我們的客戶怎麼不和我們聯繫了？原來如此呢。」當時 MegaLocker 還以為自己無懈可擊，所以補上一句：「為什麼要讓大家抱持無謂的希望呢？」

儘管麥克的行動是出於善意，但他實際上就是踩在法律的灰色地帶。根據美國一九八六年開始實施的《電腦詐欺與濫用法案》（Computer Fraud and Abuse Act），未經授權蓄意存取他人電腦的行為被宣告違反聯邦法。也因如此，聯邦調查局和一些頂尖的研究員間有道巨大的鴻溝。聯邦調查局本身並不鼓勵「以駭客行為反擊」的行為，而大多數研究員則堅信調查局會針對他們進行搜查。

對勞倫斯而言，他同時能理解雙方的觀點。當他發現勒索軟體狩獵團在「做一些不太對的事」時，會試圖勸退他們，但對方往往不聽他的話。「停下來，別這麼做，」勞倫斯會勸道：「你不知道現在調查進度如何，也不知道接下來會發生什麼事，不過是伺服器上的幾組密鑰，不值得你拿自己人生去冒違法的風險。回報給別人，讓他們去處理就好。」

與此同時，他也在匹茲堡的高峰會向聯邦調查局表示，調查局僵化不靈的態度完全無助於抗勒索軟體。荷蘭的高科技犯罪小組和歐洲刑警組織經常公開宣布成功逮捕或破獲勒索集團，「但聯邦調查局頂多擔任**協助的夥伴**，而非主導調查的角色。」他說：「狩獵團總是會遇到很多人想給你們資訊，卻害怕這麼做反而會被你們抓。」

而讓他吃驚的是，現場有探員表示：「現實就是他們不該這麼做，因為這就是違法行為。」「我們都知道這點。但會做這些事的人，就是你們在調查時需要協助的人。」

為此，聯邦探員建議勞倫斯擔任研究員和調查探員間的中間人，但這表示他得和官方建立正式合作關係。他在幾年前就拒絕這麼做了，如今他依然不打算改變這點。

麥克曾把 MegaLocker 的伺服器資訊與論壇上的情報，同時交給歐洲刑警組織和聯邦調查局。但就他所知，無論是聯邦調查局還是歐洲的執法機關都沒有出手關掉對方伺服器。

麥克也向馬克坦承自己的戰術。或許因為他毫無隱瞞之意，而且兩人本來就有穩固的夥伴關係，馬克並沒有為此責備他。儘管如此，麥克最後還是決定不再試圖侵入其他 MegaLocker 的伺服器。「我當時的作為已經算是踏入灰帽駭客的地帶。」他說。不過他依然繼續從已經駭入的伺服器中擷取密鑰。他在二〇一九年五月釋出了解碼器。[31]

「這是我和聯邦調查局的合作關係有趣的地方。」他說：「他們會有點像對我眨眨眼說，我們說過不可以做喔，但我們也無法阻止你啦。」

在麥克之後，「皮奧里亞三人組」的另一名成員——賈斯汀．哈里斯也獲得聯邦調查局的肯定。二〇二一年初，聯邦調查局局長瑞伊頒發成就卓越獎（Citation for Achievement）給賈斯汀，肯定他以「事件分流的專業知識」，[1]為電腦被入侵的受害者做出貢獻。克里斯多福．特福來帝（Christopher Trifiletti）是一名從春田辦公室退休的探員，也是賈斯汀的前同事。特福來帝曾在領英上貼出一份刪減過的獎狀內容，這份獎狀指出賈斯汀與他夥伴調查的攻擊案件，牽涉到二〇一八年的期中選舉。[2]「在這起案件與其他案件中，賈斯汀都做了超出份內的工作，」特福來帝寫道：「我私下和他提起這點很多次，但每次他都很尷尬。現在我要光明正大地說：**我在聯邦調查局招募人才二十年來，賈斯汀是我招募過最好的人**。」

對此，賈斯汀則回覆：「如果哪天我成名了，就由你來當我的公關好了，克里斯。你都退休了還能讓我這麼尷尬……我只覺得很幸運能找到一份好工作。這是一份讓我享受其中，激勵我不斷學習與精進的職位。」

「皮奧里亞三人組」中的馬克．菲爾普斯則投身於政治。受到疫情爆發與二〇二〇年總統選舉雙重影響，馬克成為「另類右派」（alt-right）的提倡者。他對疫情期間政府實施封鎖警戒和強制佩戴口罩的措施極度不安，在臉書上和朋友形容這些措施是「邁向專制暴政的第一步」。

馬克在二〇二〇年七月寫道：「疫情沒有他們說得那麼嚴重！讓我們恢復正常生活！」在另一篇貼文中，他認為封鎖警戒的限制侵犯他的人身自由，並對此感到十分挫折。馬克引用了司法部助理部長艾瑞克．德雷班（Eric Dreiband）的話，寫道：「任何疫情都不該成為美國憲法與權利法案的特例。」他還分享一篇《世界日報》（WorldNetDaily，後來改成縮寫簡稱 WND）的文章，文章題名為〈只要解除封鎖警戒，就能消滅新冠肺炎〉。《世界日報》正是專門推廣陰謀論的知名極右派新聞輿論網站。

馬克支持川普總統做出疫情期間宗教場合仍保持開放的決定，並在網路上為川普說話。他寫道：「那些批評川普不該指揮聯邦政府制止城市暴力的人，怎麼又說川普沒做好**抑制新冠肺炎**的措施？」他也附和川普提出的假議題，認為郵寄投票是助長選舉舞弊的措施。在選舉前三個月，馬克貼出一張梗圖，寫道：「如果你贏了彩券，你會把得獎彩券寄去兌獎嗎？還是你會親自領獎？為什麼呢？（投票前想一下。）」

聯邦調查局探員與執法機關普遍支持川普，二〇二〇年當喬．拜登正式宣佈在總統大選獲勝後，川普開始將敗選理由怪罪到選舉舞弊上，馬克的貼文也變得更加極端。他轉貼過一個連結，內容是一段號稱拍下選務人員竄改選票的 YouTube 影片。多年以來，聯邦調查局都致力於抑止假訊息傳播，而跟臉書合作的獨立查證機構卻將馬克分享的影片標示為假訊息。

二〇二〇年十二月十二日，馬克寫道：「他們告訴我們，這場選舉是美國史上最可靠的一場選舉，這是個謊言。這場選舉毫無自由或公平。不要期望從主流媒體或政客口中聽到事實。自己去挖掘真相。真相比預期中更難取得，但還是找得到。這件事與共和黨跟民主黨的鬥爭不完全相關，而是關乎我們支持捍衛共和政體與憲法的誓言。為真理與公義祈禱吧！現在很多人都只能靠老天保佑了。」

二〇二一年一月六日，一群示威暴動的群眾在川普號召下，衝進美國國會大廈，試圖打斷國會聯席會議，以中斷拜登正式勝選的認證。

馬克則根據「一篇他朋友從另一名朋友那裡偷來的貼文」，將這場針對美國民主堡壘發動的襲擊，比擬為前年夏天橫掃全美的「黑人的命也是命」（Black Lives Matter）抗爭運動。在那則貼文底下，一名馬克的臉書好友問道：「現在可不可能是反法（antifa）的人在搞鬼？」反法是指「反法西斯主義」，那是由一群極左派抗議者集結成的組織。川普將之前到現在發生一系列的暴力行動，都歸咎在他們身上。「很有可能，」馬克回覆。

後來，聯邦調查局的瑞伊局長在參議院司法委員會上公開作證，表示並沒有任何證據顯示左翼人士參與暴動。

馬克臉書上另一名友人看到馬克發布的相關貼文，認為他違反了《哈奇法案》（Hatch Act，原稱《聯邦政治活動法》）。[32]這項法案要求聯邦雇員不得參與特定政治活動，其中包含不得「在支持／反對特定政黨與團體的部落格／社群媒體上發表評論」。那名友人對馬克身為聯邦執法人員卻發表這類言論感到擔憂，深怕大眾會有不好觀感。同時他也想救馬克，防止他出事。於是那名友人聯繫了聯邦調查局，建議調查局要求馬克移除貼文。

幾個月後，馬克的貼文依然完好如初，但那位去檢舉的朋友也不意外。「事情是這樣，」那位朋友說：「我沒想過調查局會這麼照顧馬克。畢竟馬克要是離開組織，他的技能去外面是可以賺大錢的。」

麥克和馬克在臉書上並沒有互加好友，所以麥克不知道這些貼文的事。「其實我甚至連他支持川普都不知道。」麥克說。不過即便不知道，麥克對聯邦調查局的想像也開始幻滅。二〇二一年一月，麥克破解了一款新的勒索軟體。當他進一步分析軟體時，發現其中內容非常熟悉。這種勒索軟體的加密模式與檔案格式和先前的疾速勒索軟體非常相似。他向馬克報告這項情報，但馬克只說了聲謝謝，就再也沒有消息。

「這個問題就像房間裡的大象，」麥克說：「每次聯邦調查局什麼鳥都不會回你。跟他們的互動永遠都像單行道。他們總是口口聲聲說會如何努力處理好問題。但基於種種理由，他們就是辦不到。」

---

1 「事件分流的專業知識」（incident triage expertise）指在重大事件發生時，依據個人專業知識與經驗，判斷該事件可能牽涉到的領域，並將事件分配給對應的人員進行處理。

2 期中選舉是指美國在總統任期過半時，舉行參議員和眾議員的選舉，選舉結果也常被視為對總統前兩年施政表現的公投。美國人會在期中選舉時選出部分參議員席次、全部眾議員席次，以及州和地方政府官員。

第十章

「整治」巴爾的摩市

二〇一九年五月七日星期二清晨，伯納多・傑克・楊恩（Bernard "Jack" Young）熱切地期盼他生涯最高峰的到來。他即將在兩天後就職巴爾的摩市的市長一職。過去他就有想過當市長，但他一度幾乎放棄這個念頭。從小他在巴爾的摩市東區的勞工家庭與另外九位兄弟姊妹一起長大，他的父親是一名拖吊機具操作員，母親則在假日酒店（Holiday Inn）擔任房務。傑克從小就用賣汽水罐和抓蟲餌的方式存零用錢。[1]他大學還沒讀完，就進入約翰霍普金斯醫院（Johns Hopkins Hospital）工作，一路從文書工作升到放射科經理；同時，他也開始以市議員助理身分展開政治生涯，積極參與當地的民主黨俱樂部活動。到了一九九六年，他當上市議員，並在二〇一〇年當上議長。

當時看來，他的人生似乎已經達到巔峰，但後來擔任巴爾的摩市市長的凱薩琳・皮尤（Catherine Pugh）被捲入利益輸送的貪污醜聞。有地方組織以購買皮尤「出版」的兒童書籍《健康霍利》（*Healthy Holly*）名義，付了八十六萬美元給她。但實際上他們買的幾千本書從來沒被印出來與交到他們手中過。皮尤從二〇一九年四月一日開始請假，傑克・楊恩接下代理市長職務。最終，皮尤認了罪，坦承犯下詐欺與共謀的罪行，並被判決在聯邦監獄服三年有期徒刑。[2]

如今，傑克將要從「代理市長」正式升格為正式市長。但意外當上市長的他馬上就要面對陌生的巨大威脅。當他試著登入他的手機和市府公用的筆電時，他發覺不太對勁。通常他一登入信箱，就會被滿滿的未讀信件淹沒。但從昨晚到現在，他一封信都沒收到，也沒辦法寄出任何信件。七點一過，傑克就打電話給市府首席資訊長法蘭克・強生（Frank Johnson）。「系統有點問題，」傑克在電話上和法蘭克說：「你得檢查一下。」

事實上，法蘭克的手下已經在查了。從前一天半夜開始，法蘭克與他下屬就不斷收到巴爾的摩的市府官員與職員抱怨，他們打不開市府信箱和檔案。凌晨五點左右，一名技術人員開始處理投訴案件，但連他也沒辦法遠端登入系統。起初他以為只是跳電或網路連線問題，這些狀況其實都很好解決。於是，資訊部門派人去萊辛頓街（Lexington Street）的市府數據中心檢查，然而去檢查的工程師也沒辦法順利登入系統，甚至無法使用緊急應變的「破窗密碼」登入。

傑克去到他在市府的辦公室，到早上九點，法蘭克打來。

「市長先生，我要通知您，我們的系統已經遭到勒索軟體入侵了。」法蘭克說：「而且他們要求一筆贖金。」

起初，傑克聽到的反應還很樂觀。他心想：「我們可以把它修好的。」但當他進一步了解狀況後愈來愈覺得不妙。雖然去年巴爾的摩市的警消調度系統就曾被勒索軟體攻擊過，但市政府依然沒有制定一套正式的網路災害應變計畫。「我終於理解我們的系統很老舊，根本沒為這種攻擊做好防範措施。」

市府職員的電腦上開始跳出入侵者的通知，上頭寫著：「你們的網路已經被羅賓漢（RobbinHood）勒索軟體盯上了，我們觀察好幾天，在你們的系統動過手腳，現在已經繞過所有保護措施，取得貴司的完整權限……言盡於此，**拿錢來談**。」勒索集團要求巴爾的摩市政府在四天內付出十三枚比特幣的贖金（以當時而言大約相當於七萬五千美元）。如果他們在四天內沒付出贖金，每天還會再漲一萬美元。

在勒索軟體攻擊下，市府的影印行也斷線了。傑克的就職手續因此被阻斷，這下他們還得找承包商製作就職典禮的節目單。但對新市長來說，這是他最不需要擔心的問題。這場攻擊讓市府大多數機能都陷入停擺，從停車費到水費，一系列的公共服務和收費措施停滯不前。除此之外，凡是需要經過市府同意或登記的程序，像房屋交易類的私人商業活動也都無法進行。

就職典禮結束後，傑克沒有如同預期般召開接待活動，而是馬不停蹄開始工作。後來傑克回想當時狀況，說道：「那時我想：**為什麼是我**？**為什麼我才當上市長就發生這種事**？我的意思不是希望這件事發生在任何人任內。但上帝為證啊，我徹夜難眠。」即便當時巴爾的摩市還有「槍擊案、謀殺案與其他種種事件發生」，但這場攻擊事件「仍然是讓我最擔心的」。

在美國其他地方，許多市長也面臨同樣挑戰。隨著勒索軟體的攻擊規模上升，勒索集團開始將目標放在地方政府身上，它們的資安防禦通常因為太過時而破綻百出。在二〇一九年，美國有上百起地方政府受襲擊的案件，[3]巴爾的摩市攻擊事件不過是其中之一，該年的案件總數相較於二〇一八年上升到兩倍之多。[4]

這些市長都得面對勒贖犯罪型態出現以來，受害者都得面對的問題：是否要付贖金？諾貝爾文學獎得主吉卜林曾寫下〈丹麥金〉（Dane-geld）這首詩。[1]他在詩中提出忠告，要人們不向恐嚇勒索屈服。詩中提到英國十世紀「決策無方」的君王埃塞爾雷德（Ethelred the Unready），當時他做出一項失敗決策，決定付錢給丹麥入侵者，以換取英國海岸的和平，這起事件史稱為「丹麥金」。吉卜林依此在一九一一年寫道：「你若付過一次丹麥金，就永遠擺脫不了丹麥人。」

許多美國城市就像被勒索軟體攻擊的巴爾的摩市一樣，面臨跟埃塞爾雷德相同的處境。對此，聯邦政府也幫不上什麼忙，聯邦調查局只會建議他們不要付贖金，卻很少抓到或查獲不法獲利的駭客。至於負責保障全國資訊安全的國土安全部，連幫助受到攻擊的地方政府復原是否算他們的業務，都拿不定主意。

每一位市長必須自行權衡，究竟是要選擇付贖金，承受不道德獎勵罪犯的恥辱，還是要耗費財政與人力成本抵抗罪犯。假設他們無法做出決定，那將會面臨長期的行政運作中斷，並得耗費重要資源解決問題。假設他們能很快透過備份資料恢復正常運作，那他們還有本錢抵抗。但很多小型的地方政府機關，例如阿拉斯加的瓦爾狄茲（Valdez）[5]或康乃狄克州的西罕文（West Haven）往往別無選擇，[6]只能乖乖付錢。

二〇一八年三月，亞特蘭大成為美國第一座遭受勒索軟體攻擊的重要城市。許多線上服務被山山勒索軟體癱瘓，市民無法申請市府服務，也無法支付水電費和交通罰單。亞特蘭大警方還因此失去多年的警車行車紀錄。[7]但亞特蘭大市的市長凱莎・蘭斯・波多姆斯（Keisha Lance Bottoms）斷然拒絕支付五萬一千美元贖金。「對我而言，要付錢才能拿回自己的東西實在太反直覺了。」[8]她說。她能比較容易做出這個決策有兩個因素，其一是亞特蘭大市政府有完整的備份資料，其二是在三個月前市政府才剛買了資安險。該市在復原過程花費的兩千萬美元，有一部分是以保險金支付。

巴爾的摩市被襲擊前一個月，北卡羅萊納州的格林維爾市（Greenville）也遭受羅賓漢勒索軟體攻擊。基於跟亞特蘭大市類似理由，他們也拒絕支付贖金。格林維爾市在遭受攻擊前一兩天剛備份過全部檔案，而且他們也用資安險支付大部分的善後費用。

相較於波多姆斯市長或格林維爾的康奈利市長（P. J. Connelly），傑克・楊恩只有東拼西湊的防禦系統，也沒有任何保險，他的處境相對艱難，有向對方屈服的財務誘因。如果巴爾的摩市不付這筆贖金，那將花上更多時間和金錢才能還原他們的檔案。市政府的服務不知道會停擺多久，可能會耗費數周甚至數個月。

但是如果傑克以金錢獎勵罪犯，那將會做出一個不良示範。而且即便他真的付錢，又如何確保對方會信守承諾？巴爾的摩市各區的居民，從內港（Inner Harbor）、賓利高（Pimlico）、水源丘（Reservoir Hill）到歐唐納高地（O'Donnell Heights），都開始熱烈討論新任市長該怎麼處理。

二〇一〇年代末期的巴爾的摩市，是全美暴力犯罪率最高的城市之一。該城市光是遭到勒索軟體襲擊那年，就有三百四十八人被謀殺，[9]比人口有十四倍之多的紐約市還多了三十人。

巴爾的摩市不斷遭遇新的危機。包含城市中有超過一萬六千五百棟荒廢建築、城裡充斥腐蝕的廢水管和外洩的瓦斯管、老舊的供水管道爆裂、含鉛塗料引發的中毒事件頻傳。[10]巴爾的摩市的公立學校系統，如果以馬里蘭州教育評鑑一星到五星的標準來說，有將近百分之五十四的學校只會拿到最低的一星或兩星評價。[11]在馬里蘭州其他地區，只有百分之六的學校會得到這種評價。

這也難怪多年來比起資訊安全，巴爾的摩的市府機關總認為有更緊急的問題必須優先處理。巴爾的摩的資訊辦公室曾提出警告，指出該市使用的伺服器太過時，「理所當然會成為駭客的目標」，[12]而且「勒索軟體的威脅持續上升」，但市政府充耳不聞。巴爾的摩的不同系統間沒有做好防火區隔，因此惡意軟體能輕易跨越系統傳播病毒，資訊辦公室的高層人員流動更進一步破壞長期的資安計畫，從二〇一二到二〇一七年間，資訊辦公室就換了六任代理或常態負責人。

在遭受攻擊時，巴爾的摩市並非完全毫無準備。當時，該市的資訊基礎建設主任馬丁・奧庫穆（Martin Okumu）正在為市府檔案進行雲端備份。「那是我的倡議，我必須為錢而戰。」他說：「在遭到攻擊前，我花了四、五個月把資料移到亞馬遜雲端運算服務（Amazon Web Services）上，就是預期可能遭遇威脅。每天晚上你在睡前都知道，這種事很可能發生。」

二〇一四年，蓋兒・蓋爾福（Gayle Guilford）成為巴爾的摩市第一任首席資安技術長，她的麾下有兩名從其他職位調借的兼職工程師。蓋兒四處挖掘任何能派上用場的資金與免費專家，只要國土安全部的資安長菲利斯・施奈克（Phyllis Schneck）在公開活動致詞，蓋兒就會去參加。她會等到菲利斯致詞結束後接近她，向她遞上名片並說：「我知道你負責做弱點評估，我希望妳能幫巴爾的摩做一次。」最後，國土安全部聯繫了蓋兒。弱點評估報告會同時辨別「緊急與非緊急的問題」，蓋兒表示：「我們是全國第一批參與評估計畫的城市之一。」

蓋兒同樣纏著巴爾的摩市的首席財務長，要求對方斥資購買能偵測威脅的裝備。

「你怎麼證明我們需要這些東西？」他問。

蓋兒解釋，巴爾的摩市「每分每秒都在遭受網路攻擊」，她把整整八百頁駭客試圖入侵城市的紀錄印出來，把資料運進他的辦公室作證明。於是財務長給了蓋兒十五萬美金的預算。

「我的團隊總說我像是拖著一大袋行李的流浪婦女，」蓋兒說：「但我向來都不恥於求人。」

不幸的是，當巴爾的摩市的網路威脅情資系統與其它資安軟體安裝到一半，該市就遭到羅賓漢勒索軟體攻擊。當時蓋兒也正在為城市申請資安保險，然而核保條件就是得先安裝好威脅偵測工具。

二〇一八年三月，當巴爾的摩市的警消調度系統遭到勒索軟體攻擊時，市政府就該有所警覺。

當時，市府一組維修團隊在網路上開了一個維修用通道，[13]結果被駭客發現，趁隙侵入一台伺服器。但蓋兒表示當時的損失「沒有那麼嚴重，遭受入侵的地方沒辦法破壞整個系統，或造成資料損壞」。而不到二十四小時，維修團隊就成功將受入侵的伺服器隔離，並還原備份資料。

或許因為成功應對這場威脅，部分市府官員對該市的應變準備程度，抱持過度樂觀的態度。二〇一八年六月，皮尤市長在市長大會上，還向其他人誇口他們的警消調度系統「一刻都沒有停歇」，[14]「我們立刻就切換到手動系統，系統運作只斷了不到五分鐘……沒有受到任何損害。」

在同個月的另一場研討會中，巴爾的摩市的檢察官安德烈・戴維斯（Andre Davis）聽了亞特蘭大檢察官分享，對方描述山山勒索軟體如何癱瘓亞特蘭大的公共服務。但當安德烈回家後，他把亞特蘭大的經驗拋在腦後，並沒有打給市長或首席資訊長，問他們巴爾的摩是否也會遭受同樣命運。當時安德烈忙著在全國各地物色能接任該市警察局局長的人選。原先的局長因為沒有遞交聯邦納稅申報表，遭到控訴後就辭職了。

滿臉鬍鬚、身為前聯邦上訴法院法官的安德烈，將這個失誤稱為他生涯中的最大敗筆，也是他最感到遺憾的事。他說：「我擔任市府檢查官的能力要是有我自己想得那麼聰明，在兩天研討會結束後，那個星期一我該做的首要事務，就是打給我們的資訊長說：『嘿，我剛聽完亞特蘭大市網路攻擊事件的一些細節，我們夠安全嗎？』但我沒有那麼做。當二〇一九年巴爾的摩市發生勒索軟體攻擊事件時，我心想：『天啊，我怎麼沒警覺！』」

不過，巴爾的摩市的首席資訊長法蘭克・強生對亞特蘭大攻擊事件有所警覺。他在國會山莊一場會議上，將一疊厚厚的報告交給民主黨眾議員魯珀斯伯格（C. A. "Dutch" Ruppersberger）的立法助理，因為巴爾的摩市有些地方是在魯珀斯伯格的轄區範圍。法蘭克在報告中洋洋灑灑列出該市的弱點與可能的修復方案。他說自己試圖在說服市府的高層階級，為他提出的建議提供資金，但他同時與其他部門提出的優先事項在競爭。

隔年，當巴爾的摩市遭受攻擊時，魯珀斯伯格那名助理打給法蘭克，問他哪裡出錯了

法蘭克回答：「我沒成功說服巴爾的摩市政府採取我提出的方案。」

不知道是出於巧合還是駭客有意在空窗期入侵，當巴爾的摩市網路攻擊事件發生時，當地不只在舉行市長交接。傑克・楊恩升任市長後，巴爾的摩市議會的議長換成布蘭登・史考特（Brandon Scott）。同時，法蘭克・強生的副手也換成陶德・卡特（Todd Carter）。當時陶德處於半退休狀態，他實際上沒預料到自己會這麼快回到全職工作。過去三十年來，他都在為不同公用事業公司處理資訊科技問題，後來為了照顧動過髖關節手術同時罹患帕金森氏症的母親，他轉成半退休狀態。陶德曾提到：「如果你曾照顧過有失智症的母親，你也會被逼瘋。」當巴爾的摩市在找一名適任的副資訊長時，一位朋友推薦了土生土長的陶德接任職位。至於照顧母親的任務，陶德則請別人在白天時間代為處理。

二〇一九年五月六日，陶德收到他的新證件並完成到職訓練，只不過到職訓練沒有教導如何面

對接下來的問題。第二天，陶德去到哈利康明思大樓（East Fayette Street）的巴爾的摩市資訊處辦公室，那棟大樓位在東費耶特街（East Fayette Street），就在市政廳對角。當他抵達時，大樓內的電腦全都停擺，電話還能接通，但語音信箱和電子信箱都沒辦法用了。巴爾的摩市警局、聯邦調查局還有特勤局的探員忙碌穿梭著，陶德的新老闆和新同事趕著參加一場又一場緊急會議，

陶德也馬上加入會議，這才知道發生什麼事。「當時大家有個默契，相信資安團隊能解決一切，」他說：「大家相信我們能神乎其技地解決問題，然後便能回到軌道上。」然而，市府確認受到感染的伺服器與工作站數量持續攀升，很快從二十台、四十台增加到上百台。「很明顯有人入侵市府，侵門踏戶闖進我們家中。」

在其中一場緊急會議中，資訊處主管和其他市府單位主管要求所有員工把電腦都關閉。這麼做是為了阻止勒索軟體繼續散播，因為沒人知道惡意軟體是否還透過網路持續蔓延，也不知道它的最終目標。但將系統全部關閉有一個缺點，那會讓人更難找到病毒散播路徑。接著市府員工開始瘋狂尋求支援，他們開始拚命聯絡聯邦機關和私人資安公司。

「包括我在內，整座城市沒有半個人受過這種緊急應變訓練，」陶德說：「在我看來沒人知道該怎麼做，每個人都很恐慌。」

儘管巴爾的摩市政府從沒公布羅賓漢到底是如何突破他們的防線，但根據內部人士透露，羅賓漢勒索集團是利用巴爾的摩資安的一個基礎缺陷——破碎的管理制度。該集團先是入侵由公共工程

局（Department of Public Works，簡稱 DPW）管理的一個伺服器，那是一個未經授權的伺服器，藉著一套老舊的甲骨文（Oracle）資料庫系統運作，並被用來管理公共工程局的紀錄和程式。根據該局前主管表示：「那台伺服器是用舊版的應用程式，系統沒有修補更新，而壞人也知道這一點。」

巴爾的摩市有好幾個部門都和公共工程局一樣，會自行管理單位的伺服器、應用程式與電腦。因此各局處的資訊作業標準、政策、專業知識與備份狀況都各自不同。但由於大多數局處會連上同一個網絡，病毒只要入侵任一個局處的系統，就能輕易傳播到其他地方。其中的例外只有像警察局這種獨立運作的單位，他們有自己的網絡，大致上不會受到影響。先前國土安全部在回應蓋兒・蓋爾福要求做出的資安評估中，主要針對巴爾的摩市資訊處與衛生局進行調查，而未留意到公共工程局的弱點。

當時有關當局對整場攻擊事件的罪魁禍首——羅賓漢勒索軟體所知不多。霍德安全資安公司的成立人亞歷克斯・霍爾登在暗網上發現一些對話紀錄，指出這款勒索軟體的幕後主謀可能是一名二十九歲的嫌犯。他從土耳其的監獄越獄後，企圖橫越黑海到烏克蘭的敖德薩（Odessa）港口和一些女孩見面。他從暗網上買了一套勒索軟體套件，開始在網路上四處掃描，物色能下手的對象。接著，他買了一套混淆代碼（obfuscation）的服務，其中的程式碼和羅賓漢勒索軟體很接近。所謂混淆代碼，就是將勒索軟體偽裝起來騙過防毒軟體。那名駭客在購買同時，提及他在計畫一場大規模攻擊。他購買的時機符合格林維爾和巴爾的摩市發生網路攻擊事件的時間點。霍爾登將這些情報與聯邦執法機關共享，不過其他專家反駁了這套推論。

無論羅賓漢的幕後主謀是誰、來自哪個國家，可以確定的是這名駭客的加密技術十分扎實。勒索軟體狩獵團一如往常仔細檢視這款陌生的病毒，惡意軟體狩獵團在VirusTotal的資料庫中找到一個符合羅賓漢編碼的樣本，讓當時即將加入團隊的維塔立・克雷梅茲接手。維塔立進一步檢視這款勒索軟體如何關閉防毒軟體的保護機制，以及如何將病毒傳播到下一台電腦。他發現當羅賓漢加密完檔案後，會創造出四個不同的勒索筆記，有時還會附上興高采烈的告別：「大功告成，大家好好享受。」

勞倫斯在嗶嗶電腦上分享維塔立發現的內容：「很遺憾，我們這次在這款勒索軟體上找不到弱點，沒辦法不花錢就破解檔案。」[15]

巴爾的摩市新任市長傑克・楊恩的直覺反應就是起身對抗羅賓漢。他表示如果市府付了這筆贖金，「誰能保證我們會拿到密鑰，解鎖全部系統？也或許他們會食髓知味。我可不會上當。」

傑克的首席顧問團也同意這點。第二天，傑克市長、法蘭克・強生、安德烈・戴維斯和兩名聯邦調查局探員到市長辦公室開會，與會的還有一群市府聘來說服市長不要付贖金的資安承包商。法蘭克向市長保證，資訊處有健全的備份資料，只是他沒辦法保證那些系統獨立運作的局處也有備份資料。聯邦調查局則強調，向網路勒贖屈服只會引發更多攻擊事件。

「你付錢給這些傢伙，可能拿回你的資料，也可能不會。」安德烈附和：「但他們可能會想到新的入侵方法，幾個禮拜後就再攻擊一次。」

安德烈勸市長保留和駭客的溝通管道，不要露出底牌，讓羅賓漢以為市府還在考慮付錢。如此一來他們就有機會防止第二波攻擊，或從對方口中套出一些有用的資訊，找到弱點或被竊的資料。但傑克一點都不想假裝談判，而是直接公開宣布他的立場。

當傑克宣布拒絕支付贖金後，巴爾的摩的市民很快就為羅賓漢襲擊事件與傑克做出的決定吃足苦頭，其中最令人擔憂的是房地產交易市場。

根據巴爾的摩市規定，如果沒有市府出具的藍色「留置單」（lien sheet），任何房屋買賣都無法成交。留置單上會列出所有未繳清房屋稅、水費與任何違反建築法規或環境法規的物件。但如今這份資料被羅賓漢加密，市政府無法發布最新的留置單。由於承銷商憂慮可能承擔未繳費用，而停止為巴爾的摩的交易提供保險，房市交易也驟然而止。

對任何城市來說，房地產交易都是相當重要的經濟引擎。羅賓漢攻擊事件造成的僵局重創所有參與其中的人。賣家必須拿到錢才能購買新的住房，買家懸而不決，市政府則被迫放棄年平均約九千萬美金的房屋交易相關稅收。[16]事發當時正值房市熱門的春季，巴爾的摩市有五十間產權調查公司因此失去收入。這些公司的工作就是在確認賣家擁有合法產權後核發產權保險。

原先是帆布公司的棉花鴨產權公司（Cotton Duck Title Co.），位於巴爾的摩市的漢普頓地區（Hampden）。二〇一九年五月，該公司只處理了十筆交易，正常情況下他們會有四十筆交易。

「整個房市一蹶不振，」棉花鴨產權公司的董事長丹·哈維（Dan Harvey）表示：「我們整天都在和別人解釋公司為什麼沒辦法確切提供交易完成時間。房仲想要答案，買家和賣家也想要答案。馬里蘭州外的債權人都在問：到底哪裡出問題？」在二〇一九年財政年度，巴爾的摩市住房交易的總數在七年來第一次下降，[17]一部分原因便是受到勒索軟體襲擊事件影響。

汽車交易市場和房地產交易市場幾乎一樣慘淡。羅賓漢破壞了扣押場的系統，在整座城市中，被遺棄、阻礙交通或違規停在消防栓前的車全都在那裡。現在市府無法打開兩周以前拖進扣押場的車輛清單，而必須以人工方式一一清點拍照，重新登錄車輛資訊。光是這項流程就耗費整整三個月時間，人們得去普拉斯基公路（Pulaski Highway）停滿車的拖吊場，想辦法找到自己的車。通常無人認領的車會進入拍賣程序，但由於市府要讓車主有多一點機會認領自己的車，而取消從五月到六月的市府拍賣會，至少六百筆車輛交易因而延後。

違規停車的取締工作也陷入停滯。在攻擊事件發生前幾年，巴爾的摩市已經從傳統手寫改成機器輸出罰單。當勒索軟體癱瘓新系統，執法人員只能改回手寫罰單。在五到七月間，這群執法人員總計寫下超過五萬張罰單，但市府沒有足夠人力，無法將這些罰單都手動輸入資料庫，車主也因此無法繳納罰鍰。巴爾的摩的市政府為此暫停「輪胎鎖計畫」（scofflaw program），根據原先計畫，市政府會強制鎖上有多筆罰款未繳的車，同時也確保無法支付罰單的市民不會逾期繳納罰金或被吊銷駕照。

同樣地水費帳單也數位化了。在二〇一六年，市政府安裝了智慧型水錶，記錄家庭用戶的用水情況。如今，上百台儲存水費紀錄的伺服器遭到癱瘓，公共工程局沒有資料能用，也沒辦法製作每月帳單。公共工程局只能勸居民先預留一筆錢或到該局辦公室，在用戶名下預付一筆費用。

除了巴爾的摩市本身，就連巴爾的摩市以外的地區也受到影響。由於巴爾的摩市的水源保留區，也是巴爾的摩郡（Baltimore County）的供水來源，[2]當地也負責巴爾的摩郡的供水服務，包含維護與計費。受到勒索軟體癱瘓系統影響，該郡的居民也收不到水費帳單。

從二〇一〇年到二〇一八年間，巴爾的摩市的平均水費上漲超過一倍，[18]一些生活窘迫的居民因而對市府忽然停止徵收水費感到歡迎。他們以為政府在實施緩和措施。但當勒索軟體攻擊事件發生三個月後，公共工程局重新寄出水費帳單，有些人開始發覺他們累積的帳單數字相當驚人。在這三個月間，即便公共工程局沒發帳單，但仍比照在二〇一九年一月通過的水費上調百分之十措施。為此，當地的倡議組織「食品與水監督組織」（Food and Water Watch）提出抗議。該組織在馬里蘭州的資深倡導者瑞安娜・艾可（Rianna Eckel）便表示：「我們呼籲市府不要提升費率，但他們卻忽視我們的聲音。」

此外，由於缺少每月水費帳單作為參考，人們也難以發現自家漏水問題。當三個月過去，漏水量才反映在帳單龐大的使用數據。這或許能解釋為什麼有市民收到高達一千〇一十二美元的帳單，上面指出他每天用掉五百二十七加侖的水。「我只是一個小工人，」[19]那位市民在地方電視台表示：

「我沒辦法隨手拿出一千美元繳水費。」

在整起攻擊事件中，市政府初期笨拙又盲目的應變方式讓事情變得更糟。蓋兒・蓋爾福的首要任務是找出勒索軟體的入侵點。當她確認勒索軟體從哪裡入侵後，才能追蹤傳染途徑，並確認哪些電腦受感染。但市政廳的員工卻出面干涉。他們妄下結論，說整件事一定有內鬼，並要求蓋兒調查兩名市府開除的前任員工。蓋兒很快就知道這兩人不可能是罪魁禍首。即便如此，她還是得遵守流程詢問她的團隊、檢查監控影像，並將兩名「嫌犯」身分上報給聯邦調查局。由於這個小插曲，蓋兒花了兩天才找出公共工程局的伺服器是入侵點。

「那根本就是人間地獄。」蓋兒說。

蓋兒的上司法蘭克・強生忙得不可開交。法蘭克常掛在嘴邊的一句行銷口號是「人、流程、產品」，然而這三者無法取代他缺乏的專業技術與知識。五月七日中午，勒索軟體攻擊發生幾小時後，巴爾的摩市市議員艾瑞克・卡斯提洛（Eric Costello）出席一場資訊處的緊急應變會議。「法蘭克整個人嚇壞了，」艾瑞克回想：「他似乎沒有對症下藥。」

艾瑞克曾在聯邦政府擔任過資深技術分析師，他問法蘭克和他的團隊：「我們有沒有系同復原的優先事項清單？」

沒人回答他。「每個人都盯著我看，好像我頭上長出東西一樣。」他說。

當時法蘭克直接和資安公司的承包商表示，只要能恢復正常，要花多少市府預算都沒問題。艾瑞克數度警告法蘭克不要開空白支票。「這是在鼓勵承包商趁火打劫，」艾瑞克說：「他們會把太陽、月亮、星星都賣給你，但你其實只需要一顆小隕石就夠了。」整起事件總計下來，市政府一共給供應商超過四百萬美元。

一些企業主和政治人物眼見復原之路又貴又痛苦，開始勸傑克改變心意，乾脆付錢給羅賓漢勒索軟體。當時整個房市陷入動盪，產權公司的執行長們發言格外激烈。儘管棉花鴨產權公司的丹・哈維同意市長立場，但他指出房地產業其他人抱持反對的態度：「他們認為你明明只要付七萬五千美元就能繼續上路，卻要花八百萬美元解決問題，你是瘋了吧！」

產權公司、房仲業者以及建商討論是否乾脆集資付掉這筆贖金。他們向市長表示，如果拿納稅人的錢付給罪犯是政治上的大忌，那他們私下解決也可以。

「我們和傑克說你想要擺出什麼姿態都行，」大巴爾的摩房地產經理人委員會（Greater Baltimore Board of Realtors）的理事長艾爾・英葛漢（Al Ingraham）回憶：「但最後你的電腦專家可能會說，你得花一整年時間才能恢復正常運作。到時候或許你還是得付贖金。」

傑克拒絕了他們的提案。「我很想幫你們，但我不會付這筆錢。」傑克說。

另一名市議員比爾・亨利（Bill Henry）也表達他的疑慮。他在一場聽證會上說，選民都在問市府為什麼不願意付出「相對低廉」的贖金，同時升級資安防護。「但我沒得到答覆。」亨利說。

儘管亨利理解向罪犯投降可能引來更多攻擊，但他表示：「因為我們不願意付錢，每一天都有更多人痛失生計，我們得向巴爾的摩市市民負責。在我看來，付七萬五千美元的贖金換取還原資料的機會，可能是值得的。」

巴爾的摩市的前市長謝拉·迪森（Sheila Dixon）則在電台上和主持人說，若她還在任，就會付贖金給羅賓漢。她說：「我會開支票把錢交給他們，好讓我們能恢復正常運作。」[20]

傑克對迪森的批評不以為意。因為迪森在二〇一〇年會下台，就是因為她佔用要捐給窮人的禮品卡而被定罪，她也在另一起案件中承認自己做了偽證。當時傑克就是因為謝拉醜聞纏身才因此升任為市議會議長，就像他後來也因為皮尤的醜聞升任市長一樣。

一名全國級的專欄作家也加入批評行列。耶魯法學院的史蒂芬·卡特教授（Stephen L. Carter）在《彭博昆特報》（Bloomberg Quint）上提及，巴爾的摩市「還有很多可以自我保護的措施沒做好」。他認為和駭客談判「未必是壞事」，[21]並補充「受害者可能會合理地做出以較小代價換取更大損失的明智對策……但現實世界中有另一個討人厭的真相——有時壞人會贏。」

在推特上一個來路不明的帳號出面挑釁傑克。他貼出一份文件，聲稱是在攻擊事件中從市府偷來的，並威脅要洩露更多財務與個人機密。「如果你不想看到這些資訊被貼到暗網上，去和市長講吧！」[22]至今大家仍無從得知那個帳號是否和駭客集團有關聯，只知道帳號的使用者很熟悉勒索筆記上出現的暗網位址。最終，帳號的威脅並未成真，市府官員則否認有任何資料外洩。

有鑑於巴爾的摩市政府大多數的公共服務仍處於關閉狀態，選民開始寫信向傑克陳情，希望他能支付贖金，傑克曾短暫動搖。他在一場訪談中表示：「為了讓這座城市繼續前進，我可能得想想該怎麼做。」[23]

但後來他還是堅守立場，許多巴爾的摩市市民也站在他這邊。他們受夠了。過去前任市長皮尤從當地機構勒索了數十萬美元。如今，整座城市都被駭客當成人質。

「很多人都說我們不該付錢給罪犯，」一位市民回憶：「這幾年來我們已經付夠多了。」

當時，巴爾的摩市處在成為無政府主義天堂的邊緣。不過兩名善於危機處理和解決勢力鬥爭的律師，出面協助恢復秩序。

其中一名律師是梅莉莎．文特隆（Melissa Ventrone），二〇一〇年她在阿富汗服役七個月，曾擔任過美國海軍陸戰隊的後勤指揮官。她在二〇一六年退役後，加入了芝加哥的克拉克．希爾法律事務所（Clark Hill PLC）。她在公司領導一個負責保障資安、數據與隱私的團隊，曾幫助許多醫院、警察局和受害者降低受到勒索軟體攻擊的衝擊。

五月八日星期三早上六點，梅莉莎接到一名認識的承包商來電。對方向巴爾的摩市市府辦公室推薦她，法蘭克希望她能擔任這次緊急事件的應變指揮官。當天下午六點，她就入住巴爾的摩市市政府附近的一間飯店。

接著，梅莉莎每天早上七點到晚上十點都在資訊處的會議室工作，負責監督市府電腦系統的清理和還原工作，並決定哪些伺服器需要優先重建或更換。她把市府內各部門都拉進同一個圈子，要他們和中央資訊辦公室合作。梅莉莎說：「這是我的軍旅經驗派上用場的時候。」

雪柔・高斯汀（Sheryl Goldstein）和梅莉莎一樣，曾經在飽受戰爭蹂躪、網路資源匱乏的國家工作過。一九九九年，北大西洋公約組織介入塞爾維亞軍隊與科索沃解放軍的惡鬥。當戰爭劃下句點後，雪柔曾參與並協助重建科索沃的法律體系。「現在的我們非常依賴科技，」她說：「但這個世界其實即使沒有電話或電子郵件也能運作。」

回國之後，雪柔曾在巴爾的摩的市長刑事司法辦公室擔任五年主任，這個職位基本上相當於警察局的參謀長，也讓她對市府裡裡外外都瞭若指掌。「如果你在巴爾的摩市處理公共安全事務，那你每天都在處理危機。」雪柔說：「我就是在幕後喬事情的人。」當網路攻擊事件發生時，雪柔在一個私人基金會工作。大約一周後，傑克把她找回市長辦公室。雪柔以負責營運的副參謀長身分回到市府，任務是要讓市府的公共服務回歸正常營運。

雪柔運用多年前在科索沃的做法，實際到處走訪和人們對話，這麼做能讓她評估羅賓漢勒索軟體帶來的傷害有多嚴重，尤其是對房市受到的衝擊。「人在還沒有網路前就會賣房子了，」雪柔提醒大家：「總是有辦法的。」

在她的撮合下，巴爾的摩市的市府官員和業界領袖達成以下協議：如果賣方願意簽署切結書，承諾在市府恢復運作後，繳納所有隸屬於特定房產的公共稅費、評估費與其他相關費用，市府就會批准那筆交易。有些貸款審核人員對這種作法依然不滿，認為那沒辦法妥善保障他們的權益。有人質疑：「市府可以這樣製造麻煩，然後就把爛攤子丟給我們嗎？」即便抱怨聲音依然存在，房產交易仍在五月二十日順利重啟。

巴爾的摩市政府還透過團隊合作，挽救另一項不那麼起眼卻至關重要的業務：發放建築許可證。在這次攻擊中，其他負責審核重大建案的部門幾乎被癱瘓，只有負責發放建築許可的部門因為電腦依靠獨立作業系統而倖免於難。每天，該部門的員工都得擠在住宅與社區發展部（Department of Housing and Community Development）的三樓會議室，以六台部門電腦處理業務。由於訪客能透過登入許可系統簽署建設計畫，該部門仍收到兩百萬美元的許可證費用，承包商與開發商也因此能免去工程延誤的高昂成本。

「我們是整座城市唯一還在運作的部門。」負責許可證業務的副部長傑森．海斯勒（Jason Hessler）表示。

當梅莉莎和雪柔努力協助市政府回歸正常軌道，聯邦機構的官員卻為了到底該不該提供援助，以及該提供多少援助爭論不休。

在巴爾的摩勒索軟體攻擊事件發生不久，眾議員魯珀斯伯格的助理聯絡上國土安全部的網路安全暨基礎設施安全局（Cybersecurity & Infrastructure Security Agency，簡稱 CISA）。那名助理正是先前和法蘭克．強生討論過市府應變準備狀況的人。他要求當時剛成立六個月的網路安全暨基礎設施安全局，無論巴爾的摩市政府提出任何需求，他們都要盡可能協助。該單位無法忽視來自魯珀斯伯格辦公室的要求，因為魯珀斯伯格眾議員是眾議院撥款委員會的成員之一，他有權管理國土安全部的預算。

巴爾的摩的議員們不知道的是，這項要求再次引燃國土安全部內部長久的爭端。過去，國土安全部著力於幫助州政府與地方政府避免遭受勒索軟體攻擊，但網路安全暨基礎設施安全局局長克里斯多福．克瑞布斯（Christopher Krebs）希望該局能進一步拓展他們扮演的角色，協助地方行政機構從攻擊中復原。他深信聯邦政府低估了勒索軟體對國安帶來的威脅，以及網路攻擊與外國政權的連結。「從政府的觀點來看，勒索軟體只是垃圾，」克瑞布斯說：「勒索軟體的駭客不被當成像俄羅斯軍事情報局（GRU）、俄羅斯聯邦安全局（FSB）那種誘人的高階網路威脅。」這兩個單位都是俄國的高階情報單位。隨著受到勒索軟體襲擊州政府及地方政府數量攀升，愈來愈多人尋求聯邦政府協助抑制傷害擴散，克瑞布斯也熱切希望能幫忙。

同樣在局裡負責資安的助理秘書珍妮特．曼法拉（Jeanette Manfra）則不同意克瑞布斯的想法。曼法拉在國土安全部效力近十年，身為一名退伍軍人，曼法拉是一位實用主義者。她相信回應網路攻擊事件是一項成本高昂、勞動密集的業務，最好交給私營部門處理。

「每當州政府或地方機關發生什麼事時，他們會向國土安全部咆哮：**你們要怎麼處理？**」曼法拉說：「我們會告訴他們：**你的州和地方機關得去處理**。他們不喜歡這個答案。」

只要有城市或公立學校的系統被勒索軟體襲擊，克瑞布斯就希望網路安全暨基礎設施安全局出面。曼法拉每次都會為此跳腳。「我們是能做什麼？」曼法拉在一次會議中質問：「帶一堆新電腦，送進國內每間學校嗎？不可能這樣做。」

克瑞布斯承認他們組織的能力有限，但也擔心什麼都不做造成的媒體觀感。他說：「我們是網路安全局，本來就該幫助各州和地方機關，但當事件發生時，我們卻不見蹤影。我覺得這怎麼想都不太對。」

巴爾的摩市事件發生後，克瑞布斯和曼法拉激烈地唇槍舌戰一番。曼法拉告訴克瑞布斯，他們的局本身愛莫能助。「我不能直接載一堆新機台給他們，」她說：「他們的網路掛了，我也不能給他們錢。他們已經在做該做的事了。」

她懷疑當地的政治人物只是在找代罪羔羊。「他們沒有真的想要我們做什麼，」她跟克瑞布斯說：「而只是想把事情怪在我們頭上。」曼法拉認為網路安全暨基礎設施安全局有更急迫的事項要處理。「難道你要我把負責評估選舉風險的人，帶去協助巴爾的摩市市政府嗎？」

「對，如果有必要的話！」克瑞布斯大吼。他希望國土安全部的顧問去幫巴爾的摩市的首席資安技術長，讓蓋兒知道復原該採取的程序；也希望自己隸屬的組織「不打算販售任何產品給市府」，而是作為「提供值得信賴的策略建議來源」。

克瑞布斯致電給巴爾的摩市市長，很快地，網路安全暨基礎設施安全局的員工也連絡上巴爾的摩市政府的技術管理人員。但相較於馬里蘭州在攻擊事件發生後，馬上派一組技術人員進駐巴爾的摩，協助設置替代用的筆電與工作站，網路安全暨基礎設施安全局的團隊則到夏天才進駐巴爾的摩。雪柔・高斯汀對該局溫吞的反應感到失望，她認為國土安全部應該像克瑞布斯所設想的，提供一組緊急事件應變團。「這已經是全國規模的問題了，但每座城市還是得聘請克拉克・希爾法律事務所或其他外包商來度過危機。」她說：「在這種危急存亡之秋，你得自己想辦法找到生路。」

對此魯珀斯伯格也感到挫折。在羅賓漢攻擊事件發生後不到一個月，他在一場記者會上說：「我認為聯邦政府在協助基層機關保護網路方面，需要做出更多努力。」[24]

克瑞布斯將這段批評視為一個「化解危機」的機會。他打給魯珀斯伯格並告訴他，如果國土安全部要將勒索軟體列為優先事項，局裡就需要更多經費。於是，魯珀斯伯格在聯邦預算審定會上，為網路安全暨基礎設施安全局增加了一千萬美元的預算，用來聘請駐守州與地方機關的人力。這筆預算協助該局聘請州層級的顧問，協助處理各州選務與資安問題。

後來，與克瑞布斯看法相左的曼法拉受到更高薪資吸引，離開國土安全部，去到了谷歌工作。至於克瑞布斯則在二〇二〇年的總統大選過後，因為對川普懷疑選舉舞弊的觀點提出反對意見，而被隨意開除了。

克瑞布斯在離開網路安全暨基礎設施安全局後，更能理解曼法拉的觀點。他表示，曼法拉提出關於「我們究竟還能做什麼的問題很合理」。「我們既沒人力、也沒資源，更缺少權限到處幫人修網路，地方機構得自己投資。我們沒有裝備解決對方問題，就算有也得冒道德風險。大家會說：**管**

他去死，如果真的有問題，網路安全暨基礎設施安全局會出面幫我們解決。」

當國土安全部猶豫不前時，由於羅賓漢勒索軟體案件的刑事調查是由北卡羅來納州東區的聯邦檢察官辦公室負責，檢察官辦公室與巴爾的摩市檢察官安德烈．戴維斯保持密切聯繫。到了二〇一九年初秋，案件似乎有所突破。

「有一段時間我充滿希望，」安德烈說：「我記得好幾次我跟聯邦檢察官對話時說：天，我希望這能成功。」但截至二〇二一年十二月為止，沒有任何人因為羅賓漢案受到起訴。

羅賓漢發起更多次攻擊，他們甚至在勒索筆記上大放厥詞：「想不靠密鑰跟我們提供的解鎖軟體就還原你的檔案是不可能的。上網搜尋巴爾的摩市、格林維爾市和羅賓漢勒索軟體就知道了。」[25]

與此同時，巴爾的摩市則試圖找出一條生路。技術人員靠著一些沒損毀的備份還原了被加密的檔案。他們檢查上萬名員工的電腦，挑掉至少三千台被破解的電腦，並換掉三百三十五台被加密或「受到衝擊」的電腦。「受到衝擊」是指電腦雖然被加密，但存有勒索軟體。另外，他們還報廢大約四百台受到影響的伺服器。巴爾的摩的市政府沒有採取逐步升級的方式，而是直接全面提升資安等級，他們將重要系統和網路區段隔離開來，重建應用程式與資料庫、增加監控並全面改用更複雜的密碼。

這是一項艱鉅的任務，而且所費不貲，巴爾的摩總計耗費高達一千八百二十萬美元。[26]其中還原與防範系統就花掉一千萬美元，整個過程損失或延誤的收益，則估計有八百二十萬美元。二〇一九年十月，巴爾的摩市為價值兩千萬美元的網路資安保險，付了八十三萬五千美元的年保費，[27]次年，年保費就漲到九十五萬美元。[28]

此外，法蘭克·強生也在二〇一九年十月辭職。原先擔任他副手的陶德·卡特則被任命為臨時首席資訊長。他的職位在二〇二〇年二月被改為常任。

陶德認為，正因為經歷那次勒索軟體的歷練，讓他能面對各種挑戰。「大多數職業級的資訊專家都沒經歷過這種事，」他說，「要認識你的新團隊，有什麼比得上在危機中觀察他們的實戰表現更適合？」

法蘭克成為塞克羅科技公司（Seculore Solutions）的資深副理，這間位於馬里蘭州的資安公司，正是巴爾的摩市解決攻擊事件時聘用的外包商之一。市府付了該公司九十萬美元建構網路監控系統。

原先，蓋兒·蓋爾福預計在攻擊事件五天後，受頒巴爾的摩市的「理查·林丁斯基優秀公共服務獎」（Richard A. Lidinsky Award for excellence in public service），但後來她因為忙不過來，頒獎典禮也隨之順延。直到二〇一九年九月她才接受獎項，獲獎八個月後，蓋兒就退休了。她的名字和其他獲獎者一起被刻在市府入口大廳的紀念牌。紀念牌上寫著：「我為本市服務，我為人民服務。」

二〇一九年六月，佛羅里達州的里維拉灘市（Riviera Beach）和湖市（Lake City）先後付了六十萬和四十六萬美元的贖金。次月，全美市長會議（U.S. Conference of Mayors）一致決議採用傑克・楊恩發起的拒付贖金提案。決議書上寫著：「付錢給勒索軟體的攻擊者，形同鼓勵他們繼續攻擊其他政府系統，因為罪犯能從中獲取財務利益。」[29]不過那項決議書沒有強制力，許多城市依然向駭客屈服。像是阿拉巴馬州的佛羅倫斯市（Florence）就付給「分身發贖」（DoppelPaymer）勒索集團將近三十萬美元的贖金，[30]因為該集團在二〇二〇年五月關閉他們的電子郵件系統，威脅要公開或販售竊取的資料。

起初傑克・楊恩堅稱不會競選連任，但後來他改變心意。然而他反覆的說詞讓選民對他失去信心，疫情爆發又阻礙他大部分的議程，他還因為口誤遭到批評。對於巴爾的摩市市民來說，勒索軟體攻擊事件不再是他們心中最重要的事，因此他們並沒有為傑克站出來對抗羅賓漢軟體給予連任獎勵。二〇二〇年六月，傑克在民主黨初選中以百分之六・二得票率，在二十四名候選人中位居第五。

擔任公職長達二十五年的傑克無處可去。根據巴爾的摩市的倫理規範，他在一年內都不能向市府提出遊說或接受諮詢。因此他把這段空窗期用來學烘焙。他根據小時候看著祖母烘焙學來的食譜，做出各種甜甜圈、餅乾、比司吉、蘭姆酒蛋糕與各種甜點。

他一邊烘焙，一邊回想他生涯中「最驕傲的時刻」之一，就是抵禦羅賓漢勒索病毒。「人們寫了很多信，建議我該怎麼做或不該怎麼做，但我的心意已決。出於個人原則，也是為了謹慎行事，我絕不會為了政府系統被駭而付錢給罪犯。」

1 吉卜林（Joseph Rudyard Kipling，一八六五年—一九三六年），小說家與詩人。吉卜林出生於印度孟買，六歲時回英國年書，成年後以記者身分旅居印度，並曾遊歷中國、日本、緬甸、美國等地。吉卜林創作多篇詩歌、小說、散文與遊記，代表作包含兒童經典文學《叢林奇譚》、《勇敢的船長》、《基姆》等，其作品帶有鮮明帝國主義色彩，但依然以期生動的故事性，受到如文學家馬克・吐溫推崇。吉卜林於一九〇七年獲得諾貝爾文學獎，成為英國第一位獲得諾貝爾文學獎的作家。

2 巴爾的摩市被巴爾的摩郡環繞，但不屬於巴爾的摩郡，是馬里蘭州唯一的獨立市。

第十一章

勒索經濟興起

二十一世紀初前十年，在眾家稱霸華爾街的對沖基金中，[1]很少有人比薩克資本顧問公司（SAC Capital Advisors）賺更多錢，也很少有人像他們那麼招搖。年復一年，這間公司維持高達三成的平均投資報酬率。[1]公司流行毫不留情的競爭文化，這種文化反映全美最富有的人之一，也是這間公司反覆無常的創辦人——史蒂夫．科恩（Steven A. Cohen）的價值觀。二〇一七年，席拉．寇哈特卡（Sheelah Kolhatkar）撰寫一本關於薩克資本顧問公司的書，書中寫道，儘管傳言提及科恩不可思議的精準選股能力來自他對內線消息的掌握，「但年輕交易員渴望為他工作，富有的投資者則渴望將他們的錢交到科恩手中」。[2]由於公司的獎金和獲利緊緊相連，每年社內頂尖的投資組合經理人都能賺到數千萬美元。[3]

二〇〇六年，比爾．席格（Bill Siegel）在史蒂文．科恩資本管理公司擔任分析師。他負責管理高收益和不良資產的投資組合，常常他會從座位上帶著既驚恐又像在消遣的心情觀察自己的同事，他將當時的心情比作一部黑化的卡通片。比爾有著大男孩般的魅力，他留了一頭幾年後會變得斑白的深色頭髮，本身不太符合薩克資本顧問公司中高階人才的標準形象。他既不是明星運動員出身，也不是常春藤名校畢業生，更不是一位爭強好勝的人。他是兩名律師的兒子，從小在華盛頓特區長大。少年時期，比爾就讀於席德威友誼學校（Sidwell Friends School），這所私立高中以專門培養美國總統的子女聞名，包含羅斯福（Theodore Roosevelt）與歐巴馬（Barack Obama）的子女都是該校的學生。高中畢業後，比爾進入密西根大學學商，並把大部分時間花在派對玩樂。

比爾先前的工作是管理工會退休基金，協助藍領工人減輕財務憂慮，這讓他從中獲得一絲成就感。相比之下，薩克資本顧問公司的工作是要幫已經很富有的人「自私追逐金錢」，這反而讓他很苦惱。二〇〇七年，公司爆發一則醜聞，一名頂尖的投資組合經理人性騷擾一名男性下屬，逼迫對方吃黑市買來的雌激素錠，還逼對方穿女裝。[4]比爾得知後深感厭惡。他意識到那些為公司賺大錢的經理人幾乎都目無法紀為所欲為。某天，當他和一群想法相同的同事吃飯時指出：「這地方簡直瘋了。」

同一時期，比爾的身體也漸漸出問題。可能是受到工作壓力刺激，他忽然患上急性潰瘍性結腸炎，讓他痛不欲生。他開始採取各種藥物療程，最後得同時服用各種免疫調節劑、生物製劑與皮質類固醇。即便如此，他的情況依然不見改善。「吃這些藥簡直要我的命，但如果我斷藥，我真的會沒命。」他說。

二〇〇八年初，次貸風暴重創美國金融體系，比爾所屬的團隊表現也跌到谷底。比爾因此被公司開除。但他在被解雇當下，反而感覺被解放。「那一刻我的腦袋彷彿整個清醒，整個世界的優先順序在我眼前一字排開，清晰無比。」薩克資本顧問公司後續的發展更強化他的觀點。在一個聯邦調查案中，薩克資本承認多筆內線交易的犯行，並付了十八億美元罰金。[5]科恩本人沒有受到刑事起訴，但接下來兩年他都被禁止幫其他人理財。[6]後來他以紐約大都會隊（New York Mets）老闆的身分重出江湖。

比爾離開薩克資本後開刀割除大腸，當整段療程結束，他終於不用再過著無時無刻與疼痛共存的生活，比爾感覺找回自我。他向女友求婚步入婚姻，並投入新創產業，磨練自己的創業動力和商業直覺。後來隨著勒索軟體威脅興起，為勒索軟體受害者提供服務並從中獲利的新產業應運而生，比爾成為最關鍵的玩家之一。他將剛起步的勒索軟體協商轉變成一種專業，讓贖金支付的保險範圍增加，並揭露那些以協助「救援資料」之名，行剝削受害者之實的公司。比爾收集的數據和他寫的部落格文章，成為任何想參與或分析新興勒索軟體經濟的人必讀的資料來源。此外，他還跟勒索軟體狩獵團密切合作，向狩獵團成員分享他的情報，並讓他的客戶知道麥克．葛拉斯彼或法比恩．沃薩爾何時破解攻擊他們的勒索軟體。

然而，種種成功也讓比爾愈發不安。隨著他的影響力與日俱增，他性格中某些部分讓他無法完全享受成功。他常常自問如果他所做的一切，只是讓勒索軟體的災情更加嚴重呢？

比爾還在第二市場交易公司（SecondMarket）工作時，首次熟悉勒索軟體相關產業的一個重要元素——數位貨幣。當時第二市場是像臉書等公司在首次公開募股前，進行股票買賣的熱門市場。第二市場的創辦人兼執行長貝瑞・席爾柏特（Barry Silbert）是最早開始也最活躍投資比特幣的人之一，他因此成為一名億萬富翁。[7]席爾柏特向同事推廣數位貨幣，並告訴比爾：「這就是未來。」比爾同樣著迷於比特幣擾亂金融系統的潛力。

二〇一六年，比爾離開原本的職位，成為「資安評比公司」（SecurityScorecard）的首席財務長。這間公司專門為其他企業提供合作廠商的網路風險評估。由於業務關係，比爾在工作時常會接觸到財星五百大企業（Fortune 500）公司的首席資安長，聽他們描述面對的網路威脅，以及採取哪些措施降低風險。不久後，比爾從好幾名資安長那裡聽來一項令他驚訝的措施，原來這些公司開始在開曼群島（Cayman Islands）創立空殼公司，以儲存比特幣。

「為什麼你們要這麼做？」他詢問。

「因為勒索軟體，」其中一間公司負責人回答他：「如果我們得付贖金，必須有能快速付款的管道。」

比爾對這個現象很感興趣。他知道對一家上市公司來說，要設立一間空殼公司與處理核算價值數百萬美元的比特幣帳務「是一件很麻煩的事」，除非他們認為非做不可，不然不會去做。比爾聯絡了一些離開第二市場進到數位貨幣集團工作的朋友。那群朋友在一家由席爾柏特創辦，專門投資比特幣與區塊鍊的風險投資公司——數位貨幣集團（Digital Currency Group）工作。比爾想知道他們是否聽過公司為了預防勒索軟體攻擊，特地購入比特幣。

他向朋友探聽：「真的有這回事嗎？」

「對呀，是真的，而且我們都知道，因為每天我們都會接到這種電話。」其中一個朋友回答。有些公司聯繫數位貨幣集團時不只想找個地方囤比特幣，而是已經受到勒索軟體攻擊，希望以數位貨幣集團的名義代付贖金。[8]不過數位貨幣集團會拒絕請求，因為代付贖金不在公司的業務範圍，他們也擔心這麼做會觸犯政府相關的管制條約。

不過對比爾來說，數位貨幣集團視為風險的業務卻蘊含了商機。比爾家在康乃狄克州的西港（Westport），常常他搭地鐵到資安評比公司的曼哈頓辦公室時，會和亞歷克斯・霍特曼（Alex Holdtman）同車。過去兩人是第二市場的同事，如今亞歷克斯在一間網路危機處理公司上班。兩人會在地鐵上交換創業點子以打發時間，並一致認為大多數點子都很糟。但在二〇一八年初，比爾提出一個兩人都覺得大有潛力的想法，那就是經手贖金交易。

比爾和亞歷克斯的背景都很適合這項新創產業，他們的長處還能互補。亞歷克斯在康乃狄克大學主修資工和數學，擁有分析惡意軟體與編寫程式的能力；比爾則有充滿魅力的談判能力，他熟悉新創產業領域，並曾和大大小小的企業合作過，這代表他具備能拓展業務的人脈。兩人都熟悉比特幣，而且曾在資安產業工作。他們連進場時機都相當有利，當兩人在討論創業想法時，路克勒索集團正準備將勒索軟體帶到全新的大企業時代，讓六位數的贖金成為常態。

比爾和亞歷克斯都渴望創業。他們毅然放下原先在成長中公司的穩定工作，開始進行線上研究。他們調查每年遭受勒索軟體襲擊的公司數據，發覺勒索軟體似乎是個巨大且持續擴散的問題，只是他們能找到的數據大多來自不可靠的來源。他們發現被勒索軟體攻擊的公司鮮少有求助管道，有的公司連接下來該如何處理都一無所知，許多受害者甚至不知道付贖金給勒索集團是否合法。由於業界缺乏可靠的資訊來源，因此很可能會接受比爾和亞歷克斯計畫提供的服務。

兩人琢磨他們的經營理念。他們相信光是託管服務供應商擔心被勒索軟體攻擊的程度，就足以維持他們的收入。假使攻擊真的發生，比爾和亞歷克斯會出面協商贖金與付費事宜。透過處理這些案件，他們能建立屬於自己的情報資料庫，分析勒索軟體的趨勢，以進一步取得公信力。

「未來我們會拿著測量桿站在車禍現場，等待車禍發生。」比爾說：「然後我們就會負責收拾現場。我們手上還會有份乾淨漂亮的第一手資料，知道出車禍的人發生什麼事。」

比爾和亞歷克斯的妻子都對他們投入新創產業感到不安。比爾家育有三個孩子，當時亞歷克斯家也有一個小孩（亞歷克斯夫妻後來又生了一個孩子），他們放下的不只是穩定工作的保障。由於兩人沒有外部投資者，在創立海灣軟體公司（Coveware）過程中，他們花的都是自己的積蓄。

比爾和亞歷克斯並未因此卻步。他們知道有些勒索軟體能利用嗶嗶電腦和和其他網路上找到的免費工具解鎖。在幫客戶付贖金前，他們應該先上網查查看。但當他們在搜尋引擎中輸入「如何破解勒索軟體」時，首先找到的並不是這些網站。在搜尋結果中，有兩間美國的資料救援公司一直出現，分別是在佛羅里達的怪物雲端公司（MonsterCloud），還有在紐約的普穩資料救援公司（Proven Data Recovery）。[9]

他們去詢問一些曾靠這兩間公司從勒索軟體攻擊中復原的企業。根據情報來源，這兩間資料救援公司會向受害者收費，以免付贖金的方式還原資料。比爾和亞歷克斯聽了覺得很可疑，因為根據他們從嗶嗶電腦等網站上獲得的資訊，攻擊這些受害者的勒索軟體根本還沒被破解，要還原上鎖檔案的唯一方法就是付贖金。

這兩間資料還原公司的網站幾乎沒提到贖金協商或付款內容。於是比爾用一點時間研究它們在Google AdsWords 投入的關鍵詞廣告費用，想瞭解兩家公司花了多少錢讓自己優先顯示在搜尋結果。結果他們發現，怪物雲端和普穩資料救援都花了幾千美元，買下所有關於勒索軟體常見關鍵字的優先顯示結果，其中，怪物雲端的花費比普穩資料救援來的高。這意味著假使一間公司遭到達摩病毒襲擊，如果那家公司的技術管理員搜尋「達摩」，他第一個看到的項目就會是怪物雲端。怪物雲端藉此增加與受害者做生意的機會。比爾跟亞歷克斯曾跟普穩資料救援公司的離職員工聊過，並從對方口中得知，普穩資料救援其實是在沒告知客戶的情況下向勒索軟體付了贖金。

比爾和亞歷克斯意識到，怪物雲端和普穩資料救援這兩家公司就是他們的競爭對手。這些號稱會幫忙救援資料的公司，實際上在做的就是付錢給攻擊者。他們創立的海灣軟體公司也準備好使用相同策略，只是差別在怪物雲端和普穩拒絕承認這點。

比爾說：「當我們知道有公司居然以掠奪者之姿向剛被勒索集團剝皮的公司放高利貸時，我們都有些驚恐。」

就連勒索集團都迫切聲稱自己站在受害者這邊，警告受害者不要相信那些不誠實的資料救援公司。像佛波斯病毒就在勒索筆記中寫道：「透過第三方協助解鎖你的檔案，可能導致贖金價格上升，他們會把費用算在我們頭上。你也可能被詐騙。」[10]

對勒索軟體狩獵團來說，怪物雲端和普穩資料救援這套騙術並不陌生。早在二〇一六年底，法比恩就和這兩間公司打交道過，當時甚至還有另外幾間類似的資料救援公司，分別位於英國和澳洲，他們都聲稱能破解法比恩和狩獵團還沒破解的勒索軟體。法比恩對此表示懷疑。「這些勒索軟體做的事，其他人都研究過了，」他說：「他們不太可能是唯一能破解的人。」

為了驗證自己的懷疑，法比恩設計一場他稱為「雲端出血行動」（Operation Bleeding Cloud）的實驗。這場實驗名稱以怪物雲端和二〇一四年公開揭露的「心臟出血」（Heartbleed）勒索軟體漏洞命名。法比恩和莎拉．懷特改寫一款現有的勒索軟體，將它拿來感染自己的實驗檔案。接著，他們將檔案寄給這些資料救援公司，假裝自己是不想付贖金的受害者。

法比恩在信中附上加密後的樣本檔案與假的勒索筆記，並在付款指示中留下用來連絡勒索軟體攻擊者的電子信箱地址，那個信箱其實就是他自己的信箱。在每一份勒索筆記中，還會有一組獨特的辨識號碼用來分辨虛構受害者。這樣一來當有公司透過信箱聯絡法比恩時，就算對方用的是匿名信箱，他也能分辨出寄信的是哪間公司。這些公司都表示樂於協助還原檔案。

「他們都聲稱自己能破解一些絕對不可能破解的勒索軟體，而且都沒提到他們付了贖金。」法比恩說：「反而，他們似乎都非常自豪沒有付贖金。」

法比恩表示，他假冒成攻擊者的電子信箱很快就開始收到信件。寄件者使用匿名信箱，在信中表明會付贖金給他。他回頭追蹤付款請求，找出寄件者就是那些資料救援公司，其中包含普穩資料救援和怪物雲端。他表示：「受害者被剝了兩層皮。」

普穩資料救援在他們的網站上，聲稱自己是「全世界第一間專門協助勒索軟體受害者的公司」。更精確的說法是，他們是假裝協助勒索軟體受害者的先鋒，實際上卻在誤導受害者。

普穩資料救援公司是由維克多・孔玖堤（Victor Congionti）和馬克・孔玖堤（Mark Congionti）兩兄弟成立的公司。創業初期，他們的辦公室設立在紐約白原市（White Plains）的馬克家；幾年後隨著公司擴張，他們將辦公室遷到艾爾姆斯福德（Elmsford）附近。兩兄弟對程式編碼都一竅不通。馬克原本是個數學代課老師，維克多則稍微懂一點技術，他曾在一間保險公司擔任資安分析師，但他的愛好不在資工，而是在電子舞曲。維克多在尋找室友的求租網站上，描述自己是個「饕客」、「健身狂」與「派對玩家」。

起初，普穩資料救援主要提供硬體的資料救援服務，會從壞掉的硬碟、相機等裝置中救回資料。大約在二〇一五年左右，他們的經營模式開始轉變。隨著勒索軟體變得猖獗，愈來愈多潛在客戶打來，希望有人協助他們破解加密檔案。普穩資料救援於是開始向受害者擔保能用「最新科技」解鎖他們的資料。表面上公司聲稱他們具有跟麥克和法比恩一樣破解勒索軟體的技能，但背地裡卻無法辦到。他們會透過支付贖金從攻擊者手中取得密鑰，並將贖金金額加上一點「服務費」後向客戶收費。

普穩資料救援的員工靠著一套「罐頭回應」，提供他們的客戶兩種資料救援選項。其一是自己想辦法付贖金，其二是藉由公司的最新科技解鎖檔案。但顧客並不知道第二個選項其實並不存在。即便他們選擇第二個選項，普穩資料救援還是會支付贖金。

有些顧客便起了疑心。二〇一六年六月，亞利桑那州的薩福特市（Safford）在網路遭到癱瘓後，聘用了普穩資料救援。該公司的案件經理布萊德．米勒（Brad Miller）在信中跟市府提及，工程師已分析過他們的樣本檔案，表示只要「透過他們精簡的流程與最新科技，便有高機率能還原資料」。米勒坦言，普穩資料救援的收費標準「可能很高」，並暗示市府的保險金「可能可以抵銷這筆開支」。

然而實際上，普穩資料救援公司並沒有這位叫作布萊德．米勒的員工，他是公司聘請海外特約人員的假名。「如果使用他們的本名，事情可能會變複雜。」維克多．孔玖堤說：「我們使用假名只是讓事情簡單一點……我們不認為這是在欺騙客戶，只是方便而已。」

一個禮拜後，普穩資料救援跟薩福特市府表示：「解碼程序已經成功完成。」但市府卻發現有些檔案還是被鎖著。普穩資料救援認為如果要解鎖這些檔案就要算成新的案子，並堅持再次向市府收費。薩福特市摸摸鼻子認了。最後這兩筆錢都由保險公司出，薩福特市共計賠償了八千四百一十三美元。但市府的系統管理員凱德·布萊斯（Cade Bryce）卻很疑惑，他忍不住自問：「如果普穩能破解第一件案子的演算法，為什麼還要做第二次，跟市府收第二筆錢？」

到了八月中，普穩資料救援宣布放棄。他們在信中表示：「我們運氣不太好，沒辦法破解剩下的病毒變體，就算我們聯繫駭客集團也沒有任何成果。」這很可能是因為普穩付了贖金，但由於勒索軟體本身有問題，造成一些檔案永久毀損。薩福特市政府的資訊管理員山姆·內皮爾（Sam Napier）和布萊斯分享普穩資料救援承認失敗的消息。內皮爾寫道：「我想你是對的，他們和駭客合作，再額外加收費用。」

表面上普穩資料救援看似破解了這些勒索軟體，對此阿拉斯加安克拉治的聯邦調查局辦公室也感到懷疑。二〇一六年四月，一款名為 DMA Locker 的勒索軟體攻擊了利夫·海靈頓（Leif Herrington）位於安克拉治的房地產仲介公司。公司的檔案與備份資料都遭受入侵，攻擊者在勒索筆記上要求四比特幣的贖金，以當時幣值換算相當於九千美元。

海靈頓聯絡了聯邦調查局。起初，聯邦調查局完全不在意這起案件。「這種案件每天都有好幾千筆，」調查局告訴海靈頓：「我們沒有資源做任何事。」

海靈頓的兒子研究了攻擊情形，發現沒有任何解碼檔案的方法，便建議父親支付贖金。海靈頓嘗試自己支付這筆贖金未果，找當地電腦公司也無法解決，於是便找上普穩資料救援。對方告訴海靈頓，他們手上有要價六千美元的專利軟體能解鎖他的檔案，並對支付贖金這件事隻字不提。

海靈頓的資訊顧問西蒙．施羅德（Simon Schroeder）提供普穩資料救援一個評估用的樣本檔案。幾天後，施羅德開了遠端權限給普穩資料救援，然後看著對方在四十五分鐘內解鎖了一組檔案。

普穩資料救援解鎖的速度之快，讓施羅德不禁懷疑他們是否根本付了贖金。雖然當時海靈頓的公司已恢復正常運作，但海靈頓還是再次打給聯邦調查局，這次聯邦調查局很感興趣。他們派了一名探員到房地產公司，海靈頓鼓勵聯邦調查局針對普穩進行調查，看他們是否在和 DMA Locker 背後的勒索集團合作。探員表示如果該公司真的刻意扭曲他們解決問題的方式，並謊報專業知識，或許就會觸犯法律。而且假如普穩資料救援付了贖金，他們實際上形同於協助勒索集團。

聯邦調查局在偵查後證實他們懷疑的事情。他們發現普穩資料救援和 DMA Locker 之間有數百封信件往來。同時，他們也追蹤到普穩資料救援的帳戶轉出了四比特幣，對象就是 DMA 勒索集團指定的比特幣錢包。在一封從駭客信箱發出的郵件中，他們針對付款的事向普穩資料救援道謝，並附上解鎖海靈頓檔案的方法。

聯邦調查局的證詞中指出，普穩資料救援「之所以能解碼受害者的檔案，完全是靠支付指定的贖金給對象」。聯邦調查局質詢了孔玖堤兄弟。馬克坦承在那次攻擊事件發生時，他們除了付贖金給駭客，沒有任何已知的解鎖方法。

維克多也承認他們將海靈頓的錢拿去付贖金。「那是唯一能拿回他資料的方法。」維克多說：「我們很遺憾他感覺被誤導……顯然他對我們要如何解決問題的方法有些誤解。」

聯邦調查局從未對普穩資料救援提出指控。但根據該公司的前職員強納生・史托弗（Jonathan Storfer）所說，他曾代表該公司與 DMA Locker 針對後期款項談判過幾次，這證實普穩資料救援與駭客間的合作關係。一切正如海靈頓所擔憂。[11]

由於普穩資料救援和 DMA Locker 往來是使用真實信箱，史托弗還曾懷疑過發動攻擊的駭客是英國足球隊的球迷。因為對方信箱以「約聯」（John United）為使用者帳號，和簡稱「曼聯」的曼徹斯特聯足球俱樂部（Manchester United）很相似，而通信的駭客也用過曼聯前總教練亞歷克斯・佛格森（Alex Ferguson）的名字。此外，駭客要求的贖金價格是以英鎊計算，再轉換為比特幣，這一點就勒索軟體而言並不常見。

「在大多數情況下，DMA 算是滿友善的談判對象，」史托弗說：「對方溝通起來直接明瞭，英文也不錯。而且他手上工具用起來完全沒問題，就算工具故障他也會幫你解決。」

DMA Locker 幕後的駭客對普穩資料救援熟悉到能認出他們的比特幣錢包。只要駭客在區塊鏈上看到普穩資料救援轉帳給他，不等對方通知，馬上就會寄出解碼工具。[2] 通常其他勒索軟體的攻擊者會等到公司寄出贖金匯款的確認信後，才會寄出密鑰。

「雖然有點怪，但我們合作其中一個的好處是，他很熟悉我們手上有哪些錢包。每次我們轉帳給他，他都會在我們還沒提供交易序號前，就把密鑰寄給我們。」史托弗說：「那名駭客都直接守著區塊鏈，然後說：喔，普穩資料救援的錢進來了，我把密鑰給你們。」

甚至當那名駭客決定金盆洗手前，特地通知普穩資料救援並提出最後一次交易。「嘿，我準備關門大吉了，」他跟史托弗說：「你有其他需要密鑰的客戶嗎？我可以給他們特殊優惠。」

「這是和駭客**交朋友**的好處之一。」史托弗說。

史托弗是個善於交際的人，平時留著一臉蓬亂的鬍子。他討厭體能運動，但是是一名才華洋溢的業餘廚師。他收集許多食譜，也是《英國烹飪大賽》的忠實觀眾，他為了醃製鴨胸肉能花一整個禮拜準備。史托弗說：「我對各種美食感到著迷。」

二〇一七年，畢業剛滿一年的史托弗，希望找到一份離他家鄉韋斯切斯特郡（Westchester County）近一點的工作。他在網路上看到普穩資料救援開了辦公室經理的職缺，雖然他從沒聽過這間公司，他還是先應徵上工作。原本他以為工作內容是安排會議、收送包裹類的行政工作。不過由於過去他在零售店和餐廳工作的經驗，讓他具備客戶服務技能，他進到普穩資料救援不久就被任命為客戶解決方案經理，起薪大約一年四萬一千美元，主要負責和駭客協商。

當時，普穩資料救援已經放棄先前讓客戶自行決定是否要付贖金的劇本，並以一套「你不問我就不說」的默契取而代之。史托弗依循這種處理方式，如果客戶沒有問，他就不會說；如果客戶真的問起，他就會誠實以對。史托弗表示：「這比較像一種遺漏的謊言。」

史托弗身為談判者，透過和勒索軟體攻擊者打好關係來降低贖金價格。他很快就學會絕對不要向他們提到「駭客」這個詞；相反地，他得當成自己是在和一些自認為是生意人的對象交手。「聽著，我們這次沒辦法負擔這個報價，」史托弗會這樣說：「能不能以較低價格提供你的商品？」

通常找上普穩資料救援的受害者已經把攻擊者痛罵過一遍了，所以當史托弗以迎合的方式溝通，就會帶來耳目一新的效果，有時還能拿到一點折扣，讓普穩資料救援能提供給客戶。「他們在做一個過街老鼠的工作。如果讓他們感覺被尊敬，他們的合作意願就會更高。」史托弗說：「我們能把五千美元的贖金殺到三千美元。他們也知道我們說到做到。」

只要攻擊者願意降低其中一名客戶的贖金，就比較容易說服對方降低其他客戶的贖金。史托弗會和他們說：「是這樣的，我們手上還有另一名客戶，你可能幫得上忙。能不能也以這個報價處理？」對方便會回答：「沒問題。」

雖然這些戰術奏效了，但史托弗卻開心不起來。「我處在一種詭異的灰色地帶。我一直不太能接受自己得和這些人互動，甚至要和他們稱兄道弟。」他在駭客之間成為一張熟面孔，駭客們會想要「確認之前我們和他們一起工作過……我會用一**起工作**這個詞，但這種描述其實最讓人感到毛骨悚然。因為事實上我們都痛恨他們。我們會在公司公開討論這件事，表示為了讓他們願意合作，我們得站在駭客那邊，對他們感同身受。可是其實我們都覺得很詭異，渾身不舒服，彷彿這麼做之後，自己也會脫胎換骨變成他們的同類。」

儘管史托弗盡了最大努力，有時駭客還是會做出難以預料的舉動，像是在普穩資料救援支付指定的贖金後變得悄無聲息。這時史托弗就會把攻擊者的信箱位址與他們不予回覆的行為，拿去跟同一個集團的其他駭客告狀。接著對方就會「回過頭來說：**抱歉，我這三個禮拜吸太多了**。」

史托弗建立互利關係的盟友中，最惡名昭彰的集團就是山山勒索集團。普穩資料救援付了超過一年的贖金給山山集團。「我們和他們的合作關係非常公開，基本上我們會自報名堂。」史托弗說。

由於史托弗和駭客之間建立良好的合作關係，只要他打聲招呼，就能要求對方延長交易期限。史托弗只要說：「嗨，我是普穩資料救援的人，麻煩請不要關閉這個通話管道，我們正在聯繫客戶，讓事情順利推進。」山山集團就會把關閉通道的倒數計時器關掉。「他們回應會更快，而且在很多案例中，我們都能讓他們更容易把東西交出來。」

到了最後，攻擊者甚至會開始推薦受害者找他們公司合作。「山山會說：如果你需要協助，可以聯絡普穩資料救援公司。」有些顧客對於這種背書方式感到疑惑。「當客戶問我們原因，我們就得誠實以告，那可不是什麼令人愉快的對話。」

如果跟勒索軟體攻擊者事前取得共識，可能會有觸法風險。由於駭客們確信普穩資料救援會付贖金，這點很可能被視為他們作為共犯的證據。休士頓一名專攻隱私與資安的律師巴特·霍夫曼（Bart Huffman）便說：「普穩資料救援跟勒索集團的互動確實看起來像在幫對方做事，運作模式是你在山山集團的推薦下，以山山集團提議的方式為他們籌款。」

維克多·孔玖堤沒有否認史托弗的說法。但他表示，普穩資料救援和山山集團的攻擊者**從來沒有密切的合作關係**。維克多說：「我們和攻擊者間的聯繫內容，僅止於降低顧客受到的攻擊損傷……任何人都能去找駭客，和對方說希望能維持溝通管道暢通。」

事前取得共識的觸法風險不是和山山集團打交道的唯一棘手之處。在伊朗，有一座村子恰好叫作「山山坎地」（Samsam Kandi），後來山山勒索集團也被發現是在伊朗運作。在普穩資料救援付給山山集團的最後幾筆款項中，其中有一·六比特幣在二〇一八年十一月被送出（一·六比特幣以當時幣值換算相當於九千美元）。這筆錢從普穩資料救援的比特幣錢包轉到攻擊者的指定錢包，最後輾轉落入與伊朗駭客有直接關聯的錢包。

在普穩資料救援付款十二天後，美國政府正式起訴兩名據稱是山山勒索軟體開發者的伊朗人。美國財政部以制裁伊朗政權為名，禁止任何付款給這兩名攻擊者的比特幣錢包。

對此，維克多·孔玖堤則表示，普穩資料救援在這兩名攻擊者被正式起訴前，並不知道山山集團的駭客是伊朗的犯罪集團。他說：「我們不會在任何情況下，有意與受到制裁的人或團體進行交易。」

當山山集團受到起訴時，史托弗已經離開普穩資料救援。他在公司工作一年半後漸漸受到良心譴責，尤其當聯邦調查局開始針對阿拉斯加案審問普穩資料救援的員工。「要是我們支付的贖金被大量用來資助恐怖組織和犯罪集團，我也不意外。」他說，「所以關鍵問題就是……如果每次我們都會被山山集團攻擊，每次也都會付錢給他們，嚴格說起來，我們是否就是在資助恐怖組織？」

史托弗厭倦了要和親人朋友解釋工作內容，有些他認識的人會戲稱他整晚都在回駭客信件。「我會想念整天和別人解釋我的工作嗎？不會。過去我得一再重複這樣的對話：『你是做什麼工作？』『喔，我靠著和駭客協商謀生。』這一行太詭異了。」

比爾．席格深知史托弗面對駭客的協商能力，曾經想招募他進新創的海灣軟體公司。史托弗一度動心，但最後還是選擇離開這個產業。「我想要離開的是這個環境，我感覺太不舒服了。」史托弗說。普穩資料救援、怪物雲端和海灣軟體公司都是「在蠻荒西部的法外之地，靠著自己制定的規則立足」。

普穩資料救援和他的競爭對手怪物雲端有很多相似之處。兩間公司都聲稱自己協助過數千名勒索軟體受害者。除了資料救援外，他們也都有其他業務，像是為了防範未然強化修補系統漏洞的服務。兩間公司的員工都會以假名和客戶聯繫，公司也都會在贖金之外加收一大筆費用。普穩資料救援號稱自己有百分之九十八的成功率，怪物雲端則向被害者「保證」一定能移除勒索軟體。

如果要說這兩間公司有哪裡不同，那就是怪物雲端在假裝自己沒付贖金這一點上，比普穩資料救援更厚臉皮。「別付贖金，」怪物雲端會直接在網站上堅稱：「你不會想冒著風險花錢消災，讓我們的專家為你處理這種狀況。」

怪物雲端的網站上有一支宣傳影片，在影片中，曾在前聯邦調查局局長羅伯·穆勒底下工作的聯邦調查局前副局長約翰·皮斯托（John Pistole）說：「警察機關、政府機構、醫療院所、中小企業與財星五百大企業都信賴怪物雲端，他們靠著怪物雲端的協力，從攻擊事件中重新站起，抵禦未來的新攻擊。」「怪物雲端的專利技術與專業知識，保全他們的職業名聲與組織信譽。」

然而，皮斯托在二〇一九年的訪問中承認，怪物雲端解碼檔案時靠的並不是「專利技術和專業知識」。「就我所知，他們運用的模式就是付贖金。」皮斯托說：「去年我第一次和佐哈開會後，初步了解的商業模式就是這樣……根據我的經驗和知識，怪物雲端會支付贖金，並打造出一套最好的實踐方法。」

皮斯托提到的「佐哈」是指佐哈·平哈西（Zohar Pinhasi），皮斯托影片中的背書內容就是佐哈寫的劇本。過去佐哈曾擔任以色列軍隊的資訊安全情報官，他在二〇〇二年搬到美國，隔年就在佛羅里達州共同創辦一間名為「PC USA 電腦解決方案供應商」（PC USA Computer Solutions Providers）的公司，專門為客戶進行雲端備份。佐哈在二〇一三年創辦怪物雲端，最終漸漸由供應其他技術，轉型成專門提供勒索軟體資料救援服務，和普穩資料救援走上同一條路。

佐哈剃著光頭、面容削瘦，平時過著富裕的生活。他一台接一台換賓士新車，在南佛羅里達區有兩棟房子，其中一棟還是位於哈倫代爾海灘（Hallandale Beach）的五房海濱別墅。

平常佐哈會和皮斯托約在夏儂海法餐廳見面（Shalom Haifa），這間餐廳在怪物雲端的好萊塢分店附近。佐哈表示，怪物雲端每天都會接到將近三十通電話。公司在南佛羅里達區聘了二十名員工，除此之外他們在世界各地都有窗口，連在暗網上都有。

由於怪物雲端的行事隱密，有時會讓潛在客戶難以接近。二〇一九年，來自休士頓的科技顧問提姆．安德森（Tim Anderson）的一名客戶遭到諾極深（Nozelesn）勒索病毒攻擊，駭客要求七千美元的贖金，安德森為此尋求怪物雲端的協助。在怪物雲端的報價中，光是分析勒索軟體就要價兩千五百美元，實際復原則需支付高達兩萬五千美元。當安德森要求怪物雲端提供他們解鎖檔案的清楚說明時，怪物雲端拒絕了。

「我馬上知道有鬼。」安德森說：「我怎麼知道他們不是拿了兩萬五千美元，然後付了七千塊給勒索我們的傢伙？顧客根本被矇在鼓裡。」

安德森拒絕了怪物雲端的服務，他的客戶則聘請另一間公司代付贖金。

怪物雲端靠著執法官員的背書打造他們的可信度，如同代言人皮斯托從二〇〇四年到二〇一〇年間擔任聯邦調查局副局長一職，後來他在歐巴馬總統任內又擔任運輸安全局（Transportation Security Administration）局長。二〇一五年，皮斯托離開執政團隊，成為印第安納州安德森大學

（Anderson University）的校長。怪物雲端便以講師協會的名義付錢給皮斯托，並讓他掛名成為該公司的「網路安全顧問委員會」（Cyber Security Advisory Council）創始成員。雖然皮斯托名義是顧問委員會的一員，但怪物雲端的網站也沒列出其他成員名單。

佐哈也將皮斯托引入他旗下另一間公司「舒適天涯有限公司」（Skyline Comfort LLC）。這家公司的業務是在各大機場設置按摩椅，乘客只要付一點費用就能享受幾分鐘按摩，收入則由公司與機場管理單位分成。皮斯托在其中扮演的角色是幫佐拉和機場官員牽線。如果公司有從中獲利，就會支付費用給他。後來舒適天涯公司在二〇二一年解散。

怪物雲端網站上的宣傳影片除了有皮斯托，還包含好幾所鄉村地區的警察局。這些警察局都曾被勒索軟體攻擊，怪物雲端為這些機關提供免費服務，以換取他們背書。由於這些警察局拿的是納稅人的資金，打從一開始就摒棄以贖金獎勵駭客的念頭，畢竟和犯罪分子談判是執法機關的大忌。因此當怪物雲端承諾以科技方案處理問題時，警察局變特別容易被吸引，而地方警察單位對勒索集團解碼程序的不熟悉也有利於怪物雲端介入。這些警察不知道遭受勒索軟體攻擊時，大多數情況下唯一的救援手段就是付錢給駭客，一般會相信怪物雲端所說的專利技術能解救他們。（至於比較熟悉科技領域的單位，就算看穿怪物雲端的手法也可能會選擇裝傻，以否認他們實際上有支付贖金。）

二〇一八年五月，德州拉馬爾郡（Lamar County）的警長辦公室遭到名為「德克先生」（Mr.

Dec）的勒索軟體襲擊。「算你倒楣！」攻擊者寫道：「你的檔案被一種恐怖病毒感染了。」

由於辦公室沒有備份檔案，他們唯一的救援方法就是付贖金。然而，拉馬爾郡的網路管理員喬爾・魏斯朋（Joel Witherspoon）並不知道這一點。當市府官員決定聘請怪物雲端時，魏斯朋向怪物雲端明確表示他們拒絕支付一比特幣的贖金（當時一比特幣相當於八千美元）。怪物雲端則告訴他，他們正在請「一個專業工程師團隊處理」。

「我沒有想過對方其實是去付贖金。」魏斯朋說。

魏斯朋不知道自己被誤導了。當他收到救援回來的警局檔案時，還稱讚怪物雲端「做得非常好」。他對當時對方公司的主要聯絡窗口查克・格林（Zack Green）印象特別深刻。「查克的頭銜，老天呀，長到天邊了。」魏斯朋說：「他似乎懂很多東西。」查克在他的信件簽名檔中掛了許多頭銜，而這些頭銜全都沒經過正式產業認證，其中包含「勒索軟體救援專家」、「網路反恐專家」、「網路犯罪預防專家」以及「網路威脅情報專家」。

事實上，怪物雲端根本就沒有查克・格林這個人。佐哈坦承，格林只是個假名，但他拒絕透露那是誰用的假名。「我們都用假名做事，因為我們面對的是網路恐怖分子。」佐哈說。

魏斯朋和其他拉馬爾郡的網路管理員在錄製的影片中，大力讚揚怪物雲端的服務。「如果我們無法復原檔案，我們會被迫倒退好幾年，」魏斯朋在影片中說：「這些人真的知道他們在做什麼……我們沒有損失任何資料。」

另一組滿意的客戶證詞來自阿肯色州的特魯曼（Trumann）警察局。二〇一八年十一月，達摩病毒癱瘓這間只有二十多名警力，轄區卻有八千名人口的警局。在這場攻擊中，警局數十年來的資料被凍結，其中包含案件筆記、證詞、陳述書與薪資紀錄。局裡的資訊技術管理員慌亂地在谷歌上搜尋解決方案，接著就找到怪物雲端。

特魯曼警察局的局長查德・韓森（Chad Henson）對怪物雲端推出的兩個賣點印象深刻，其中之一是「他們對執法機關與政府單位特別友善」，其二就是他們不會付贖金。「我在局長的位置上，要負責保護整個警局的人，」韓森說：「如果一回過身，我們就拿納稅人的錢去付贖金，那絕對是個錯誤的決定。那是最後手段。但有了怪物雲端協助，我們可以不用考慮這個選項。」

當時韓森聯絡怪物雲端，向對方說明他的困境。「別擔心，」對方告訴他：「我們有信心能拿回你所有檔案。」

不到七十二小時，怪物雲端就還原警局的檔案，而且還以互惠方式免收他們七萬五千美元的費用，條件是他們要為公司背書。正因如此，韓森更確信怪物雲端沒有付贖金給駭客。

或許局長應該更仔細檢查特魯曼警局和怪物雲端簽的合約。因為在合約細節中，特魯曼警局授權怪物雲端代付贖金，而且不需告知警局。怪物雲端將它們的救援手法稱為「商業機密」，在合約上寫明公司不會解釋他們「還原客戶檔案的方式」，還補充「假設所有能直接解碼客戶檔案的方法都無效」，怪物雲端會嘗試「透過跟網路攻擊者溝通」來還原檔案。由於當時坊間並沒有任何能破解達摩病毒的方法，怪物雲端唯一可能的做法就是付錢給駭客。

佐哈在一次訪談中，曾堅定為自己的商業模式辯護。「我們的目標是要還原資料並協助顧客，」他說：「如果我們得踩著碎玻璃摘下月亮，我們也會這樣做。我們不在乎怎麼做到、用什麼方法、在哪裡做到，我都不管。我們的目標就是拿回資料。」

當他被問到怪物雲端是否有付贖金的問題時，他避而不談。「我們是在陰影中工作的人，」他說：「我們怎麼辦到是我們的問題。你會拿回你的資料。你只要好整以暇坐在那邊等我們就好。」

有鑑於普穩資料救援和怪物雲端都採用雙面手法，比爾．席格和亞歷克斯．霍特曼在創辦新公司時，希望將公司設計得愈透明愈好。他們相信如果公開跟駭客打交道的內容，海灣軟體公司將能顛覆整個勒索軟體資料救援產業。他們並不會以商業機密的名義保護他們的技術，而是會將協商過程的每個環節完整截圖，並將檔案分享給顧客。如果有潛在客戶面對的勒索軟體，是勒索軟體狩獵團或其他研究員已經破解的品系，比爾和亞歷克斯就會無償指引客戶使用免費的破解工具。

「我們認為，至少我們能擾亂這些卑鄙的操作員。」比爾說。

由於比爾跟亞歷克斯都沒有協商贖金的經驗，也沒受過訓練，他們採取從新創界學到的「弄假成真」（fake-it-till-you-make-it）信條，一邊做一邊學。亞歷克斯擔任首席技術長，負責編寫案例管理軟體。他依照固定標準整理收到的資料，以利於作業進行。比爾則擔任執行長，他採用第二市場操作過的成功手法。比爾在第二市場的前雇主曾利用手上數據發表每季的產業分析報告，並以此成為首次公開募股前交易的權威人士。比爾以同樣邏輯在海灣軟體的公司網站創立一個部落格，希望藉此吸引潛在顧客、執法機關與關注勒索軟體的相關媒體，進而讓新公司成為可信賴的資料來源。

比爾在二〇一八年五月發表的第一篇文章標題為〈隆重介紹：海灣軟體！〉（*Introducing Coveware!*），文中直接針對普穩資料救援和怪物雲端這類的公司開刀。比爾描述他和資訊專家的對話，包含勒索軟體攻擊造成的後果，以及受害者是如何被剝兩次皮，第一次是被駭客，第二次是被資料救援公司。

「我們期待未來的資料救援階段，不再是令人感到挫折與焦慮的一段時期，」比爾寫道：「我們沒有預期到會有如此陰險的**服務供應商**（使用這個詞彙已經很慷慨了），他們以掠奪者之姿向勒索軟體受害者放高利貸。我們對這些故事感到憤怒……並決心打造更好的體驗，這就是我們在做的事。」[12]

比爾將整件事說得像是眾所皆知但避而不談的燙手山芋，也坦言他預期在發表言論後會受到「批評和審查」。雖然付贖金並不違法，只要對象不是被美國聯邦政府制裁的對象就好，但聯邦調查局原則上仍不鼓勵人們這樣做。比爾跟亞歷克斯嶄新的商業模式牴觸了聯邦調查局的指導規範。

「海灣軟體讓公司更容易付錢，」比爾寫道：「有一種流行的說法是關於一種烏托邦願景：無論公司還是個人，只要每個受影響的人都不付錢，這個問題就會永遠消失。雖然我們能理解也欣賞這種論述，但認為這執行起來實在太不切實際。」

比爾在文中再次向讀者保證：「我們沒有意圖透過贖金付款來獲利。」他在這一點上或許有點自欺欺人。他補充道，海灣軟體收集的數據將能「幫助資安社群打造更好的資安工具」。

比爾和亞歷克斯很快就放棄一開始想透過訂閱制賺錢的模式，因為他們發現，託管服務供應商不太願意為還沒發生的假設性攻擊狀況，預先支付應急的費用。他們進而轉向和已經受到攻擊的公司合作。二〇一八年夏天，他們以不收費的方式接案，藉此學習怎麼和駭客打交道。在第一個月，海灣軟體接到三個案子，其中包含一間德州的回收場，比爾代表他們和駭客談價後，還原了他們的檔案。第二個月，他們有十二個客戶。到了二〇一八年十月，海灣軟體公司處理的案件數據，已經足以讓他們整理出第一份季度報告。[13]在報告中提到，公司的顧客收到的平均贖金要求是五千九百七十四美元，而他們的顧客最常遇到的勒索軟體就是達摩病毒。

「我們從協商過程清楚得知，駭客集團詳盡記錄了他們加密過的機器類型和規模，同時也記下攻擊對象的組織規模，」比爾寫道：「他們會依照這些規模調整贖金額度。」

比爾陸續在網站上發表文章，讓海灣軟體的網站在谷歌搜尋結果中的關鍵字排名上升，並吸引一些原本可能會找怪物雲端或普穩資料救援的新顧客。他也和勞倫斯．亞伯拉罕取得聯繫，勞倫斯同意在嗶嗶電腦上分享海灣軟體的貼文。隨著愈來愈多受害者登門求助，比爾和亞歷克斯開始向被害者收費。他建立固定的價目表，價格根據案件複雜度，從一千五百美元到七千五百美元不等，並依照這個價目表報價。

怪物雲端留意到海灣軟體的崛起。在這個後起之秀發表季度報告當月，怪物雲端也貼了一篇虛偽的文章，針對海灣軟體付贖金的行為進行攻擊，好似他們本身沒付贖金。

「海灣軟體這間公司提供代替協商的服務，贖金金額則是和網路罪犯討論出來的，」怪物雲端在文章中佯裝厭惡的口吻：「海灣軟體的執行長兼共同創辦人比爾．席格，描述他們公司的願景是**務實的**。席格認為有的公司沒別的選項，只會採取付贖金給網路罪犯的程序。」[14]

在怪物雲端的文章中，海灣軟體前期成功和駭客協商的經驗，被輕描淡寫成是「新手的好運」。文章並錯誤引導讀者，指出大多數駭客不會在收到贖金後提供密鑰。怪物雲端寫道：「別的網路犯罪集團不太可能在收到贖金後，就開始刪除勒索軟體。」

文章進一步警告，付贖金可能會「在未來造成更大後遺症……支付任何贖金都會讓網路罪犯食髓知味。最後，這個危險的產業可能會靠這些錢變得更加繁榮、蓬勃成長。」

比爾早已有預感正義人士會把他視為縱容罪犯的人。但讓他感到憤慨的是第一個公開抨擊他的人，根本也是靠著同樣方式獲。

二〇一八年十二月，正當比爾和亞歷克斯預備領取創立海灣軟體以來的第一份薪水，比爾鼓起勇氣寫下另一篇文章，針對他所說的「勒索軟體支付工廠」開砲。文章標題為「小心不實的勒索軟體救援公司」，比爾在文中警告讀者，有些「號稱不需付費給駭客就能解碼」的公司，會「收取過高費用」。[15]他指出這種公司只不過是在客戶不知情的情況下支付贖金。

二〇一九年初，非營利新聞調查機構 ProPublica 得知海灣軟體公司提供代付贖金的新業務，而找到比爾。在受訪時，比爾提到怪物雲端那篇惡意競爭的文章。四個月後，在二〇一九年五月，ProPublica 發表一份關於資料救援產業的調查報告。那份名為「交易機密」（*The Trade Secret*）的報告，揭露怪物雲端和普穩資料救援這類公司如何以高科技解決方案的名義，每每在不告知客戶的情況下直接付款給駭客。

這份報告問世後，比爾感覺終於得到平反。他的競爭對手欺詐的證據被攤在大眾眼前，而他的生意和勒索軟體肆虐的情況轉眼間都變得更加興盛。

贖金協商公司只不過是剛萌芽的勒索經濟的一部分。勒索軟體的威脅也為資安產業帶來助益。許多企業開始強化他們的資安防護以免遭到攻擊，但有時這些企業客戶買到的是假的安全感。每種資安產品的品質參差不齊，而且需要時時更新，才能應對持續進化的勒索軟體。而最後資安產品是否有效還是得回到「工人智慧」——關鍵取決於負責安裝和監控資安軟體的技術人員能力。

資安險則是另一個蓬勃發展的產業。[16]當勒索軟體愈常針對大型目標，也逐漸增加贖金金額，美國的公司與公家單位開始將勒索軟體攻擊視為難以避免的風險。為了應對這項風險，他們選擇購買更多資安險。

起初，很多保險公司並不願意承保網路災害，一部分原因是他們缺乏可靠的保險精算統計數據。對保險業者來說，當公司承保火災、水災或車輛事故等傳統風險時，他們能依靠全國級單位與產業資料庫的可靠數據，估算出保單的計價標準。但他們對於網路災害風險卻沒有相應的資料來源進行估價。即便存在這種不確定性，數十家保險公司還是願意承保網路災害。對於保險業這種成長緩慢的行業來說，資安險是個蓬勃發展的領域。到了二〇一九年，資安險在美國就擁有八十億美元的市場。

有些保險公司為了避免保戶受到攻擊，會要求保戶接受嚴格的安全評估，以此作為承保條件。就像保險公司也會要求投保火災險的商業建築必須安裝灑水器。保險公司開發出一套流暢的系統，讓他們在處理爆量的勒索軟體案件時，能和律師、顧問、談判專家與其他供應商合作作業。通常保險公司會提供保戶一組緊急免付費電話，只要保戶偵測到攻擊事件發生，就能立刻聯絡到他們。由於事件發生後，時常會有後續法律訴訟要處理，因此當受害者撥打保險公司提供的電話時，首先接起電話的會是律師。這樣一來，案件從一開始就能處於保密狀態。專門擔任「入侵事件指導教練」（breach coach）的律師會引導受害者進入復原程序，其中包含聘請保險公司認可的供應商。這些供應商會承接大量跟勒索軟體相關的保險工作。

海灣軟體依靠公司公開透明的行事原則以及吸引精算師的大量數據，成為保險公司的重要支柱。公司的生意蒸蒸日上，比爾還得聘請更多員工才忙得過來。他發現有愈來愈多保險公司來找他，希望海灣軟體出面代表被攻擊的保戶協商贖金。其中一次是在二〇一九年六月，路克勒索集團襲擊位於佛羅里達州北部的湖市，湖市個轄區人口大約為一萬兩千人的地方機構。

起初，湖市的市政府希望能不付贖金就還原他們的系統。根據該市市府發言人麥克·李（Michael Lee）警佐表示，警察局的技術人員正在「努力不懈」解決問題，並已將伺服器硬碟交給當地供應商處理，對方「在取回資料方面已取得適當進度」。然而，取回資料的程序比預期來得更有挑戰性，對方花了更多時間。

湖市市府聯絡了佛羅里達城市聯盟（Florida League of Cities），該聯盟跟保險巨頭貝資禮保險公司（Beazley）共同為佛羅里達州各市投保網路保險。由於湖市的備份檔案在攻擊中也遭刪除，當地一名技術人員嘗試還原備份檔案，貝資禮保險和他要了一份被加密的樣本檔案與勒索筆記，交給他們認可的供應商，也就是海灣軟體，海灣軟體便能開始和駭客協商。起初，駭客提出的贖金要求是八十六比特幣（根據當時幣值換算，相當於七十萬美元），貝資禮保險認為這個價碼太高。比爾進一步和駭客談價，把價格殺到四十二比特幣（相當於四十六萬美元），最終，保險公司同意了。

湖市市長史蒂芬·衛特（Stephen Witt）在市議會召開一場緊急會議，共同決定是否要付這筆贖金。他在投票前帶著議會一起為市府祈禱。「我們在天上的父，」衛特說道：「我們懇求您今日給予我們指引，讓我們為自己的城市和社區做出最好的選擇。」他們沒有花太多時間討論，全體一致決定要付贖金。市府想要盡快恢復正常運作，如果繼續耽擱備份資料的還原進度，市府花掉的錢可能會超出保險金的賠償上限一百萬美元。

湖市先將贖金交給海灣軟體，海灣軟體再將金額轉成比特幣付給攻擊者，以取得解碼工具。最後，包含贖金與資料救援在內所有花費扣除一萬美金的自負額，其餘花費全由佛羅里達城市聯盟給付。

「我們的保險公司替我們做出決策。」市府發言人麥克．李表示：「像我們得花多少錢修復系統，得花多少錢支付贖金。」對保險公司來說，這些金額「都是出於商業考量。」

麥克．李同意支付贖金可能導致更多攻擊，但他表示，湖市相信貝資禮保險的判斷：「如果攻擊持續發生，保險公司會是受到最大打擊的人。假設他們仍認為付贖金比較好，從財務角度判斷那是最正確的決定，即便那可能代表駭客會再次攻擊，你就很難和他們爭論。因為保險公司很清楚背後的成本效益。我很難說這是對的決定，但從特定觀點來看，或許這是合理的決定。」

李說得沒錯。就當時而言，保險公司支付贖金是符合成本的。還原備份檔案可能是一項曠日廢時且艱鉅的任務，而且結果如何還難以預料。這樣一來，保險公司可能得持續承擔各種費用，包含員工加班費、公關費用與資料救援顧問費等。相比之下，聘請像海灣軟體這種公司代為協商，通常能快速解決事端，因此保險公司經常依據「生存證明」核准贖金支付程序。這裡的「生存證明」，是指要駭客提供一份他們確實能解碼的樣本當作證據，就像在綁架案的談判中，綁匪提供人質還活著的證據。當保戶理解和罪犯談判協商能讓他們的系統更快恢復正常，通常也會放下疑慮。

二〇二〇年九月，在聯邦調查局舉辦的勒索軟體高峰會上，傑瑞米・吉特勒（Jeremy Gittler）表示：「對企業或政府機關來說，時間很寶貴。」傑瑞米在安盛信利保險集團（AXA XL）負責管理美國區的網路保險投資組合。「對承保人而言，老實說時間同樣很寶貴。因為任何形式的業務中斷都在我們的承保範圍，所以你也會希望企業盡快恢復正常作業。」

保險公司傾向於支付贖金這點，讓勒索軟體狩獵團的成員感到很洩氣，因為他們想試著切斷駭客金流。在湖市付完贖金後沒多久，法比恩・沃薩爾為另一間美國的公司提供諮詢服務。當他們確定透過備份資料還原檔案得花上數周時間後，那家公司的保險公司提出以保險金支付十萬美元贖金的提案，以避免業務中斷帶來的成本增加保險公司的賠償金額。受害的公司同意了，但這個決策出了問題。公司從駭客手中取得的解碼器無法正常運作。最後，法比恩把解碼器修好，他的維修費用則由保險公司支出。

「對保險公司來說，付贖金便宜多了。」法比恩表示：「資安險正是勒索軟體賴以為生的東西。這是一種扭曲的關係。保險公司什麼都願意付，只要最後付出的價格比他們得賠償的營收損失低就好。」

對此保險業也沒提出異議。紐約的非營利組織保險資訊協會（Insurance Information Institute）發言人洛瑞塔・沃特斯（Loretta Worters）將勒索軟體的贖金比作汽車保險詐欺。她舉例解釋，如果保戶為了領取汽車險保險金而放火燒車，保險公司仍會支付這筆詐騙性索賠，因為這比對保戶提起刑事訴訟便宜。

「你不會想鼓勵人們持續詐欺，」沃特斯說：「但有時說實話，保險公司會表示：**這騙不了多少錢，我們不如直接付錢了事。**」

然而到了二〇一九年，隨著勒索軟體相關理賠案件激增，像沃特斯這種產業內部人士也開始擔憂長時間不斷核准創新高的贖金理賠，會帶來什麼後果。「當你一直用錢收買這些罪犯，未來會發生什麼事？」沃特斯問道。攻擊者會看見保險業的「口袋有多深」，如果他們意識到自己能從受害者身上榨出更多錢，「他們就會要求更多。」

很快地，沃特斯的擔憂成真了。駭客會開始針對有投保的受害人下手，並要求前所未有的八位數贖金。光是貝資禮保險公司在二〇一九年，就處理七百七十五筆勒索軟體事件，[17]相較於前一年成長了百分之一百三十一。貝資禮保險還發現，駭客在加密受害者系統前，會先在系統上搜尋「保險」類的關鍵字。然後駭客會找出目標保單，檢查文件上的理賠上限，再依照理賠上限設定贖金。

舉例來說，貝資禮保險的其中一名客戶被攻擊時，對方就要求高達三百萬美元的贖金。該案件的談判人告訴駭客受害者只是個小組織，沒辦法負擔這麼高的價位。駭客回應道，這間受害公司的網路風險經理已經使用資安險「照顧好這間公司」。駭客還寄給談判人一份保單影本當作證據。在聯邦調查局的高峰會上，負責領導貝資禮保險全球網路與科技理賠團隊的金柏莉．霍恩（Kimberly Horn）表示：「確實，我們檢查了那份文件，那就是公司的保單。而且三百萬美元的贖金正好符合理賠上限。」

在另一起由旅行家集團（Travelers）處理的案件，受害人與旅行家的緊急應變團隊進行一場私人線上會議，而駭客也混了進去。旅行家集團的網路產品經理提姆．法蘭西斯（Tim Francis）在高峰會上說，駭客「整個談判過程都在聽，當然這對整個狀況一點幫助都沒有。這種情況很罕見，但你可以理解為什麼會發生。當他們入侵你的網路、知道你的電話號碼，那也會看到你發出的會議邀請。接下來你在商討如何處理狀況時，就會看到電腦顯示勒索集團加入會議。」

在美國，投保資安險幾乎已經是上市公司的必備條件，業界也經常尋求比爾．席格的服務。到了二〇一九年底，海灣軟體每個月處理的勒索軟體緊急事件，相當於六間上市公司的數量。[18]

美國證券管理委員會（U.S. Securities and Exchange Commission，簡稱 SEC）要求上市公司需提交所有可能影響投資者買賣股票決策的「重大」事件報告，不過向來注重透明度的比爾卻注意到，很多公司沒有將勒索軟體攻擊事件送交證管會，或者在報告中模糊其詞。公司擔心如果這些事件公開將影響他們的聲譽，讓投資者變得警戒與股價下跌。

「公司會特別避談勒索軟體的攻擊，」比爾觀察後表示：「那會嚇跑大家……只要任何公司提到像被惡意軟體加密或惡意軟體造成系統中斷跟當機，很可能就是指勒索軟體。」

比爾向來注重輿論，也知道最後真正負責掏錢的人是保險公司，因此他在海灣軟體的部落格上駁斥資安保險助長勒索軟體氣焰的論點，並指出那是「牽強附會」的說法。[19]比爾將責任怪到沒有保護好自己網路的組織身上。「勒索軟體攻擊之所以會發生，是因為大部分企業都還在用非常薄弱的資安防禦系統，」他寫道：「這讓駭客能攻擊的對象很多，執行攻擊的成本也極低。」

起初，法比恩・沃薩爾和麥克・葛拉斯彼都對海灣軟體心存疑慮。雖然海灣軟體行事光明磊落，和其他資料救援公司很不同，但海灣軟體實際上在做的事是一樣的。他們的行為和狩獵團背道而馳。但比爾沒有因此放棄接近狩獵團。他很欽佩狩獵團，也知道如果能和狩獵團打好關係，對海灣軟體的聲譽很有幫助。由於比爾和法比恩都對怪物雲端和普穩資料救援充滿反感，兩人很快團結起來。至於麥克，因為比爾強調海灣軟體要扮演社會良知，還時常將數據與聯邦調查局共享，這一點贏得麥克的心。比爾表示，如果受害者無法負擔公司的服務，他也會想像勒索軟體狩獵團一樣免費提供援助。比爾說：「我們始終共同堅持的一點是做對的事，不要擔心錢的問題。」

比爾沒有真正成為狩獵團的成員，也沒有受邀加入狩獵團的 Slack 團隊頻道。但他會在另一個獨立頻道上和法比恩與麥克討論海灣軟體顧客碰到的問題。像是在二〇一九年十月，比爾就在 Slack 上詢問他們一款新的勒索軟體。有一間資產管理公司被那一型勒索軟體癱瘓，聯繫上怪物雲端。怪物雲端開價八萬五千美元，聲稱他們的服務內容是不付贖金給駭客就還原檔案。資產管理公司為了取得另一種意見，而找上海灣軟體。

比爾向受害者解釋，針對這起案例，目前沒有任何已知方法能不付贖金就取回他的檔案。比爾也警告這名潛在顧客要對怪物雲端格外小心。受害的公司對比爾的建議不以為然，但比爾還是希望幫上忙，於是他前來請教麥克。當時也有一名使用者遭到相同軟體攻擊，在嗶嗶電腦論壇尋求麥克幫助，麥克早就在分析那款軟體了。那名求助的使用者付過贖金，但收到的解碼器卻無法復原檔案。

比爾聯繫麥克後不到二十四小時，麥克就破解軟體並做出解碼器。於是海灣軟體打給資產管理公司，告訴對方這個好消息。

「嘿，我剛剛寄了一個免費的解碼工具給你，」海灣軟體的協商專家說：「其實破解方法蠻簡單的。看一下你的信箱。」

比爾說在那一刻，他們彷彿聽到對方的「胃從屁股掉出來的聲音」。已經太遲了，他們已經付了八萬五千美元給怪物雲端。

一年後，在二〇二〇年的感恩節，俄羅斯大型勒索軟體集團「勒惡集團」襲擊一間紐約的土木工程公司。[20]那家公司在谷歌上絕望地搜尋求助管道，找到了怪物雲端。怪物雲端向公司保證能依靠自身專利技術還原他們的檔案，於是那家公司放心交了訂金、勒索筆記和兩個被加密過的檔案樣本給怪物雲端。

他們不知道的是怪物雲端一回頭就聯繫上駭客。公司寄去的兩個加密檔案也被交給駭客解鎖當作「生存證明」。駭客解碼後將檔案回傳給怪物雲端，怪物雲端又將修好的檔案交還給土木工程公司，聲稱那是靠他們自身的軟體破解。

接著，怪物雲端在客戶不知情狀況下，又開始和勒惡集團協商。[21] 勒惡集團要求二十萬美元的贖金，怪物雲端則喊價一萬美元。當怪物雲端一次次把價格稍微上抬，駭客才表示他們早已研究過這間工程公司。「他們在報表上的年收入是四百萬美元，」駭客寫道：「我們期待他們提出相應金額。」

勒惡集團的駭客對被虛報低價感到很不滿。後來該集團首腦在訪談中表示：「想玩這些伎倆，價格只會變得更高……沒人喜歡討價還價，尤其是賣弄小聰明的人。」[22]

最終，怪物雲端和駭客以六萬五千美元成交。怪物雲端聯繫了工程公司，針對資料救援提出十四萬五千美元的報價。

但由於那家公司先前認為怪物雲端對他們不理不睬，已經另外找了一間位於維吉尼亞州的團智資安公司（GroupSense）協助，團智公司和海灣軟體一樣，是專門處理代付贖金的公司。當團智公司的代表人登入勒惡集團在暗網的平台，準備開始協商時，他發現先前就已進行過協商的對話紀錄，而且計時器顯示三天前就開始討論了。

團智公司整理了手邊的情報，向被蒙在谷底的顧客解釋當下情況。最後，該公司試著藉由備份檔案和電子信箱的舊信件重建系統。然而團智公司的執行長克提思．明德（Kurtis Minder）對這件事耿耿於懷。不久他致電給前聯邦調查局副局長，也就是身兼怪物雲端顧問委員會成員的約翰．皮斯托，將這件事告訴皮對方。雖然皮斯托之前就曾在 ProPublica 的報告中聽過怪物雲端扭曲事實的事跡，但他接到電話時還是表現出驚訝的樣子。「哇，我不知道有這種事發生，」皮斯托表示：「那太糟了。」接著，皮斯托詢問明德有沒有興趣聘他入社。

明德轉而聯繫聯邦調查局和一名探員討論此事。「我不知道這是否違法，」探員回答：「而且我不覺得這筆金額大到足以引起聯邦調查局興趣。」

最後，明德向美國聯邦貿易委員會（Federal Trade Commission，簡稱 FTC）提出申訴，指控怪物雲端欺詐那家工程公司。[23]明德寫道，怪物雲端表面上說他們會「在公司內進行解密工程，實際上卻付費給資安威脅者，並從中獲取八萬美元利潤」。「我認為這就是詐欺。我不希望其他受害者遭遇同樣的事。」

聯邦貿易委員會拒絕透露是否有針對明德的申訴進行調查。

比爾・席格受到保險公司大力推薦，在業務上逐漸輾壓佐哈和孔玖堤兄弟的公司。同時由於勒索軟體的贖金高漲，他的競爭者的詭計更難得逞。畢竟當贖金金額高達數百萬美元，怪物雲端和普穩資料救援這種假意破解軟體，實際上支付贖金再將成本轉嫁給顧客的手法，便比較難成功。針對這種困局，兩家公司各自採取不同的應對方式。

維克多・孔玖堤和佐哈不同，開始對過去的手段表示懺悔。他承認普穩資料救援之前「並沒有總是清楚告知一部分客戶」付贖金的意願，並表示公司的政策已經「與時俱進」，如今穩資料救援是採取「完全透明」的策略。

為反映公司已經改過自新，普穩資料救援會請客戶提供書面授權書，證明公司是在得到授權後代表客戶與駭客聯繫。普穩表示公司會請受害者授權，表示案件處於「他們的工程團隊判斷除了付贖金之外別無選項」的狀況。「我們會利用過去處理特定勒索軟體變種的經驗，取得最大程度效益。如果最終沒有收到解碼密鑰或解碼檔案失敗，我們不會向客戶收服務費用，但贖金本身無法退款。」同時，普穩資料救援也會藉著過去和不同駭客打交道的經驗，跟客戶說明發動攻擊的駭客過去是否有談判失敗或解碼失敗的案例，以協助客戶評估風險。

普穩資料救援開始真的投入研發破解勒索軟體的技術。二〇二〇年四月，一間託管服務供應商遭到勒索軟體感染，聘請普穩資料救援協助。由於很多企業都是靠那家託管服務供應商的主機存放資料，他們似乎別無選擇，只能盡快付八十萬美元的贖金解決問題。[24]但當那名客戶準備付款時，普穩資料救援的一名加密技術分析員找出駭客加密法的破綻，他破解了那款勒索軟體，並還原了檔案。

普穩資料救援也將該公司的技術突破分享給執法機關與麥克・葛拉斯彼。他們就像是想把畫拿給畢卡索看的美術學徒一樣，很希望能在世界最頂尖的勒索軟體狩獵團面前留下好印象。普穩資料救援的分析師使用的暱稱是「技術宗師11」（TechGuru11），他透過嗶嗶電腦聯繫上麥克。「上禮拜我們碰到一個新型勒索病毒……它能用暴力破解法解決。」技術宗師11寫道。當他提供更多細節後，麥克認出那款勒索軟體是「死亡之淚」（DeathHiddenTear）的變體。他曾破解過先前的版本，但後來那管軟體的程式漏洞被駭客修補好。麥克測試了普穩資料救援提供的新破解方式，結果奏效了。「不久前我才幫一名跟你們客戶相同遇到同一系列軟體的受害者破解過一次。」麥克回覆。

到了二〇二〇年底，無論是海灣軟體與勒索軟體本身的發展，都遠超過比爾・席格和亞歷克斯・霍特曼當初在紐約地鐵上想像的程度。海灣軟體聘用了十位員工，其中一位還住在夏威夷。因為時差關係，他專門處理需要在美國東岸半夜時間協商的案件。海灣軟體每個月要處理一百三十筆案件，高居產業之冠。[25]

比爾會定期借用狩獵團的專業知識，和他們一起比較新品系勒索軟體的筆記。他也實現他的目標，成為勒索軟體相關情報的權威，甚至會出席美國國會針對勒索軟體舉辦的討論作證。[26]海灣軟體的季度報告成為主流媒體報導的主要資料來源，甚至連勒索集團的網站都會引用。例如勒惡集團會以比爾的報告證明付贖金就能成功解碼。對此比爾的回應是直接通知執法機關，並撰文強調他絕不容忍罪犯利用海灣軟體的數據來「脅迫受害人付款」。[27]

海灣軟體成為勒索軟體協商產業的領導者。但比爾事業上的成功，卻也迫使他面對過往令他輾轉難眠的老問題：「難道真的不是你造成問題嗎？」無論海灣軟體有多公開透明與光明正大，原先公司提供的服務都處於道德的灰色地帶，但如今卻在比爾的推動下正當化。比爾在早期生涯待過的薩克資本顧問公司，就是因為拋下道德標準才成為全世界最賺錢的對沖基金投資公司。比爾在創立海灣軟體公司過程，打造出一套截然不同的企業文化。即便如此，他們依然靠著在道德上妥協，以及有系統地進行交易而獲利。這套商業模式同時養肥了海灣軟體與罪犯兩方，而那些罪犯有如薩克資本的史蒂夫・科恩一樣逍遙法外。

到了二○二一年春天，海灣軟體的業務需求變得太過龐大而難以負荷，假如要回應全部需求，比爾得擴大員工規模到原先三倍。不過最終他選擇不這麼做，而是轉為「婉拒超出能力範圍的業務」。他說那是因為「我還想保住我的胃」。

隨著勒索軟體激增，美國資安產業也蒸蒸日上。原先專門處理資料外洩和電信詐騙的網路事件應變公司，跟隨時代腳步，搭上大賺勒索軟體保險理賠這班車。維吉尼亞州著名的事件應變公司——保護色公司（Crypsis）的執行長布雷特・帕德列斯（Bret Padres）表示，無論對網路攻擊者、資料救援專家或保險公司來說，「勒索軟體真的是一筆好生意」。例行性的贖金支付創造出「一種惡性循環……而且是難以被打破的循環，因為每個參與其中的人都有利可圖。我們能賺、保險公司能賺、攻擊者也能賺。」

網路事件應變產業的現狀，讓比爾想起那種心懷不滿的員工會掛在辦公室小隔間的諷刺勵志海報。在資安產業，這種諷刺海報上會有兩個人在握手，海報上大大寫著「諮詢中」，下方則寫著：「如果你不是解決問題的一員，那拖延時間能讓你賺大錢。」

比爾沒有打算退出這個欣欣向榮的產業，而是採取其他方法試著解決在勒索軟體興起之際，他對自身在這個產業中扮演角色的不安。他會定期為無法負擔他服務的受害者提供義務性免費服務。為了展現海灣軟體「對勒索軟體絕跡樂觀其成」的態度，比爾也全力配合聯邦調查局的聯絡人。「幫助企業很重要，幫助執法機關也很重要，」他說：「這些事都會讓我感覺好一點。」

勒索軟體狩獵團則對他的矛盾處境感到認同。「比爾的處境很尷尬，」勞倫斯・亞伯拉罕表示：「他讓支付贖金變得更容易，你能從這一點說他是問題的一環。但想想他的情報對執法機關帶來多大幫助。」

二〇一九年，安亞・蕭蘭（Anja Shortland）在她的著作《綁架經濟學》（Kidnap: Inside the Ransom Business）中，分析傳統的贖金經濟結構，[28] 讓比爾更確信海灣軟體公司做的是正當行為。蕭蘭在書中總結道，綁架勒贖的行為永遠不會消失，而專業的談判人員能減少不斷攀升的贖金要求，讓整個過程變得較為安全且容易預測。比爾要求他的員工都去買這本書，費用則由公司支付。

每當比爾成功幫助受害者免除贖金——通常是透過一名受害者的破解工具幫助另一名受害者，或指引客戶直接使用狩獵團開發的免費解碼器——他都會非常欣慰。但這些案例都是少數特例，駭客的攻勢似乎永無止盡。

比爾說：「你可以打贏幾場小戰役，但是你無法打出大滿貫、沒辦法達陣。對方的攻勢總是永無止盡。」

1 對沖基金又稱為避險基金，是指由金融期貨、金融選擇權等衍生性金融商品與組織結合後，以盈利為目的的金融基金，最初目的為透過避險以避免損失。

2 比特幣的交易原理是所有人都能看到錢包地址和轉帳內容，因此在區塊鏈上，所有人都會知道A轉給B特定金額，而B增加相應金額。不過由於比特幣的錢包不記名，只擁有一個地址代碼，而且一名用戶可以持有很多錢包，理論上別人無法知道匯款者是誰。但實際上我們能透過追蹤或交易，推論出錢包持有者的身分

3 ProPublica 為本書兩位作者任職的新聞調查機構。

第十二章

勞倫斯提出休戰協議

二〇二〇年的聖派翠克節，由於新冠肺炎肆虐全美，節慶活動紛紛取消。在一片冷清氣氛中，勞倫斯・亞伯拉罕發布一段訊息給過去交手過的勒索集團。此前以路克為首的勒索集團持續尋找更大目標、追逐更高贖金。接著新冠肺炎疫情席捲全球。受到疫情影響，整體社會更加依賴電腦，這對攻擊者來說再好不過。勒索軟體的恐怖統治步步近逼，醫療院所尤其顯得脆弱，這些機構不僅資安防禦薄弱，更因為滿載的病患而喘不過氣。於是勞倫斯開口向駭客求情，希望他們在疫情期間對醫院與其他醫療設施高抬貴手。

勞倫斯向駭客們動之以情，把駭客當成家有母親、小孩與深愛伴侶的普通人。他詢問駭客，要是他們家中有人感染新冠肺炎，卻因為當地醫院遭到勒索軟體襲擊而沒辦法緊急搶救，那會有什麼感覺？

勞倫斯的舉動完全是自發性的。這次他跟平常為了保障必要服務不受網路犯罪干擾不同，沒有和任何勒索軟體狩獵團成員或其他頻道上的資安研究員討論過。他表示：「這全都是我的主意。」

第二天早上勞倫斯醒來後，他看到雪片般的訊息回覆。「分身發贖」勒索集團率先同意他的提議。他們表示集團「向來都會避免傷及醫院、護理中心，以及緊急救護調度中心，不只是現在。」如果他們不小心誤擊醫院，那也會提供「免費解鎖」。

不過由於他們知道勞倫斯會將集團的承諾公開在嗶嗶電腦，分身發贖也警告其他受害者不要假裝成醫事機構以逃避贖金：「我們在免費解鎖前一定會再三檢查身分。」

「迷宮」集團則表現得像是正當的科技公司，他們採用企業公關的常見方法，繞過媒體直接對外發部消息。該集團在暗網上寫道：「我們也會停止向所有醫療組織發起任何行動，直到疫情穩定為止。」

另外，還有內菲凜（Nefilim）與克洛普（CLOP）兩個團體承諾不攻擊醫院、護理中心與其他醫療設施。「我們選擇對象時非常謹慎，」內菲凜告訴勞倫斯：「我們從不將非營利組織、醫院、學校與政府機關視為目標。」

勞倫斯收到這些回應後，在嗶嗶電腦上寫下一篇文章，標題命名為「疫情期間，勒索軟體集團停止攻擊醫療保健組織」。[1]文章主圖是一隻在心電圖上的和平鴿，心電圖線條則寫成「和平」一詞。

但事情沒有像勞倫斯想得那麼美好。網行者勒索集團就拒絕了勞倫斯的提議。即便許多醫院實際上都曾遭受勒索集團攻擊，網行者仍堅持自己的說法，表示沒有任何勒索集團會對醫院下手。該集團並表示若有人不小心「被加密」，「那他當然還是得付解碼贖金。」

勒惡集團則不做任何回應。勒惡集團的首腦「未知者」後來在另一場訪談中坦言他們「有感受到危機」，[2]受害者「無法支付像過去一樣高的贖金」。但未知者仍不懷好意補充，製藥公司就「過得還不錯」，很值得被「多加關注」。

防毒軟體公司 Emsisoft 與海灣軟體則共同支持勞倫斯的呼籲。Emsisoft 的網站貼出一篇文章寫道：「雖然我們從不縱容犯罪行為，但我們仍理解網路罪犯會為了金錢鋌而走險。我們知道你們也是人，有自己的家庭和深愛的人，他們也可能有需要緊急醫療照護的一天。」[3]「接下來幾個月，請不要將醫事機構當成目標。如果你對醫療機構發動攻擊，但並非出於本意，請盡快提供他們免費的解碼密鑰。我們都在同一條船上，對吧？」

勞倫斯對自己的所作所為感到心滿意足。他認為自己為疫情前線的醫護人員與病患盡了一份心意，同時也印證他一直以來相信駭客依然有人性的想法。「大部分駭客都果斷地回覆：**我們不會攻擊醫療機構**。」

然而，有些勒索軟體狩獵團成員仍心存戒心，他們認為勞倫斯可能只是被唬弄了。「這種想法很好，但你永遠都不能信任威脅者說出的話。」莎拉・懷特說。其他人也抱持懷疑的觀察態度。有的獵人認為勞倫斯的態度彷彿像得了斯德哥爾摩症候群，那是一種人質對綁架者產生情感連結的症狀。

芝加哥有一名律師亞倫・天特列夫（Aaron Tantleff）在疫情期間為勒索軟體受害者提供諮詢，其中也包含醫療設施的受害者。他在讀完勞倫斯的文章後，拿來和他的同僚與客戶討論。「就我看來，相信駭客心地善良這件事簡直瘋了。」亞倫表示。

當勞倫斯向駭客訴諸緩和策略之時，麥克・葛拉斯彼正在考慮改變他的職涯。二〇一九年，麥克參加聯邦調查局在匹茲堡舉辦的高峰會時，認識了海灣軟體的比爾・席格。不久，比爾和他的同事亞歷克斯・霍特曼告訴法比恩，他們想找一名能打造與修復解碼器的專家。法比恩便將麥克推薦給他們。「我知道麥克受到財務狀況影響，需要一份新的工作。」法比恩說。比爾也覺得麥克聽起來是個不錯的人選。

法比恩鼓勵麥克去應徵海灣軟體的工作。「麥克回答我：我不知道耶。一直以來他都缺乏自我價值與自尊感，總是擔心自己不夠好。我得在後面推他一把，我很確定這是不錯的一步。」法比恩說：「這可以解決他許多問題。」

比爾透過疫情期間大家熟悉使用的 Zoom 線上會議軟體面試了麥克。於是在二〇一九年三月十九日，也是美國總統川普宣布以「國家緊急狀態」應對新冠肺炎疫情六天後，麥克接下比爾開的職缺。他進到海灣軟體後，不僅擁有比起過去高三倍的薪資，公司還提供全額醫療保險福利。這讓葛拉斯彼夫婦特別感激，因為他們常碰到要臨時跑醫院的狀況。麥克終於有機會全心投入「跟勒索軟體有關的所有事上」，包含製作解碼器和指引受害者。

「我還是會透過 Emsisoft 釋出免費解碼器，」麥克接下工作那天說：「只是我現在會做更多針對特定受害者量身打造的工具。」比爾送給麥克一台價值兩千美元的筆電（麥克形容那是他的「新玩具」），以及一台二十七吋的螢幕，讓麥克家裡的工作室「大幅升級」。雖然海灣軟體公司位於康乃狄克州，但比爾讓麥克在疫情期間跟平日都完全遠端工作，麥克和摩根得以留在他們位於伊利諾州布盧明頓的愛巢。

令人出乎意料的是，麥克對自己離開維面科技這件事感到自在。由於前公司遵守伊利諾州州長發布的居家令，麥克在前公司最後一周都在家工作。葛拉斯彼夫婦就如同數百萬名美國人一樣，在不得已之下漸漸習慣疫情改變的生活型態。「摩根必須花點時間適應，她不能因為我在家就一直煩我。」麥克說。他在三月三十日正式開始為海灣軟體工作。

對麥克和海灣軟體雙方而言，麥克轉職這件事都很划算。比爾獲得一名天賦異稟的研究員，也進一步鞏固他和勒索軟體狩獵團的關係。此外，海灣軟體公司還能擴大業務範圍，不再只是處理棘手的贖金協商業務。現在他們有人力破解勒索軟體，為客戶打造解碼器，這樣一來他們就不必獎勵罪犯。假如他們真的遇到無法破解的勒索軟體，幫客戶付了贖金後收到的解碼器又失效，那麥克還是能出手，如同過去法比恩時不時會幫海灣軟體的客戶修復檔案。而對麥克來說，現在他能專注做他癡迷的事，不必再為了找到需要救援的受害者，持續檢查辨識勒索軟體網站或他的推特。海灣軟體也給麥克很大的自由，不像他的親戚希望他去的那些大公司，讓麥克無時無刻都感受到窒息。

麥克的薪資提升後，他第一次感覺到經濟受到保障的安全感。葛拉斯彼夫婦把過去欠下的卡債還清，剩下的錢還能請人打掃家務跟幫忙遛狗。摩根還能去看手療師跟整體治療師（holistic therapist）。[1]整體治療師會以塔羅牌、水晶和占星學為她提供療程。摩根也開始去健身房游泳，由於醫療用大麻在伊利諾州是合法的，她開始變成藥局常客。摩根還經常一大清早就先吃點大麻食品開開胃。

麥克很快就向新雇主證明他值得這份薪水。有一名受害者遭到一個新的勒索集團雷格納拉克（Ragnar Locker）攻擊，被要求支付數百萬美元贖金，受害者於是聘請海灣軟體協助。當時麥克才到職第三天，就把對方的勒索軟體破解掉了。他發現雷格納拉克和舊版的阻止既視勒索軟體犯了同樣的錯誤，那便是莎拉提到的老規矩：不要用同一個密鑰去鎖不同檔案，因為一旦狩獵團找到一組密鑰，就能解鎖同一個硬碟其他所有檔案。如果要採取過去的破解方法，麥克需要跟過去一樣，取得一份原始檔案和一個被加密過的檔案，用以比對找出密鑰。不過這次他不用去找受害者要樣本檔案，海灣軟體的團隊都幫他準備好了。麥克很享受這個額外好處：「我不需要再常常跟受害者對話。」

比爾對麥克的表現深感佩服，請他在每周的虛擬展示教學活動上為公司同仁做一場簡報。「他們很好奇我是怎麼做事的。」麥克說。

於是在某個周五下午，麥克和癱在他桌上的貓一起在新同事面前演示如何用誘餌檔案，從令人頭暈目眩的加密資料中揭露密鑰。麥克的同事看得目瞪口呆。當麥克把畫面縮小，讓同事們看見密密麻麻的數字與字母組成的密鑰流（key stream），在畫面上以規律的對角線形式重覆出現，連不太懂科技的觀眾也留下深刻印象。後來比爾邀請麥克再加場，解析更多他打過的勝仗。

麥克從辨識勒索軟體網站收集到的情報對海灣軟體來說也很珍貴。有一次，當公司一名客戶付完贖金後，駭客集團的談判人員不提供密鑰，反而向他們要求更多贖金。

由於辨識勒索軟體的資料庫會根據受害者上傳的勒索筆記，分析與記錄駭客的信箱位址，麥克便從他的資料庫翻出同一個犯罪集團其他聯絡資料，讓海灣軟體把先前談判協商的對話紀錄寄去，證明他們已經付過贖金。後來，那款勒索軟體的開發者回覆說道，嘗試二度敲詐的集團談判人不是他們的官方合作夥伴，那名開發者並保證會讓不提供密鑰的駭客受到懲罰。他將密鑰提供給海灣軟體，不收任何額外費用。

麥克在到職第三天破解雷格納拉克勒索軟體後，又幫助了三、四名雷格納拉克的受害者。但後來駭客集團把漏洞補上，改成每個檔案都使用不同的密鑰。雷格納拉克變成疫情期間最令人聞風喪膽的網路犯罪集團之一。該集團會謹慎選擇攻擊目標，並直接在勒索筆記中點名受害者身分。

二〇二〇年七月，雷格納拉克襲擊了嘉信力旅運公司（Carlson Wagonlit Travel，簡稱 CWT），不僅中斷對方的營運，還竊取機密資料。駭客向公司要求一千萬美元贖金，嘉信力旅運公司的談判人表達抗議。他們表示疫情期間由於商務旅遊中斷，許多業務早已中斷。

「你們襲擊我們的時機不對，新冠疫情讓我們的收入來源消失殆盡。」談判人員寫道，並試圖將贖金殺到三百七十萬美元。[4]「我理解你們可能在線上看到公司有很高的收入，但請考量我們從疫情開始後營運狀況就遠不及正常。沒有人在旅行，我們的業績一落千丈……我完全理解這對你來說是在商言商，但現在我也得嘗試不讓我們的公司翻船。」[5]

「這就是市場價。你收到的是適當的報價。」雷格納拉克回答：「很遺憾，你報出的價碼無法讓我們達成共識。」雙方最後達成協議，嘉信力旅運公司以價值四百五十萬美元的比特幣換取密鑰，並讓對方刪除遭竊資料。當嘉信力旅運公司一付完贖金，雷格納拉克就建議他們採取一些避免再受到攻擊的措施，包含更改密碼、降低使用者權限與安排「三名系統管理員二十四小時待命」。

雷格納拉克加入迷宮集團的陣營後，兩個集團在資料釋出網站都能看到彼此偷到的資料。例如在雷格納拉克對義大利的酒商金巴利集團（Campari Group）施壓時，他們透過臉書廣告威脅公開對方的機密檔案。該集團將廣告費計入一名芝加哥 DJ 被駭的臉書帳戶，並在廣告中斷言：「我們可以證實酒商金巴利集團有機密資料被竊取，而且是很大量的資料。」

麥克在疫情期間破解其他數十款勒索軟體，他不僅拯救美國的受害者，也幫助境外用戶，從亞利桑納州鳳凰城的建設公司到位於墨西哥瓜達拉哈拉（Guadalajara, Mexico）一所公立大學都含括在內。

在眾多麥克拯救的受害者中，有一位設計師名叫克里斯・賽羅維斯基（Chris Cyrulewski）。

他是瑞典車廠科尼賽克（Koenigsegg）的汽車設計師，那家公司專門設計最快與最貴的超級跑車。「如果要開科尼賽克的車，少說要花上兩百萬美元。」他表示。克里斯擁有五項專利，他結合自身的工程技術與藝術家眼光，打造出無數台展示用的訂製車。他也協助 ICON 飛機公司打造出 ICON A5 兩棲飛機，這款飛機曾在湯姆・克魯斯二〇一〇年的電影《騎士出任務》（*Knight and Day*）中亮相。

克里斯是一位道地的密西根人，他的父親、叔父、祖父都在通用汽車公司（General Motors）當工程師，他現在則和妻子與三個女兒住在瑞典。平日克里斯會在科尼賽克的總部上班，但受到疫情影響，他改成在家工作。那時科尼賽克正要推出 Koenigsegg Jesko，那是一款最高可達時速五百三十公里的超級跑車。[6]當克里斯在微調設計時，他會聽著法蘭克・赫伯特（Frank Herbert）的《沙丘》（Dune）系列科幻小說有聲書來激發自己的想像力。每當他聽完整套六集內容，就會再從頭聽一次。

二〇二〇年十二月某個星期一，克里斯坐在辦公桌前，透過電腦數位雕塑一片車身外版。接著《沙丘》小說的一大主題——「永遠不要信任電腦」就在他眼前上演。克里斯試著打開有聲書來聽，但他選取的檔案卻沒有開始播放。這時他發現電腦的檔案名稱變了，副檔名全都被改成「.encrypt」，同時螢幕上出現一份筆記，要求他聯絡暗網的特定位址，並按照指示支付對應的比特幣來解碼他的資料。

克里斯大為警戒。他拒絕支付贖金的選項，因為他不想獎勵罪犯，也不敢連上暗網。他做了一些功課，發覺自己是被一款稱為「解」（Solve）的新型勒索軟體襲擊。這款軟體會把透過網路備份資料的 NAS 裝置加密。克里斯大部分的工作資料與家庭照片都存在他的 NAS 裝置上，雖然他也有透過雲端伺服器備份工作資料，但大多數照片他都拿不回來了。「那裡有很多私人東西，如果失去了我會很遺憾。」

克里斯開始刪除被加密的檔案，把不必要或有備份的檔案都刪掉。接著，他上嗶嗶電腦查詢有關「解」勒索病毒的貼文。他發現有另一名「解」的受害者在一篇貼文表示狩魔 335 提供過這款病毒的密鑰。於是克里斯傳訊息給麥克，問他是否有解碼工具。「我手上還留著一些重要檔案，就是為了這種時候準備。」克里斯寫道。

麥克回答：「首先，你需要你手中能找到最大的加密檔案，並提供它的原始檔案。我能解碼的檔案大小，取決於你提供的檔案大小。」

「沒問題。」克里斯回答。

接著，麥克把解碼器和使用方法寄過去。「太棒了！」克里斯寫道：「這對我來說簡直就像黑魔法，但它奏效了。當我在寫這封信時，麥克已經在解碼了。」為了表達感激，克里斯想送科尼賽克的帽子或紀念衫給麥克，不過麥克婉拒他的心意。

二〇二一年冬天，麥克一個周末就能破解三種不同勒索軟體。其中一款還是莎拉．懷特要他特別留意的病毒。「我不確定你有沒有看到這個。」那年一月，莎拉從團隊的 Slack 上傳一條連結給他，內容是推特上有一名研究員提到一款新的勒索病毒。

麥克認出那款病毒的附檔名，海灣軟體有個經營汽車美容廠的客戶曾遭受這款名為羅倫資（Lorenz）的勒索軟體攻擊。當時對方要求一百五十萬美元贖金，海灣軟體透過談判協商方式把價格降到五十萬美金。

麥克分析樣本檔案後發現，羅倫資產生隨機數字的模式太薄弱，無法保護密鑰。「我快速做了一個概念驗證，製作出簡單暴力的破解工具。」當成功解鎖一些客戶的檔案後，麥克就告訴該案件經理可以不用繼續談判了。

案件經理如釋重負。「對方談判的方式很業餘。」經理說。

「對，整個案子都像業餘人士搞出來的。」麥克回答。

同一個周末，麥克破解的另一款勒索軟體是「DEcovid19」，它在名稱和勒索筆記上都向新冠肺炎致敬。「我是第二波新冠肺炎，」筆記上寫道：「現在我們連電腦都感染。」

儘管麥克在疫情中逃過一劫，他的隊員們就沒那麼幸運了，狩獵團中至少有三個人確診。法比恩平日獨來獨往，隱居在城市，他認為自己確診風險很低。早在大家被迫在家裡保持社交距離前，他就過著這種生活了。就連他的食物都是外送到他公寓。「我不知道我的生活型態被稱為**居家隔離**。」他開玩笑道。即便如此他仍被病毒感染，而且還被感染兩次。第一次確診時，他整整一周臥床不起，他懷疑自己是在出門丟垃圾時和鄰居聊天，接觸到病毒。第二次則是因為有外送員送雜貨到他家，對方沒戴口罩還在咳嗽，他就被感染了。但到了第二次他已經接種過疫苗，症狀輕微許多。

即便生病，法比恩幾乎沒有減緩狩獵勒索軟體的腳步。在疫情期間，他破解一款又一款勒索軟體，過程中也常和麥克合作。其中一款是齊柏林（Zeppelin）勒索軟體，這款勒索軟體專門針對醫院和電力公司下手，受害者從美國到阿爾及利亞都有。雖然齊柏林在改版後把法比恩找到的問題修好，但大多數駭客因為不想付錢升級，還是會用法比恩破解過的舊版。許多受害者因此能繼續使用法比恩的解碼器。

疫情爆發初期，卡斯騰．漢恩戀愛關係的變化點亮他的生活。二〇二〇年九月，卡斯騰和他的伴侶一起玩密室逃脫，兩人在遊戲中尋找逃出去的線索，而最後一道線索是他事先藏好的戒指。「我和這個出色的男人訂婚了！」卡斯騰在推特上公布消息，狩獵團成員紛紛獻上祝福。

但隨後在二〇二一年一月，卡斯騰就生病了。經過診斷後，他確定感染新冠肺炎。肺炎帶來的症狀久久不癒，六個月後，卡斯騰仍持續感覺到胸痛和喉嚨痛，而且時常很疲憊。德國埃森大學醫院（Essen University Hospital）的醫師告訴他，他的情況有在改善，「只是需要一點時間和耐心」。卡斯騰和未婚夫聽到消息後大感鼓舞，兩人一起買下一棟公寓，繼續計畫他們的婚禮。

莎拉．懷特也短暫確診。這段期間，狩獵團另一名成員則持續應付經濟拮据的困境。惡意軟體狩獵團向法比恩借錢買一棟房子，但法比恩表示他不太喜歡借錢。法比恩提出一個替代方案，那就是增加惡意軟體狩獵團在Emsisoft的工作時數，以賺取更多錢。惡意軟體狩獵團向法比恩抱怨匈牙利政府的貪腐情況，法比恩也向他保證如果他想離開匈牙利，Emsisoft能補助他搬到歐洲其他地方。

不過惡意軟體狩獵團不願意接受其他解決方案。「他只看得到與接受一種做事方法。」莎拉說。

丹尼爾．加拉格爾在PayPal上開了一個帳號，撰文為惡意軟體狩獵團募款，他寫道：「多年來，惡意軟體狩獵團無私花費個人時間和資源，打擊惡意軟體與追蹤罪犯，為的就是幫助其他人。他堅持不懈站在最前線，每當有惡意軟體重要事件發生時，他都會為個人與企業敲響警鐘。惡意軟體狩獵團所做的一切，都是在沒有收到任何直接經濟補助的情況下完成。不幸的是如今他面臨艱難的私人困境，需要向資安社群求助。現在就是我們回饋的時候！」[7]

丹尼爾發布募款文章後，有四十六名支持者伸出援手，總計貢獻了四千一百一十一．四八美元。其中最高一筆捐款是丹尼爾捐的一千美元，勞倫斯則捐助兩百美元，並在備註上寫下「感謝惡意軟體狩獵團做的一切」。對此，惡意軟體狩獵團的回應是控訴推特圈的人們太吝嗇，因為募款的目標是兩萬美元。

惡意軟體狩獵團在二〇二一年三月在推特上寫道：「最後一筆捐款是在五天前匯來。所以現在我們差不多可以說，在我十一萬八千名追蹤者中（當然扣除那些非常窮困或沒有PayPal的人），只有不到五十人認為過去這些年來，我們的苦工值得受一美元捐助。」

至於勞倫斯和駭客立下的疫情休戰協議，幾乎在協議達成後立刻瓦解。就連那些同意休戰的組織似乎都食言，例如迷宮集團就開始玩文字遊戲。

二〇二〇年三月十八日，迷宮集團在承諾「停止對醫療組織發起攻擊行動」同一天，[8]他們就因為漢姆史密斯醫學研究中心（Hammersmith Medicines Research）拒絕支付贖金，貼出從該中心竊得的數千名病患個資。漢姆史密斯醫學研究中心位於倫敦，專門為製藥公司進行醫學實驗，後來也參與新冠病毒的疫苗實驗。當勞倫斯要求迷宮集團解釋時，對方表示他們是在三月十四日攻擊漢姆史密斯，當時還沒立下休戰協議。「他們的意思基本上就是：**我們在這之前已經把他們的檔案鎖住了，我們沒有違背誓言。他們不是新的受害者**。對此我不予置評。」勞倫斯說。

即便如此，勞倫斯仍懇求迷宮集團不要繼續公開這些資料，但對方拒絕了。勞倫斯在嗶嗶電腦上表示，他知道漢姆史密斯攻擊事件讓人對駭客是否認真看待休戰協議產生疑慮。他寫道：「我們只能拭目以待，看他們會不會信守承諾，對大多數人來說，他們已經食言了。」[9]

唯一免除迷宮集團攻擊的是直接照顧病患的設施。有一次，該集團癱瘓美國一間小型醫院的倉管與停車管理系統。受到感染的檔案中，包含醫師和護理師進出停車場用的密碼。院方以休戰為由要求迷宮集團免費提供解碼器，卻遭到迷宮集團駁回。根據芝加哥資安律師亞倫．天特列夫所言，迷宮集團指出輔助性服務「沒有資格拿到免死金牌」。由於這些被感染檔案不是非常重要的檔案，院方拒絕支付三萬五千美元的贖金。重建系統的補償費用則由保險公司支付。

迷宮集團對休戰協議的狹隘定義奠定了新的模式。接下來幾個月，參與休戰協議的駭客大多數只遵照文字行事，但不遵守休戰精神。有鑑於此，製造對付新冠肺炎重要藥品與設備的廠商仍持續成為駭客目標。駭客認為勞倫斯提出的休戰協議不包含製藥廠商，他們也鄙視利用危機牟取暴利的人。像分身發贖勒索集團就表示：「如今藥廠從恐慌中多賺很多錢，我們一點都不想支持他們。」

就連率先響應休戰協議的分身發贖集團也不例外。他們攻擊了博伊斯科技公司（Boyce Technologies），這間公司每天能為紐約的醫院生產三百台呼吸器，提供病情告急的新冠肺炎患者使用。分身發贖集團加密了博伊斯的檔案後，將偷來的交易文件公布在網路上。[10]

除了玩細微差異的文字遊戲外，參與休戰的駭客有時難免犯錯。二〇二年九月時，分身發贖集團攻擊位於德國杜塞道夫（Düsseldorf）的大學附設醫院，由於該院有三十個伺服器遭到癱瘓，門診和急診服務被迫中斷。該集團原先的攻擊目標是杜塞道夫大學（Heinrich Heine University），他們因此提供免費解碼器給該醫院，但卻難以挽回造成的傷害。有一名七十八歲的婦人被轉送到二十英里外的醫院，延誤就醫整整一個小時，最後不治死亡。由於整個西歐的恐慌情勢升溫，相關單位考慮以過失殺人理由起訴駭客。

處理案件的德國高階檢察官向媒體表示：「這名病患可能是因為延誤送醫而死亡。」[11]最後，這起案件的調查中止，因為檢察官無法證明如果病患即刻就醫，是否就能挽回她的性命。

儘管答應休戰的駭客試著放過病患照護設施（先不論他們有多認真對待這項協議），還是會有其他犯罪集團拒絕或無視勞倫斯的提議，經常襲擊醫院和醫療設施。

雖然網行者曾向勞倫斯堅決表示不會對醫院下手，但他們實際上卻背道而馳，襲擊一間又一間醫療設施。美國司法部調查指出，網行者「在疫情期間，專門針對醫療部門下手，利用全球危機勒索受害者」。[12]

「嗨！你的檔案被加密了，」網行者會在勒索筆記上寫著：「我們的加密公式非常強，你的檔案現在被牢牢鎖住。沒有我們的幫忙，你不用想還原他們。想拿回你檔案的唯一方法就是和我們合作，換取解密程式……對我們來說這只是在商言商。」

在二〇二〇年六月，網行者攻擊馬里蘭州一間連鎖護理之家，[13]竊取將近四萬八千名老人的個資，包含他們的社會安全碼、生日、病歷與療程紀錄。在該公司拒絕支付贖金後，網行者把大量資料放到網路上。

同一個月，網行者還偷了加州大學舊金山分校（University of California–San Francisco）的流行病學和生物統計學系研究資料、癱瘓該系許多伺服器，並要求三百萬美元贖金。

「為了找到解藥，系上所有經費幾乎都投入新冠肺炎的研究中，」[14]該系的談判人向網行者求饒：「我們尚且不論整間學校因為疫情停課已經快被拖垮，經費幾乎被刪光。」

網行者代表卻不相信：「你要知道，以你們這麼大一間學校來說，我們開的價已經很鳥了。你們只要幾個小時就能賺回來。你們最好認真看待這件事。如果我們在部落格上貼出你們學生的資料／數據，我百分之百肯定你們損失的金額會更高。」

網行者對於系所提出三十九萬與七十八萬美元的贖金價碼不以為然：「拿你們的七十八萬買麥當勞給你們員工吃吧。這個數字對我們來說太小了……簡直像在做白工。」雙方討價還價六天，最終達成共識，加州大學洛杉磯分校支付了一百一十四萬美元交換解碼工具。

勒索軟體狩獵團破解不了網行者的勒索軟體，對他們束手無策。「現在網行者是最精密的勒索軟體之一，非常牢固。」麥克說。

然而，聯邦調查局罕見阻止了網行者行動，並成功拿下集團最賺錢的附屬成員。雖然網行者的開發者在俄羅斯，但其中一名組織嫌犯是住在魁北克省的加拿大人，名叫賽巴斯汀．瓦尚—德賈汀斯（Sebastien Vachon-Desjardins）。他在加拿大政府的採購機關擔任資訊技術人員，[15]曾因為販毒被定罪。二〇二〇年三月，德賈汀斯透過資訊罪犯用的論壇看到一篇應徵廣告，發布貼文的人暱稱為「布加迪」（Bugatti），是網行者集團的成員。廣告中說明如何成為網行者附屬成員，並要求應徵者提供自身專業背景，以及其他與勒索軟體集團合作的經驗。

「我們對追求品質的人感興趣，」布加迪寫道：「我們會優先考慮那些懂得如何處理大型網路的人。」[16]

根據美國和加拿大的法庭公文，瓦尚—德賈汀斯和他的同夥在二〇二〇年間，利用勒索軟體進行數十次網路攻擊，賺取至少兩千七百七十萬美元的不當所得。其中瓦尚－德賈汀斯保留百分之七十五的獲利，[17]其餘則與網行者分贓。除此之外，他也和其他勒索軟體集團合作，包含勒惡集團、雷格納拉克與迷宮集團的子組織陽光加密（Suncrypt）等。[18]

二〇二〇年十一月，瓦尚－德賈汀斯在與布加迪的對話紀錄中，把他針對一個公用事業發動的攻擊稱為「最新的一票大案」。

「我重創他們耶，老兄，」他寫道：「把他們鎖得可牢了。」[19]瓦尚－德賈汀斯更補充最近會去一趟俄羅斯，不過這段話最後沒有實現。到了十二月，瓦尚－德賈汀斯就因為電腦詐欺案，在佛羅里達州的聯邦法院被起訴。由於他的第一批受害者中，有一間電信公司總部就設在佛羅里達州，當時加拿大當局已經盯上他開始調查。到了二〇二一年一月，加拿大當局搜查他的加密貨幣錢包，發現價值四千萬美元的比特幣贓款，[20]這創下加拿大史上扣押加密貨幣的最高紀錄。瓦尚－德賈汀斯遭到逮捕並被引渡到美國待審。

※

在勞倫斯提出休戰協議後，同意配合休戰的勒索集團可能在避免直接攻擊病患照護設施中損失一些收入，為了彌補損失，他們轉為攻擊另一種重要且脆弱的部門——學校。

在疫情發生前，即便學校遭受勒索軟體攻擊，仍能以實體教學方式繼續上課。但在新冠肺炎蔓延後，學校轉為線上授課，一旦遭到勒索軟體攻擊就無法繼續進行課程，支付贖金的壓力也隨之大增。從二〇一九年到二〇二〇年間，因為勒索軟體攻擊而閉校或取消的課程數量增加到原先的三倍。

有三個參與休戰的勒索集團在疫情期間大肆蹂躪學校。迷宮集團滲透內華達州克拉克郡學區（Clark County）[21]和維吉尼亞州費爾法克斯郡學區（Fairfax County），[22]這兩個學區分別是全美第五大和第七大學區。分身發贖集團破壞從密西西比州到蒙大拿州的學校運作。位處偏遠地帶的北卡羅來納州沙塔郡學區（Chatham County）[23]在拒絕支付分身發贖集團提出的兩百四十萬美元贖金後，資料被公布在網路上，其中包含遭受疏忽照顧的兒童醫療評估報告。內菲凜則成為二〇二〇年襲擊最多 **K-12** 學校[2]的勒索軟體。[24]

此外，在針對學校進行攻擊的主要集團中，還包括一個拒絕勞倫斯休戰協議的犯罪集團——路克勒索軟體。二〇二〇年十一月二十四日星期二，災難在感恩節前兩天的晚上降臨。[25]當巴爾的摩郡學區召開學校會議時，路克對這個全美第二十四大學區發動攻擊，他們癱瘓該區網站、網路與檔案，當時有十一萬五千名學生正在參與線上教學。

如同十八個月前受到襲擊的巴爾的摩市一樣，巴爾的摩郡的學校防備相當薄弱。根據二〇二〇年二月該州議會進行的審查報告指出，當地學區的伺服器沒有被妥善隔離，[26]「如果伺服器被破解，整個內部網路會暴露在外來攻擊之中。」

這場勒索軟體攻擊事件造成學校停課三天，後續影響則長達數月之久。學校無法透過系統製作學期成績報告，包含要升大學的高年級學生與求職的畢業生都難以取得成績單。此外，學校由於無法取得薪資紀錄，得憑藉付訖支票判斷職員薪資，並在取得國稅局同意後，延後報稅用的 W-2 表格繳交期限。當地教師的退休帳戶也暫時被凍結。

在攻擊發生當下，有兩成教師還在線上並使用學校網路，他們的筆記型電腦也因此遭到癱瘓。其中一名受害者是在當地學區效力十七年的資深教師蒂娜・威爾遜（Tina Wilson），她是卡通斯維爾中學（Catonsville Middle School）的六年級語文教師。事發當時她在上圖書館員的夜間課程，同時在檢查她的信箱。在事見過後一周，她終於能再登入信箱帳號，卻發現自己的檔案全被凍結，副檔名都被改成「.ryk」。

蒂娜的教學計畫沒了。於是在恢復上課第一天，她轉而為學生導讀青少年科幻小說《移動迷宮》（*The Maze Runner*）。學生們也亂成一團。蒂娜要求學生寫一份報告，探討如何準備自然災害應變計畫，但學生沒辦法進入她建議使用的資料庫。

「我感到困擾的是學區有系統漏洞，卻從來沒有人去修它。」蒂娜說。

巴爾的摩郡學區與立場堅定的巴爾的摩市政府相反，他們試圖和駭客談判協商。「校方得設法盡快恢復正常上課。」以學生代表身分參與校務會議的高年級生約書亞・穆休穆齊（Joshua Muhumuza）表示。但負責該學區預算的郡政府卻提出警告，提及：「如果巴爾的摩郡公立學校自行決定支付贖金，那將面對法律、財務與名聲方面的後果，這些後果將造成廣泛且持久的影響。」校方顯然聽從了郡政府的勸戒。雖然該學區並未公開討論事件的後續狀況，但根據內部人士透露，最終巴爾的摩郡沒有支付贖金。根據估計，在攻擊事件發生後滿一年，當地用來恢復正常運作的花費高達九百七十萬美元，其中預計有兩百萬美元會由保險公司支付。

對學校發動攻擊的還有跟路克走很近的康帝集團。二〇二一年三月，康帝攻擊位於佛羅里達州的布羅瓦郡學區（Broward County），該學區為全美第六大學區，康帝集團要求的贖金高達四千萬美元。光是兩方的談判協商就拖了兩個月，布羅瓦郡學區的代表表示：「居然有人認為一個由納稅人出資的學區能負擔這麼龐大的金額，這令人感到驚恐。」康帝則強調該學區有四十億預算，反駁道：「別想玩弄我們。你們長官手上就有相當於這個數量的比特幣。」他們並預測「如果校方因為資料外洩，被員工和學生告上法院，那將會損失更多」。

最後，康帝同意將贖金降到一千萬美元，但學區拒絕接受高於五十萬美元的提案，雙方因此談判破裂。康帝依約將兩萬六千份竊取的資料公布在網路上。儘管康帝集團的威脅言猶在耳，但實際上外洩的資料大多是一些雜七雜八的檔案，包含員工里程報表、差旅報銷表，以及一些公用設施的帳單，不太有人會為此告上法院。[27]

對路克勒索集團來說，攻擊學校只是餘興節目。在二〇一九年他們癱瘓德魯伊市地區醫療中心與其他醫院後，路克在二〇二〇年十月變本加厲針對醫療設施發動攻擊，為全美各地的病患與醫療院所埋下焦慮和困惑的種子。

從時機點來看路克是在報復。他們的報復對象則是先前對勒索軟體發動過最大規模也最具破壞性的行動。

從二〇一八年起，微軟的數位犯罪防治中心（Digital Crimes Unit）找來超過四十名全職調查人員、分析師、數據分析師、工程師與律師組成團隊，針對惡戲機器人進行調查。惡戲機器人這款控制殭屍網路的惡意軟體，正是路克用來入侵受害者電腦的工具。由於美國擔心普丁政權可能利用惡戲機器人擾亂二〇二〇年美國總統大選，這項行動變得更加迫切。不過事實證明這項擔憂只是空穴來風。

微軟的調查小組分析六萬一千個惡戲機器人的樣本檔案，以及受到感染的電腦網路底層基礎架構。[28]他們發現惡戲機器人的命令與控制伺服器控制這些電腦的方法，也找到這些伺服器的網路位址。

接著，微軟將這些證據轉化為創新的法律策略。微軟主張惡戲機器人對微軟程式碼的惡意使用侵害到微軟的版權。他們以這個理由，向聯邦法院取得摧毀整個殭屍網路運作的命令。於是在二〇二〇年十月，微軟在世界各地的科技公司與電信公司協助下，禁用與惡戲機器人相關的網路位址，讓他們無法繼續取得命令與控制伺服器內容，並連帶中止整個殭屍網路運作。微軟找出一百二十八個伺服器，並在不到一周的時間就拿下一百二十個伺服器。

微軟在訴諸法庭前，其實有先將他們的計畫電告給執法部門的聯繫人。二〇二〇年成立的美國網路作戰司令部（U.S. Cyber Command）也接獲這項消息，該部門專門監管美國國防部的網路行動。為了展現美國軍方更具威脅性的新型網路戰略，網路作戰司令部也針對惡戲機器人發起一波攻勢。[29]他們以祕而不宣的方式滲透惡戲機器人的殭屍網路，[30]要求受感染的系統自行斷線，並將大量新受害者的假情報回傳，塞滿惡戲機器人的資料庫。[31]

當時惡戲機器人的駭客集團還不知道攻擊的身分，但仍對他們的專業技術留下深刻印象。「下手的人做得很漂亮，」一名程式員告訴該集團老大：「他知道機器人如何運作，可能是看過原始程式碼後做了逆向工程……這似乎是一次蓄意破壞。」

然而，微軟與美國網路作戰司令部取得的勝利是短暫的。路克停下腳步，花了一個禮拜時間整張旗鼓，接著就開始對醫院發動攻擊。微軟數位防治中心的總經理艾米・霍根－柏尼（Amy Hogan-Burney）表示：「我非常訝異。惡戲機器人背後這些人決定用所剩無幾的基礎設施，對疫情期間最寶貴的系統發動攻擊。」

在這一波攻勢中，首當其衝的受害者之一是密西根州和威斯康辛州的狄金森郡醫療體系（Dickinson County Healthcare Systems）。路克在十月十七日對他們發動攻擊。「敬愛的狄金森郡醫療體系，」勒索筆記上寫著：「請**仔細**閱讀以下訊息並請技術部門支援。你的資訊現在全被**編碼**了。」接著路克附上一個ProtonMail的加密郵件信箱位址，表示：「請和我們聯繫。」狄金森的電子系統當機了一個禮拜，期間該體系內所有醫院和診所都只能靠紙本作業。

十月二十六日，亞歷克斯・霍爾登得知路克準備再襲擊四百間美國醫療設施的消息，目標包含更多醫院和診所。「美國這次死定了，」路克集團一名駭客對另一名駭客傳訊道：「他們會陷入恐慌。」

霍爾登馬上將這個情報交給特勤局，這份情報還包含部分醫院網路已經被惡意軟體滲透的資訊。聯邦政府得知消息後對外發布警告：「美國醫院與醫療服務設施即將面臨一波大規模網路犯罪威脅。」[32]

霍爾登和聯邦政府官員、微軟與大型資安公司聯手，以最快速度警告被鎖定的醫院，要求他們強化防禦措施。霍爾登表示，後來至少有兩百處攻擊目標成功迴避這波攻擊，最終造成的衝擊也沒有像他們擔憂的廣泛。惡戲機器人的管理者搞不清楚到底哪裡出問題。[33]然而在此同時，當局沒有即時找到所有被鎖定的設施，路克成功滲透了幾十個醫療設施，其中包含好幾間位於偏遠地區、因為新冠肺炎衝擊而飽受風霜的醫院。

例如在霍爾登得到的情報中，其中一個路克攻擊的目標網域名稱使用「SL.」的字首。但光靠這些線索，霍爾登無法猜出那是指哪一個設施。直到奧勒岡州南部郊區的克拉馬斯佛斯（Klamath Falls）地區傳出災情，他才知道「SL.」指的是位於加州邊界北邊二十五英里的天湖醫學中心（Sky Lakes Medical Center）。攻擊發生在十月二十六日中午，天湖的技術支援服務人員收到一封電子郵件，信件上附有「年度獎金報告＃783」的檔案。那名員工在這間社區醫院工作不到一年，不知道為什麼會收到這封訊息，並好奇那是否跟她最近與人資部門開過會有關係。於是她點開連結，電腦馬上當機。雖然這讓她有點生氣，但她沒有向上回報。

十三個小時後，在十月二十七日早上，天湖醫學中心的資訊工程部門員工接到臨床醫師的電話，告訴他們整個系統慢到不太尋常。中心又花了兩個小時試著重啟系統，這才發現天湖已經遭受勒索軟體攻擊。路克蔓延整個系統，侵入每一台使用視窗作業系統的機器。

當時在夏季暫緩的新冠肺炎再度爆發，天湖醫學中心的醫師和護理師超過三周無法取得電子紀錄和照片，那導致他們治療中斷、收入減少，並增加醫療疏失機率。「這起事件重創我們，」該院資訊部門的主任約翰・蓋德（John Gaede）表示：「我們的醫護人員、醫師和護理師連續二十三天都只能靠著紙本作業。」

有時需要急救的病人會不記得自己服用哪些藥物。由於天湖沒辦法從資料庫調閱電子病歷，醫院藥師必須打給當地其他藥局，請他們代為查詢用藥履歷。醫師的診斷能力也受到阻礙。通常腫瘤科醫師會透過比對新舊乳房X光攝影圖，來檢查病患是否罹患乳癌，但如今他們卻沒辦法取得舊照片進行比對。

由於發生這起事件，天湖只好把部分病患轉往位於奧勒岡梅德福（Medford）的普羅維登斯梅德福醫學中心（Providence Medford Medical Center）。該院距離喀斯喀特山脈（Cascade Mountains）大約七十英里車程，有些病人乾脆開露營車到梅德福過夜，但像是朗恩・傑克森（Ron Jackson）選擇了通勤。

朗恩和雪莉結婚五十五年，他有兩個兒子、四個孫子，還有兩個繼孫。朗恩和雪莉在退休前都在奧勒岡理工學院（Oregon Institute of Technology）工作，那是間位於克拉馬斯佛斯（Klamath Falls）的公立大學。雪莉在學校會計室工作，朗恩則在校內做木工與操作重型機具，兩人的共同興趣是露營類的戶外活動。但在二〇二〇年九月，朗恩忽然癲癇發作，從此他連「松鼠」這類的常用詞彙都想不起來。他被診斷患有神經膠母細胞瘤（glioblastoma），那是一種侵略性腦癌，過去美國參議員泰德・甘迺迪（Ted Kennedy）與約翰・馬侃（John McCain）就是被這種疾病奪去性命。

朗恩在十月七日移除他的腫瘤後，接受醫師建議展開為期三十天的放射性治療與口服化療。當路克襲擊天湖醫學中心時，院方正在為朗恩安排療程。他的醫師打來讓他自行選擇，他可以等放射科重啟後再進行療程，但沒有人知道需要等多久；或者他可以選擇去梅德福接受療程。由於醫師都建議他盡快接受治療，朗恩和雪莉決定轉往梅德福。梅德福的醫院願意提供病房讓他們入住，不過傑克森夫婦婉拒了，他們還要照顧朗恩九十七歲的母親。朗恩的母親住在克拉馬斯佛斯，平常需要傑克森夫婦協助她採買日常用品跟帶她回診。傑克森夫婦也婉拒想開車載他們去醫院的親友。

「我們不太習慣向人求助，」雪莉說：「我們比較習慣幫助別人。」

過去朗恩總是會負責駕駛，但手術影響他的視力。因此在這十七天中，雪莉負責開他們的大切諾基吉普車（Jeep Grand Cherokee）跨越梅德福的山路。有時他們還得開過冰天雪地。「那段路我們開得膽戰心驚，」雪莉說：「朗恩會緊抓著把手不放，手指都發白了。」

就連路邊的餐廳都受到疫情影響而關閉，有時傑克森夫婦還得在森林找地方解放。由於接受化療關係，朗恩會出現體液滯留的副作用，因此他得持續服用利尿劑減輕副作用。「有時這些藥無法讓我撐到梅德福。」朗恩說。

即便如此，朗恩跟雪莉還是贊同醫院不付贖金的決定。「我們認為醫院有可能再次被同一群人襲擊，然後朗恩的療程就會再次中斷，」雪莉說：「你要如何相信他們不會一而再，再而三回來要更多錢？」

當天湖醫學中心把兩千五百台受感染的電腦都換新、系統也重新上線後，院方還得透過人工方式，將這幾周累積的紙本資料輸入系統，那是段緩慢而費力的過程。在攻擊事件前六個月，院方就謹慎投資過一套新的備份系統。靠著這套備份系統，他們在二〇二一年三月順利還原幾乎所有檔案。當一切終於塵埃落定，他們在總計一百五十萬張的乳房X光片中，只遺失了八百八十張。

雖然天湖醫學中心有投資安險，但根據院方表示，保險金「根本不足以補償我們的損失」。他們預估損失大約三百萬到一千萬美元。為了找出到底是哪個環節出錯，中心的資訊部主任蓋德和另外兩名管理者找來意外讓天湖陷入危機的員工面談。管理者們認為，既然提高員工警覺性是防禦網路攻擊的主要手段，那就有必要搞清楚這名員工為什麼被要求對可疑信件保持警覺，卻還是犯下這個錯誤。

管理者們告訴那名員工，他們不是為了懲罰她而找她面談，只是希望從她的經驗中學習。當這群管理者在二樓會議室溫和詢問她事發經過時，她才意識到自己犯下大錯。她頓時臉色蒼白，不久後就離職了。

在疫情期間天湖醫學中心與其他醫院遭受的攻擊，讓勞倫斯的休戰協議顯得格外空洞。一些最強大的勒索軟體集團絲毫不在乎他們會傷害到誰，或者事態將有多嚴重。儘管如此，勞倫斯並不後悔自己提出休戰協議。

「我不知道我寄出的這封信究竟是否有效果，」勞倫斯在二〇二〇年十二月時說。當時肺炎疫情仍十分嚴重，勒索集團也經常發動攻擊。「但休戰協議讓他們成為鎂光燈焦點，並讓他們更難攻擊醫療組織，而得去找眾人眼中更罪該萬死的混帳下手。」

1 手療師（chiropractor）為美國領有執照的醫療保健專業人員，主要治療肌肉骨骼系統疾病。手療師會透過手動調整與操縱脊椎，來糾正神經系統功能障礙。

2 K-12是指從幼稚園、小學到十二年級的教育系統，主要適用於美國、加拿大與澳大利亞部分地區。

第十三章

通往明日的管線

二〇二〇年十二月，海灣軟體有個顧客因為遭受名為「黑暗面」（DarkSide）的勒索軟體攻擊，需要麥克．葛拉斯彼的協助。客戶已經付了贖金，但黑暗面提供的解鎖工具解開檔案的速度非常慢，客戶因而希望借助於麥克加速解碼程序。

對麥克來說，這是他的新工作中的日常業務。當時他沒想到眼前的「黑暗面」將成為史上最受矚目的勒索軟體之一，更沒料到該集團會因為癱瘓美國關鍵的基礎設施，成為白宮記者會與總統高峰會討論的重要議程。

當麥克試著從駭客的解碼工具中取出密鑰時，他遇到瓶頸。密鑰的加密程序異常複雜。他傳訊息給法比恩，法比恩幫他把密鑰找了出來。接著，兩人想知道能否將密鑰用在其他被黑暗面感染的檔案，於是開始進行測試。麥克打開辨識勒索軟體的網站，找出其他受害者上傳的檔案，法比恩則從VirusTotal的資料庫找檔案。

當晚，兩人有一個共同發現。「我確定黑暗面重覆用了他們的RSA金鑰。」麥克在勒索軟體狩獵團的 Slack 頻道上說。[1]

不到一小時，法比恩也在倫敦時間凌晨兩點四十五分回覆：「我也注意到一樣情況，我能用他們的解碼器來解鎖被加密的新檔案。」

麥克和法比恩用密鑰還原 Windows 電腦的檔案。「我們都摸不著頭緒，」法比恩表示：「難道黑暗面真的搞砸了嗎？黑暗面算是相對比較專業的勒索軟體供應商之一，它們會犯下這麼大的錯非常非常罕見。」

狩獵團內部悄悄慶祝這項突破，沒有讓外界知道消息。為了找到更多黑暗面的受害者以提供協助，莎拉聯繫了專門處理數位鑑識和事件回應的公司。「聽著，如果你們有被黑暗面攻擊的案子，請受害者來找我們，我們可以還原檔案，他們不用付大筆贖金。」

黑暗面在聖誕假期休息了一陣子。麥克和法比恩預期當黑暗面繼續展開攻擊，狩獵團將能幫助數十位受害者。但他們沒料到自己會被同樣站在對抗勒索軟體陣線的盟友擺一道。二〇二一年一月十一日，羅馬尼亞的資安公司必特防毒（Bitdefender）「很開心地向大家宣布」他們已經開發出免費的破解工具，提供黑暗面的受害者使用。[2]

大肆宣傳的結果就是弄巧成拙。黑暗面集團得知消息後，修正先前麥克和法比恩搶先找到的弱點。結果雖然必特防毒的工具幫助少數舊版勒索軟體的受害者，卻對未來遭受攻擊的目標毫無幫助。

狩獵團立刻意識到這樣一來他們謹慎的救援計畫注定要失敗。在狩獵團回應社群使用的 Slack

頻道上，有人問道為何必特防毒會走漏風聲，讓駭客有所警覺。「宣傳效果。」莎拉回答：「看上去漂亮而已。不過我能保證現在黑暗面會更快把問題修好。」

果不其然，第二天黑暗面集團的人就知道「密鑰產生程序有問題」，並預估有四成密鑰受到影響。「問題已經解決，新的受害公司現在沒什麼好期望了。」黑暗面在貼文中寫道：「特別感謝必特防毒幫我們解決問題，讓我們變得更傑出。」

這不是第一次有防毒軟體公司大肆宣揚勒索軟體狩獵團找到的解決方案。像是必特防毒這樣的事件，反映出對抗勒索軟體的民間部門間缺乏溝通和協議，沒辦法有效找出受害者，並在不驚動敵人的前提下和受害者溝通。

從狩獵團的角度來看，防毒軟體的公司常常急著一舉成名，而違背間諜戰中不成文的默契：絕不要讓你的對手知道你知道多少。通常狩獵團會嘗試持續隱瞞攻擊方，即便這會因此犧牲接觸更多受害者的機會。當事件進展到後面，贖金開始變少，網路罪犯終究會意識到有些地方出問題。但狩獵團就是希望盡可能讓這一刻愈晚到來愈好。

歷史上的間諜戰為了確保這種隱蔽戰術成功，有時得做出一些令人心碎的取捨。在二戰期間，英國秘密情報局（British Secret Intelligence Service）解譯秘密通訊後，得知德國蓋世太保準備在里斯本綁架並謀殺一名有價值的雙面間諜——約翰—尼爾森・「約翰尼」・耶森（Johann-Nielsen "Johnny" Jebsen），他的代號為「藝術家」。耶森的管理者查爾斯・德・薩里斯（Charles de Salis）

向上級請求許可，希望能提前警告耶森，卻遭到拒絕。因為上級擔心那會讓敵人發現英國已經破解加密的秘密通訊。最終，耶森真的遭到綁架並被殺害。根據情報歷史學者奈傑・魏斯特（Nigel West）所說，「德・薩里斯一輩子都為此感到後悔。」

常常資安公司的行銷部門會急著推出新的破解工具，一面方面是為了推廣公司，一方面是想吸引更多客戶上門。但隨著贖金價碼持續上升，犯罪集團變得更有錢，技術也更成熟，這種宣傳手法很可能帶來反效果。法比恩表示，如今勒索軟體的製作者「手上有非常非常強大的逆向工程師與滲透測試員。」他說：「那就是最初他們打造那些高度防備的安全網路的方法。他們先下載解碼器、將它拆解，然後進行逆向工程，接著會搞清楚我們如何破解他們的檔案。二十四小時後，他們就修完漏洞了。」

不過必特防毒的威脅研究主任伯格丹・波特察圖（Bogdan Botezatu）表示，如果沒有進行宣傳，就不會有足夠的人知道還有潛在的解決方案：「大多數遭到勒索軟體襲擊的受害者，都沒有和勒索軟體協助團體聯繫的適當管道，也不知道要去哪裡尋求協助，除非他們能輕鬆透過媒體或搜尋引擎，就知道破解工具的存在。」

對於勒索軟體狩獵團先前已經有所突破這點，必特防毒表示連他們都不知情。「我們不相信能在不打草驚蛇的情況下提供大家解碼器。」伯格丹說：「攻擊者會假扮成有需求的用戶或公司，藉此得知解碼器的存在。反而是絕大多數的受害者根本渾然不知能免費取回資料。」

對於這點法比恩和麥克也很清楚。尤其當駭客入侵後，他們會翻閱整個網路挖寶，很可能就會看到受害者與狩獵團的信件，並從中得知狩獵團有發現勒索軟體的漏洞。同時，如果受害者不再支付贖金，黑暗面早晚會找出自己哪裡犯了錯。

然而即便如此，法比恩還是表示：「當我們找到勒索軟體的弱點，卻因為這種蠢事讓機會化為烏有，那種感覺特別難受。」

值得讚賞的是，必特防毒長期以來都在協助受害者。他們私底下和執法機關合作，多年來釋出共計十八款免費解碼器，估計為個人與企業省下超過一億美元的贖金。

必特防毒在對抗一款名為「蟹老闆」（GandCrab）的勒索軟體時尤其有力。蟹老闆是一個惡名昭彰且無孔不入的勒索集團，他們喜歡把資安研究員的名字放進程式碼中，以此嘲弄他們。當歐洲執法機關成功滲入蟹老闆的命令與控制伺服器後，必特防毒開發許多版本的破解工具，幫助無數名受害者免費還原資料。[3]二〇一九年五月，蟹老闆的開發團隊聲稱他們已經從贖金中賺到總計二十億美元，而宣布退休。[4]

在黑暗面犯罪集團中大肆嘲諷必特防毒、表示對方「幫助我們解決問題」的成員，前身有可能就是蟹老闆集團。有一部分的資安研究員相信，蟹老闆就是後來的勒惡集團，因為勒惡集團崛起的時間正好符合蟹老闆退場的時間。反過來說，黑暗面也可能聘請勒惡集團的成員。資安人員亞歷克斯・霍爾登便說：「黑暗面很可能複製了蟹老闆的商業模式與組織原則。」如同二〇二〇年八月，黑暗面在暗網上對媒體亮相時表示：「我們是市場上的新產品，但那不代表我們是沒有經驗的無名小卒。」

根據霍爾登的研究，黑暗面的操作團隊包含一名勒索軟體開發員、一名負責找出潛在目標網路弱點的滲透測試員，以及一名負責應對駭客論壇與媒體的發言人。其中至少有一個人是來自莫斯科南部。但黑暗面與拒絕休戰提議的勒惡集團不同的地方是，他們認為在疫情期間放棄攻擊醫療設施對他們的公眾形象來說是件好事。儘管當黑暗面出現時，已經來不及被列入第一批參與休戰的勒索軟體名單，但他們仍承諾不攻擊醫院、護理之家還有製作與分配疫苗的設施。此外，他們也不攻擊殯儀館、停屍間與火葬場，大概是因為這些設施光處理新冠肺炎的死者已經忙不過來，同樣地，黑暗面也不攻擊政府機關、大學與各級學校。出於自保，黑暗面也不攻擊俄羅斯或其他前蘇聯國家組成的獨立國家國協成員。

即便如此，歐美各國還是有許多目標供他們挑選，而他們挑得非常仔細。舉例來說，黑暗面會找正在製作備份的公司，因為將備份轉換到雲端那一周，檔案受到版本差異影響會顯得格外脆弱。被黑暗面攻擊過的目標不乏一些產業大戶，例如喬治亞州的地毯大廠狄西集團公司（Dixie Group）、歐迪辦公（Office Depot）的子公司康普康公司（CompuCom），以及日本東芝集團的歐洲分部東芝特科（Toshiba Tec）。黑暗面表示：「我們只攻擊能負擔贖金要求的公司，我們並非要扼殺你們的生意。」黑暗面在暗網上放的「榮譽榜」列了數十名受害者，藉此向受害者施壓，並描述他們從對方手上拿到哪些資料。

當黑暗面入侵這些網路時，他們會使用一套稱為「零時差漏洞」（zero-day exploits）的高階攻擊手段，意指在系統還來不及進行安全性更新前持續攻擊漏洞。當黑暗面進入系統後，他們會迅速展開一番檢查，首先查看有沒有能拿來當談判籌碼的敏感資料，同時也會找出受害者的資安險保單，讓他們能根據保險金額設定贖金。摸索兩三天後，黑暗面就會把檔案加密。

「他們的攻擊節奏比較快。」克里斯多福・巴洛德（Christopher Ballod）表示。他是商道衡公司（Kroll）網路風險評估部門的副總經理，該公司專門進行商務調查，曾為數十位黑暗面的受害者提供諮詢服務。他補充道：「你待在系統裡愈久，就愈容易被抓到。」

巴洛德表示，一般來說黑暗面的贖金要求算「市場高價」，至少從五百萬美元起跳。黑暗面的談判代表也很精明。如果有受害者聲稱因為疫情關係無法負擔贖金，黑暗面就會拿出事先準備好的數據，指出該公司的利潤在疫情期間上升，或表示新冠疫情造成的衝擊已經列入贖金計價的考量。他們還有一個新招：如果有上市公司拒絕支付贖金，黑暗面就會威脅要把偷來的資訊交給賣空投資者。一旦股價因為資訊公開而下跌，這些投資者就能從中獲利。

二〇二〇年十一月，黑暗面開始採取勒索軟體供應服務的商業模式。集團的「加盟商」可以分到百分之七十五到百分之九十的贖金，剩下的收入便分給黑暗面。

不過黑暗面對外交事務的掌握度，不如他們的談判手法那般先進。他們在轉換商業模式時，發佈一篇貼文表示會將竊取的資訊存放在「伊朗或未受認可的國家」，這樣一來執法機關或微軟等公司就無法扣押他們的伺服器。但黑暗面顯然沒意識到，由於美國對伊朗發布經濟制裁，對美國受害者而言，如果勒索集團和伊朗扯上關係，那支付贖金的程序會變得更加麻煩。在二〇二〇年十月，美國財政部海外資產控制辦公室便發布公告，表示如果網路行為者被列入制裁名單，或位於像伊朗或北韓等限制交易國家，「代表受害者支付贖金給網路行為者的公司……將可能違反 OFAC 制裁規定。」[5]

有鑑於此，許多保險業者對支付跟黑暗面有關的理賠金態度轉為保守。由於保險業者不願意協助償還贖金，巴洛德所屬的商道衡公司客戶都不願付贖金給黑暗面，即便他們的資料可能外洩，比爾．席格隸屬的海灣軟體公司也不再與黑暗面集團談判。

黑暗面的駭客為了止血而收回先前貼文，聲稱他們只是考慮把伊朗當作「**可能**存放數據的地點之一」，並表示他們沒辦法找到在伊朗的託管服務提供商。為了還以顏色，黑暗面還幼稚地宣布他們不會再和海灣軟體合作，並表示會推薦其他資料救援公司給受害者。

※

二戰過後，各國對汽油與其他石化產品的需求激增。但要如何把油品從煉油廠送到消費者手中成為一個問題。現有的輸油管線不足，油輪會受到難以預測的天氣變化與碼頭工人罷工影響。上述種種因素，催生號稱為「世上最大管線工程」的解決方案，該方案的野心與規模可堪比巴拿馬運河。一九六二年，在美國規劃的一場最大私人融資建設案中，九間石油公司組成財團，聯手建設一條由休士頓連接到紐約港的三英吋寬油管。這條管線被稱為「殖民管線」（Colonial Pipeline），因為管線途經的十四個州中，有九個州屬於美國最初的十三個殖民地。[6]這條管線橫跨田納西州的瞭望山（Lookout Mountain），並以河底管線方式通過許多河流，包含詹姆斯河（James River）與德拉瓦河（Delaware River）。

這條管線總計綿延五千五百英里，每天能將超過一百萬加侖的汽油、加熱用燃油、柴油、航空燃油與其他油品，從墨西哥灣沿岸的二十九間煉油廠，一路輸送到美國東岸。從二〇〇二年以來，科氏工業（Koch Industries）其中一間子公司，一直都是殖民管線公司（Colonial Pipeline Company）的最大股東。

從一開始，殖民管線公司就用電腦安排油品運送時程。根據該公司委託編寫的歷史資料指出：「擁抱電腦科技是殖民管線公司的特色。」[7]不過他們對漏油事件的看法就沒那麼先進開明，公司對於漏油的態度是「地上出現一點點油」沒什麼好擔心的，這種觀點和與日俱增的環保運動格格不入。一九九六年，美國爆發史上第六大漏油事件，起因就是殖民管線公司沒有費心維護管線，造成一條位於南卡羅萊納州的老舊管線破裂。公司在一九九九年承認業務疏失，並受罰七百萬美元的罰鍰。[8]此外，公司也支付一千三百萬美元和解金給當地地主與南卡羅萊納州政府。[9]

從此，在殖民管線公司史上，「蘆葦河漏油事件」（Reedy River spill）成為「因為受到懲戒而讓公司面臨低潮」的事件。[10]這起事件在殖民管線公司文化中更留下深遠的影響。首先，公司內部灌輸一套謹慎至上、安全第一的行事準則，企業員工還會直接穿上寫了「**如有疑惑，直接關閉**」標語的衣服。殖民管線公司內部也採取一套新政策，規定組織內任何人都有權關閉整條輸油管線。在一九九九年十二月三十一日千禧年前夕，公司由於擔心千禧年的過渡期造成電腦故障與電力激增，第一次關閉整條管線。[11]第二次則發生在二〇〇五年，公司為了防範卡崔娜颶風而關閉油管。[12]他們希望透過這種積極主動的姿態避免聯邦政府干預。公司的前任官員便表示，他們「擔心的是會受到管制」。

在二〇一七年到二〇二一年間，殖民管線公司擴編資訊部門五成人力。隸屬於國土安全部的運輸安全局負責監督管線安全，他們在二〇二〇年聯絡上殖民管線公司，要安排自願性網路安全審查，但殖民管線公司卻懇求運輸安全局放他們一馬，藉口是當時正值新冠肺炎封鎖時期，而且他們正在搬遷總部。[13]運輸安全局的評估因此被擱置，直到為時已晚。

二〇二一年五月七日清晨五點，殖民管線的員工在公司網路發現一份勒索筆記，原來黑暗面凍結了公司的帳務和行政系統，並竊取包含健保資料與社會安全碼等個人資料。該集團透過一條原本不應啟動的過期虛擬私人網路入侵，原先這條線路只由一道密碼保護，不受額外的多重驗證保護。[14]而且那條密碼在暗網上就能找到，有可能是先前殖民管線的員工在別的帳號使用過，並遭到駭客竊取。

殖民管線公司在蘆葦河漏油事件後，一直是出了名地謹慎行事。由於擔心備份系統被破壞，或犯罪集團可能影響甚至控制運作中的設施，例如控制感應器、閥門和油泵，一名主管當機立斷把管線關掉。一夕之間，整個東岸忽然少掉相當於百分之四十五燃料量的油料。

整個國家像是一條動脈忽然阻塞般受到激烈動搖。油價迅速攀升，駕駛恐慌地想把油箱填滿，而引發從一九七〇年代石油危機以來第一次美國各地加油站排滿人潮的現象。由於買家以各種方式嘗試囤積石油，美國消費品安全委員會（U.S. Consumer Safety Products Commission）不得不發布警告，要求消費者不得使用塑膠袋裝汽油。[15]東南沿岸的加油站在供應減少、需求增加的情況下，紛紛關門停業。北卡羅來納州有三分之二的加油站庫存耗盡，維吉尼亞州、喬治亞州與南卡羅萊納州也有將近一半的加油站面臨同樣困境。[16]這場危機也影響航空業。由於噴氣燃料短缺，部分航班必須改道前往其他機場加油。

這起事件對美國的重要基礎建設造成災難性打擊，也從此讓美國人建立起勒索軟體是嚴重威脅的觀念。聯邦調查局局長克里斯多福．瑞伊表示，美國史上最嚴重且創傷最深的九一一恐怖攻擊事件與這起事件「有很多相似之處」。[17]在殖民管線關閉後，一般人才清楚體會到勒索軟體造成的威脅有多嚴重。勒索軟體擾亂美國人民的日常生活，過去他們視為理所當然的日常必需品和舒適生活，如今都亂成一團。

在殖民管線公司的防災計畫中，並沒有擬定勒索軟體攻擊發生的應變措施。[18]公司在別無選擇的情況下，付了四千四百萬美元的贖金給黑暗面集團，換取解鎖檔案的密鑰。「那是我在能源產業三十九年以來，做過最艱難的一個決定。」[19]殖民管線的執行長喬瑟夫．布勞特（Joseph Blount）

在國會作證時說：「我知道我們的管線對這個國家來說有多重要，所以我將國家的利益擺在第一位。」布勞特表示，黑暗面提供的密鑰「在某種程度上」算是有用，六天後管線就重啟了。[20]

最終，殖民管線沒有負擔全部四千四百萬美元的贖金。付款前，布勞特問過他們的網路保險公司，對方表示會賠償贖金。[21]但殖民管線預計還要花上好幾個月跟數千萬美元，才能完全恢復他們的營運系統。

如同黑暗面先前沒有意識到和伊朗扯上關係將對他們不利，他們似乎也對攻擊殖民管線造成的社會衝擊感到吃驚。攻擊事件三天後，黑暗面在他們的網站上貼出公告，表示：「我們是非政治組織，無意參與地緣政治，我們的目標是賺錢，不是為社會添麻煩。」

比爾．席格則氣憤地怪罪必特防毒：「如果壞人繼續用不安全的版本，大家都知道不用付錢給他們，就能對他們產生更大衝擊。」勒索軟體狩獵團也同樣憤慨，他們的努力全白費了。從此狩獵團創造一個術語，形容太早讓勒索軟體集團知道他們弱點的行為，他們將那個術語命名為「必特防毒那招」（pulling a Bitdefender）。

黑暗面的故事揭露另一個根本性的悖論。勒索軟體狩獵團和其他像必特防毒公司等組織，透過破解勒索軟體拯救無數名受害者，阻礙數不清的罪犯。如果沒有狩獵團這種專門找出勒索軟體漏洞的團隊，任何一名駭客即便只會寫一些爛程式也能恐嚇受害者，逼迫對方支付贖金。

然而，狩獵團獵人的才華卻無意間帶來相反後果。當他們找出勒索軟體的漏洞後，像黑暗面這種犯罪集團就會接下去把漏洞修好。這麼一來，狩獵團反而成為勒索軟體犯罪集團的產品測試員。狩獵團發現的漏洞會逼使駭客提升加密技術，也讓勒索軟體變得更加強大，甚至達到無懈可擊的地步。這些改良日漸累積，駭客的技術和專業化程度也隨之成長。如今，勒索軟體在整體上變得更加牢固。儘管麥克和法比恩依然能破解許多新出現的勒索軟體，但為了應付這些轉變，他們和莎拉開始得花更多時間幫助支付贖金的受害者，讓他們能更快速且順暢地還原系統，甚至要比駭客提供的工具還快。

這項新任務就像破解勒索軟體般，進一步推動狩獵團幫助受害者的目標。但它也符合駭客利益，讓付了贖金的受害者能對解碼效率更滿意。除此之外，這項任務還將狩獵團帶往新的方向，考驗他們為自身使命賦予的基本原則——免費幫助他人。

這個新計畫要從比爾．席格請求狩獵團幫助說起。二〇一九年，比爾和海灣軟體遇到一個問題。有一家受到路克攻擊的公司為了還原他們的資料與恢復正常營運，聘請海灣軟體幫忙協商贖金。但路克集團提供的解碼工具卻相當緩慢且容易出錯。為此比爾找上法比恩。「聽著，路克給的解碼工具爛透了，」比爾說：「我們需要更好的東西。」於是法比恩從路克的解碼器中取出密鑰，打造一個更快且更穩定的解碼器。

改良過的路克解碼器很成功。比爾於是問法比恩，他是否還能做其他解碼器。「我們還有一堆勒索軟體的解碼器也很糟糕。」比爾告訴法比恩：「你能幫這些勒索軟體都製作解碼工具嗎？」法比恩同意了。

最後，法比恩、麥克和莎拉打造出一個通用解碼器。過去多年來，狩獵團曾幫很多勒索軟體製作過專用解碼器，這次不同的是他們做出的是通用解碼器。只要他們能拿到密鑰，無論是勒索軟體狩獵團自己破解取得密鑰，或者駭客收到贖金後提供的密鑰，只要稍作調整就能用在通用解碼器上。狩獵團成員將這些密鑰放進團隊自身的工具「統一解碼器」（Unidecrypt）中。接下來受害者只要執行這個工具，就能還原他們的檔案。海灣軟體公司和Emsisoft從法比恩和莎拉創辦的公司取得技術授權，並將這個工具提供給受害者。Emsisoft的使用費是五千元美金，海灣軟體則是三千五百元美金。「這對客戶來說只是菜單上一個單點選項。」法比恩說。

法比恩、麥克和莎拉都認為收取使用費在道德上站得住腳，勞倫斯也這麼認為。由於使用「統一解碼器」的客戶大多是已經付了幾百萬美元贖金的大公司，對他們而言花幾千美金改善解碼軟體不過是一筆小錢。由於通用解碼器會讓檔案還原的平均速度增加百分之七十，法比恩表示使用解碼器對受害者來說是「想都不用想」的選項。「他們得在付過幾百萬美元贖金後，再多付五千美金。但這能讓他們的系統提前一個禮拜恢復。」

但無論通用解碼器設計得有多精巧，販售自身服務這點仍動搖狩獵團獵人的理想主義信條。那樣的妥協在二〇二一年麥克連續破解三款勒索軟體的難忘周末，變得更加顯眼。儘管受到羅倫資勒索軟體攻擊的海灣軟體客戶沒有向罪犯支付贖金，但仍付了一筆費用，購買過去狩獵團免費提供的服務。有鑒於上述理由，麥克和法比恩在空閒時間仍會針對一些獲利豐厚的勒索病毒製作免費解碼器，並在 Emsisoft 網站對外發布。

比爾試著以輕描淡寫的方式減輕羅倫資案件帶來的道德困境。「你在眾多客戶中，碰到真的能破解的勒索軟體比例不到一成，」他說：「一個月大概只有一到兩種吧。通常每個月我們都會碰到二十到三十種變體。」

儘管比爾仍擔心勒索軟體相關產業壯大帶來的影響，但到了二〇二一年底，海灣軟體的談判協商服務需求已經高到讓人應接不暇，比爾只好開始招募更多的員工。海灣軟體設立了駐澳洲的「事件應變主任」來負責「和網路罪犯協商」、「管理（與贖金相關的）金融業務」以及和「公司在執法機關的夥伴」往來。

與此同時，比爾盡可能透過提供海灣軟體顧客最準確且快速的數據資料，讓他們能在掌握情形下做出決定，希望藉此提高產業標準。有些競爭品牌即使花上數周處理一件案子，還是不知道駭客究竟如何入侵系統、進入系統之後做了什麼事，而海灣軟體則開發出一套工具，讓他們只需要花幾分鐘時間就能得到解答。這套工具除了蒐證用途，也讓他們能預測對方談判時可能採取的策略。此外，公司也會找出哪些檔案沒辦法以解碼方式修復，以免受害者白白浪費贖金。

比爾還曾經把在談判中駭客最離譜的發言，整理成一本「大全集」當作消遣。比方說，二〇二一年十一月有這麼一段對話紀錄：「我們的老大今天生日，他可以給你優惠。」

災難往往是通往改革最快的道路。在殖民管線關閉事件後，運輸安全局加強對管線操作員的監察作業，命令各公司必須指定專員負責回報攻擊事件、檢查系統找出漏洞並進行修補。此外，運輸安全局針對違規者也加重懲罰。自願遵守規定的時代似乎從此結束了。

美國政府從此不敢再低估勒索軟體帶來的威脅。正好在管線事件發生前，美國司法部創建了惡意軟體與數位勒索任務小組（Ransomware and Digital Extortion Task Force），[22]該組織任務就是要協調勒索軟體的調查與起訴工作。當殖民管線攻擊事件後，拜登總統發布一項行政命令，要求改善聯邦資訊安全。[23]司法部也將勒索軟體事件提升到與恐怖攻擊事件相同的優先等級。[24]

政府創立的任務小組野心雄厚，他們的目標是要全方位調查勒索軟體，連同支撐勒索軟體的產業結構在內，從加密貨幣交易到殭屍網路都不放過。這不禁讓人想起荷蘭的高科技犯罪小組曾用過的「釜底抽薪」策略。司法部助理部長約翰・卡林（John Carlin）說，採取這些方法的目標，是「確保我們掌握到所有勒索軟體的案件，無論是否是對美國提報的案件。這樣你就能把參與者間的連結關係找出來，一路向上破壞整個產業鏈。」[25]

勒索軟體一旦受到高度關注，相關調查很快就收到成效。由於現在勒索軟體被視為行政上的優先要務，聯邦調查局的特務與資工專家獲得追蹤相關案例的權限。聯邦調查局以某種管道取得黑暗面比特幣帳戶的私人加密金鑰，並以此追回將近半數殖民管線付給駭客的贖金。這起事件因而成為罕見追回贖金的案例之一。[26]

在殖民管線攻擊事件過後一周，黑暗面宣布停止作業，並表示他們「受到美國施壓」，連不上自己的網站、部落格與付款伺服器。

「加盟計劃就此終止。」黑暗面以俄文宣言告知他們的合作夥伴：「保重，祝好運。」

然而，網路攻擊事件一波未平一波又起。就在殖民管線停擺的風波剛要平息時，另一起重大襲擊事件再度拉高全美國的焦慮等級。勒惡集團癱瘓了來自巴西的肉品商ＪＢＳ的美國分部。ＪＢＳ是全球最大的肉品供應商，為了換取資料，ＪＢＳ支付了一千一百萬美元的贖金。[27]由於前後兩起攻擊事件都出自俄國駭客之手，拜登總統遂於二〇二一年六月舉辦的領袖高峰會上親自向普丁施壓，要求俄國約束其人民，停止對美國發起勒索軟體攻擊。同時，有愈來愈多證據指出俄羅斯官方與勒索軟體有關聯。根據追蹤結果，在這兩起攻擊事件中，有一組贖金最終流入莫斯科最高的摩天大廈，也就是位於金融區的聯邦塔東塔（Federation Tower East）中。[28]但普丁漠視了拜登的請求。

在高峰會結束兩周後，勒惡集團選在美國獨立紀念日的周末連假，對Kaseya資訊公司發動攻擊。這家公司是一間製作ＩＴ管理工具的全球企業，由於Kaseya的客戶負責代管許多企業、非營利組織與政府單位的資訊工程，這起攻擊讓高達一千五百個組織受到牽連。

當攻擊發生時，聯邦調查局已經滲入勒惡集團的基礎設施，並取得解碼密鑰。但調查局沒有讓Kaseya得知消息，他們不想在還無法確認駭客身分前就走漏風聲。[29]儘管受害者因此受到重創，勒惡集團還是發現有人入侵它們的平台。於是該集團發言人兼領袖「未知者」暫停整個集團的運作，之後便消失無蹤。少了未知者的勒惡集團在二〇二一年九月重出江湖，不過很快又在十月再次停止運作。[30]

聯邦調查局等了將近三周，才將解碼工具交給Kaseya。Kaseya則透過前網路安全暨基礎設施安全局局長克瑞布斯找上法比恩，詢問法比恩能否代替他們確保解碼工具安全有效。「假設性問一下，如果你拿到一款熱門勒索軟體的解碼工具，雖然我無法透露工具來源，但確定這個來源百分之百可信，你願意幫他們嗎？」當時已從局長卸任轉為企業顧問的克瑞布斯問法比恩。

「願意呀，我們整天都在做這種事。」法比恩說。對他來說，處理勒惡集團的案件已經是家常便飯，他只花了十分鐘就取出密鑰，放進他的通用解碼器，然後再偷偷將解碼器送給受影響的Kaseya顧客群。

Kaseya攻擊事件後，拜登對俄羅斯持續放任勒索軟體的態度感到惱火，再度找上普丁。拜登在七月九日透過電話警告俄羅斯總統：美國已經將勒索軟體視為國安威脅，如果俄羅斯不予回應，美國將出手干預。

拜登事後表示：「我清楚表明，美國期待看到的，是當俄羅斯境內有勒索軟體對美國發動攻擊，即便攻擊者並非受到國家資助，俄羅斯仍能在美國提供足夠犯罪者資訊時有所行動。」[31]拜登進一步表示，他對俄羅斯嚴厲箝制勒索軟體這件事抱持「樂觀態度」。但白宮並未邀請俄羅斯參加美國舉辦的勒索軟體高峰會，那場會議在線上舉行，一共有三十個國家的代表參加。[32]

美國政府組織的勒索軟體特攻隊也持續取得進展。二〇二一年十一月，美國司法部起訴烏克蘭的雅羅斯拉夫·瓦辛斯基（Yaroslav Vasinskyi）和俄羅斯的葉夫金尼·波雅寧（Yevgeniy Polyanin）。[33]他們兩人涉嫌部署勒惡集團，對美國境內的企業與政府機關發起攻擊。司法部也扣押波雅寧在勒索軟體攻擊中獲得的六千一百萬美元贓款。目前波雅寧仍流亡在外，瓦辛斯基則以涉嫌擔任 Kaseya 攻擊事件主謀，在波蘭遭到逮捕並引渡到美國待審。二〇二二年三月，瓦辛斯基在德州聯邦法院上辯稱自己無罪。

同樣遭到引渡的還有丹尼斯·杜尼科夫（Denis Dubnikov），他是一名俄羅斯的創業家，由於涉嫌協助路克集團洗錢遭到起訴。據稱杜尼科夫創辦位於俄羅斯聯邦塔東塔二十二樓[34]的蛋幣交易所（EggChange），[35]專門進行加密貨幣的交換業務。二〇二一年十一月，荷蘭當局在聯邦調查局的請求下，在阿姆斯特丹將杜尼科夫逮捕歸案。杜尼科夫透過他旗下一間公司對起訴內容提出異議，表示美方的控訴「無憑無據」。[36]

隨著政府針對勒索軟體的打擊力道持續增強，資安險產業也同步跟進。早期當勒索軟體的贖金要求較低時，相較於承擔還原備份檔案的時間成本，受害者普遍透過支付贖金花錢消災。但後來這種態度導致資安險的成本持續攀高，駭客由於確信保險公司會理賠而持續提高贖金額度。當贖金高達數千萬美元時，整個產業的經濟走向就改變了。保險業者不再理所當然認為支付贖金是比較省錢的選項。

由於每次的贖金要求水漲船高，攻擊次數也愈來愈頻繁。相較於過去幾年，從二〇二一年到二〇二二年間，保險公司承寶的損失金額大幅攀升。對此保險業者做出回應，開始縮減保險給付範圍與條件，並將資安險的保費增加到兩到三倍之多。[37]二〇二一年五月，在殖民管線關閉的同一個月，總部位於巴黎的安盛集團（AXA）成為全球第一間不將贖金付款納入資安險保單理賠範圍的公司，[38]不過這個新條件只適用於法國保戶。大約一周後，勒索軟體集團或許是出於報復心態，襲擊了安盛集團的亞洲分部。[39]二〇二一年八月，美國國際集團（American International Group，AIG）表示該公司將縮減資安險理賠範圍，以對應「持續升溫的勒索軟體威脅」。[40]到了同年年底，倫敦勞埃德保險社（Lloyd's of London，又稱勞合社）也建議該集團旗下成員不要從事網路業務，勞合社在全球資安險的市場中承保了五分之一的保單。[41]

歐洲資安監管機構則祭出一個新工具來鞏固對勒索軟體攻擊的防線。二〇一八年，歐盟開始施行《一般資料保護規則》（General Data Protection Regulation，簡稱 GDPR），要求歐盟境內的公司或在歐盟境內交易的公司皆須改善資安環境，任何資料外洩的情況需在七十二小時內回報。[42]法規也要求公司刪除不再需要的資料。違反規定者最高可開罰高達組織收入百分之四的罰款。

儘管歐盟實施《一般資料保護規則》是為了保障機密資訊，然而這項法規同時提供成功竊得個資的勒索軟體集團另一個施力點。如果有公司遲遲不願付贖金，攻擊者就會向歐盟相關單位舉報它們。沒有人比成功入侵一間公司的駭客更清楚該公司的資安有哪裡需要改善。一組集團便曾在勒索筆記上寫道：「如果拒絕付款，我們將會聯繫……處理保護原則的相關單位，並通知他們，你們將使用者資料存在不安全的開放表單裡。根據法律規定，你們將面臨重罰或遭到逮捕。」[43]

即便政府開始重視勒索軟體，聯邦調查局依然沒有對局裡的網路專家進行根本性的人力配置改革。調查局拒絕調適的態度讓一些前特務感到很失望。「我認為調查局下一代的網路人才會是那種想成為一名網路專家，而不是成為特務的人。」二〇一五年曾參與柯米面談的米蘭・帕特爾表示。「調查局需要受過專業訓練的技術工程師、資安工程師，那些知道如何寫程式、進行編譯、拆解與調查的人，這和他們有沒有配槍完全扯不上關係。」

不過調查局在一個關鍵議題上還是願意變通，他們愈來愈願意和民間調查人員合作。二〇二一年十月，克里斯多福・瑞伊局長指出，調查局已經在總部設立了民間辦公室（Office of Private Sector），在每個分局也安排私營部門統籌人員，並在網路與反情資相關部門組成跟產業界合作的團隊。「我們要面對的是由國家、網路罪犯，以及兩者組成的有害組織帶來的巨大威脅。」瑞伊說：「只有借助整個私部門的合作夥伴協助，我們才能取勝。」[44]

與私部門合作為調查局帶來優勢，但也帶來了障礙。政府有權扣押伺服器，以傳喚方式要求組織提供資料，私人企業則有廣而深的人脈網絡。當雙方合作時，彼此能相輔相成。但聯邦調查局需要很仔細挑選合作對象，並清楚告知期望的合作關係。有些公司會以自身利益為優先，而不顧及公共利益。有的公司則可能像必特防毒一樣，把要求他們盡量保密的突破消息拿來宣傳。為了避免誤觸雷區，聯邦調查局喜歡和已知且信任的對象合作，例如原本為西雅圖辦公室效力過的前海豚成員蘭迪・帕格曼。

蘭迪的新職位是在二元防衛資安公司（Binary Defense）擔任反威脅和反情報的副理。由於工作關係，他定期會接觸到即將發生網路侵襲的情報。同時，他也和其他研究員保持密切聯繫，研究員都希望自己收集來的情報能交到對的人手上。

蘭迪很欣賞勒索軟體狩獵團和麥克的辨識勒索軟體網站。他跟隨狩獵團的腳步，開發出出一個獨立、完全由志願人士組成的網站。他將該網站命名為「野獸阿姨」（Aunt Beast），這個名字出自麥德琳・蘭歌（Madeleine L'Engle）在一九六二年出版的小說《時間的皺摺》（*A Wrinkle in Time*），野獸阿姨是書中的角色。蘭迪之所以選擇這個名字，一部分原因是野獸阿姨是一個會「伸出援手，解救急需協助的陌生人的人物」。

雖然野獸阿姨網站並未對外開放，但該網站成員可以自由邀請他們信任的人加入。起初，網站成員只有幾名資安研究員，後來其他產業的同僚與資工專家透過邀請紛紛加入。如果該站的成員想保衛自己網路，就會把他們的組織網域登錄在網站上，其他人則會將哪些網路位址現在被列為駭客攻擊目標的情報放上去。

當組織網域被列為攻擊目標時，野獸阿姨會自動透過電子郵件、文字與其他聯絡方式通知目標。比方說，當野獸阿姨的成員發現某些特定網路位址在攻擊目標組織，或已經知道哪些是勒索軟體的伺服器，並發現對方每五秒就會連到特定組織網址、試探他們的弱點，那網站就會提醒該組織。

蘭迪發覺他的前雇主很有幫助。舉例來說，只要透過執法機關扣押勒索軟體的命令與控制伺服器，蘭迪與其同行就能從該伺服器的紀錄中，找出他們的攻擊目標。接著，他們就能把這些攻擊目標輸入到野獸阿姨網站。只要有符合網站成員的網域，網站就會自動通知，這麼一來，相關單位甚至連打電話都能省了。蘭迪希望相關單位能善加利用野獸阿姨「只需幾秒就會發送通知」的功能。當美國司法部創建惡意軟體與數位勒索任務小組時，蘭迪也開始讓執法機關擁有使用野獸阿姨網站的權限。他授權的機構包含美國的聯邦調查局、特勤局、國土安全部，以及荷蘭的高科技犯罪小組。

蘭迪認為積極通知是「解決大問題的最好機會」，他表示，駭客的主要優勢就是他們在受害者的網路中無形潛伏，但只要目標預先知道攻擊者存在，就能「把攻擊者踢出去」。

「情報能帶來行動，」蘭迪說：「只要照著情報行動，你就能真的阻止這些攻擊者。」不過這種運作模式有個缺點，如果有組織希望收到攻擊逼近的情報，那他們必須先成為野獸阿姨網站的成員，因為光憑網路位址，沒辦法每次都辨識出對應的網域名稱。有鑑於此，蘭迪致力於推廣野獸阿姨的參與度。

截至二〇二二年二月，野獸阿姨的網站用戶在資料庫內，已經登記超過五千七百萬個網路位址，目前資料還在快速增加中。到了三月，野獸阿姨發布的警告成功讓重要工業控制系統的操作員阻止一場即將來臨的網路攻擊。由於蘭迪意識到野獸阿姨的網站規模「已經太大了，我不能成為單點故障的關鍵」，於是他把自己的作品轉交到一個協調防範網路事件的全球組織手中。「網站需要一整組團隊和全時系統管理員，來維持伺服器正常運作。」蘭迪表示。

勒索軟體的板塊持續在變動，許多過去勒索軟體狩獵團交手過的大集團如今都已金盆洗手，但他們時常會以舊瓶新酒的方式更改名字重出江湖，只是表現特徵相去無幾。例如在二〇二〇年迷宮集團關門後，另一款被稱為埃格里戈爾（Egregor）的勒索軟體隨後現身。埃格里戈爾的程式碼和勒索筆記都和迷宮集團很相似，而且有許多原本和迷宮集團合作的人，都聚集到埃格里戈爾集團。二〇二二年二月，這些勒索軟體的開發者在嗶嗶電腦論壇上釋出解碼密鑰。[45]這種行為隱含幾分諷刺。過去極力想利用勞倫斯．亞伯拉罕當作他們傳聲筒的組織，如今選擇用同樣的網站退出勒索軟體產業。

黑暗面收山兩個月後，一名暱稱為「黑物質」（BlackMatter）的用戶在暗網的熱門論壇上貼出一篇文章，聲稱他要收購年收入超過一億美元的美國、加拿大、澳大利亞與英國企業後門。文章貼出不到一周，同名勒索軟體用來揭露資料的暗網網站就亮相了。「敬愛的企業主們，」黑物質集團寫道：「我們建議您支付贖金，否則您的資料將供競爭對手或其他駭客下載使用。」

在網站上「個人簡介」欄位中，黑物質寫道：「我們是一個以共同興趣結合的團隊：我們都愛錢。」

勒索軟體狩獵團在幾天內就找到並分析了黑物質的勒索軟體程式碼。「起初，有謠言指出黑物質可能是黑暗面的翻版，後來這一點很快就得到證實。」[46]法比恩在部落格中寫道：「黑物質的第一個版本和黑暗面的最後一個版本，幾乎是一模一樣的。」

當法比恩在二〇二一年七月設立網路罪犯告解室時，他期望能藉此建立勒索軟體狩獵團跟駭客之間的溝通橋樑。不過他沒想到，這個告解室後來卻變成狩獵團與美國政府之間的溝通管道。

過去幾年來，法比恩一直試著爭取政府注意。當奶油球事件發生時，駭客進入法比恩的告解室，事先給了他即將對奶油球公司發起攻擊的情報，這從此改變法比恩與政府的關係。當時，法比恩想盡辦法要警告奶油球公司，於是找上他認識在網路安全暨基礎設施安全局的人，對方對法比恩提供的情報不敢掉以輕心，幫法比恩和聯邦調查局匹茲堡分局的特務牽上線。匹茲堡分局便是以成功處理眾多網路調查案件聞名，那名特務則是調查局網路資安及資源整合小組（Cyber Initiative and Resource Fusion Unit）的成員，過去他處理案件時和私領域曾有過合作經驗。法比恩很高興能找到一個可靠的聯絡窗口，尤其對方還是一名「多年來都在處理勒索軟體與網路犯罪，而且短期內不會被調走的人」。

在奶油球事件之後，狩獵團就開始定期和網路安全暨基礎設施安全局與聯邦調查局互通有無。網路安全暨基礎設施安全局和狩獵團之間也是用 Slack 平台聯繫。這兩個團隊由於同樣對跟聯邦調查局合作感到挫折，彼此的合作關係反而變得更加深厚。「每當我一開口，他們就會說：**對，我們懂**。」法比恩回憶他們的對話時說：「**它**（**調查局**）**就像個黑洞，東西進去就消失了**。」聯邦調查局仍不願加入 Slack 平台，但在那名匹茲堡特務的介紹下，法比恩與各分局專門處理勒索軟體的人都打了照面。

每當狩獵團破解新型勒索軟體，他們就能透過這些分局人員，快速且低調地把消息傳到聯邦調查局和網路安全暨基礎設施安全局。法比恩會告訴他們：「我們在這種新型勒索軟體上找到一些漏洞，如果你們碰到任何受害者，請將他們引薦給我們，或找我們協助，以便於交換關於漏洞的細節，並看看能不能幫上忙。」

黑物質給了狩獵團一次展現合作價值的機會。法比恩在分析黑物質幾個星期後，找到勒索軟體中的漏洞，並告知網路安全暨基礎設施安全局和聯邦調查局。「聽著，」他和聯絡窗口們說：「如果你們有任何黑物質的受害者，我們能幫他們。他們不用付贖金。」

這個消息引起聯邦調查局的興趣。但法比恩表示：「聯邦調查局還是那副老樣子。」他的聯絡窗口不願意將法比恩的聯絡訊息傳送給受害者，因為擔心「那樣會像聯邦調查局在幫 Emsisoft 背書，但調查局立場不能幫任何民營企業背書。」那名特務告訴法比恩，他會先問問局裡的法務專家再回覆他。

過了一天後，那名特務聯絡法比恩，表示聯邦調查局同意將法比恩的聯絡資訊轉交給黑物質的受害者。調查局列出一長串「可以和不可以從事的行為」，法比恩說：「相較之下，我們不能做的事清單長很多。」舉例來說，狩獵團不能對外宣傳聯邦調查局將他們推薦給受害者。對此法比恩表示，反正高調宣傳本來就不是狩獵團的行事風格。最終，調查局猶豫許久的合作終於有了收穫。調查局轉介好幾名受害者給狩獵團，其中包含一間家具公司，他們在狩獵團協助下，沒有支付任何贖金便還原了資料。

在聯邦調查局轉介的受害者中，有兩名受害者和法比恩說：「他們原本對跟聯邦調查局回報這件事抱持觀望態度，因為他們認為不會得到什麼幫助。」對於受害者來說，將事件回報給調查局「只會是另一件令人頭痛的事，而且你還是得付贖金，或從頭開始自行重建系統。」相較於此，狩獵團的服務則有如神助。

「如今對受害者來說，找聯邦調查局真的有點意義了。」法比恩表示。「受害者會將勒索軟體事件回報給相關單位，這些單位則會將關鍵情報傳給他們，像是告知有像我們這種第三方單位，能讓他們在不滿足罪犯要求的前提下還原檔案。我認為這是你能提供給受害者的最大動機。」

對於網路安全暨基礎設施安全局來說，和勒索軟體狩獵團合作讓他們在攻擊事件發生後能有一個具體幫助受害者的方式。這正是安全局前局長克里斯·克瑞布斯想提供的援助。法比恩表示，安全局在讓狩獵團接觸到更多黑物質受害者方面「絕對發揮重要的作用」。其中一起案例是位於明尼蘇達州的水晶谷合作社（Crystal Valley）。這間專門提供農具的合作社，因為遭受勒索軟體攻擊而無法生產肥料或供應家畜飼料的訂單。和他們面臨相同處境的組織還有位於愛荷華州的新興合作社（New Cooperative）。二〇二一年九月，新興合作社在狩獵團的協助下免於支付贖金，他們是該狩獵團救過的第二大農企業。[47]

在同個月，海灣軟體支付十四萬美金給法比恩和莎拉名下的公司，因為比爾的客戶也吵著要用通用解碼器盡快解決黑物質。法比恩和莎拉仍堅持他們的理想，不會向醫療單位跟無法負擔贖金的受害者收費。而如同比爾預料，海灣軟體由於和勒索軟體狩獵團維持密切關係，公司的聲望也持續改善。

到了十月中旬，黑物質發現他們的問題，於是修補狩獵團一直利用的漏洞。即便如此，當時狩獵團已經拯救五十名受害者，總計讓黑物質少賺大約一億美元的贖金。法比恩回憶道：「有了網路安全暨基礎設施安全局或聯邦調查局這些單位的引介，就算他們沒有幫我們背書，但至少像在說：**對，這些人是正派人士**。他們的引介對我們向外擴張很有幫助，不然我們就只是推特上的陌生人，那樣我們如何取得正當性？」幾周後黑物質宣布他們「受到相關當局的壓力影響」，決定停止作業。該集團的加盟者將現有的受害者轉移到另一個集團網站，以繼續進行贖金談判程序。[48]

在勒索軟體大戰中，攻擊者與狩獵團兩方都不斷升級。攻擊者變得愈來愈精明，他們持續改善加密技術，挑選目標時更加機警，也有更明確的政治意識。為了避免引起不必要的關注，他們的攻擊對象主要針對有錢但沒有爭議性的受害者，這些人能負擔大筆贖金，但又不會像殖民管線般對民生造成關鍵影響。聯邦調查局指出，部分犯罪集團「將勒索軟體的攻擊目標從**大型獵物**改為中型受害者以避風頭。」[49]

例如其中一次攻擊，受害者就在葛拉斯彼家附近。二〇二一年十二月，位於伊利諾州郊區的林肯學院（Lincoln College）「招生活動受到阻礙，機構內所有資料都無法使用」，[50]這所學校是間有著一百五十七年歷史的文理學院，主要招收非裔學生，在諾默爾還有一個分校校區。由於財政困難，加上校方無法預測入學人數，林肯學院在二〇二二年五月永久閉校。

二〇二二年初，美國政府開始積極處理勒索軟體帶來的威脅。他們同時部署調查資源與外交手段，來對抗全世界的勒索軟體。此時，政府也終於開始和勒索軟體狩獵團和其他私人團體合作。美國政府通過一條新的聯邦法案，[51]要求所有重要基礎建設的成員，無論是系統遭到入侵或繳付贖金，都必須回報給網路安全暨基礎設施安全局。此外，美國證券交易委員會（Securities and Exchange Commission，簡稱 SEC）也制定另一條規定，要求所有上市公司都必須在遭遇到勒索軟體與其他資安威脅的四天內向上通報。[52]

美國也開始向俄羅斯施壓，要求俄羅斯協助追緝位於國境內的網路攻擊者。然而克里姆林宮方面依照其外交政策，選擇最有利的做法，在合作與阻礙間搖擺不定。即便俄羅斯官方真的對勒索軟體集團下手，也是選擇性針對特定目標。例如他們就沒對邪惡公司和待過俄羅斯聯邦安全局的馬克西姆．雅庫貝斯下手，也沒找到被美國起訴的其他知名網路罪犯。

二〇二一年十月，俄羅斯以起訴惡戲機器人方式給拜登一個交代。當時惡戲機器人剛從一年前微軟和網路作戰司令部的聯合攻擊中復原。儘管惡系機器人遭起訴，亞歷克斯．霍爾登卻說這起案子「打從一開始就注定失敗」，隨後俄羅斯軍隊被派往烏克蘭邊界，美俄關係也就此惡化。

同樣在一年前遭到高科技犯罪小組擊垮的艾默特，也在二〇二一年十一月重出江湖。[53]艾默特靠著惡戲機器人的基礎建設，重新打造新的殭屍網路。這個由惡戲機器人—艾默特—路克的成員組成的團體開玩笑說，如果美俄關係持續惡化，說不定俄羅斯會直接讓勒索軟體合法化，到時候他們賺取的贖金就得報稅了。

二〇二二年一月，俄羅斯政府似乎再次開始針對勒索軟體犯罪集團進行取締。俄羅斯的國內情報部門對外聲稱，在「美國相關單位的呼籲下」，[54]官方解散已沉寂三個月的勒惡集團。俄羅斯聯邦安全局不僅逮捕十四名該集團的成員，還扣押大量電腦、二十台高級轎車與四億兩千六百萬俄羅斯盧布的贓款（當時相當於五百萬美元）。[55]據說其中一名遭到逮捕的嫌犯就是殖民管線攻擊事件的主嫌犯。勒惡集團遭到逮捕一事，讓惡戲機器人—艾默特—路克集團的人也緊張起來。路克在暗網的論壇隨之關閉，該集團部分領袖則改為投靠康帝集團，或從此在勒索軟體界銷聲匿跡。

次月，俄羅斯開始入侵烏克蘭。俄羅斯粗暴的入侵手段引發全世界的憤怒，也迫使數百萬名烏克蘭人逃離家園。普丁成為俄羅斯以外眾人譴責的對象。康帝集團很快就宣布他們「完全支持俄羅斯政府」，並表示他們會「盡全力報復任何試圖破壞俄羅斯或俄語區重要基礎設施的西方戰爭分子」。

康帝發布這份與普丁政權站在同一陣線的宣言，很快就引起反效果。他們激怒一名烏克蘭研究人員。[56]於是那名研究人員滲入康帝集團，對外揭露超過六萬則集團的近期內部通話紀錄。這份前所未有的資料，讓人們得以一窺勒索軟體集團內部的作業型態，得知集團的結構、財務、日常營運流程與立場。曝光的資料顯示康帝集團的成員在俄羅斯入侵烏克蘭前一周就已經得到情報。另一名康帝集團的員工則寫道：「我已經知道S（此指惡戲集團的斯登）是幫普做事的人。」由於內部主要人員和機密暴露，康帝集團大幅減少攻擊次數，轉為低調行事。二〇二二年五月時，美國國務院祭出一千萬美金，獎勵揪出康帝集團幕後主腦的人。[57]

由於美國和歐洲國家紛紛和烏克蘭站到同一陣線，很多人猜測俄羅斯將以網路攻擊的形式報復。而俄羅斯檢方似乎放下勒惡集團的案子，打算和對方協商，要求勒惡集團加入對抗烏克蘭的網路戰線。[58]

由於西方國家對俄羅斯祭出制裁，俄羅斯經濟大受打擊，很多原本在科技業工作的人可能因此失業，轉而加入勒索軟體產業以補貼收入。在這種情況下，他們傾向隱瞞自身國籍，那是因為在俄羅斯遭受制裁的情況下，受害者付贖金給俄羅斯犯罪集團的意願會變得更低。同時，受到勒索軟體攻擊的西方企業、學校、醫院與政府機構，為了避免支付給俄羅斯的「普丁金」（Putin-geld），比起過去更需要勒索軟體狩獵團的協助。

不過此時在麥克．葛拉斯彼家卻發生一件更重要的事，勒索軟體狩獵和聯邦調查局的任務都得先延後。二〇二〇年八月，麥克載摩根去了趟婦產科。當摩根要看診時，護理師請她進行例行的驗孕手續。摩根翻了個白眼，但還是照做了。幾分鐘後，護理師衝進診間說：「妳懷孕了！」

摩根激動不已，忍不住衝出診間，想告訴在車上等她的麥克這個好消息。不過麥克不在車上。

原來那天熱得要命，麥克走去附近的雜貨店吹冷氣。當他準備回車上時，他看到摩根往他這邊走來。兩人上車後，麥克開始說自己在雜貨店買了什麼。摩根什麼也沒說，只是把驗孕棒丟給麥克。

「什麼？啊！」

多年以來摩根都夢想成為一名母親。當她在萬念俱灰之際，卻發現自己懷孕了。但摩根也知道，自己有糖尿病和過重問題，懷孕可能會讓併發症風險增加，甚至因此流產。

葛拉斯彼夫妻倆立刻開始準備迎接家裡的新成員。他們為孩子買了一台道奇汽車的捷龍廂型轎車（Dodge Caravan），麥可也把二樓其中一間臥室改裝成育嬰房。育嬰室從被單、床單到床鋪都以《獅子王》為主題，牆上還掛了獅子王的樂譜和「我等不及成為獅子王！」的標語。

然而正如摩根所擔憂，她懷孕的過程非常艱辛。摩根時常感到暈眩想吐，必須持續就醫觀察，有一度甚至嚴重到需要住院。麥克把時間心力都拿來照顧摩根，就連跟聯邦調查局開會的事都先擺到一邊。

二〇二一年三月十五日星期一，距離預產期還有七週時，摩根去醫院接受一系列檢驗。檢驗報告指出她開始出現子癇前症（preeclampsia）的症狀，嚴重可能致命。由於子癇前症「最有效的治療方式」就是將孩子生出來，[59]而且當時胎兒的心跳有減弱趨勢，這意味著胎盤接收到的血液流量降低了，醫生於是決定提前進行剖腹生產。

「今天孩子要出生了，」麥克在三月十七日早上八點十八分傳了訊息給海灣軟體的同事，並說：「別找我。」十二點四十分，麥克在香檳區的卡爾基金會醫院（Carle Foundation Hospital）陪伴病床上的摩根。他緊張地拍著摩根的頭，直到摩根開始進行脊髓麻醉，院方才請麥克到恢復室等候結果。

當麥克在等待時，他收到聯邦調查局的馬克・菲爾普斯寄來的一封信。信中提到一種名為的黎波里（Tripoli）的勒索病毒。麥克草草回覆，告訴對方他太太正在分娩，暫時沒辦法處理。他一邊走向手術室，一邊把信寄出去。幾分鐘後，他們的兒子就出生了。

摩根和麥克將兒子取名為路肯・阿特拉斯・葛拉斯彼（Lukan Atlas Gillespie）。這個名字是摩根很久以前就想好的名字。路肯源自義大利文「*luce*」，意思是光；阿特拉斯則是希臘神話中一肩扛起天的神祇。「我希望孩子具有光的力量。」她說。

麥克將他在 Slack 的表情符號改成嬰兒圖案，接著又改成一個正在育嬰的父親。他在推特上簡單用一句話宣布喜訊：「葛拉斯彼＋＋」在程式語言中，加號意味著新增一名成員。麥克在訊息後面補上：「中斷」（break）。

「恭喜，麥克。」法比恩回應：「祝媽媽和未來的小小獵人都安好。享受當爸爸的感覺吧。☺」莎拉也加入道賀的行列。Emsisoft 從紐西蘭寄來一本育兒書和一個象徵紐西蘭的奇異鳥娃娃祝福葛拉斯彼夫婦。麥克在海灣軟體一名同事則為路肯織了圍巾、帽子和毛衣。

雖然路肯剛出生時就有八磅重，以發育完整的嬰兒來說，他的體重還大於平均重量三盎司，但他還是立刻被送到醫院的新生兒加護病房。摩根產後也住院五天。「後來我自願離院，我在醫院真的悶到快瘋掉了。」她說。

摩根剖腹產後在家休養期間，持續受到頭痛與肌肉痠痛困擾。每當她想看看孩子，就會和麥克一起開車一個小時到醫院去看路肯。但這段車程對摩根來說，無論在身體上或心靈上都是一種煎熬。她終於成為一名母親，卻不能哺育自己新生的孩子，這讓她彷彿身在人間地獄。到了三月二十四日，孩子已經出生一周，麥克卻還沒抱過他。麥克解釋道：「每當我們有機會抱孩子時，」他都會把機會讓給摩根，「好安撫她焦慮的心情。」「孩子不在她身邊讓她很難受，但她也沒辦法離家太久。」

麥克接著就回到工作崗位上。他把剩下的育嬰假保留下來，打算等孩子出院後再用。某天莎拉傳訊息給麥克，問道：「孩子還好嗎？」

「小鬼現在在昏迷前都能喝掉半瓶奶，剩下的得要靠灌食。」麥克回答：「他要能自己一口氣喝完整瓶奶才能出院回家。媽媽恢復到差不多百分之九十五了，但她剛打完第一劑新冠疫苗，頭超痛，全身也很痠痛。」

「我有聽說疫苗副作用可能很嚴重，」莎拉同情地說：「希望不久孩子就能回家了。」

直到五月十四日，路肯終於能出院了。他和父母睡在同個房間，夫妻倆因此沒怎麼睡。「有點崩潰，」麥克說：「路肯每三小時就要餵一次，而且如果他沒喝完，我們就得幫他灌食。我們每次都要把他叫醒、幫他換尿布、試著用奶瓶餵他，餵不完就灌食。忙完後大概能休息一小時，然後就要再來一輪。」

每當摩根糖尿病或其他疾患發作，麥克就會接手照顧寶寶。他在跟海灣軟體請育嬰假期間和兒子建立深厚的感情。他會用娃娃車推路肯去附近的米勒公園，兩人一起在樹蔭下享受寧靜的時光。他也會緩緩走過遊樂場、樂隊演奏台、南太平洋運輸的老火車頭，看人們在潟湖釣鱸魚和鯰魚。

麥克沒有時間去辨識新變種的「阻止既視」勒索軟體，但這款軟體每個月仍危害數千名受害者，因此惡意軟體狩獵團幫麥克處理這件事。但麥克發現，他很難完全放下勒索軟體的任務，他還是會用公務手機持續查看社群媒體與海灣軟體工作頻道上的最新狀況。有時他會和摩根說他去「餵一下貓」，同時暫時放下育嬰工作，花幾分鐘去狩獵一下。

在路肯回家後第四天，麥克得知名為「紅色厄普西隆」（EpsilonRed）的勒索軟體攻擊了海灣軟體的客戶，把那名客戶的檔案和備份資料都加密。紅色厄普西隆的名字出自漫威漫畫中一個角色，這個角色原先是一名具有心電感應能力的俄羅斯士兵，能在外太空呼吸，身上還有四條噴火觸手。紅色厄普西隆勒索軟體專門入侵旅宿相關產業，並對微軟 Microsoft Exchange server 的漏洞發動攻擊。

當時法比恩已經在檢查紅色厄普西隆，但麥克還是忍不住想看。他在電腦前一邊印出路肯的進食與換尿布紀錄，一邊分析起紅色厄普西隆，接著便注意到一個漏洞。紅色厄普西隆的程式碼包含重複出現的零，當規律中應該出現零的地方被破壞時，就會出現其他字母替代。那些字母中便包含部分的密鑰。

紅色厄普西隆加密每個檔案都是用不同密鑰，麥克沒辦法幫客戶找出足以破解所有常用檔案的密鑰。但他取出備份檔案和伺服器的密鑰，讓客戶能用密鑰來解鎖與清理備份檔案，再利用備份檔案還原系統。這樣一來，他們就不需要付贖金了。

當麥克投入父親的新身分時，他其實很擔憂會失去勒索軟體獵人的身分和技術。「我覺得我處在這輩子生產力最低的時期。」

也因如此，破解紅色厄普西隆的這場小小勝利對他來說意義非凡。畢竟能在勒索軟體中找到一個他的團隊夥伴、朋友兼導師都沒注意到的地方，可不是每天都會碰到的事。「我對那件事感到小小的驕傲，」麥克說：「法比恩一開始沒注意到。而我就算在放育嬰假，還是能破解勒索軟體。」

致謝

當二〇一八年芮妮開始報導勒索軟體時，包含她、丹尼爾和她的編輯在內，都沒有人聽過麥克．葛拉斯彼的大名。就連新聞都很少提到這個名字。然而芮妮訪問過的每個專家都對麥克讚不絕口，說麥克比誰都懂勒索軟體，也是最懂如何破解的人。芮妮試著透過電話與推特聯繫麥克，但他都沒有回訊息。芮妮打去呼叫宅宅找他，麥克只說他在工作沒辦法多聊。直到同為勒索軟體狩獵團的勞倫斯．亞伯拉罕引薦後，麥克才同意和芮妮聊聊。

起初在幾次電話訪談中，儘管麥克常低估自己在對抗勒索軟體過程扮演的角色，但他總是能頭頭是道地分享經驗。芮妮心想麥克只是太謙虛了，決定在二〇一九年七月前往伊利諾州拜訪麥克。在那次訪談中，她得知麥克即便面對艱難的挑戰，在癌症與財務困境雙重夾擊下，依然持續為受害者奉獻心力，這些事蹟讓芮妮佩服萬分。於是她在布魯諾機場打給丹尼爾，說他們必須寫下麥克和勒索軟體狩獵團的故事。

最初，芮尼和丹尼爾先是在 ProPublica 網站上發表勒索軟體狩獵團的側寫故事，後來這一系列報導發展成這本書。我們由衷感激麥克和他熱情洋溢的妻子摩根，他們兩人在Zoom上面和我們遠端視訊數十個小時，更在二〇二一年我們再訪伊利諾時招待我們，讓我們留下難忘的旅程。麥克耐心地向我們解釋勒索軟體密碼學，摩根則坦率說出他們個人與家庭的故事，代替相較之下比較拘謹的麥克回答許多問題。我們也很感激其他勒索軟體狩獵團的成員——特別是勞倫斯·亞伯拉罕、法比恩·沃薩爾與莎拉·懷特。他們慷慨地花了許多時間，和我們分享他們難忘的回憶，並描述整個駭客文化與策略。其中特別要感謝法比恩和莎拉，幫我們仔細翻閱過去的訊息紀錄，提供我們寶貴的第一手資訊，並在我們二〇二一年造訪倫敦時熱情接待我們。感謝丹尼爾·加拉格爾、約恩·范德偉、馬可·里維拉·洛佩茲以及卡斯騰·漢恩，幫助我們補完狩獵團故事的拼圖。這些獵人相信我們會以精準動人的方式描述他們，我們也希望他們喜歡這部作品。

另外我們還要感謝其他勒索軟體狩獵團的盟友，包含伊戈·卡比納、克里斯蒂安·梅洛，以及法蘭西斯科·穆若尼。他們的見解讓我們更了解狩獵團成員扮演的角色與演變。麥克的朋友、同事與親戚讓我們能更了解他的為人。其中特別要感謝麗塔·布蘭琪、戴夫·雅各布、布萊恩·福特以及傑森·翰恩。我們也感謝願意分享麥克如何幫助他們的勒索軟體受害者，其中特別要感謝倫敦的馬修，以及菲律賓的雷·奧倫德斯。

此外，還有其他人幫助我們更加了解駭客的世界，他們向我們解釋暗網上的截圖、文字，以及如何追蹤比特幣等資訊。特別要感謝亞歷克斯·霍爾登、約翰·福克、布雷克·卡洛（Brett

Callow）、文森特・達哥斯提諾、德米特里・斯米利亞涅茨，以及區塊鍊分析機構 Chainalysis 提供的資料，尤其是梅迪・甘迺迪（Maddie Kennedy）與金・葛拉爾（Kim Grauer）的協助。

本書參考的眾多資料來源，讓我們對美國聯邦政府如何對應勒索軟體，有了更豐富的認識。在這本書撰寫初期，珍妮特・曼法拉與蘭迪・帕格曼就大方慷慨地運用他們寶貴的時間持續引導我們。另外還有米蘭・帕特爾、安東尼・費蘭特、基斯・穆拉斯基（Keith Mularski）、馬克・葛蘭茨，以及克里斯多福・克瑞布斯。另外，我們也要感謝麥克・瓦提斯（Michael Vatis）、史考特・奧根鮑姆以及史黛西・阿魯達，向我們描述政府在對抗網路犯罪初期所做的努力。

荷蘭諸多相關人士提供的資訊，拓展我們對全球執法機關如何對抗網路犯罪的視野。其中，我們尤其要感謝約翰・福克、皮姆・塔肯伯格、馬賴・舒比爾斯，以及馬諦斯・雅斯貝斯（Matthijs Jaspers）。這些人無論是在網路視訊中，還是在我們造訪荷蘭的過程，都不吝花費寶貴時間協助我們。同時，我們也要感謝彼得・范霍夫維根（Peter van Hofweegen）、弗蘭斯・德比（Frans de Bie），以及資訊履歷學校諸多傑出工作人員與校友，大方和我們分享他們的世界。

二〇一九年。由 ProPublica 推出的《勒索經濟學》系列節目提供我們許多資訊，其中有部分節目成員更協助參與本書製作，我們在此也要向他們致上謝意，尤其是對比爾・席格。本書在製作過程中，有數百人接受我們的採訪，其中幾位對我們格外有助益，包含克里斯多福・巴洛德、羅伯・薩波斯基、亞倫・天特列夫、柯提斯・明德、約翰・里德・史塔克（John Reed Stark）以及約翰・

班德勒（John Bandler）。此外，我們也要感謝幫我們在巴爾的摩牽線的亞歷・麥克吉利斯（Alec MacGillis）、提供歐洲研究資訊的康斯坦丁・謝茲（Konstantin Schätz），以及在斯皮德韋公共圖書館（Speedway Public Library）為我們查閱年鑑的艾許莉・巴特萊（Ashley Bartley）。我們也要向包括伊莉莎白・克拉克（Elizabeth Clarke）與湯瑪斯・赫特曼（Thomas Hottman）在內的諸多公關專家致上感激之意，和他們對話的過程讓我們受益良多。在技術層面，我們要感謝莎拉・懷特、馬修・格林（Matthew Green）以及莫迪・永的專業協助，還有大衛・葛羅溫（David Glovin）、愛德華・威爾汀、羅納德・席爾布、約翰・奧古斯丁、雪柔・高斯汀、蓋倫・赫特年（Garen Hartunian）、傑夫・高（Jeff Kao）以及詹姆斯・班德勒（James Bandler）為此書做出的貢獻。除此之外，本書在撰寫過程，我們也得到許多不願具名的人士提供的資訊與協助。

我們也希望向二〇一九年，協助芮妮推出勒索軟體系列報導的 ProPublica 編輯部致上謝意，包含總編輯史蒂芬・英吉伯格（Stephen Engelberg）、時任編輯主任的羅賓・菲爾茲（Robin Fields）。ProPublica 的編輯部以獨有的支持與鼓勵，打造出最理想的調查報導工作環境。

我們深深感激我們獨具慧眼且堅持不懈的助理們——愛維塔斯創意管理公司（Aevitas Creative Management）的貝琪・斯維雷恩（Becky Sweren）與林恩・強斯通（Lynn Johnston）。如果不是貝琪在二〇一九年看出芮妮報導中的麥克，具有被深度報導的潛力，並一路維持同樣熱忱堅持完成這本書，這本書的提案就不會存在。貝琪和林恩兩人打造出本書傑出的企劃，最終將作品送到法勒—

斯特勞斯—吉魯出版公司（Farrar, Straus and Giroux）。

沒有比法勒—斯特勞斯—吉魯出版公司更適合出版這本書的地方了。我們的編輯亞歷山大・斯塔（Alexander Star）以最高規格技巧，大大地鼓勵了我們，並為我們改善本書原稿各種細節的不足之處。助理編輯伊恩・范懷（Ian Van Wye）則為挑出無數模稜兩可和語意不當的地方。感謝珍妮特・瑞納德（Janet Renard）為我們進行編審，感謝為這本書英文版設計封面的那・金（Na Kim）與湯瑪斯・克雷根（Thomas Colligan），感謝不吝提供寶貴建言的漢娜・古德溫（Hannah Goodwin）、利馬・溫伯格（Rima Weinberg）以及蘿拉・史塔雷特（Laura Starrett），還有為我們宣傳的希拉・奧謝（Sheila O'Shea）、莎莉塔・法爾瑪（Sarita Varma）與史蒂芬・威爾（Stephen Weil）。此外，感謝愛維塔斯的艾莉森・華倫（Allison Warren）、謝內爾・艾奇熙莫林（Shenel Ekici-Moling）。還有格許經紀公司（Gersh Agency）的喬・威爾特雷（Joe Veltre）和奧莉維亞・強生，他們以慧眼認出這本書及企劃的潛力，正努力爭取將書中的故事改編為影視作品。

我們也要感謝我們的家人、親友，一路上持續為我們提供協助與支持。

芮妮的先生阿爾克特・馬蒂里（Alket Mërtiri），以靈活的態度與對生活優先事項抱持的健康觀點，熱情地支持她完成這本書。阿爾克特是個無私的伴侶，即便在疫情期間面臨撫育小孩的挑戰，他仍協助芮妮維繫一個美滿的家庭。這甚至不影響他作為一名科學家的職涯。在本書浩大的工程剛起步時，威廉（William）和佛里安（Florian）都還在蹣跚學步，即使他們會在視訊會議時間闖進辦公室，或出於好玩把抽屜翻得亂七八糟，但他們仍帶來無盡歡樂。芮妮的岳母雅典娜・馬蒂里（Athina Mërtiri）與父親湯姆・杜德利（Tom Dudley）每周都會慷慨地協助照顧孩子，在工作期限將近時，他們會花額外時間陪伴他們。在眾多珍愛的親友中，芮妮的姊妹妮可（Nicole）是尤其可靠的聆聽者，妮可為芮妮的成功歡呼，也為她的挫折哀傷，彷彿那些事是發生在她自己身上一樣。芮妮已故的母親寶蕾特・杜德利（Paulette Dudley）在本書創作過程是一大靈感泉源。為此，法勒－斯特勞斯－吉魯出版公司特地將本書的提案日程，延至寶蕾特逝世周年五月二十八日。

丹尼爾的兒子史帝文（Steven）是研究勒索軟體的資安專家，他在本書撰寫過程，協助丹尼爾掌握相關技術概念，更在他的電腦有問題或找不到檔案時出手拯救。丹尼爾的姊姊奧莉薇亞（Olivia）在讀過本書幾章後，提供精明的建言。丹尼爾在與他摯愛的妻子兼摯友凱西（Kathy）無數次對談中，得到更清晰的思想與觀點，並藉此度過浩大計畫中的起起伏伏。當丹尼爾沒日沒夜埋首於書房時，凱西周全地照顧好一家大小，無論是對孩子、孫子、親友，甚至連他們的黃金獵犬雪梨都一手包辦。

在本書撰寫同時，歷史仍在進行中。就連我們在寫謝詞的當下，勒索軟體都還在社會上肆虐，麥克、法比恩與其他獵人也都在持續奮戰。我們期待未來能持續為獵人們記下他們的戰果。

註解

序　「你難道是個野蠻人不成？」

[1] George Orwell, "You and the Atomic Bomb," Tribune, October 19, 1945。

[2] 此數據由 Emsisoft 提供，出自該公司的解碼工具成功解碼之統計數據（依照當下追蹤的案件以及過去預估的數量推估）。

[3] John Pearson, All the Money in the World (London: William Collins, 2017), 176.

[4] Christopher McFadden, "11 Cryptographic Methods That Marked History: From the Caesar Cipher to Enigma Code and Beyond," Interesting Engineering, July 3, 2018, interestingengineering.com/11-cryptographic-methods-that-marked-history-from-the-caesar-cipher-to-enigma-code-and-beyond.

[5] Chainalysis 透過分析比特幣錢包推估的結果，引述自作者於二〇二一年三月十二日與金・葛拉爾（Kim Grauer）、梅迪・甘迺迪（Maddie Kennedy）進行之訪談內容。

第一章　發明勒索軟體的人

[1] Wally Guenther, "Neighbors Express Surprise at Arrest," Plain Dealer (Cleveland, OH), February 3, 1990.

[2] Joseph L. Popp, *Popular Evolution: Life-Lessons from Anthropology* (Lake Jackson, TX: Man and Nature Press, 2000), xviii.

[3] 引述作者於二〇〇〇年六月十二日與羅伯・薩波斯基（Robert Sapolsky）的訪談內容。

[4] Joseph L. Popp and Irven DeVore, "Aggressive Competition and Social Dominance Theory: Synopsis," in *The Great Apes*, ed. David A. Hamburg and Elizabeth R. McCown (Menlo Park, CA: Benjamin/Cummings, 1979), 323. David A. Hamburg and Elizabeth R. McCown (Menlo Park, CA: Benjamin/Cummings, 1979), 323.

[5] Popp, *Popular Evolution*, 1–2.

[6] Stephen Jay Gould, "Sociobiology: The Art of Storytelling," *New Scientist* 80, no. 1129 (November 16, 1978): 531.

[7] Joseph L. Popp, "The Primates of Eastern Africa: An Adventure Book" (unpublished manuscript, 2006). 承蒙 Timothy Furlan 提供未發表之手稿。

[8] Christopher Evans, "Mind Games: AIDS, Extortion and the Computer Crime of the Century," *Plain Dealer Sunday Magazine* (Cleveland, OH), April 18, 1993.

[9] Evans, "Mind Games."

[10] Jim Bates, "Trojan Horse: AIDS Information Introductory Diskette Version 2.0," *Virus Bulletin*, January 1990, virusbulletin.com/uploads/pdf/magazine/1990/199001.pdf, 5.

[11] Bates, "Trojan Horse," 6.

[12] Deposition of John Austen, "Re: The Extradition of Joseph Lewis Popp from the United States of America," U.S. District Court, Cleveland, Ohio, Case No. 1:90-00055X, July 6, 1990.

[13] Evans, "Mind Games."

[14] Statement of Dr. Gwyneth Lewis, "Re: The Extradition of Joseph Lewis Popp from the United States of America," U.S. District Court, Cleveland, Case No. 1:90-00055X, March 26, 1990.

[15] Evans, "Mind Games."

[16] Stipulation Accepted by Magistrate Joseph W. Bartunek, U.S. District Court, Cleveland, Case No. 1:90-00055X, March 12, 1990.

[17] John S. Long, "Witness Claims Man Who Sent Computer Virus Discs Deluded," Plain Dealer (Cleveland, OH), March 2, 1990.

[18] Magistrate's Order, U.S. District Court, Cleveland, Case No. 1:90-00055X, February 2, 1990.
依據美國法律將構成重罪：U.S. District Judge Ann Aldrich, Memorandum and Order, U.S. District Court, Cleveland, December 20, 1990.

[19] Edward Wilding, "Popp Goes the Weasel," Virus Bulletin, January 1992, 2.

[20] Kevin Harter, "Popp to Be Returned; Will Be in U.S. Soon, Lawyer Says," Plain Dealer (Cleveland, OH), November 27, 1991.

[21] Evans, "Mind Games."

[22] Evans, "Mind Games."

第二章 來自諾默爾的超級英雄

[1] Britannica, s.v., "David Davis: United States Jurist and Politician," britannica.com/biography/David-Davis.
[2] "The Lawyers: Jesse W. Fell (1808–1887)," Mr. Lincoln & Friends, mrlincolnandfriends.org/the-lawyers/jesse-fell/.
[3] Lisa Ellesen, "Gage, Dorothy Louise," McLean County Museum of History, mchistory.org/research/biographies/gage-dorothy-louise.
[4] Kaley Johnson, "Meth Addiction 'Poster Girl' from Pekin Dies at 55," Belleville News-Democrat, July 29, 2017.
[5] Bankruptcy Petition 08-83512, U.S. Bankruptcy Court, Central District of Illinois (Peoria), December 30, 2008.
[6] BS01 WIKI, s.v. "Bionicle," last modified November 24, 2021, biosector01.com/wiki/BIONICLE.
[7] Petition for Dissolution of Marriage, Beth Ann Blanch v. Robert E. Blanch, Tazewell County Circuit Court, Case 03D-693, December 26, 2003.
[8] Marital Settlement Agreement, Beth Ann Blanch v. Robert E. Blanch, Tazewell County Circuit Court, Case 03D-693, August 9, 2004.
[9] Joint Parenting Agreement, Beth Ann Blanch v. Robert E. Blanch, Tazewell County Circuit Court, Case 03D-693, August 9, 2004.
[10] "Pekin Wasn't Always a Welcoming Place," Pekin Daily Times, June 21, 2013.
[11] James W. Loewen, Sundown Towns: A Hidden Dimension of American Racism (New York: The New Press, 2018), viii.
[12] Jason Ruff, "The True Story of a Proud Little City and Its High School Mascot," Teton Valley News, May 30, 2019.

第三章 獵人聚首

[1] Salem4Youth, salem4youth.com/educational/valor-high-school/.
[2] Sir Arthur Conan Doyle, "The Adventure of the Bruce-Partington Plans," 1908, accessed via Project Gutenberg, gutenberg.org/ebooks/2346.
[3] Rosalie Chan, "How a Tech CEO Runs His 40-Employee Company from a Farm in New Zealand," Stuff, January 21, 2019, https://www.stuff.co.nz/technology/110052135/how-a-tech-ceo-runs-his-40employee-company-from-a-farm-in-new-zealand.
[4] "CryptoLocker Ransomware Infections," Cybersecurity & Infrastructure Security Agency, November 5, 2013, cisa.gov/uscert/ncas/alerts/TA13-309A.
[5] Lawrence Abrams, "Radamant Ransomware Kit for Sale on Exploit and Malware Sites," BleepingComputer, December 28, 2015, bleepingcomputer.com/news/security/radamant-ransomware-kit-for-sale-on-exploit-and-malware-sites/.
[6] Monika, "Strong Indications That Ransomware Devs Don't Like Emsisoft," Emsisoft blog, December 29, 2015, blog.emsisoft.com/en/20954/strong-indications-that-ransomware-devs-dont-like-emsisoft/.

[7] Lawrence Abrams, "TeslaCrypt Shuts Down and Releases Master Decryption Key," BleepingComputer, May 18, 2016, bleepingcomputer.com/news/security/teslacrypt-shuts-down-and-releases-master-decryption-key/.

[8] Kate Fazzini, "Alphabet Cybersecurity Group Chronicle Is Expanding to Spain with a Growing Team of Virus Hunters," CNBC, December 7, 2018, cnbc.com/2018/12/07/alphabet-chronicle-cybersecurity-arm-expands-to-malaga-spain.html.

[9] Secret Hitler, secrethitler.com.

[10] Lawrence Abrams, "Jigsaw Ransomware Decrypted: Will Delete Your Files Until You Pay the Ransom," BleepingComputer, April 11, 2016, bleepingcomputer.com/news/security/jigsaw-ransomware-decrypted-will-delete-your-files-until-you-pay-the-ransom/.

[11] Linas Kiguolis, "Jigsaw Ransomware Virus. 48 Variants Listed. 2021 Update," 2-spyware.com, March 8, 2021, 2-spyware.com/remove-jigsaw-ransomware-virus.html.

第四章　有趣的戰爭

[1] Sarah, "Apocalypse: Ransomware Which Targets Companies Through Insecure RDP," Emsisoft blog, June 29, 2016, blog.emsisoft.com/en/22935/apocalypse-ransomware-which-targets-companies-through-insecure-rdp/.

[2] Haylee, "Fabiansomware: When Hackers Lose It," Emsisoft blog, September 2, 2016, blog.emsisoft.com/en/22935/apocalypse-ransomware-which-targets-companies-through-insecure-rdp/.

[3] Joe Tidy, "Hated and Hunted: The Perilous Life of the Computer Virus Cracker Making Powerful Enemies Online," BBC News, March 2019, bbc.co.uk/news/resources/idt-sh/hated_and_hunted_the_computer_virus_malware_ransomware_cracker.

[4] Tidy, "Hated and Hunted."

[5] Tidy, "Hated and Hunted."

[6] Tidy, "Hated and Hunted."

[7] Alexander Bratersky, "Investor in German Shipyard Shot Dead in Moscow Cafe," Moscow Times, October 2, 2011, themoscowtimes.com/2011/10/02/investor-in-german-shipyard-shot-dead-in-moscow-cafe-a9885.

[8] 文中提及的「CTB-Locker」的勒索軟體廣告，是由約翰・福克提供的暗網廣告內容。

[9] 引述自作者於二〇二一年五月十一日及十二日與約翰・福克進行訪談之內容，以及其提供的徵才廣告樣本。

[10] 引述自作者於二〇二一年五月十一日及十二日與約翰・福克進行訪談之內容，以及其提供的徵才廣告樣本。

[11] 由約翰・福克提供之暗網廣告內容。

[12] Lawrence Abrams, "REvil Ransomware Deposits $1 Million in Hacker Recruitment Drive," BleepingComputer, September 28, 2020,

bleepingcomputer.com/news/security/revil-ransomware-deposits-1-million-in-hacker-recruitment-drive/.

[13] Dmitry Smilyanets, "'I Scrounged Through the Trash Heaps ⋯ Now I'm a Millionaire': An Interview with REvil's Unknown," The Record by Recorded Future, March 16, 2021, therecord.media/i-scrounged-through-the-trash-heaps-now-im-a-millionaire-an-interview-with-revils-unknown/.

[14] 引述自作者與約翰・福克之訪談內容。

[15] 出自二〇二〇年九月舉辦的聯邦調查局網路司勒索軟體高峰會，於該會第四日的小組討論中發表的內容。

[16] 引述自聯邦調查局懸賞內容 "Maksim Viktorovich Yakubets," FBI Most Wanted, fbi.gov/wanted/cyber/maksim-viktorovich-yakubets.

[17] "Russian National Charged with Decade-Long Series of Hacking and Bank Fraud Offenses Resulting in Tens of Millions in Losses and Second Russian National Charged with Involvement in Deployment of 'Bugat' Malware," U.S. Department of Justice, press release, December 5, 2019.

[18] "Russian National Charged."

[19] 引述自作者於二〇二一年十月二十八日與基斯・穆拉斯基（Keith Mularski）訪談之內容，基斯為安永聯合會計事務所總經理，並曾任聯邦調查局網路犯罪小組組長。

[20] 引述自英國國家犯罪調查局（National Crime Agency，@NCA_UK）的推特貼文內容，December 5, 2019, twitter.com/NCA_UK.

[21] 引述自英國國家犯罪調查局的推特貼文內容。

[22] Sergei Dobrynin and Mark Krutov, "In Lavish Wedding Photos, Clues to an Alleged Russian Cyberthief's FSB Family Ties," RadioFreeEurope/RadioLiberty, December 11, 2019, rferl.org/a/in-lavish-wedding-photos-clues-to-an-alleged-russian-cyberthief-fsb-family-ties/30320440.html.

[23] "'V' for 'Vympel': FSB's Secretive Department 'V' Behind Assassination of Georgian Asylum Seeker in Germany," Bellingcat, February 17, 2020, bellingcat.com/news/uk-and-europe/2020/02/17/v-like-vympel-fsbs-secretive-department-v-behind-assassination-of-zelimkhan-khangoshvili/.

[24] Thomas P. Bossert, "It's Official: North Korea Is Behind WannaCry," Wall Street Journal, December 18, 2017.

[25] "Russian National Charged."

[26] "Treasury Sanctions Evil Corp, the Russia-Based Cybercriminal Group Behind Dridex Malware," U.S. Department of the Treasury, press release, December 5, 2019.

[27] "Treasury Sanctions Evil Corp."

[28] Sergiu Gatlan, "Garmin Outage Caused by Confirmed WastedLocker Ransomware Attack," BleepingComputer, July 24, 2020, bleepingcomputer.com/news/security/garmin-outage-caused-by-confirmed-wastedlocker-ransomware-attack/.

[29] Lawrence Abrams, "Evil Corp Demands $40 Million in New Macaw Ransomware Attacks," BleepingComputer, October 21, 2021,

bleepingcomputer.com/news/security/evil-corp-demands-40-million-in-new-macaw-ransomware-attacks/.
[30] Lawrence Abrams, "Maze Ransomware Says Computer Type Determines Ransom Amount," BleepingComputer, May 31, 2019, bleepingcomputer.com/news/security/maze-ransomware-says-computer-type-determines-ransom-amount/.
[31] Lawrence Abrams, "Maze Ransomware Attacks Italy in New Email Campaign," BleepingComputer, October 29, 2019, bleepingcomputer.com/news/security/maze-ransomware-attacks-italy-in-new-email-campaign/.
[32] Lawrence Abrams, "Allied Universal Breached by Maze Ransomware, Stolen Data Leaked," BleepingComputer, November 21, 2019, bleepingcomputer.com/news/security/allied-universal-breached-by-maze-ransomware-stolen-data-leaked.
[33] Abrams, "Maze Ransomware Says Computer Type Determines Ransom Amount."
[34] "Canon Confirms Ransomware Attack in Internal Memo," BleepingComputer, August 6, 2020, bleepingcomputer.com/news/security/canon-confirms-ransomware-attack-in-internal-memo/.
[35] Lawrence Abrams, "Maze Ransomware Behind Pensacola Cyberattack, $1M Ransom Demand," BleepingComputer, December 11, 2019, bleepingcomputer.com/news/security/maze-ransomware-behind-pensacola-cyberattack-1m-ransom-demand/.
[36] Lawrence Abrams, "Maze Ransomware Releases Files Stolen from City of Pensacola," BleepingComputer, December 24, 2019, bleepingcomputer.com/news/security/maze-ransomware-releases-files-stolen-from-city-of-pensacola/.
[37] Lawrence Abrams, "List of Ransomware That Leaks Victims' Stolen Files If Not Paid," BleepingComputer, May 26, 2020, bleepingcomputer.com/news/security/list-of-ransomware-that-leaks-victims-stolen-files-if-not-paid/.
[38] Todd Spangler and Shirley Halperin, "Law Firm Representing Lady Gaga, Madonna, Bruce Springsteen, Others Suffers Major Data Breach," Variety, May 9, 2020, variety.com/2020/digital/news/entertainment-law-firm-hacked-data-breach-lady-gaga-madonna-bruce-springsteen-1234602737/.
[39] Kartikay Mehrotra, "Apple Targeted in $50 Million Ransomware Hack of Supplier Quanta," Bloomberg, April 21, 2021, bloomberg.com/news/articles/2021-04-21/apple-targeted-in-50-million-ransomware-hack-of-supplier-quanta.
[40] Dmitry Smilyanets interview with Unknown, March 16, 2021.
[41] Dmitry Smilyanets interview with Unknown.
[42] Lawrence Abrams, "Ransomware Gangs Team Up to Form Extortion Cartel," BleepingComputer, June 3, 2020, bleepingcomputer.com/news/security/ransomware-gangs-team-up-to-form-extortion-cartel/.
[43] "Scam PSA: Ransomware Gangs Don't Always Delete Stolen Data When Paid," BleepingComputer, November 4, 2020, bleepingcomputer.com/news/security/scam-psa-ransomware-gangs-dont-always-delete-stolen-data-when-paid/.
[44] 此處對阿德里安的勒索軟體描述內容，出自作者與其本人透過電報通訊軟體於二〇二一年二月七日訪談之內容整理而成。

[45] "Rainbow 'Ziggy Stardust' Snake Among New Mekong Delta Discoveries," BBC News, December 19, 2016, bbc.com/news/world-asia-38362315.
[46] Lawrence Abrams, "Ziggy Ransomware Shuts Down and Releases Victims' Decryption Keys," BleepingComputer, February 7, 2021, bleepingcomputer.com/news/security/ziggy-ransomware-shuts-down-and-releases -victims-decryption-keys/.
[47] Ionut Ilascu, "Ransomware Admin Is Refunding Victims Their Ransom Payments," BleepingComputer, March 28, 2021, bleepingcomputer.com/news/security/ransomware-admin-is-refunding-victims-their-ransom-payments/.
[48] Lawrence Abrams, "SynAck Ransomware Releases Decryption Keys After El_Cometa Rebrand," BleepingComputer, August 13, 2021, bleepingcomputer.com/news/security/synack-ransomware-releases-decryption-keys-after-el-cometa-rebrand/.
[49] Suzanne R. Griffin, senior vice president and general counsel, Butterball, LLC, "Notice of Data Security Incident," October 29, 2021.

第五章　執著的代價

[1] 由於當時唐仍未成年，為保障她的隱私，本書中將不會提及她的完整姓名。
[2] 此引言出自 Chris Sasaki, "Colourful Language: U of T Psychologists Discover Enhanced Language Learning in Synesthetes," University of Toronto News, May 15, 2019.
[3] "Two Iranian Men Indicted for Deploying Ransomware to Extort Hospitals, Municipalities, and Public Institutions, Causing over $30 Million in Losses," U.S. Department of Justice, press release, November 28, 2018.
[4] Lawrence Abrams, "EvilTwin's Exotic Ransomware Targets Executable Files," BleepingComputer, October 14, 2016, bleepingcomputer.com/news/security/eviltwins-exotic-ransomware-targets-executable-files/.
[5] Lawrence Abrams, "TeslaWare Plays Russian Roulette with Your Files," BleepingComputer, June 21, 2017, bleepingcomputer.com/news/security/teslaware-plays-russian-roulette-with-your-files/.
[6] Renee Dudley, "The Extortion Economy: How Insurance Companies Are Fueling a Rise in Ransomware Attacks," ProPublica, August 27, 2019, propublica.org/article/the-extortion-economy-how-insurance-companies-are-fueling-a-rise-in-ransomware-attacks.
[7] 此指貝資禮保險集團舉辦之「Beazley Cyber & Tech UK Broker Retreat」避修會活動。
[8] Lawrence Abrams, "The WhiteRose Ransomware Is Decryptable & Tells a Strange Story," BleepingComputer, April 5, 2018, bleepingcomputer.com/news/security/the-whiterose-ransomware-is-decryptable-and-tells-a-strange-story/.

第六章　阻止「既視感」蔓延

[1] Article posted at Hochschule für Technik, Wirtschaft und Kultur [Leipzig University of Applied Sciences], October 19, 2015, htwk-leipzig.de/no_cache/hochschule/aktuelles/newsdetail/artikel/1209/.

[2] 麥克・葛拉斯彼攝製了一系列教學影片來解說他分析勒索軟體的技巧，包含《分析勒索軟體：靜態分析入門》（"Analyzing Ransomware—Beginning Static Analysis,"YouTube, November 17, 2018, youtube.com/watch?v=9nuo-AGg4p4）以及《分析勒索軟體：完成全面分析》（"Analyzing Ransomware—Completing a Full Analysis," YouTube, February 8, 2019, youtube.com/watch?v=rRv5vTctePE.）兩部影片。

[3] "Caesar Cipher," Practical Cryptography, practicalcryptography.com/ciphers/caesar-cipher/.

[4] 麥克・葛拉斯彼在其攝製的影片《分析勒索軟體：如何使用加密測試器》（"Analyzing Ransomware—Using CryptoTester," YouTube, December 1, 2018, youtube.com/watch?v=vo7_ji3kd8s）當中有更深入的說明。

[5] Eric Mankin, "Len Adleman Wins Turing Prize," USC Viterbi School of Engineering, April 14, 2003, viterbi.usc.edu/news/news/2003/2003_04_14_adleman.htm.

[6] Adam L. Young and Moti Yung, "Cryptovirology: The Birth, Neglect, and Explosion of Ransomware," Communications of the ACM 60, no. 7 (July 2017): 24–26.

[7] Amanda Shendruk, "Cloudflare Uses Lava Lamps to Generate a Fundamental Resource: Randomness," Quartz, August 20, 2019, qz.com/1642628/cloudflare-uses-lava-lamps-to-generate-a-crucial-resource/.

[8] Bobby Jack, "What Is Unix Time and When Was the Unix Epoch?," MUO, February 13, 2021, makeuseof.com/what-is-unix-time-and-when-was-the-unix-epoch/.

[9] Sarah White, "SteelCon 2019: Pouring Salt into the Crypto Wound: How Not to Be as Stupid as Ransomware Authors," YouTube, July 14, 2019, youtube.com/watch?v=XoKiBg_l4Wc.

[10] Stream Cipher with Symmetric Secret Key," Crypto-IT, March 9, 2020, crypto-it.net/eng/symmetric/salsa20.html.

第七章　掌控大局的路克

[1] "Global Ransomware Marketplace Report—Q3 2018," Coveware, quarterly report, October 16, 2018, coveware.com/blog/global-ransomware-marketplace-report-q3-2018.

[2] "Ransomware Demands Continue to Rise as Data Exfiltration Becomes Common, and Maze Subdues," Coveware, quarterly report,

November 4, 2020, coveware.com/blog/q3-2020-ransomware-marketplace-report.

[3] "Ransom Amounts Rise 90% in Q1 as Ryuk Increases," Coveware, quarterly report, April 16, 2019, coveware.com/blog/2019/4/15/ransom-amounts-rise-90-in-q1-as-ryuk-ransomware-increases.

[4] DCH Regional Medical Center, dchsystem.com/locations/dch-regional-medical-center/.

[5] DCH General Counsel Chris Jones to Mia Sadler, Alabama Department of Public Health, memo, October 10, 2019.

[6] Eddie Burkhalter, "DCH Health System Closes Three Hospitals Except 'Critical' Patients After Ransomware Attack," Alabama Political Reporter, October 1, 2019, alreporter.com/2019/10/01/dch-health-system-closes-three-hospitals-to-al-but-critical-patients-after-ransomware-attack/.

[7] Keith Reilly, "General Notification," Alabama Department of Public Health—West Central, October 1, 2019.

[8] "Springhill Medical Center Says Patient Care Not Affected by Network Issue," WKRG News 5, July 9, 2019, wkrg.com/mobile-county/springhill-medical-center-says-patient-care-not-affected-by-network-issue/.

[9] Teiranni Kidd v. Springhill Hospitals Inc., First Amended Complaint, Circuit Court of Mobile County, Alabama, Civil Action No. 02-CV-2020-900171, June 4, 2020.

[10] Kevin Poulsen, Robert McMillan, and Melanie Evans, "A Hospital Hit by Hackers, a Baby in Distress: The Case of the First Alleged Ransomware Death," Wall Street Journal, September 30, 2021.

[11] Poulsen, McMillan, and Evans, "A Hospital Hit by Hackers, a Baby in Distress."

[12] 出自 Jones 給 Sadler 的備忘錄。

[13] Catalin Cimpanu, "Ryuk Ransomware Gang Probably Russian, Not North Korean," ZDNet, January 11, 2019, zdnet.com/article/ryuk-ransomware-gang-probably-russian-not-north-korean/.

[14] FBI Flash: Indicators of Compromise Associated with Ryuk Ransomware," Federal Bureau of Investigation, Cyber Division, Alert Number MC-000103-MW, May 2, 2019, waterisac.org/system/files/articles/FLASH-MC-000103-MW-Ryuk.pdf.

[15] Advisory: Ryuk Ransomware Targeting Organisations Globally," National Cyber Security Centre (UK), June 22, 2019.

[16] Matt Burgess, "Inside Trickbot, Russia's Notorious Ransomware Gang," Wired, February 1, 2022, wired.com/story/trickbot-malware-group-internal-messages/.

[17] John Fokker, with Bill Siegel and Alex Holdtman, "Ryuk, Exploring the Human Connection," McAfee Labs blog, February 19, 2019, mcafee.com/blogs/other-blogs/mcafee-labs/ryuk-exploring-the-human-connection/.

[18] John Fokker and Jambul Tologonov, "Conti Leaks: Examining the Panama Papers of Ransomware," Trellix, March 31, 2022, trellix.com/en-gb/about/newsroom/stories/threat-labs/conti-leaks-examining-the-panama-papers-of-ransomware.html.

[19][20] Tweet by Jackie Koven (@JBurnsKoven), head of cyber threat intelligence at Chainalysis, March 1, 2022, twitter.com/JBurnsKoven.
此段對話訊息出自惡戲機器人外流的對話紀錄。由二元防衛資安公司（Binary Defense）的蘭迪・帕格曼（Randy Pargman）下載並翻譯後提供。

[21] 此段對話訊息出自惡戲機器人外流的對話紀錄。由二元防衛資安公司（Binary Defense）的蘭迪・帕格曼（Randy Pargman）下載並翻譯後提供。

[22] Vitali Kremez and Brian Carter, "Crime Laundering Primer: Inside Ryuk Crime (Crypto) Ledger & Risky Asian Crypto Traders," AdvIntel, January 7, 2021, advintel.io/post/crime-laundering-primer-inside-ryuk-crime-crypto-ledger-risky-asian-crypto-traders.

[23] Geraldine Daniels et al・ vs DCH Healthcare Authority, Circuit Court of Tuscaloosa County, Alabama, 63-CV-2020-900375.00, April 17, 2020.

第八章　進退失據的聯邦調查局

[1] 聯邦調查局（FBI）公共事務辦公室確認收到了有關本章內容的書面問題，但並未作出具體回應。

[2] 以下對於聯邦調查局的網路探員們與詹姆斯・柯米（James Comey）局長的面談過程，其描述內容是以與會探員們的訪談內容重建。對於會議相關內容，科米局長透過中間人表示不予置評。

[3] 引述自作者於二〇二〇年六月十九日與美國國土安全部前官員珍妮特・曼法拉（Jeanette Manfra）訪談之內容。

[4] "How to Protect Your Networks from Ransomware," U.S. government interagency technical guidance document, 2016, justice.gov/criminal-ccips/file/872771/download.

[5] Cliff Stoll, The Cuckoo's Egg: Tracking a Spy Through the Maze of Computer Espionage (New York: Gallery Books, 1989), 77–78, 141.

[6] 國家基礎設施保護中心的詳細內容來自對其主管麥克・瓦提斯（Michael Vatis）的作者訪談，以及他在美國參議院司法委員會（Judiciary Subcommittee）的恐怖主義、技術和政府資訊小組委員會成員面前作證的成文紀錄。訪談時間為二〇二一年四月十五日；作證時間則是一九九八年六月十日。

[7] FBI Timeline, fbi.gov/history/timeline.

[8] 引述自作者於二〇二一年四月十五日與麥克・瓦提斯（Michael Vatis）訪談之內容。

[9] Donna Leinwand Leger, "How the FBI Brought Down Cyber-Underworld Site Silk Road," USA Today, October 21, 2013, usatoday.com/story/news/nation/2013/10/21/fbi-cracks-silk-road/2984921/.

[10] Beverwijk—The Netherlands," CityWalkSights, October 6, 2016, citywalksights.com/beverwijk%20city%20walk.htm.

[11] "De Bazaar Beverwijk: Market in North Holland," Lonely Planet, lonelyplanet.com/the-netherlands/north-holland/shopping/de-bazaar-

beverwijk/a/poi-sho/1125240/1315672.

[12] "Wijk aan Zee, the Best Kept Secret of the North Sea Coast," WijkAanZee.net, wijkaanzee.net/en/wijk-aan-zee.php#:~:text=Wijk%20aan%20Zee%20is%20also,at%20the%20North%20Sea%20coast.

[13] "Submarine Cable Map: Beverwijk, Netherlands, Atlantic Crossing-1 (AC-1)," TeleGeography, submarinecablemap.com/landing-point/beverwijk-netherlands.

[14] 引述自作者於二〇二一年十一月五日與荷蘭國家警察局高科技犯罪小組的組長馬賴・舒比爾斯（Marijn Schuurbiers）訪談之內容。

[15] 關於這場競賽的描述出自作者於二〇二一年九月七日以及二〇二二年二月八日與高科技犯罪小組的前組長皮姆・塔肯伯格（Pim Takkenberg）訪談之內容。

[16] "Three Members of Notorious International Cybercrime Group 'Fin7' in Custody for Role in Attacking over 100 U.S. Companies," U.S. Department of Justice, press release, August 1, 2018.

[17] "Timeline of Our History," United States Secret Service, secretservice.gov/about/history/timeline.

[18] Erin Blakemore, "No Counterfeits: The History of the Secret Service," Time, April 14, 2015.

[19] rew Hinshaw and Valentina Pop, "The Hapless Shakedown Crew That Hacked Trump's Inauguration," Wall Street Journal, October 25, 2019.

[20] "Join the Global 'No More Ransom' Initiative to Help More Victims Fight Back," Europol, press release, December 20, 2018.

[21] "WildFire Ransomware Extinguished," Kaspersky Daily (blog), August 24, 2016, kaspersky.com/blog/wildfire-ransomware-decryptor/12828/.

[22] Andy Greenberg, "Cops Disrupt Emotet, the Internet's 'Most Dangerous Malware,'" Wired, January 27, 2021, wired.com/story/emotet-botnet-takedown/.

[23] Sergiu Gatlan, "Emotet Malware Nukes Itself Today from All Infected Computers Worldwide," BleepingComputer, April 25, 2021, bleepingcomputer.com/news/security/emotet-malware-nukes-itself-today-from-all-infected-computers-worldwide/.

[24] Lawrence Abrams, "Dutch Police Post 'Say No to Cybercrime' Warnings on Hacker Forums," BleepingComputer, February 17, 2021, bleepingcomputer.com/news/security/dutch-police-post-say-no-to-cybercrime-warnings-on-hacker-forums/.

第九章　政府特工與他的海豚

[1] 有關本章內容的書面問題，聯邦調查局發言人表示，馬克・菲爾普斯（Mark Phelps）與賈斯汀・哈里斯（Justin Harris）皆不予置評。

[2] "About: Frequently Asked Questions," FBI, fbi.gov/about/faqs.

[3] 出自伊利諾州婚姻登記資料。Record of Marriage, Vanderburgh County, Indiana.
[4] 出生日期已通過伊利諾州線上選民登記查詢確認。（ova.elections.il.gov/RegistrationLookup.aspx.）
[5] Marion County, Indiana, Assessor, maps.indy.gov/Assessor PropertyCards/.
[6] Britannica, s.v. "Indianapolis 500," britannica.com/sports/Indianapolis-500.
[7] 出自朗恩・菲爾普斯的領英頁面。（Ron Phelps, LinkedIn, linkedin.com/in/ron-phelps-7700bb5b/.）
[8] About Us," Horning Roofing & Sheet Metal Company, LLC, horningroofing.com/about/.
[9] 關於馬克・菲爾普斯以及夏安・迪拉德（Shawn Dillard）高中時期的描述細節，出自賽車場高中（Speedway High School）的年鑑。這些年鑑的副本存檔在賽車場公共圖書館（Speedway Public Library），由成人服務處圖書館員艾許莉・巴特萊（Ashley Bartley）提供。
[10] Kevin Doerr, "Veterinary Medicine—Family Style," PVM Report (Purdue University College of Veterinary Medicine, 2011 annual report), vet.purdue.edu/news/wp-content/uploads/2020/09/2011.pdf, 8.
[11] 詳細資料由普渡大學印第安納波利斯聯合分校之註冊、成績單及入學驗證辦公室提供。
[12] Ancestry.com, certificate number 26650.
[13] Speedway High School Alumni, AlumniClass, alumniclass.com/speedway-high-school-sparkplugs-in/.
[14] "About: Frequently Asked Questions," FBI, fbi.gov/about/faqs.
[15] Peoria County Property Tax Information, propertytax.peoriacounty.gov.
[16] Illinois Department of Financial and Professional Regulation, License Lookup, online-dfpr.micropact.com/lookup/licenselookup.aspx.
[17] 出自夏安的臉書個人介紹。
[18] "About Us," Bald Knob Cross of Peace, baldknobcross.com/about-us/.
[19] "Springfield," FBI, fbi.gov/contact-us/field-offices/springfield.
[20] Tobias Wall, "FBI Names Lead Agent for Local Office," State Journal-Register (Springfield, IL), July 17, 2014.
[21] FBI Springfield History," FBI Field Office Histories, fbi.gov/history/field-office-histories/springfield.
[22] "Archer Daniels Midland Co. to Plead Guilty and Pay $100 Million for Role in Two International Price-Fixing Conspiracies," U.S. Department of Justice, press release, October 15, 1996, justice.gov/archive/opa/pr/1996/Oct96/508at.htm.
[23] Scott Kilman, "Mark Whitacre Is Sentenced to 9 Years for Swindling $9.5 Million from ADM," Wall Street Journal, March 5, 1998.
[24] 細節由伊利諾大學（University of Illinois）教務處註冊組核證屬實。
[25] "About: Director's Community Leadership Award," FBI, fbi.gov/about/community-outreach/dcla.
[26] News: 2017 Director's Community Leadership Awards," FBI, April 20, 2018, fbi.gov/news/stories/2017-directors-community-leadership-

awards-042018.

[27] "About: Springfield—Michael Gillespie, 2017 Director's Community Leadership Award Recipient," FBI, fbi.gov/about/community-outreach/dcla/2017/springfield-michael-gillespie.

[28] Springfield: Bloomington Man Receives 2017 FBI Director's Community Leadership Award for His Efforts to Decrypt Ransomware as a Public Service," FBI, January 30, 2018, fbi.gov/contact-us/field-offices/springfield/news/press-releases/bloomington-man-receives-2017-fbi-directors-community-leadership-award-for-his-efforts-to-decrypt-ransomware-as-a-public-service.

[29] "High-Impact Ransomware Attacks Threaten U.S. Businesses and Organizations," FBI, public service announcement, October 2, 2019, ic3.gov/Media/Y2019/PSA191002.

[30] Lawrence Abrams, "'NamPoHyu Virus' Ransomware Targets Remote Samba Servers," BleepingComputer, April 16, 2019, bleepingcomputer.com/news/security/nampohyu-virus-ransomware-targets-remote-samba-servers/.

[31] Lawrence Abrams, "Decryptor for MegaLocker and NamPoHyu Virus Ransomware Released," BleepingComputer, May 2, 2019, bleepingcomputer.com/news/security/decryptor-for-megalocker-and-nampohyu-virus-ransomware-released/.

[32] U.S. Office of Special Counsel, Federal Employee Hatch Act Information, osc.gov/Services/Pages/HatchAct-Federal.aspx#tabGroup11|tabGroup32|tabGroup51.

第十章　「整治」巴爾的摩

[1] Ian Duncan, "Up from the East Side: How 23 Years in Baltimore Politics Led Jack Young to Becoming Mayor—for Now," Baltimore Sun, April 12, 2019.

[2] Luke Broadwater, Justin Fenton, and Kevin Rector, "Former Baltimore Mayor Catherine Pugh Sentenced to 3 Years for 'Healthy Holly' Children's Book Fraud Scheme," Baltimore Sun, February 27, 2020.

[3] Allan Liska, "State and Local Government Ransomware Attacks Surpass 100 for 2019," Recorded Future, December 20, 2019, recordedfuture.com/state-local-government-ransomware-attacks-2019/.

[4] Allan Liska, "Early Findings: Review of State and Local Ransomware Attacks," Recorded Future, May 10, 2019, recordedfuture.com/state-local-government-ransomware-attacks/.

[5] Catalin Cimpanu, "City of Valdez, Alaska, Admits to Paying Off Ransomware Infection," ZDNet, November 21, 2018, zdnet.com/article/city-of-valdez-alaska-admits-to-paying-off-ransomware-infection/.

[6] Mark Zaretsky, "West Haven Falls Victim to 'Ransomware' Cyberattack, Pays $2,000 in Bitcoin to Regain Access to Servers," New Haven

Register, October 19, 2018.

[7] Scott Trubey, "Atlanta Police Recovering from Breach, 'Years' of Dashcam Video Lost," Atlanta Journal-Constitution, June 1, 2018.

[8] Keisha Lance Bottoms, panelist, "Preventing and Responding to Cyber Attacks," The 86th Annual Meeting of the United States Conference of Mayors, Boston, MA, June 8, 2018.

[9] Scott Calvert, "Baltimore, New York Among Cities Fighting More Murders," Wall Street Journal, January 2, 2020.

[10] Ian Duncan and Christine Zhang, "Baltimore Is Furiously Knocking Down Vacant Houses—but Barely Keeps Up as New Ones Go Empty," Baltimore Sun, October 18, 2019.

[11] Liz Bowie, "Maryland School Star Ratings: Fewer Earn Four and Five Stars in 2019 as Schools Move Toward Middle," Baltimore Sun, December 3, 2019.

[12] Ian Duncan, "Baltimore's Risk Assessment Called a Pair of Aged City Computer Systems a 'Natural Target for Hackers,'" Baltimore Sun, May 30, 2019.

[13] "Hack of Baltimore's 911 Dispatch System Was Ransomware Attack, City Officials Say," Baltimore Sun, March 28, 2018.

[14] Catherine Pugh, "Preventing and Responding to Cyber Attacks."

[15] Lawrence Abrams, "A Closer Look at the RobbinHood Ransomware," BleepingComputer, April 26, 2019, bleepingcomputer.com/news/security/a-closer-look-at-the-robbinhood-ransomware/.

[16] 巴爾的摩市歷年房產交易稅收（以財務年度計算）：二〇一六年為九千一百九十萬美金、二〇一七年為九千零四十萬美金、二〇一八年為八千九百三十萬美金、二〇一九年為九千兩百萬美金。以上資料出自巴爾的摩市政府公開報表。參見"Recordation and Transfer Tax Revenues," in Executive Summary: Board of Estimates Recommendations: Fiscal 2021 (City of Baltimore, MD, 2021), bbmr.baltimorecity.gov/sites/default/files/fy21_execsumm_2020-05-06_FINAL.pdf, 37.

[17] Comprehensive Annual Financial Report, Year Ended June 30, 2019 (City of Baltimore, MD, 2019), finance.baltimorecity.gov/sites/default/files/CAFR FY'19-Review.pdf, 16.

[18] Roger Colton, Baltimore's Conundrum: Charging for Water/Wastewater Services That Community Residents Cannot Afford to Pay (Baltimore, MD: Food and Water Watch, November 2018, revised), foodandwaterwatch.org/wp-content/uploads/2022/02/BaltimoreWater-RogerColton.pdf, ES-4.

[19] Paul Gessler, "Sticker Shock Hits Baltimore Residents as First Round of Water Bills Roll Out," CBS Baltimore, August 14, 2019, baltimore.cbslocal.com/2019/08/14/baltimore-city-water-bills-distributed/.

[20] Tyler Waldman, "Councilman Says Recovery from Ransomware Attack Could Take Up to Three Months," WBAL News Radio, May 15, 2019, wbal.com/article/389236/2/councilman-says-recovery-from-ransomware-attack-could-take-up-to-three-months.

[21] Stephen L. Carter, "When It's Worth Paying a Hacker's Ransom," Bloomberg Quint, June 6, 2019, bloombergquint.com/gadfly/baltimore-computer-hack-sometimes-cities-have-to-pay-a-ransom.
[22] Ian Duncan, "Authorities Investigating Claim That Baltimore Ransomware Group Leaked Documents to Twitter," Baltimore Sun, June 4, 2019.
[23] Mike Hellgren, "Mayor Jack Young Open to Paying Ransom in Computer Attack, New Fix Allows Real Estate Transactions to Resume," CBS Baltimore, May 17, 2019, baltimore.cbslocal.com/2019/05/17/ransomware-attack-continues-to-plague-baltimore-mayor-jack-young-says-city-working-to-resume-services/.
[24] Ruppersberger Provides Direction for New Funds to Help Cities Prevent Ransomware Attacks," U.S. Congressman Dutch Ruppersberger, press release, June 11, 2019, ruppersberger.house.gov/newsroom/press-releases/ruppersberger-provides-direction-for-new-funds-to-help-cities-prevent.
[25] Pieter Arntz, "Threat Spotlight: RobbinHood Ransomware Takes the Driver's Seat," Malwarebytes, February 20, 2020, malwarebytes.com/threat-spotlight/2020/02/threat-spotlight-robbinhood-ransomware-takes-the-drivers-seat/.
[26] Ian Duncan, "Baltimore Estimates Cost of Ransomware Attack at $18.2 Million as Government Begins to Restore Email Accounts," Baltimore Sun, May 29, 2019.
[27] Kevin Rector, "Baltimore to Purchase $20M in Cyber Insurance as It Pays Off Contractors Who Helped City Recover from Ransomware," Baltimore Sun, October 16, 2019.
[28] Ethan MacLeod, "City Poised to Re-up $20M in Cyber Insurance Adopted After Ransomware Attack," Baltimore Business Journal, October 27, 2020.
[29] Catalin Cimpanu, "US Mayors Group Adopts Resolution Not to Pay Any More Ransoms to Hackers," ZDNet, July 11, 2019, zdnet.com/article/us-mayors-group-adopts-resolution-not-to-pay-any-more-ransoms-to-hackers/.
[30] Jeremy Jackson, "City of Florence Agrees to Pay Nearly $300,000 Ransom After Cyberattack," WHNT News 19, June 10, 2020, whnt.com/news/shoals/city-of-florence-agrees-to-pay-nearly-300000-ransom-after-cyberattack/.

第十一章　勒索經濟興起

[1] Sheelah Kolhatkar, Black Edge: Inside Information, Dirty Money, and the Quest to Bring Down the Most Wanted Man on Wall Street (New York: Random House, 2018), xviii.
[2] Kolhatkar, Black Edge, xviii.

[3] Jenny Anderson, Peter Lattman, and Julie Creswell, “A Fascination of Wall St., and Investigators,” New York Times, December 22, 2012.

[4] Charles Gasparino, “Details Emerge in SAC Capital Sex Harassment Case,” CNBC, October 10, 2007, cnbc.com/id/21224443.

[5] “Manhattan U.S. Attorney Announces Guilty Plea Agreement with SAC Capital Management Companies,” U.S. Department of Justice, press release, November 4, 2013.

[6] Aruna Viswanatha and Juliet Chung, “Deal Ends SEC’s Pursuit of Steven Cohen,” Wall Street Journal, January 8, 2016.

[7] “Profile: Barry Silbert,” Forbes, forbes.com/profile/barry-silbert/?sh=7de613672950.

[8] 本段落描述之內容出作者於二〇二〇年六月二十四日與比爾・席格（Bill Siegel）訪談之內容。

[9] 關於怪物雲端（MonsterCloud）以及普穩資料救援（Proven Data）的內容皆出自本書作者先前參與進行的 ProPublica 專題報導。參見：Renee Dudley and Jeff Kao, “The Trade Secret: Firms That Promised High-Tech Ransomware Solutions Almost Always Just Pay the Hackers,” ProPublica, May 15, 2019, features.propublica.org/ransomware/ransomware-attack-data-recovery-firms-paying-hackers/.

[10] “Phobos Ransomware, a Combo of CrySiS and Dharma,” Coveware, January 18, 2019, coveware.com/blog/phobos-ransomware-distributed-dharma-crew.

[11] 海靈頓於二〇一九年十一月因癌症逝世。訃聞出自 “Leif Gaylord Herrington, 1950–2019,” obituary, Anchorage Daily News, December 5, 2019.

[12] “Introducing Coveware!,” Coveware, May 7, 2018, coveware.com/blog/2018/5/7/hello-world.

[13] “Global Ransomware Marketplace Report-Q3 2018,” Coveware, October 16, 2018, coveware.com/blog/global-ransomware-marketplace-report-q3-2018.

[14] Simeon Georgiev, “Negotiating with Cybercriminals—A Risky Precedent,” MonsterCloud, October 9, 2018, university.monstercloud.com/cyber-security/cybercriminals-negotiation/.

[15] “Beware of Dishonest Ransomware Recovery Firms,” Coveware, December 11, 2018, coveware.com/blog/2018/12/11/beware-of-dishonest-ransomware-recovery-firms.

[16] 本段落中關於資安險的內容，出自本書作者先前參與進行的 ProPublica 專題報導。參見：Renee Dudley, “The Extortion Economy: How Insurance Companies Are Fueling a Rise in Ransomware Attacks,” ProPublica, August 27, 2019, propublica.org/article/the-extortion-economy-how-insurance-companies-are-fueling-a-rise-in-ransomware-attacks.

[17] 關於貝茲禮保險公司的相關資訊，出自二〇二〇年九月舉辦的聯邦調查局網路司勒索軟體高峰會，於該會第二日的小組討論中發表的內容。

[18] 出自本書作者的 ProPublica 專題報導。參見 Renee Dudley, “Like Voldemort, Ransomware Is Too Scary to Be Named,” ProPublica, December 23, 2019, propublica.org/article/like-voldemort-ransomware-is-too-scary-to-be-named.

[20][19] “Ransomware Sentiment After a Summer of Headlines,” Coveware, October 8, 2019, coveware.com/blog/ransomware-debate-rages-on.
關於該公司與怪物雲端互動的內容，以作者於二〇二一年八月二十七日與柯團智（GroupSense）執行長提斯・明德（Kurtis Minder）訪談之內容，以及二〇二〇年十二月十四日公開的聯邦貿易委員會的申訴書的內容整理而成。

[22][21] Rachel Monroe, “How to Negotiate with Ransomware Hackers,” New Yorker, May 31, 2021.
Dmitry Smilyanets, “‘I Scrounged Through the Trash Heaps … Now I’m a Millionaire:’ An Interview with REvil’s Unknown,” The Record by Recorded Future, March 16, 2021, therecord.media/i-scrounged-through-the -trash-heaps-now-im-a-millionaire-an-interview-with-revils-unknown/.

[23] 在《紐約客》專題記者 Rachel Monroe 於二〇二〇年十二月十四日公開這份申訴書之後，聯邦貿易委員會的一名代表證實其內容無誤。

[24] Jason Remillard, “Victor Congionti of Proven Data: 5 Things You Need to Know to Optimize Your Company’s Approach to Data Privacy and Cybersecurity,” Medium, October 6, 2020, medium.com/authority-magazine/victor-congionti-of-proven-data-5-things-you-need-to-know-to-optimize-your-companys-approach-to-9157bf9f8539.

[26][25] 出自二〇二〇年九月舉辦的聯邦調查局網路司勒索軟體高峰會，於該會第四日發表的內容。
“Prepared Written Testimony of Bill Siegel, CEO and Co-Founder of Coveware Inc.,” Federal Spending Oversight Subcommittee of the Committee on Homeland Security and Governmental Affairs,” December 2, 2020, hsgac.senate.gov/imo/media/doc/Siegel Testimony1.pdf.

[27] “Ransomware Amounts Rise 3x in Q2 as Ryuk & Sodinokibi Spread,” Coveware, quarterly report, July 16, 2019, coveware.com/blog/2019/7/15/ransomware-amounts-rise-3x-in-q2-as-ryuk-amp-sodinokibi-spread.

[28] Anja Shortland, Kidnap: Inside the Ransom Business (Oxford: Oxford University Press, 2019).

第十二章　勞倫斯提出休戰協議

[1] Lawrence Abrams, “Ransomware Gangs to Stop Attacking Health Orgs During Pandemic,” BleepingComputer, March 18, 2020, bleepingcomputer.com/news/security/ransomware-gangs-to-stop-attacking-health-orgs-during-pandemic/.

[2] Dmitry Smilyanets, “‘I Scrounged Through the Trash Heaps … Now I’m a Millionaire:’ An Interview with REvil’s Unknown,” The Record by Recorded Future, March 16, 2021, therecord.media/i-scrounged-through-the -trash-heaps-now-im-a-millionaire-an-interview-with-revils-unknown/.

[3] “Free Ransomware Help for Healthcare Providers During the Coronavirus Outbreak,” Emsisoft blog, March 18, 2020, blog.emsisoft.com/en/35921/free-ransomware-help-for-healthcare-providers-during-the-coronavirus-outbreak/.

[4] Sam Varghese, "Big US Travel Management Firm CWT Pays Out U.S. $4.5m to Ransomware Gang," iTWire.com, August 2, 2020, itwire.com/business-it-news/security/big-us-travel-management-firm-cwt-pays-out-us$4-5m-to-ransomware-gang.html.

[5] Brian Krebs, "Ransomware Group Turns to Facebook Ads," Krebs on Security, November 10, 2020, krebsonsecurity.com/2020/11/ransomware-group-turns-to-facebook-ads/.

[6] Autumn Bows, "Here's How the Koenigsegg Jesko Absolut Will Reach 330MPH," HotCars, October 12, 2020, hotcars.com/heres-how-the-koenigsegg-jesko-absolut-will-reach-330mph/.

[7] "Donations for MalwareHunterTeam," PayPal fundraiser, paypal.com/pools/c/8x4vKe11yu.

[8] Davey Winder, "COVID-19 Vaccine Test Center Hit by Cyber Attack, Stolen Data Posted Online," Forbes, March 23, 2020.

[9] Abrams, "Ransomware Gangs to Stop Attacking Health Orgs During Pandemic."

[10] Felipe Erazo, "Ransomware Threatens Production of 300 Ventilators Per Day," Cointelegraph, August 7, 2020, cointelegraph.com/news/ransomware-threatens-production-of-300-ventilators-per-day.

[11] William Ralston, "The Untold Story of a Cyberattack, a Hospital and a Dying Woman," Wired, November 11, 2020, wired.co.uk/article/ransomware-hospital-death-germany.

[12] "Department of Justice Launches Global Action Against NetWalker Ransomware," U.S. Department of Justice, press release, January 27, 2021.

[13] Alina Bizga, "Maryland-Based Nursing Home Announces Ransomware Attack Affecting Nearly 50,000 Residents," Security Boulevard, July 21, 2020, securityboulevard.com/2020/07/maryland-based-nursing-home-announces-ransomware-attack-affecting-nearly-50000-residents/.

[14] Kartikay Mehrotra, "How Hackers Bled 118 Bitcoins out of Covid Researchers in U.S.," Bloomberg Businessweek, August 19, 2020, bloomberg.com/news/features/2020-08-19/ucsf-hack-shows-evolving-risks-of-ransomware-in-the-covid-era.

[15] Carlton C. Gammons, "Revised Record of the Case for Prosecution for Extradition of Sebastien Vachon-Desjardins," Canada prosecutor representing the United States v. Sebastien Vachon-Desjardins, Superior Court, Quebec, District of Gatineau, Case 550-68-000035-213, April 23, 2021, 19.

[16] Gammons, "Revised Record," 2.

[17] Gammons, "Revised Record," 20.

[18] "Chainalysis in Action: U.S. Authorities Disrupt NetWalker Ransomware," Chainalysis, January 27, 2021, blog.chainalysis.com/reports/netwalker-ransomware-disruption-arrest/.

[19] Royal Canadian Mounted Police/Gendarmerie royale du Canada report, Canada v. Vachon-Desjardins, Case 550-68-000035-213, 11.

[20] Royal Canadian Mounted Police/Gendarmerie royale du Canada report, 8.

[21] Tawnell D. Hobbs, "Hacker Releases Information on Las Vegas–Area Students After Officials Don't Pay Ransom," Wall Street Journal, September 28, 2020.

[22] Sergiu Gatlan, "Fairfax County Schools Hit by Maze Ransomware, Student Data Leaked," BleepingComputer, September 12, 2020, bleepingcomputer.com/news/security/fairfax-county-schools-hit-by-maze-ransomware-student-data-leaked/.

[23] Bill Horner III, Hannah McClellan, and D. Lars Dolder, "After Cyberattack, Stolen Chatham County Data and Sensitive Documents Posted Online," News & Observer (Raleigh, NC), February 11, 2021.

[24] "Cyber Actors Target K-12 Distance Learning Education to Cause Disruptions and Steal Data," Cybersecurity & Infrastructure Security Agency, Alert (AA20-345A), December 10, 2020, cisa.gov/uscert/ncas/alerts/aa20-345a.

[25] McKenna Oxenden, "Baltimore County Schools Suffered a Ransomware Attack. Here's What You Need to Know," Baltimore Sun, November 30, 2020.

[26] "Financial Management Practices Audit Report: Baltimore County Public Schools," Office of Legislative Audits, Department of Legislative Services, Maryland General Assembly, November 2020, 29.

[27] Scott Travis, "Hackers Post 26,000 Broward School Files Online," South Florida Sun Sentinel, April 19, 2021.

[28] Tom Burt, "New Action to Combat Ransomware Ahead of U.S. Elections," Microsoft on the Issues (blog), October 12, 2020, blogs.microsoft.com/on-the-issues/2020/10/12/trickbot-ransomware-cyberthreat-us-elections/.

[29] Jason Healey, "When Should U.S. Cyber Command Take Down Criminal Botnets?," Lawfare, April 26, 2021, lawfareblog.com/when-should-us-cyber-command-take-down-criminal-botnets.

[30] Ellen Nakashima, "Cyber Command Has Sought to Disrupt the World's Largest Botnet, Hoping to Reduce Its Potential Impact on the Election," Washington Post, October 9, 2020.

[31] Brian Krebs, "Attacks Aimed at Disrupting the Trickbot Botnet," Krebs on Security, October 2, 2020, krebsonsecurity.com/2020/10/attacks-aimed-at-disrupting-the-trickbot-botnet/.

[32] "Ransomware Activity Targeting the Healthcare and Public Health Sector," Cybersecurity & Infrastructure Security Agency, Alert (AA20-302A), October 28, 2020, cisa.gov/uscert/ncas/alerts/aa20-302a.

[33] Robert McMillan, Kevin Poulsen, and Dustin Volz, "Secret World of Pro-Russia Hacking Group Exposed in Leak," Wall Street Journal, March 28, 2022, wsj.com/articles/trickbot-pro-russia-hacking-gang-documents-ukrainian-leaker-conti-11648480564.

第十三章　通往明日的管線

[1] 關於本章節中勒索軟體狩獵團發現的漏洞，因為必特防毒而讓黑暗面有所警覺的情節，先前已經於 ProPublica 的專題報導中發表過。可參見由本書作者撰寫之專題報導：Renee Dudley and Daniel Golden, "The Colonial Pipeline Ransomware Hackers Had a Secret Weapon: Self-Promoting Cybersecurity Firms," ProPublica, May 24, 2021, propublica.org/article/the-colonial-pipeline-ransomware-hackers-had-a-secret-weapon-self-promoting-cybersecurity-firms.

[2] "Darkside Ransomware Decryption Tool," Bitdefender, January 11, 2021, bitdefender.com/blog/labs/darkside-ransomware-decryption-tool/.

[3] Bogdan Botezatu, "GandCrab Ransomware Decryption Tool," Bitdefender, October 24, 2018, bitdefender.com/blog/labs/gandcrab-ransomware-decryption-tool-available-for-free/.

[4] "GandCrab Ransomware Shutting Down After Claiming to Earn $2 Billion," BleepingComputer, June 1, 2019, bleepingcomputer.com/news/security/gandcrab-ransomware-shutting-down-after-claiming-to-earn-2-billion/.

[5] "Advisory on Potential Sanctions Risks for Facilitating Ransomware Payments," U.S. Department of the Treasury, October 1, 2020, home.treasury.gov/system/files/126/ofac_ransomware_advisory_10012020_1.pdf.

[6] 本書中關於殖民管線相關的歷史紀錄，大多數出自：Barry Parker and Robin Hood, Colonial Pipeline: Courage, Passion, Commitment (Chattanooga, TN: Parker Hill Press, 2002), 16.

[7] Parker and Hood, Colonial Pipeline, 39.

[8] "Colonial Pipeline Pleads Guilty to Oil Spill in S.C. River," U.S. Department of Justice, press release, February 25, 1999.

[9] "Colonial Pipeline Will Pay to Settle Claims," Greensboro News and Record, May 27, 1998.

[10] Parker and Hood, Colonial Pipeline, 61.

[11] Parker and Hood, Colonial Pipeline, 83.

[12] "Here Are the Other Times When All or Part of the Colonial Pipeline System Was Shut," CNBC, May 9, 2021, cnbc.com/2021/05/09/colonial-pipeline-cyberattack-heres-when-it-was-previously-shut-down.html.

[13] Ellen Nakashima, Lori Aratani, and Douglas MacMillan, "Colonial Hack Exposed Government's Light-Touch Oversight of Pipeline Cybersecurity," Washington Post, May 30, 2021.

[14] Stephanie Kelly and Jessica Resnick-Ault, "Hackers Only Needed a Single Password to Disrupt Colonial Pipeline, CEO Testifies," Insurance Journal, June 9, 2021, insurancejournal.com/news/national/2021/06/09/617870.htm.

[15] Chris Sanders, "'Do Not Fill Plastic Bags with Gasoline' U.S. Warns as Shortages Grow," Reuters, May 12, 2021.

[16] Abby Smith, "Gasoline Outages Pile Up, with Nearly Two-Thirds of North Carolina Gas Stations out of Fuel," Washington Examiner, May

12, 2021.

[17] Aruna Viswanatha and Dustin Volz, "FBI Director Compares Ransomware Challenge to 9/11," Wall Street Journal, June 4, 2021.

[18] Tonya Riley, "Colonial Pipeline CEO Says Company Didn't Have Plan for Potential Ransomware Attack," CyberScoop, June 8, 2021, cyberscoop.com/colonial-pipeline-ransomware-senate-hack/.

[19] Testimony of Joseph Blount, Hearing Before the U.S. House of Representatives Committee on Homeland Security, 117th Congress, 1st Sess., June 9, 2021, govinfo.gov/content/pkg/CHRG-117hhrg45085/html/CHRG-117hhrg45085.htm.

[20] Geneva Sands and Brian Fung, "Colonial Pipeline CEO Defends His Handling of Ransomware Attack That Crippled East Coast Fuel Supply," CNN, June 8, 2021, cnn.com/2021/06/08/politics/colonial-pipeline-ceo-on-capitol-hill-ransomware/index.html.

[21] Testimony of Joseph Blount. Department of Justice created: Dustin Volz, "Ransomware Targeted by New Justice Department Task Force," Wall Street Journal, April 21, 2021.

[22] Dustin Volz, "Ransomware Targeted by New Justice Department Task Force," Wall Street Journal, April 21, 2021.

[23] oseph R. Biden Jr., "Executive Order on Improving the Nation's Cybersecurity," The White House, May 12, 2021, whitehouse.gov/briefing-room/presidential-actions/2021/05/12/executive-order-on-improving-the-nations-cybersecurity/.

[24] Christopher Bing, "U.S. to Give Ransomware Hacks Similar Priority as Terrorism," Reuters, June 3, 2021.

[25] Bing, "U.S. to Give Ransomware Attacks Similar Priority as Terrorism."

[26] Ellen Nakashima, "Feds Recover More Than $2 Million in Ransomware Payments from Colonial Pipeline Hackers," Washington Post, June 7, 2021.

[27] Jacob Bunge, "JBS Paid $11 Million to Resolve Ransomware Attack," Wall Street Journal, June 9, 2021.

[28] Kartikay Mehrotra and Olga Kharif, "Ransomware HQ: Moscow's Tallest Tower Is a Cybercriminal Cash Machine," Bloomberg Businessweek, November 3, 2021.

[29] Ellen Nakashima and Rachel Lerman, "FBI Held Back Ransomware Decryption Key from Businesses to Run Operation Targeting Hackers," Washington Post, September 21, 2021.

[30] Catalin Cimpanu, "REvil Gang Shuts Down for the Second Time After Its Tor Servers Were Hacked," The Record by Recorded Future, October 18, 2021, therecord.media/revil-gang-shuts-down-for-the-second-time-after -its-tor-servers-were-hacked/.

[31] Ellen Nakashima and Eugene Scott, "Biden Tells Putin the U.S. Will Take 'Any Necessary Action' After Latest Ransomware Attack, White House Says," Washington Post, July 9, 2021.

[32] Zachary Basu, "Russia Left Out of White House's 30-Country Ransomware Summit," Axios, October 13, 2021, axios.com/ransomware-summit-white-house-russia-86ed85d6-e435-476b-9726-d55b3f82d1bd.html.

[35][34][33] "Ukrainian Arrested and Charged with Ransomware Attack on Kaseya," U.S. Department of Justice, press release, November 8, 2021.
Andrew E. Kramer, "Companies Linked to Russian Ransomware Hide in Plain Sight," New York Times, December 6, 2021.
Catalin Cimpanu, "US Detains Crypto-Exchange Exec for Helping Ryuk Ransomware Gang Launder Profits," The Record by Recorded Future, November 12, 2021, therecord.media/us-detains-crypto-exchange-exec-for-helping -ryuk-ransomware-gang-launder-profits/.
[36] "О задержании Дубникова Д.М." [About the detention of Dubnikov D.M.], Briefcase, November 5, 2021, briefcase.company/novosti /obshee/o-zaderjanii-dybnikova-dm.
[38][37] Carolyn Cohn, "Insurers Run from Ransomware Cover as Losses Mount," Reuters, November 19, 2021.
Frank Bajak, "Insurer AXA to Stop Paying for Ransomware Crime Payments in France," Insurance Journal, May 9, 2021, insurancejournal.com/news/international/2021/05/09/613255.htm.
[40][39] Reuters staff, "AXA Division in Asia Hit by Ransomware Cyber Attack," Reuters, May 16, 2021.
Lyle Adriano, "AIG Reducing Cyber Limits as Costs Rise," Insurance Business, August 9, 2021, insurancebusinessmag.com/us/news/cyber/aig-reducing-cyber-limits-as-costs-climb-301644.aspx.
[42][41] Cohn, "Insurers Run from Ransomware Cover as Losses Mount."
"The General Data Protection Regulation: Long Awaited EU Wide Data Protection Law Finalised," Deloitte, www2.deloitte.com/ge/en/pages/risk/articles/the-general-data-protection-regulation.html.
[43] Graham Cluley, "22,900 MongoDB Databases Held to Ransom by Hacker Threatening to Report Firms for GDPR Violations," Tripwire, July 2, 2020, tripwire.com/state-of-security/featured/22900-mongodb-databases-ransom-hacker-gdpr-violations/.
[44] Christopher Wray, "Working with Our Private Sector Partners to Combat the Cyber Threat," speech, Economic Club of New York, October 28, 2021, fbi.gov/news/speeches/working-with-our-private-sector-partners-to-combat-the-cyber-threat-wray-ecny-102821.
[45] Lawrence Abrams, "Ransomware Dev Releases Egregor, Maze Master Decryption Keys," BleepingComputer, February 9, 2022, bleepingcomputer.com/news/security/ransomware-dev-releases-egregor-maze-master-decryption-keys/.
[46] Fabian Wosar, "Hitting the BlackMatter Gang Where It Hurts: In the Wallet," Emsisoft blog, October 24, 2021, blog.emsisoft.com/en/39181/on-the-matter-of-blackmatter/.
[48][47] Tom Polansek and Karl Plume, "Minnesota Grain Handler Targeted in Ransomware Attack," Reuters, September 23, 2021.
Lawrence Abrams, "BlackMatter Ransomware Moves Victims to LockBit After Shutdown," BleepingComputer, November 3, 2021, bleepingcomputer.com/news/security/blackmatter-ransomware-moves-victims-to-lockbit-after-shutdown/.
[49] "2021 Trends Show Increased Globalized Threat of Ransomware," Cybersecurity & Infrastructure Security Agency, Alert (AA22-040A), February 9, 2022, cisa.gov/uscert/ncas/alerts/aa22-040a.

[51][50] "Abraham Lincoln's Namesake College to Close After 157 Years," Lincoln College, lincolncollege.edu/.

Martin Matishak, "Biden Signs Cyber Incident Reporting Bill into Law," The Record by Recorded Future, therecord-media.cdn.ampproject.org/c/s/therecord.media/biden-signs-cyber-incident-reporting-bill-into-law/amp/.

[52] Paul Kiernan, "SEC Proposes Requiring Firms to Report Cyberattacks Within Four Days," Wall Street Journal, March 9, 2022, wsj.com/articles/sec-considers-rule-requiring-firms-to-report-cyber-attacks-within-four-days-11646838001.

[53] Elizabeth Montalbano, "Emotet Resurfaces on the Back of TrickBot After Nearly a Year," Threatpost, November 16, 2021, threatpost.com/emotet-resurfaces-trickbot/176362/.

[54] "ПРЕСЕЧЕНА ПРОТИВОПРАВНАЯ ДЕЯТЕЛЬНОСТЬ ЧЛЕНОВ ОРГАНИЗОВАННОГО ПРЕСТУПНОГО СООБЩЕСТВА" [Illegal activities of members of an organized criminal community stopped"], FSB, press release, January 14, 2022.

[56][55] Tom Balmforth and Maria Tsvetkova, "Russia Takes Down REvil Hacking Group at U.S. Request—FSB," Reuters, January 14, 2022.

Lawrence Abrams, "Conti Ransomware's Internal Chats Leaked After Siding with Russia," BleepingComputer, February 27, 2022, bleepingcomputer.com/news/security/conti-ransomwares-internal-chats-leaked-after-siding-with-russia/.

[57] "Reward Offers for Information to Bring Conti Ransomware Variant Co-Conspirators to Justice," U.S. Department of State, press release, May 6, 2022, state.gov/reward-offers-for-information-to-bring-conti-ransomware-variant-co-conspirators-to-justice/.

[58] "Hopes of Russian Help on Ransomware Are Officially Dead," Washington Post, June 1, 2022, washingtonpost.com/politics/2022/06/01/hopes-russian-help-ransomware-are-officially-dead/.

[59] "Preeclampsia: Symptoms & Causes," Mayo Clinic, mayoclinic.org/diseases-conditions/preeclampsia/symptoms-causes/syc-20355745.

Beyond

58

勒索軟體狩獵團

一群無名駭客如何拯救數位時代的資安危機？

The Ransomware Hunting Team: A Band of Misfits' Improbable Crusade to Save the World from Cybercrime

作者	芮妮・杜德利（Renee Dudley）、丹尼爾・戈爾登（Daniel Golden）
譯者	劉家安
執行長	陳蕙慧
副總編輯	洪仕翰
責任編輯	宋繼昕
行銷總監	陳雅雯
行銷	趙鴻祐、張偉豪、張詠晶
封面設計	蕭旭芳
內頁排版	宸遠彩藝工作室
出版	衛城出版／左岸文化事業有限公司
發行	遠足文化事業股份有限公司（讀書共和國出版集團）
地址	二三一四一　新北市新店區民權路一〇八－三號八樓
電話	〇二－二二一八一四一七
傳真	〇二－二二一八〇七二七
客服專線	〇八〇〇－二二一〇二九
法律顧問	華洋法律事務所　蘇文生律師
印刷	呈靖彩藝有限公司
初版	二〇二三年十二月
定價	五五〇元

歡迎團體訂購，另有優惠，請洽 02-22181417，分機 1124、1135

特別聲明：有關本書中的言論內容，不代表本公司 / 出版集團之立場與意見，文責由作者自行承擔。

國家圖書館出版品預行編目(CIP)資料

勒索軟體狩獵團：一群無名駭客如何拯救數位時代的資安危機?/芮妮.杜德利(Renee Dudley), 丹尼爾.戈爾登(Daniel Golden)著；劉家安譯. -- 初版. -- 新北市：衛城出版, 左岸文化事業有限公司出版：遠足文化事業股份有限公司發行, 2023.12

面；　公分. --(Beyoud 58)

譯自：The ransomware hunting team : a band of misfits' improbable crusade to save the world from cybercrime

ISBN 978-626-7376-15-7(平裝)

1. CST: 電腦犯罪　2.CST: 資訊安全　3.CST: 電腦病毒

548.546　　112019912

ACRO POLIS 衛城出版

Emailacropolismde@gmail.com

Facebookwww.facebook.com/acrolispublish